Monika Pientka

Kriminalwissenschaften II

Kriminalwissenschaften II

Hauptstudium 1

von

Dr. Monika Pientka

Kriminaldirektorin und hauptamtliche Dozentin an der FHöV NRW

Sprecherin des Fachbereichs Polizei

2. Auflage 2018

C.H.BECK

Zitiervorschlag: *Pientka* Kriminalwissenschaften II Rn.

www.beck.de

ISBN 978 3 406 70921 0

Wilhelmstraße 9, 80801 München

Druck: Livonia Print, SIA
Ventspils 50, LV-1002 Riga, Lettland

Satz: Fotosatz Buck,
Zweikirchener Straße 7, 84036 Kumhausen

Umschlaggestaltung: Martina Busch Grafikdesign, Homburg Saar

Gedruckt auf säurefreiem, alterungsbeständigem Papier
(hergestellt aus chlorfrei gebleichtem Zellstoff)

Vorwort zur zweiten Auflage

Der Studiengang Bachelor Polizeivollzugsdienst im Land NRW wurde im Jahre 2016 umfassend reformiert.

Ziel des Reformprozesses war es, sowohl den stetig zunehmenden Studierendenzahlen gerecht zu werden als auch die Kompetenzorientierung im Studiengang zu stärken. Ebenfalls war wesentliches Bestreben, die Studieninhalte mit kriminalwissenschaftlichen Bezügen zu stärken und den kriminalwissenschaftlichen Praxisanteil zu erhöhen. Grundlage bleibt aber nach wie vor ein Generalistenstudium, das die Absolventen befähigt, die ersten Berufsjahre zu bewältigen.

Auch die Stärkung der Ausbildung persönlicher und sozialer Kompetenzen und die Achtung der Menschenrechte und deren Bedeutung sind im Rahmen der Reform umgesetzt worden.

Im Ergebnis der Reform wurden Themenkomplexe in andere Studienabschnitte verschoben, ein Wahlpflichtmodul in einem der späteren Studienabschnitte und die Exemplarität des Lernens gestärkt.

Aufgrund dieser Reform sind Inhalte, die noch nicht in der ersten Auflage dieses Buches enthalten waren, aufgenommen, da die Bearbeitung der Themen aus anderen Studienabschnitten oder Wissenschaftsdisziplinen verlegt wurden.

Wuppertal, Juli 2017 Dr. Monika Pientka

Vorwort

Die hier angebotenen Inhalte orientieren sich im Aufbau am Studiengang Polizei der Fachhochschule für öffentliche Verwaltung in NRW ab Einstellungsjahrgang 2012. Sie sollen die Lehrveranstaltungen begleiten und ergänzen, nicht aber den Blick in weiterführende Literatur ersetzen.

Der hier vorliegende Bd. 2 bietet die im Hauptstudienabschnitt 1 vorgesehenen Inhalte; für das Grundstudium ist Bd. 1 hinzuzuziehen. Begrenzt werden Verweise vorgenommen, wo inhaltliche Entsprechungen in den Studienabschnitten bestehen, sowohl innerhalb der Bände 1 bis 2 als auch auf die Studienbücher für Strafrecht und Eingriffsrecht. So wird erreicht, dass die Einbettung der Kriminalwissenschaften in den Studienverlauf durchgängig sowohl horizontal als auch vertikal deutlich wird.

Jedem Abschnitt werden folgende Inhalte, zitiert aus den Modulbeschreibungen, vorangestellt:

1. Überblick über den Modulabschnitt
2. Richtziele des Modulabschnittes
3. Kompetenzziele des Moduls
4. Kompetenzziele des Teilmoduls

Zu den jeweiligen Themenbereichen werden die zu vermittelnden Inhalte erörtert, wobei auch zuweilen Diskrepanzen aus Theorie und Praxis aufgezeigt und diskutiert werden. Insofern sind die Darstellungen sowohl für den Studierenden bestimmt und geeignet als auch für den Praktiker, der sich über die Kenntnisse informieren möchte, die der Absolvent der Fachhochschule mitbringen sollte, und ebenso für den Dozenten, der sich einen Überblick über das verschaffen möchte, was die Basis seiner Lehrveranstaltungen sein sollte. Hierbei wird auch Stellung bezogen, wenn es zu Unterschieden in Theorie und Praxis kommt, in welchem der Bereiche ein Schwerpunkt liegen sollte. Wie auch in Bd. 1 gilt: Allein der Hinweis, die Praxis arbeite anders als in der Theorie vermittelt, macht die jeweilige Handlungsweise nicht richtiger. Vielmehr sollten sich beide ausschließlich an Recht und Gesetz orientieren, was sodann zu einer Klarheit führt, die unnötige Differenzen auszugleichen vermag. Wenn beide sich gegenseitig im Sinne des Rechts beeinflussen, so ist für eine qualitativ hochwertige Kriminalpolizeiarbeit viel erreicht.

Darüber hinaus wird ebenfalls auf die jeweilige im Kompetenzziel vorhandene Lernzieltiefe eingegangen. Diejenigen Inhalte, die in der Lernzielstufe enthalten sind, werden als wesentliche Erläuterungen geboten, darüber hinaus gehende Inhalte sind ebenfalls enthalten. Diese Hinweise sind wesentlich, um erweiterte Kompetenzen zu erwerben, die zB außerhalb des Wachdienstes liegen und erforderlich sind, den Dienst in einer K-Wache oder K-Dienststelle erfolgreich beginnen zu können. Hier sind jeweils Fortbildungsmaßnahmen innerhalb des LAFP erforderlich.

Im Anschluss eines jeden Kapitels werden Aufgaben und Fragen zur individuellen Lernzielkontrolle gestellt.

Hierbei wurde besonderer Wert darauf gelegt, in den Aufgabenstellungen und Fragen eine Tiefe einzuhalten, die in Korrespondenz zu den Lernzieltiefen steht und weder darüber hinaus geht noch dahinter zurück bleibt.

Dies ist ebenso Maßgabe der vorhandenen Fallbeispiele. Sie sind so gestaltet, wie eine Echtklausur aussehen könnte.

Die einzelnen Abschnitte bleiben auch isoliert gelesen verständlich. Damit entstehen teils Redundanzen, die jedoch gewollt und erwünscht sind, um die Verständlichkeit auch zu gewährleisten, wenn ein Abschnitt allein gelesen wird.

Der Verfasserin ist es nach wie vor wichtig, mit der „kriminalwissenschaftlichen Fachwelt" in einen sachlich orientierten Dialog eintreten zu können. Wenn Sie als Studierende, Lehrende oder Praktiker Anregungen, Wünsche oder Kritik zu den Inhalten und Darstellungen haben, so lassen Sie es mich wissen. Ich bin dankbar für jeden konstruktiven Hinweis und werde mich bemühen, ihn umzusetzen.

Mein besonderer Dank gilt Kriminaloberrat a.D. *Peter Häring* (Herne), der mich mit seinen Abbildungen und Skripten bei der Literaturrecherche erheblich unterstützt hat.

Ich bedanke mich bei Kriminaldirektor *Norbert Wolf*, Dozentenkollege und Landesfachkoordinator Kriminalistik in NRW, für seine Beratung, Unterstützung und seinen Beitrag.

Gender Hinweis:

Im Sinne einer besseren Lesbarkeit wurden bei Personenbezügen entweder die maskuline oder die feminine Form gewählt, gemeint sind jedoch immer beide Geschlechter.

Wuppertal, Juli 2014
Dr. *Monika Pientka*

Inhaltsverzeichnis

Abkürzungsverzeichnis

Abb.	Abbildung
ABS	Antiblockiersystem
ADHS	Aufmerksamkeitsdefizit-/Hyperaktivitätsstörung
ADV	Automatisierte Datenverarbeitung
AFIS	Automatisiertes Fingerabdruck-Identifizierungs-System
AG Kripo	Arbeitsgruppe Kriminalpolizei
AQ	Aufklärungsquote
Bd.	Band
BDSG	Bundesdatenschutzgesetz
BeamtStG	Gesetz zur Regelung des Statusrechts der Beamtinnen und Beamten in den Ländern (Beamtenstatusgesetz)
BES	Beschuldigte
Beschl.	Beschluss
BEV	Beweisverwertungsverbote
BGB	Bürgerliches Gesetzbuch
BKA	Bundeskriminalamt
BMI	Bundesministerium des Innern
bspw.	beispielsweise
Btm	Betäubungsmittel
BtMG	Gesetz über den Verkehr mit Betäubungsmitteln
BV	Beweisverbot
BVV	Beweisverwertungsverbot
BZRG	Gesetz über das Zentralregister und das Erziehungsregister (Bundeszentralregistergesetz)
bzgl.	bezüglich
DAD	DNA-Analyse-Datei
DFK	Deutsches Forum Kriminalprävention
DNA	Desoxyribonucleine Acid
DSG	Datenschutzgesetz (der Länder)
ED	Erkennungsdienst
ed	erkennungsdienstlich
EDV	Elektronische Datenverarbeitung
Einl	Einleitung
EMA	Einwohnermeldeamt
EUCPN	European Crime Prevention Network
evtl.	eventuell
f.	folgende
FD	Fachdienststelle
FDR	Falldatei Rauschgift
ff.	fortfolgende
FuEM	Führungs- und Einsatzmittel
FhöV	Fachhochschule für öffentliche Verwaltung

FuStKW	Funkstreifenwagen
G 10	Gesetz zur Beschränkung des Brief-, Post- und Fernmeldegeheimnisses (Artikel 10-Gesetz)
GES	Geschädigte
gem.	gemäß
GG	Grundgesetz
ggf.	gegebenenfalls
g.g.u.	gelesen, genehmigt, unterschrieben
GS	Grundstudium
GSR	Gun Shot Residues
GSSt	Großer Senat für Strafsachen
HB	Haftbefehl
hG	häusliche Gewalt
HS	Hauptstudium
HV	Hauptverhandlung
HZ	Häufigkeitszahl
IdF	Identitätsfeststellung
idR	in der Regel
ieS	im eigentlichen Sinn
IGVP	Vorgangsbearbeitungssystem
INPOL	Informationssystem Polizei
iSd	im Sinne des
IuK-Technik	Informations- und Kommunikationstechnik
iVm	in Verbindung mit
iwS	im wesentlichen Sinn
JGG	Jugendgerichtsgesetz
JVA	Justizvollzugsanstalt
KA	Kriminalakte
K-Dienststelle	Kriminal-Dienststelle
KDZ	Kriminalitätsdichtezahl
Kfz	Kraftfahrzeug
KHSt	Kriminalhauptstelle
KKin	Kriminalkommissarin
KOK	Kriminaloberkommissar
KPB	Kreispolizeibehörde
KpS	kriminalpolizeiliche personenbezogene Sammlungen
KRA	Kriminologische Regionalanalyse
KTI	Kriminaltechnisches Institut
KTU	Kriminaltechnische Untersuchungsstelle
K-Wache	Kriminalwache
LAFP	Landesamt für Aus-, Fortbildung und Personal
LKA	Landeskriminalamt
LKÄ	Landeskriminalämter
LSt	Leitstelle
MIK	Ministerium für Inneres und Kommunales
MK	Mordkommission
MOTIV	Mobile Täter im Visier
Nr.	Nummer

NRW	Nordrhein-Westfalen
NSSt	Nachrichten Sammelstelle
OBU	On-Board-Unit
OBZ	Opferbelastungszahl
OLG	Oberlandesgericht
o.O.	ohne Ortsangabe
PC	Personal Computer
PCL-R	Psychopathy checklist revised
PDV	Polizeidienstvorschrift
PG	Polizeigewahrsam
PKS	Polizeiliche Kriminalstatistik
Pkw	Personenkraftwagen
POLAS	Polizeiliches Auskunftssystem
PolG	Polizeigesetz
PP	Polizeipräsident, Polizeipräsidium
pp	perge, perge = und so weiter
ProPK	Programm polizeiliche Kriminalprävention
PVB	Polizeivollzugsbeamten
PVD	Polizeivollzugsdienst
RA	Rechtsanwalt
RdErl.	Runderlass
RiS	Recht auf informationelle Selbstbestimmung
RiStBV	Richtlinien für das Straf- und Bußgeldverfahren
s.	siehe
S.	Seite
SchARS	Schuhspuren und -muster Archivierungs- und Retrieval-System
SEK	Spezialeinsatzkommando
sog.	sogenannte(n, r)
SpuSi	Spurensicherung
SR	Steigerungsrate
StA	Staatsanwaltschaft
StGB	Strafgesetzbuch
StPO	Strafprozessordnung
SV	Sachverständiger
TO	Tatort
TV	Tatverdächtiger/Televisionsgerät
TVBZ	Tatverdächtigenbelastungszahl
U-Haft	Untersuchungshaft
USB	Universal Serial Bus
usw	und so weiter
uU	unter Umständen
UV-Licht	Ultra-Violettes Licht
uvm	und vieles mehr
v.	vom
vgl.	vergleiche
ViVA	Verfahren zur integrierten Vorgangsbearbeitung und Auskunft
VO	Verordnung

VS nfD	Verschlusssachen nur für den Dienstgebrauch
WAZ	Westdeutsche Allgemeine Zeitung
WiKri	Wirtschaftskriminalität
www	world wide web
WZ	Westdeutsche Zeitung
zB	zum Beispiel
ZEG	Zeuge
ZeVA	Zentralstelle Evaluation
Ziff.	Ziffer
zN	zum Nachteil

Literaturverzeichnis

Ackermann, R. (2010). *Kriminalistische Fallanalyse* (Bd. 13). (L. u. Kriminologie, Hrsg.) Hilden: Verlag Deutsche Polizeiliteratur.

Ackermann, R., Clages, H. & Roll, H. (2011). *Handbuch der Kriminalistik.* Boorberg Verlag.

Adler, F. & Hermanutz, M. (2010). Strukturierte Vernehmung im strafrechtlichen Ermittlungsverfahren. *Kriminalistik,* S. 535–543.

Albrecht, H.-J. & Entorf, H. (2003). *Kriminalität, Ökonomie und Europäischer Sozialstaat.* Heidelberg: Physica Verlag.

Amelang, M. (1986). *Sozial abweichendes Verhalten; Entstehung, Verbreitung, Verhinderung.* Berlin: Springer Verlag.

Angermeier, W., Bednorz, P. & Schuster, M. (1991). *Lernpsychologie.* München: Uni Taschenbücher.

Artkämper, H. (2007). Belehrung und Vernehmung von Beschuldigten. *Kriminalistik,* S. 517 ff.

Artkämper, H. (2011). *Polizeibeamte als Zeugen vor Gericht* (Bde. Lehr- und Studienbriefe Bd. 7). Hilden: Verlag Deutsche Polizeiliteratur.

Artkämper, H. & Schilling, K. (2012). *Vernehmungen – Taktik, Psychologie, Recht.* Hilden: VdP Verlag.

Bannenberg, B. & Rössner, D. (2005). *Kriminalität in Deutschland.* München: C.H.BECK.

Baurmann, M. C. & Schädler, W. (1999). *Das Opfer nach der Straftat – seine Erwartungen und Perspektiven.* Wiesbaden: BKA.

BayerischePolizei. http://www.polizei.bayern.de/kriminalitaet/statistik/index.html/649 (zuletzt abgerufen am 29.8.2017).

Beese, D. (2000). *Studienbuch Ethik. Problemfelder der Polizei aus ethischer Perspektive.* Hilden: Verlag Deutsche Polizeiliteratur.

Beleke, N. (2002). Kriminalistische Kompetenz. In *Kriminaltechnik.* BDK.

Berthel, R., Mentzel, T. & Neidhardt, K. (2005). *Grundlagen der Kriminalistik – Kriminologie* (Bd. 1). (L. u. Kriminologie, Hrsg.) Hilden: Verlag Deutsche Polizeiliteratur.

Beulke, W. (2008). *Strafprozessrecht.* Heidelberg: C.F. Müller.

Beulke, W. & Wessels, J. (2010). *Strafrecht Allgemeiner Teil – Die Straftat und ihr Aufbau.* Heidelberg: C.F. Müller.

Bialon J. & Springer, U. (2012). *Eingriffsrecht.* München: Verlag C.H.BECK.

BKA. https://www.bka.de/DE/UnsereAufgaben/Aufgabenbereiche/InternationaleFunktion/Europol/europol_node.html (abgerufen am 29.8.2017).

BKA (1998). *Methoden der Fallanalyse.* Wiesbaden: BKA.

BKA (2009). *PKS 2009.* Wiesbaden: BKA.

BKA (2011). *Polizeiliche Kriminalstatistik Bund.* Berlin: Bundesministerium des Inneren.

BKA (2012). *Anleitung Tatortarbeit – Spuren (ATOS).* Wiesbaden: BKA.

Bock, M. (2007). *Kriminologie für Studium und Praxis.* München: Verlag Franz Vahlen.

Böttcher, M. & Geiger, R.-E. (1997). *Ich war Monika Weimar.* Kiepenheuer & Witsch.

Braune, M. & Weber, M. (2016). *Werkzeugspuren. Grundlagen, Mythen und Neuerungen.* Kriminalistik, 2016, S. 613 ff.

Breuer, T. (1998). *Kriminologie als kriminologische Handlungslehre.* Grevenbroich: Bernardus-Verlag.

Brodag, W.-D. (2001). *Kriminalistik: Grundlagen der Verbrechensbekämpfung.* Stuttgart, München: Boorberg Verlag.

Brodag, W.-D. (2008). *Strafverfahrensrecht – Kurzlehrbuch.* Stuttgart, München: Boorberg Verlag.

Bundeskriminalamt, I. (2009). *Die IKPO-Interpol – eine internationale Organisation im Wandel der Zeit.* Wiesbaden.

Clages, H. (2004). *Der rote Faden, Grundlagen der Kriminalpraxis.* Heidelberg: Kriminalistik Verlag.

Clages, H., Ackermann, R. (2017). *Der rote Faden, Grundsätze der Kriminalpraxis.* Heidelberg: Kriminalistik Verlag.

Clages, H., Cramer, S. & Bürgle, M. (1994). *Die Strafprozessualen Beweisverwertungsverbote – Systematische Darstellung für die Praxis.* Stuttgart, München: Boorberg Verlag.

Clages, H., Neidhard, K. & Weihmann, R. (2008). *Grundlagen der Kriminalistik/Kriminologie – Lehr und Studienbriefe Kriminalistik/Kriminologie.* Hilden: Verlag Deutsche Polizeiliteratur.

Clages, H. & Zeitner, I. (2016). *Kriminologie für Studium und Praxis.* Hilden: Verlag Deutsche Polizeiliteratur.

Clages, H. & Zimmermann, E. (2010). *Kriminologie für Studium und Praxis.* Hilden: Verlag Deutsche Polizeiliteratur.

Dreher, G. & Feltes, T. (1998). *Das Modell New York: Kriminalprävention durch „Zero Tolerance"?.* Holzkirchen: Felix-Verlag.

Epping, V. & Lenz, S. (2010). *Grundrechte.* Heidelberg: Springer Verlag.

Follmar, P., Heinz, W. & Schulz, B. (2003). http://www.institut-fuer-menschenrechte.de/uploads/tx_commerce/policy_paper_1_zur_aktuellen_folterdebatte_in_deutschland.pdf (zuletzt abgerufen 29.8.2017).

Ernst-Moritz-Arndt-Universität Greifswald. (kein Datum). *http://www.medizin.uni-greifswald.de/rechtsmed/index.php?id=41* (zuletzt abgerufen am 29.8.2017).

Europäische Union. (kein Datum). *https://europa.eu/european-union/about-eu/agencies/europol_de* (zuletzt abgerufen am 29.8.2017).

Fachbereich Polizei (FB Polizei) NRW. (2016). Modulbeschreibung Bachelorstudiengang PVD ab EJ 2016. Gelsenkirchen: FHöV NRW FB Polizei.

FHöV NRW. (2012). *Modulhandbuch Bachelorstudiengang PVD 2012.* Gelsenkirchen: FHöV NRW.

Freundeskreis zur Unterstützung der Polizei SH e.V. (2001). *Täter und Opfer unter dem Hakenkreuz – Eine Landespolizei stellt sich der Geschichte.* Kiel: Freundeskreis zur Unterstützung der Polizei Schleswig-Holstein e.V.

Friedrichsen, G. & Mauz, G. (2001). *Er oder sie? Der Strafprozeß Böttcher/Weimar: Prozeßberichte 1987 bis 1999. Mit einer Dokumentation des Prozeßverlaufs und einem Nachwort.* Berlin: Berliner Wissenschafts Verlag.

Frings, C. & Rabe, F. (2011). *Grundlagen der Kriminaltechnik Bd. I.* Hilden: Verlag Deutsche Polizeiliteratur.

Frings, C. & Rabe, F. (2011). *Grundlagen der Kriminaltechnik Bd. II.* Hilden: Verlag Deutsche Polizeiliteratur.

Gareis, B. & Wiesnet, E. (1974). *Frühkindheit und Jugendkriminalität.* München: Goldmann.

Gareis, B. & Wiesnet, E. (1974). *Gefängniskarrieren; Selbstzeugnisse junger Rechtsbrecher.* Wien: Tyrolia Verlagsgesellschaft.

Gasch, M. & Lange, H.-J. (2006). *Wörterbuch zur Inneren Sicherheit.* Wiesbaden: Verlag für Sozialwissenschaften.

Gläser, J. & Laudel, G. (2010). *Experteninterviews und qualitative Inhaltsanalyse.* Wiesbaden: Springer Fachmedien.

Göppinger, H. (2008). *Kriminologie.* München: C.H.BECK.

Gottfredson, M. & Hirschi, T. (1990). *A General Theory of Crime.* Stanford: Stanford University Press.

Groß, H., Frevel, B. & Dams, C. (2007). *Handbuch der Polizeien Deutschlands.* Wiesbaden: Verlag für Sozialwissenschaften.

Grundmann, T. (2008). *Analytische Einführung in die Erkenntnistheorie.* Berlin: de Gruyter.

Habschick, K. (2012). *Erfolgreich vernehmen – Kompetenz in der Kommunikations-, Gesprächs- und Vernehmungspraxis.* Heidelberg: Kriminalistik Verlag.

Hermann, D. (2008). Zur Wirkung von kommunaler Kriminalprävention. *Trauma und Gewalt Heft 3,* S. 220–233.

Hermanutz, M. & Litzcke, S. (2012). *Vernehmung in Theorie und Praxis, Wahrheit – Irrtum – Lüge.* Stuttgart: Boorberg Verlag.

Hupfeld, J. (2004). *Leitfaden kommunale Kriminalprävention – Kriminalität gezielt vorbeugen.* o.O.: Landespräventionsrat NRW.

IM NRW. (2007). *Häusliche Gewalt und polizeiliches Handeln.* Düsseldorf.

IMK. (2009). *Programm Innere Sicherheit.* o.O.

Innes, B. (2008). *Spuren am Tatort – Fingerabdrücke, Fußspuren und Reifenabdrücke.* Wien: tosa Verlag.

Interpol. (2017). *http://www.interpol.int* (zuletzt abgerufen am 29.8.2017).

IPA. (2011). *Festschrift 60 Jahre Polizeiliegenschaft Selm – 55 Jahre IPA-Verbindungsstelle Bork e.V.* Selm Bork: LAFP/IPA.

Joecks, W. (2010). *Strafgesetzbuch.* München: C.H.BECK.

Kasperzak, T. (2000). *Stadtstruktur, Kriminalitätsbelastung und Verbrechensfurcht.* Holzkirchen: Felix Verlag.

Kerner, H.-J., Jehle, J.-M. & Marks, E. (1998). *Entwicklung der Kriminalprävention in Deutschland; allgemeine Trends und bereichsspezifische Perspektiven.* Godesberg: Forum-Verlag.

KHStVO. *Verordnung über die Bestimmung von Polizeipräsidien zu Kriminalhauptstellen (KHSt-VO).*

Klober, M. & Kahl, W. (2012). *Impulse für das kommunale Präventionsmanagement.* Bonn: DFK.

Klose-Nusch, G. (2006). Projekt der FHöV NRW: Die polizeiliche Vernehmung.

Koch, K.-F. (1992). *Kriminalitätslagebilder; Zur Erstellung überregionaler Kriminalitätslagebilder auf der Basis von Kriminologischen Regionalanalysen.* Wiesbaden: BKA Schriftenreihe.

Korte, H. & Schäfers, B. (2008). *Einführung in Hauptbegriffe der Soziologie.* Wiesbaden: VS Verlag für Sozialwissenschaften.

KTU-Erlass. (3.1.2008). *RdErl. d. Innenministers, „Kriminaltechnische Untersuchungsstellen und Nachrichtensammelstellen", IV D 1–6403, 6.7.1993, geändert durch RdErl. v. 3.1.2008.*

Lamnek, S. (2013). *Theorien abweichenden Verhaltens; Klassische Ansätze.* Stuttgart: Uni Taschenbücher.

LandNRW. (2002 – geändert 2007). *Polizeiorganisationsgesetz NRW.* Düsseldorf.

Lange, H.-J. (2008). *Kriminalpolitik.* Wiesbaden: Verlag für Sozialwissenschaften.

LKA NRW. (2011). *Rauschgiftkriminalität – Lagebild Nordrhein-Westfalen.* Düsseldorf: LKA NRW.

LKA Sachsen. *https://www.polizei.sachsen.de/de/dokumente/LKA/1A6X10280097901067.pdf.* (zuletzt abgerufen am 29.8.2017).

Madea, B. & Mußhoff, F. (2004). *Haaranalytik, Technik und Interpretation in Medizin und Recht.* Köln: Deutscher Ärzte Verlag.

Markowitsch, H. & Siefer, W. (2007). *Tatort Gehirn – Auf der Suche nach dem Ursprung des Verbrechens.* Fankfurt: Campus Verlag.

Marks, E., Meyer, A. & Linssen, R. (o.J.). *Beccaria-Standards zur Qualitätssicherung kriminalpräventiver Projekte.* Landespräventionsrat Niedersachen.

Meyer-Goßner, L. (2012). *Strafprozessordnung mit GVG und Nebengesetzen.* München: C.H.BECK.

MIK. (21.10.2010). Organisation der Kreispolizeibehörden des Landes Nordrhein Westfalen 43.1 – 58.08.01 –. Düsseldorf: Ministerium für Inneres und Kommunales NRW.

Mohr, M., Schimpel, F. & Schröer, N. (2006). *Die Beschuldigtenvernehmung.* Hilden: Verlag Deutsche Polizeiliteratur.

Naplava, T., Kersting, S. & Krahwinkel, F. (2012). *Ländervergleichende Analyse von Aufklärungsquoten.* Düsseldorf: LKA NRW.

Neidhard, K. (März 2012). Handbuch für Führung und Einsatz der Polizei, Kommentar zur PDV 100. *Loseblattsammlung, zuletzt aktualisiert 46. Erg.Lfg.* Stuttgart: Boorberg Verlag.

Neubacher, F. (2011). *Kriminologie.* Baden-Baden: Nomos Verlagsgesellschaft.

Nimtz, H. (2012). *Strafrecht für Polizeibeamte, Bd. 1 und Bd. 2.* Hilden: Verlag Deutsche Polizeiliteratur.

Nolden, W., Palkovits, F., Dittert, S. & Pichocki, F. (2012). Grundstudium *Strafrecht.* München: Verlag C.H.BECK.

POV 100, Ausgabe 1999.

Pfefferli, P. (2007). *Die Spur.* Heidelberg München: Hüthig Jehle Rehm GmbH.

Pientka, M. & Wolf, N. (2017). *Kriminalwissenschaften I.* München: Verlag C.H.BECK.

Pieroth, B. & Jarass, H.-D. (2010). *Grundgesetz für die Bundesrepublik Deutschland.* München: Verlag C.H.BECK.

Pieroth, B., Schlink, B. & Kniesel, M. (2010). *Polizei- und Ordnungsrecht mit Versammlungsrecht.* München: Verlag C.H.BECK.

Polizei NRW. *Organisation. http://www.polizei-nrw.de/artikel__89.html* (zuletzt abgerufen am 29.8.2017).

Polizeiliche Kriminalprävention. (28.9.2006). *Erlass.* IM NRW.

Popper, K. R. (2007). *Logik der Forschung.* (H. Keuth, Hrsg.) Berlin: Akademie-Verlag.

ProPK. (o.J.). Städtebau und Kriminalprävention – Eine Broschüre für die planerische Praxis. Stuttgart.

Pschyrembel. (2002). *Klinisches Wörterbuch.* Berlin: de Gruyter.

Reichertz, J. (1990). „Meine Schweine erkenne ich am Gang" – Zur Typisierung typisierender Kriminalpolizisten. *Kriminologisches Journal,* S. 29–39 und 194–207.

Rolf, B., Anslinger, K. & Eisenmenger, W. (2005 Heft 6). Möglichkeiten und Grenzen der DNA-Analyse – zu den wissenschaftlichen Grundlagen und möglichen Entwicklungen. *Deutsche Richterzeitung,* S. 165 ff.

Rolinski, K. (1980). *Wohnhausarchitektur und Kriminalität.* Wiesbaden: BKA Forschungsreihe.

Roll, H. (2008). *Tatortarbeit.* Hilden: Verlag Deutsche Polizeiliteratur.

Roxin, K., Schünemann, B. & Kern, E. (2012). *Strafverfahrensrecht: Ein Studienbuch.* München: C.H.BECK.

Rudzio, W. (2011). *Das politische System der Bundesrepublik Deutschland.* Wiesbaden: Verlag für Sozialwissenschaften.

Ruffing, R. (2011). *Kleines Lexikon wissenschaftlicher Irrtümer – Von Aderlass bis Zeitreise.* Gütersloh: Gütersloher Verlagshaus.

Rügemer, W. (16.8.2000). Die Zahlen liefern ein verzerrtes Bild der Kriminalität. *Frankfurter Rundschau.*

Schneider, H.-J. (1982). *Prüfe dein Wissen: Rechtsfälle in Frage und Antwort – Kriminologie-Jugendstrafrecht-Strafvollzug.* München: Verlag C.H.BECK.

Schneider, H.-J. (1987). *Kriminologie.* Berlin-New York: De Gruyter.

Schwietring, T. (2011). *Was ist Gesellschaft? Einführung in soziologische Grundbegriffe.* Stuttgart: UTB.

Schwind, H., Fetchenhauer, D., Ahlborn, W. & Weiss, R. (2001). *Kriminalitätsphänomene im Langzeitvergleich am Beispiel einer Großstadt Bochum 1975 – 1986 – 1998.* Neuwied: Luchterhand Verlag.

Schwind, H.-D. (1980). *Kriminologie in der Praxis.*

Schwind, H.-D. (2013). *Kriminologie – Eine praxisorientierte Einführung mit Beispielen (Grundlagen Kriminalistik).* Heidelberg: Kriminalistik Verlag.

Sieverts, R. (1977). *Handwörterbuch der Kriminologie, Bd. 2: Kriminalpolitik – Rauschmittelmissbrauch.* Berlin: de Gruyter.

Sieverts, R. & Schneider, H. (1998). *Handwörterbuch der Kriminologie.* Berlin: de Gruyter.

SPI. (2001, aktualisiert 2009). *Infoblatt Nr. 19.* Berlin: Stiftung Sozialpädagogisches Institut Berlin.

Statistisches Bundesamt. (2011). *Justiz auf einen Blick.* Wiesbaden.

Tegtmeyer, H. & Vahle, J. (2010). *Polizeigesetz Nordrhein-Westfalen (PolGNRW) mit Erläuterungen.* Stuttgart: Boorberg Verlag.

Tetsch, L. & Baldarelli, M. (2011). *Polizeigesetz des Landes Nordrhein-Westfalen.* Hilden: Verlag Deutsche Polizeiliteratur.

Thorwald, J. (1966). *Das Jahrhundert der Detektive.* Berlin-Darmstadt-Wien: Deutsche Buch-Gemeinschaft.

Tölle, R. & Windgassen, K. (2012). *Psychiatrie.* Heidelberg: Springer Verlag.

von Danwitz, K.-S. (2004). *Examens-Repetitorium Kriminologie.* Heidelberg: Hüthig Jehle Rehm.

von Liszt, F. (1905). Der Zweckgedanke im Strafrecht. In F. v. Liszt, *Strafrechtliche Aufsätze und Vorträge* (S. 126–179). Berlin: J. Guttentag Verlagsbuchhandlung GmbH.

Walder, H. & Hansjakob, T. (2006). *Kriminalistisches Denken.* Heidelberg: Kriminalistik Verlag.

Wehner, B. (1983). *Dem Täter auf der Spur.* Bergisch-Gladbach: Gustav-Lübbe Verlag.

Weihmann, R. (2010). Kriminalistische Vernehmung. *Kriminalistik,* S. 82 ff. Hilden: Verlag Deutsche Polizeiliteratur.

Weihmann, R. (2012). *www.weihmann.info. http://www.weihmann.info/images/Kriminalistik/Kapitel%2003,%20Beweislehre.pdf* (zuletzt abgerufen am 29.8.2017).

Weihmann, R. & Schuch, C.-P. (2011). *Kriminalistik.* Hilden: Verlag Deutsche Polizeiliteratur.

Westphal, N. (2010). *Der kriminalistische Beweis* (Bd. 14). (L. u. Kriminologie, Hrsg.) Hilden: Verlag Deutsche Polizeiliteratur.

Winter, M. (1998). *Politikum Polizei – Macht und Funktion der Polizei in der Bundesrepublik Deutschland* (Bd. Politische Soziologie Bd. 10). Münster.

Wirth, I. (2011). *Kriminalistik-Lexikon.* Heidelberg: Kriminalistik Verlag.

Zeitner, J. (2012). *Einsatzlehre, Grundlagen für Studium und Praxis.* Hilden: Verlag Deutsche Polizeiliteratur.

Zimbardo, P. G. (1983). *Psychologie.* Heidelberg: Springer Verlag.

Zimbardo, P. & Gerrig, R. (2008). *Psychologie.* München: Pearson Education Deutschland.

Abbildungsverzeichnis

1. Abschnitt. Vorbemerkungen zum Modulabschnitt „Hauptstudium 1"

§ 1 Überblick über den Modulabschnitt

Aufbauend auf das Grundstudium, in dem in allen im Polizeiberuf notwendigen Fachdisziplinen eine tragfähige Basis gelegt wurde, werden im Hauptstudium 1 erstmals Bezüge zu Leitthemen[1] hergestellt. 1

Zur Orientierung innerhalb des Studienganges dienen die Bezeichnungen der Module: 2

Die organisatorische Einteilung nach dem zweiten Studienjahr wird durch die Bezeichnung „Hauptstudium (= HS)" vorgenommen und in drei Teile – sog. Studienabschnitte – gegliedert (HS 1 bis HS 3). Innerhalb der Studienabschnitte HS werden Module gebildet, die jeweils durchnummeriert und als Affix zu „ihrem" jeweiligen Hauptstudienabschnitt bezeichnet werden: HS 1.1, HS 1.2 und so fort.

Die weitere Untergliederung erfolgt in sog. Teilmodulen, also zB HS 1.2.2, für die die Fachdisziplinen, denen sie jeweils zugeordnet sind, verantwortlich zeichnen. Um die fächerübergreifende Bedeutung darzutun, werden allen Teilmodulen eines Abschnittes identische Leitthemen vorgegeben.

Diese Leitthemen sind Orientierung für alle beteiligten Fachdisziplinen. Sie richten sich an den Ansprüchen aus, die die tägliche Bewältigung von Einsatzanlässen an den einzelnen Beamten stellen. Ziel dieser Leitthemen ist es, dass die verschiedenen Fachlichkeiten sich ergänzen und verzahnen. Eine isolierte, nur am Fach orientierte Lehrveranstaltung und isoliertes Lernen sollen auf diese Weise verhindert und vernetztes Denken und Lösen von Aufgaben erreicht werden.

Wie im Grundstudium werden auch in den folgenden Studienabschnitten die in der Fachhochschule vermittelten theoretischen Inhalte durch nachfolgende Trainings im LAFP und mehrheitlich in Praktika in den Ausbildungsbehörden durch erlebendes Lernen gefestigt.

An diesem dreischrittigen System orientieren sich auch die dem Hauptstudium 1 zugeschriebenen Richtziele.

§ 2 Richtziele des Hauptstudiums 1

„Die Studierenden 3

- begründen die gesellschaftliche Relevanz der polizeilichen Aufgabenwahrnehmung.

---

[1] Unter Leitthemen versteht die FHöV NRW solche Inhalte, die sich in Theorie, Training und Praktikum vermitteln und umsetzen lassen.

- erläutern ein integratives Aufgabenverständnis und die Planungsgrundlagen der polizeilichen Aufgabenwahrnehmung; sie interpretieren polizeiliche Fachstrategien und wirken an der Erstellung polizeilicher Handlungskonzepte mit.
- analysieren interdisziplinär das polizeiliche Vorgehen zur Einsatzbewältigung, Kriminalitätsbekämpfung und Verkehrssicherheitsarbeit mit dem Schwerpunkt der alltäglichen Aufgabenwahrnehmung im Wachdienst und der Sachbearbeitung der einfachen und mittleren Kriminalität.
- bewältigen das resultierende polizeiliche Vorgehen unter Anleitung und zunehmender Selbstständigkeit in Trainingssituationen.
- kommunizieren respektvoll.
- gehen auch in belastenden und konfliktreichen Situationen wertschätzend mit Menschen um."[2]

Die Kriminalwissenschaften haben an diesem Studienabschnitt an verschiedenen Stellen ihre Bedeutung; dies wird abgebildet, indem sowohl Module den Kriminalwissenschaften zugeschrieben werden als auch mehrere Teilmodule. Die Struktur des Studienabschnittes ist daher wie folgt:

Modul HS 1.1 Delinquenz im öffentlichen Raum und im sozialen Nahraum thematischer Schwerpunkt: Recht	• **Teilmodul HS 1.1.1** • Straftaten im sozialen Nahraum, Fahrlässigkeit, Unterlassen (Fachlichkeit: Strafrecht) • **Teilmodul HS 1.1.2** • Zulassung zum Straßenverkehr (Fachlichkeit: Verkehrsrecht) • **Teilmodul HS 1.1.3** • Eingriffsrechtliche Maßnahmen in konfliktären Situationen (Fachlichkeit: Eingriffsrecht) • **Teilmodul HS 1.4** • Tag der Menschenrechte (interdisziplinär)
Modul HS 1.2 Bekämpfung der einfachen und mittleren Kriminalität thematischer Schwerpunkt: polizeiliche Handlungslehre	• **Teilmodul HS 1.2.1** • Sachbearbeitung der einfachen und mittleren Kriminalität (Fachlichkeit: Kriminalistik) • **Teilmodul HS 1.2.2** • Spurensuche, -schutz und -sicherung (Fachlichkeit: Kriminalistik mit Kriminaltechnik) • **Teilmodul HS 1.2.3** • Einsatzbewältigung im täglichen Dienst (Fachlichkeit: Einsatzlehre)

[2] (*FB Polizei*, 2016), S. 41 f.

Modul HS 1.3 Ursachen delinquenten Verhaltens; Planungsgrundlagen der Polizeiarbeit thematischer Schwerpunkt: Erklärungsansätze und Planungsgrundlagen	• **Teilmodul HS 1.3.1** • Ursachen und Formen devianten Verhaltens, Kommunikation mit Opfern und Zeugen (Fachlichkeit: Psychologie) • **Teilmodul HS 1.3.2** • Kriminalitätsanalyse und polizeiliche Kriminalprävention (Fachlichkeit: Kriminologie) • **Teilmodul HS 1.3.3** • Führung, Zusammenarbeit und Fachstrategien (Fachlichkeit: Führungslehre)
Modul HS 1.4 Proseminar Wissenschaftliche Vertiefung	• Angebote von Seminarinhalten und Seminarthemen nach Fachlichkeit der Lehrenden bewirken, dass auch hier eine Vertiefung kriminalwissenschaftlicher Inhalte gewählt werden kann.
Modul HS 1.5 Training	• Vertiefung der Inhalte aus den Theoriemodulen durch Übungen und Trainings

Abb. 1: Hauptstudium 1 – Aufbau

Daraus erschließt sich, dass im zweiten Studienjahr das erste Modul mit kriminalwissenschaftlichem Schwerpunkt in HS 1.2 zu finden ist.

§3 Modul HS 1.2 – Bekämpfung der einfachen und mittleren Kriminalität

Kompetenzziele:

Die Studierenden bewerten Sachverhalte der einfachen und mittleren Kriminalität einsatztaktisch und kriminalistisch. Sie entwickeln Lösungen für die Einsatzwahrnehmung im Wachdienst, den Auswertungsangriff und die kriminalpolizeiliche Sachbearbeitung bei Straßenkriminalität und Gewalt im sozialen Nahraum."[3] 4

Aus diesen Kompetenzzielen wird erkennbar, dass sich der erste Hauptstudienabschnitt mit den Grundlagen der Kriminalitätsbekämpfung im täglichen Dienst befassen wird. Das also, was den Polizeibeamten in den ersten Jahren seines Dienstlebens erwartet, ist in den weniger komplexen Inhalten hier angesiedelt. Je komplexer die Inhalte werden, desto später im Studienverlauf sind sie verankert (also zB in HS 2 oder 3).

Zur Konkretisierung sind dem Modul mehrere Teilmodule zugeordnet worden, die wiederum die darin zu unterrichtenden und zu erlernenden Inhalte vorgeben.

3 (*FB Polizei NRW*, 2016), S. 51.

§4 Modul HS 1.3 – Ursachen delinquenten Verhaltens; Planungsgrundlagen der Polizeiarbeit

5 Der Umgang mit Delinquenz, der Umgang mit Problemen der Gesellschaft und des Einzelnen sind auch für den Berufsanfänger tägliche Erfahrung. Daher ist ein Blick auf die Bedingungsfelder und Ursachen für das menschliche Verhalten ebenso bedeutsam wie der Blick auf die Verfolgung, Bekämpfung und Kontrolle von Kriminalität. Aus diesem Grunde sind hier sowohl allgemeine, auf die Gesellschaft bezogene Inhalte verankert als auch individuelle, intrapersonale Aspekte. Dabei wird ein Schwerpunkt auf den Umgang mit Opfern und Tätern gelegt.

6 Die **Kompetenzziele** laut Modulhandbuch sind folgerichtig:

„Die Studierenden bewerten Erscheinungsformen und Hintergründe delinquenten Verhaltens. Sie reflektieren Reaktionen von Tätern und Opfern und übertragen diese auf Kommunikationsprozesse. Die Studierenden bewerten präventive und interventive Maßnahmen der Kriminalitätsbekämpfung. Sie differenzieren ihre Rolle im Kontext ihrer Verwendung im Polizeidienst und werten bestehende Vorgaben bezüglich polizeilicher Planungsgrundlagen aus und entwickeln selbstständig Problemlösungsansätze."[4]

Den Kompetenzzielen sind auch hier verschiedene Teilmodule und verschiedene Fachlichkeiten zugeordnet, die sich ebenfalls aus Abb. 1 ergeben; wesentlich für die hier zu erörternden Inhalte ist aus Hauptstudium 1, Modul 3 das 2. Teilmodul (HS 1.3.2); s. hierzu 4. Abschnitt.

[4] (*FB Polizei NRW*, 2016), S. 56.

2. Abschnitt. Teilmodul HS 1.2.1 – Sachbearbeitung der einfachen und mittleren Kriminalität

Während es im Grundstudium (s. hierzu [*Pientka/Wolf*, 2017]) im Wesentlichen darum ging, grundlegende Kenntnisse zu vermitteln, die den Polizeibeamten in der ersten Phase eines Einsatzes kriminalistisch fundiert arbeitsfähig machen, mithin um den Schutz von Ereignisorten, geht es hier darum, auch die Sicherung und Auswertung der geschützten Situationen vorzubereiten. Der Polizeibeamte als Ermittler sichert, analysiert und bewertet, um sodann weitere Entscheidungen für die Ermittlungen treffen zu können. Daher ergeben sich im Hauptstudium 1 Kompetenzen, die naturgemäß über die im Grundstudium hinausgehen, komplexer sind, differenzierter sind: 7

§ 5 Kompetenzziele des Teilmoduls HS 1.2.1

Die Studierenden sind in der Lage, 8

1. kriminalistische Maßnahmen des objektiven und subjektiven Befundes zu beurteilen und Lösungskonzepte für den Auswertungsangriff zu entwickeln.
2. den Status von (Opfer-)Zeugen und Beschuldigten zu differenzieren.
3. Grundsätze der strukturierten Beschuldigten- und Zeugenvernehmungen unter besonderer Berücksichtigung möglicher Beweis- und Beweisverwertungsverbote sowie bestehender Opferrechte zu beurteilen.
4. die Rolle des Polizeibeamten im Strafverfahren einzuordnen.
5. sachgerechte Ermittlungsmaßnahmen im Rahmen einer Haftsachenbearbeitung bis zur Abgabe an die Staatsanwaltschaft unter Anwendung bekannter polizeilicher Dateien, Informationssysteme und Akten zu identifizieren und die Bedeutung der Dokumentation zu erläutern.
6. Gefährdungsbeurteilungen in Fällen der „Gewalt im sozialen Nahraum" zu erstellen und die erforderlichen Maßnahmen abzuleiten.
7. Die Menschenrechte als Begrenzung von staatlichen Ermittlungsbefugnissen und persönlichen Strafbedürfnissen anzuerkennen.[5]

Aus diesen Kompetenzzielen ergeben sich notwendigerweise zu unterrichtende Inhalte, die sowohl in der theoretischen Wissensvermittlung als auch in den nachfolgenden Trainings und Praktika verankert sein müssen, um den geforderten Kompetenzerwerb zu ermöglichen (§§ 6–13).

---

[5] (*FB Polizei NRW*, 2016), S. 51.

§ 6 Der Auswertungsangriff gem. PDV 100

9 Während des Grundstudiums wird in GS 5.3 der Sicherungsangriff als erste Komponente des sog. „Ersten Angriffs[6]" unterrichtet, wohingegen hier auf den Auswertungsangriff als zweite Komponente eingegangen wird.

Laut PDV 100 sind die Ziele des Ersten Angriffs klar definiert:

Definition: Beim Ersten Angriff sind neben Maßnahmen der Gefahrenabwehr

- der Tatort zu sichern und erste wesentliche Feststellungen über den Tathergang zu treffen (Sicherungsangriff) und[7]
- der Tatbefund zu erheben (Auswertungsangriff[8]).

10 Der Sicherungsangriff ist ein Schwerpunkt polizeilicher Arbeit in der Kriminalitätsbekämpfung, daher auch regelmäßiger Inhalt von Klausuren oder anderen Leistungsüberprüfungen. Innerhalb des Sicherungsangriffs geht es – hier ist der Titel irreführend – um den **Schutz der Befunde** am Tatort (TO), nur in Ausnahmefällen um deren wirkliche Sicherung (s. hierzu [*Pientka/Wolf,* 2017], § 32), zB in Form von sog. Notsicherungen und in der Erstaufnahme von Aussagen als Personalbeweisen. Der Sicherungsangriff endet mit der Übergabe eines Tatortes an diejenigen Kräfte, die den Auswertungsangriff durchführen, und mit der sog. Nachlaufphase, in der zB die schriftlichen Arbeiten zur Dokumentation des Sicherungsangriffes gefertigt werden (s. hierzu [*Pientka/Wolf,* 2017], § 32). Die letzte Phase des Sicherungsangriffs überschneidet sich mit der ersten Phase des Auswertungsangriffs.

11 Ziele des Auswertungsangriffs sind

- die systematische Erforschung des Tatortbefundes
- das Auffinden, Sichern und Auswerten von Spuren
- die Gewinnung von Täterhinweisen.

Hier wird bereits deutlich, dass auf den **Schutz des Tatortes** nun seine **Sicherung und Auswertung** folgen. Die Verzahnung von Sicherungs- und Auswertungsangriff stellt sich grafisch also wie folgt dar:

6 Dieser Begriff ist missverständlich, denn einen „Zweiten Angriff" gibt es nicht. Dennoch ist er seit Beginn kriminalistischer Arbeit fest verankert.

7 PDV 100, Ziff. 2.2.3.

8 *Robert Weihmann* diskutiert den Begriff „Tatbefund" an dieser Stelle auf www.Weihmann.info zutreffend und stellt ebenfalls zutreffend fest, dass dieser Begriff an dieser Stelle fachlich unsauber sei, es vielmehr „Tatortbefund" heißen müsse.

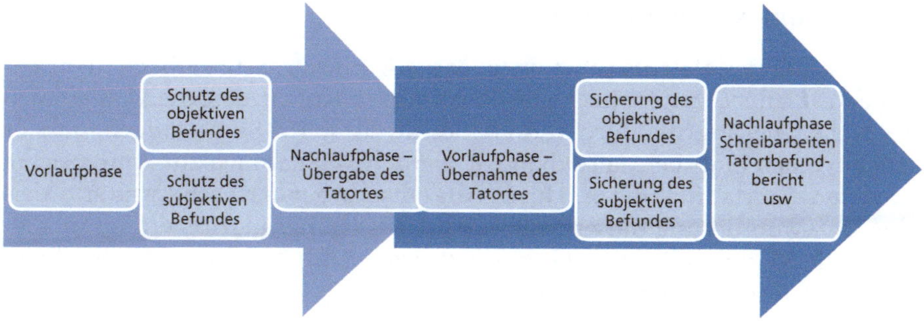

Abb. 2: Verknüpfung von Sicherungs- und Auswertungsangriff

Kern der Arbeit im Auswertungsangriff ist also die Tatortbefunderhebung (auch Tatortarbeit genannt), zur

- Rekonstruktion des Tatablaufs
- Erhebung von Beweisen zur späteren Überführung des BES
- Sicherung des Strafverfahrens.

Der Auswertungsangriff schließt nahtlos an den Sicherungsangriff an,[9] findet also ebenfalls am Tatort (im kriminalistischen Sinne, s. hierzu [*Pientka/Wolf*, 2017], Rn. 438) statt. Er wird entweder von den Kräften des Sicherungsangriffs, außerhalb der Bürodienstzeiten von der Kriminalwache oder von Kräften der Fachdienststelle durchgeführt. Dies hängt in der Regel von den Zuständigkeiten innerhalb der örtlich zuständigen Behörde, dem zugrunde liegenden Delikt und den vorhandenen und zu sichernden Spuren und deren Komplexität ab. 12

Der Auswertungsangriff kann analog zum Sicherungsangriff in Phasen eingeteilt werden, um die Komplexität der Handlungsschritte logisch zu untergliedern. In der Praxis laufen die verschiedenen Maßnahmen häufig parallel ab, werden zur Vereinfachung einer schriftlichen Darstellung in diesem Kapitel aber nacheinander abgearbeitet. Gleichzeitig soll diese Einteilung den Studierenden Hilfestellung bieten, den Auswertungsangriff strukturiert zu bearbeiten. Jede der dargestellten Phasen enthält Spezifika, auf die in den einzelnen Kapiteln an Hand eines Sachverhaltes eingegangen wird. 13

Fall:

Die allein lebende Frau A ruft aufgeregt über 110 die Polizei an, weil in ihre Wohnung in einem Vier-Familienhaus eingebrochen wurde. Sie war zu einem gemütlichen Abendessen mit Freundinnen unterwegs und fand nach ihrer Heimkehr die gesamte Wohnung durchwühlt vor. Die Wohnungseingangstür ist aufgebrochen, alle Schränke und Schubladen in der Wohnung sind aufgerissen und der Inhalt überall verstreut. Durch das vorhandene Chaos hat sie noch keine Ahnung, was überhaupt entwendet worden ist.

[9] (*Beleke*, 2002), KR 6, S. 12.

A. Anlaufphase/Kenntnisnahme

14 Der Eingang des Notrufs führt dazu, dass die Einsatzsachbearbeiter der Leitstelle Kräfte der Schutzpolizei zum Tatort entsenden, die dort die Maßnahmen des Sicherungsangriffs durchführen. Sobald diese Kräfte bestätigen, dass es sich um einen Einbruchstatort handelt, werden Maßnahmen zur Spurensicherung und Tatortaufnahme und hierzu die entsprechenden Fachkräfte erforderlich. Die Anforderung dieser Kräfte des Auswertungsangriffs erfolgt in aller Regel wieder durch Beamte der Einsatzleitstelle, die das entsprechende Ersuchen der Kräfte des Sicherungsangriffs umsetzen.

Im Rahmen dieser Anforderung werden nicht nur der Einsatzort sondern auch bereits erlangte erste Erkenntnisse der vorliegenden Straftat, der Ermittlungen vor Ort und sonstige Informationen den eingesetzten Kräften mitgeteilt. Anhand dieser Informationen können die Kräfte entscheiden, welche Führungs- und Einsatzmittel mitzuführen und ob bereits zu diesem Zeitpunkt weitere Kräfte anzufordern sind oder ob bereits Benachrichtigungspflichten bestehen. Gleichzeitig beginnt die Einsatzdokumentation des Auswertungsangriffs: die Anforderung der Auswertungs-Kräfte wird in e-Cebius vermerkt.

Fall:

Es ist abends gegen 23.00 Uhr, daher erhalten die Kräfte der K-Wache, KOK M und KKin F den Auftrag, den Auswertungsangriff am Tatort bei Frau A durchzuführen.

15 Nach Eintreffen am Tatort (dies ist der Einsatzleitstelle mitzuteilen – Statusgeber) erfolgt die Übernahme des Tatortes: mit dem Leiter des Sicherungsangriffs begeht der Leiter des Auswertungsangriffs (hier: KOK M) den Tatort und lässt sich über alle Feststellungen aus dem Sicherungsangriff informieren; diese Übergabe des Sicherungsangriffs wurde bereits im Bd. 1 ausführlich geschildert und erfolgt hier „spiegelverkehrt" als Übernahme.

Sollten bei der Aufnahme des objektiven Befundes Notsicherungen durchgeführt worden sein, können die notgesicherten Spuren direkt an die Kräfte des Auswertungsangriffs übergeben werden. Maßnahmen des Spurenschutzes werden erläutert, die bereits erhobenen Personaldaten (Identität des dF der GES) übergeben und ebenfalls deren Aussageinhalt erklärt.

Zugleich mit der Übernahme liegt die Verantwortung für diesen Einsatz beim Leiter des Auswertungsangriffs, dem damit auch automatisch die Kräfte des Sicherungsangriffs unterstellt sind. Er also entscheidet darüber, wann diese den Einsatzort verlassen können. Sollten die Kräfte des Sicherungsangriffs nicht mehr für weitere unterstützende Maßnahmen, zB Aufrechterhaltung der Absperrung oder Umstellung, benötigt werden, so können diese aus dem Einsatz entlassen werden. Vorher wird in der Praxis geklärt, welche schriftlichen Arbeiten durch die Kräfte des Sicherungsangriffs gefertigt werden.[10]

[10] Für NRW gilt, dass die aus dem Vorgangsbearbeitungssystem IGVP bzw. VIVA generierte Vorgangsnummer dann ebenfalls an die Kräfte des Auswertungsangriffs übermittelt werden muss, damit die Ermittlungsakte (= der Vorgang) unter einer Registration komplettiert werden kann.

Fall:

Der Streifenführer, der den Sicherungsangriff durchgeführt hat, zeigt KOK M den Tatort, erklärt seine Feststellungen, stellt Frau A vor und erklärt ihr, dass nunmehr M und F alles Weitere übernehmen werden. Da kein Tatverdächtiger (TV) bekannt ist und keine weiteren Personen vor Ort sind, entlässt M die Streifenwagenbesatzung aus dem Einsatz und bittet um deren Einsatzbericht.

Nach der Übernahme des Tatortes gilt für die Kräfte des Auswertungsangriffs 16
zunächst, dass sie sich einen Überblick über das Geschehen verschaffen müssen, indem sie zwar die Hinweise aus dem Sicherungsangriff berücksichtigen, dennoch aber in der gebotenen Offenheit und unter Berücksichtigung kriminalistischer Grundsätze (zB Heuristik, s. [*Pientka/Wolf*, 2017], Rn. 139 f.) vorgehen.

Mit den so erlangten Kenntnissen über den Tatort ist zu entscheiden, ob 17

- weitere Kräfte/Spezialkräfte anzufordern sind;
- behördeninterne Benachrichtigungen erfüllt werden müssen;
- die StA zu benachrichtigen ist.

In der Regel erfolgt eine Benachrichtigung der Staatanwaltschaft nur bei schwerwiegenden Delikten, zB Tötungsdelikten, schweren Raubdelikten, Vergewaltigung ….

Die Anlaufphase entfällt, wenn die Kräfte des Sicherungsangriffs auch den Auswertungsangriff übernehmen, was häufig bei Einsatzanlässen der Fall ist, die nicht der speziellen weiteren Bearbeitung durch Fachdienststellen bedürfen und in eigener Zuständigkeit abgearbeitet werden können. In diesen Fällen ist keine Übergabe an andere Einsatzkräfte bzw. eine Übernahme von anderen erforderlich, dieselben Beamten bearbeiten den Fall bis zum Tatortbefundbericht weiter.

B. Sicherung des subjektiven Befundes

Nach der PDV 100 gehört zum Auswertungsangriff insbesondere 18

- Zeugen ergänzend zu befragen bzw. zu vernehmen.[11]

Definition: Zeuge ist, wer aus eigener Anschauung Angaben zu einem relevanten Geschehen machen kann und gegen den sich das Verfahren nicht richtet.[12]

Im Rahmen der Aufnahme des subjektiven Befundes ist es wichtig, bei der 19
Übernahme des Tatortes umfangreiche Informationen über die befragten ZEG und den Inhalt ihrer Befragung zu erhalten. Nur so kann eine sinnvolle ergänzende Vernehmung durchgeführt werden und es müssen nicht die gleichen

[11] PDV 100, Ziff. 2.2.3.

[12] (*Pientka/Wolf*, 2017), Rn. 164; eine ähnliche Definition findet sich in (*Ackermann, Clages & Roll*, 2011), S. 224: „Zeuge ist eine Person, die in einem nicht gegen sie selbst gerichteten Strafverfahren über Wahrgenommenes aussagt."

Fragen wiederholt werden. Da die Personalien bereits im Sicherungsangriff erhoben wurden, muss dies im Auswertungsangriff nicht mehr erfolgen, auch diese Daten werden übergeben. Die korrekte Belehrung allerdings soll bei jeder neuen Vernehmung erneut vorgenommen werden. Das kann zwar einerseits dazu führen, dass der Bürger auf die immer wieder vorgebrachten Belehrungen mit Verwunderung reagiert, andererseits sind nicht immer zwischenzeitlich erfolgte Veränderungen in der Konstellation bekannt, die ein erneutes Nachdenken über die Belehrungsinhalte erforderlich machen dürften.[13]

20 Bei der ergänzenden Befragung/Vernehmung ist besonderer Wert auf die Ermittlung von Tatverdächtigen zu legen. Somit beziehen sich die weiteren Fragen auf die Beobachtungen der ZEG im Hinblick auf die Tatausführung und mögliche Tatverdächtige. Möglicherweise haben zuvor sehr aufgeregte ZEG sich zu diesem Zeitpunkt etwas beruhigt und ihnen fallen weitere Einzelheiten ein, die sie in den bisherigen Befragungen/Vernehmungen noch nicht mitgeteilt haben. Außerdem können hier Fragen gestellt werden, die sonst noch für das Ermittlungsverfahren wichtig sind.

21 Aufgaben für die Kräfte des Auswertungsangriffs sind auch das Suchen und das Feststellen von ZEG, die bisher noch nicht zum Sachverhalt befragt wurden. Hierbei kann es sich zB um Spaziergänger oder Nachbarn handeln. Die konkrete Suche ist von den örtlichen Gegebenheiten und der Zeit abhängig. Grundsätzlich ist die Suche nach möglichen ZEG sehr wichtig, da die Bereitschaft der Bevölkerung, sich nachträglich als ZEG zu melden, nachgelassen hat. Somit ist nach wie vor wesentliche Aufgabe der Polizei, diese ZEG möglichst noch am Tatort zu erreichen und sie direkt anzusprechen. Je nach Schwere der vorliegenden Tat sind umfangreiche Befragungen in der Nachbarschaft, sog. „Klinkenputzen", einzuleiten. Wenn hierbei Personen gefunden werden, die Hinweise zur Tat oder zum Tatverdächtigen machen können, so müssen vor der Aussage die Personalien der ZEG und deren Erreichbarkeit gem. § 163b II StPO festgestellt und entsprechende Belehrungspflichten erfüllt werden.

! **Merke:** Jede Befragung zu einem strafrechtlich relevanten Sachverhalt ist rechtlich als Vernehmung einzustufen. Vor jeder Vernehmung muss der Status der zu vernehmenden Person festgestellt werden. Steht der Status der Person fest, so ist sie diesem Status entsprechend zu belehren.

[13] Vorstellbar ist zB die Situation, dass zwischen Belehrung durch Kräfte des Sicherungsangriffs und erneuter Befragung durch die Kräfte des Auswertungsangriffs neue Erkenntnisse hinzugekommen sind: Die Kräfte des Sicherungsangriffs haben bei einem Einbruchstatort die Nachbarn nach ihren Wahrnehmungen befragt, dabei hat ein Nachbar ausgesagt, zwei der Tatverdächtigen gesehen zu haben, sie seien ihm nicht bekannt. Eine Belehrung nach § 52 StPO ist also hier nicht zwingend erforderlich. Nach einer halben Stunde soll dieser Nachbar durch die Kräfte des Auswertungsangriffs ergänzend befragt werden. Zwischenzeitlich hat er aber erfahren, dass es sich um drei Täter gehandelt haben soll, darunter sein Neffe. Zwischenzeitlich hat sich also ein Zeugnisverweigerungsrecht ergeben.

Da es sich hier um einen ZEG handelt, ergibt sich die Belehrung aus §163 III StPO iVm §§52, 55 und 57 StPO. Hierbei handelt es sich um das Zeugnisverweigerungsrecht aus §52 StPO, das Auskunftsverweigerungsrecht aus §55 StPO und um die Ermahnung zu Wahrheit aus §57 StPO, die jeweils dem Einzelfall angepasst zu erläutern sind.

Auf die genauen Inhalte und Erfordernisse zur Belehrung wird in §6 eingegangen.

Sollten mehrere ZEG angetroffen werden, sind diese vor der Vernehmung zu 22
trennen, um eine gegenseitige Beeinflussung zu vermeiden, damit es nicht zu verfälschten Aussagen kommt.

Die Befragung wird zunächst dadurch eröffnet, dass der ZEG um eine zusammenhängende Schilderung des Tatgeschehens gebeten wird, um anschließend mit gezielten Fragen alle für den Sachverhalt wichtigen und eventuell noch fehlenden Informationen zu erhalten. Insofern sind die Befragungen vor Ort gestaltet wie eine später noch durchzuführende Vernehmung der ZEG durch die Ermittlungsbeamten, zu der sie dann eine gesonderte Vorladung erhalten.

Hier ergibt sich aus der (fehlerhaften) Formulierung der PDV 100 zum Auswertungsangriff ein Umsetzungsproblem, dessen Lösung aber aus der Logik zu entwickeln ist:

Sofern es sich tatsächlich, wie in der PDV 100 geschrieben, um den „Tatbefund" handelt, sind auch die weiteren Vernehmungen von ZEG und BES als Teil des Auswertungsangriffs anzusehen. Dies aber trifft nicht mehr zu, wenn es dabei um die Feststellung des „Tat**ort**befundes" geht. Dann sind die Vernehmungen der ZEG und BES, sofern sie nicht erste Befragungen am Tatort darstellen, Teil der weiteren Ermittlungsmaßnahmen. Da, wie oben beschrieben, die korrekte Beschreibung „Tatortbefund" heißen muss, ist davon auszugehen, dass hier nur diejenigen Maßnahmen umfasst sind, die am Tatort vorgenommen werden. Also sind alle Maßnahmen, die dort, wo der Täter vor, während und nach der Tat gehandelt hat, dem Auswertungsangriff und dem Tatortbefund zuzurechnen. Sofern es zu einer Vorladung kommt und zu weiteren Vernehmungen, sind diese Teil der weiteren Ermittlungen und nicht mehr dem Tatort zuzurechnen.

Sollten sich aus Befragungen neue Erkenntnisse zu dem oder den möglichen 23
Tätern in Bezug auf Täterbeschreibung, Anzahl, mitgeführte Gegenstände, Beute, Fluchtrichtung, Fluchtmittel oder ähnliches ergeben, ist die Leitstelle zu kontaktieren, um eine Fahndung einzuleiten oder bestehende Fahndungsmaßnahmen zu aktualisieren.

Sollte ein dringend TV/BES durch Kräfte des Sicherungsangriffs oder im Rah- 24
men von Fahndungsmaßnahmen festgestellt und festgehalten/festgenommen werden, so ist seine erste Befragung, da er am Tatort (Nachtatphase) angetroffen wurde, ebenfalls Teil des Auswertungsangriffs; seine ausführliche Vernehmung mit schriftlicher Sicherung hingegen folgt später außerhalb der Tatortarbeit und ist Teil der weiteren Ermittlungen. Entsprechende Belehrungserfordernisse sind in jedem Fall erneut zu beachten.

Zunächst erfolgen auch bei den BES eine Identitätsfeststellung gem. §163b I 25
StPO und eine anschließende Überprüfung der Daten in polizeilichen Informa-

tionsdatenbanken. Zu den Belehrungspflichten wird in §6 ausführlich Stellung genommen.

26 Im Rahmen des Auswertungsangriffs beziehen sich die Fragen an den Beschuldigten, sollte er nach erfolgter Belehrung zu einer Aussage bereit sein, zunächst auf die konkret vorliegende Tat und sollen dazu führen, diese Tat, deren Folgen, mögliche Mittäter usw zu klären. Der Inhalt und die Fragen der Vernehmung ziehen dabei die Vortat-, die Haupttat- und Nachtatphase (was den Tatort im kriminalistischen Sinne abbildet) mit ein. Innerhalb der später folgenden ausführlichen Vernehmungen auf der Dienststelle kommen weitere Inhalte hinzu, die sich auf die persönliche Situation des BES, zurückliegende und geplante Straftaten beziehen usw.

Hinweis: Sofern in einer Leistungsüberprüfung die Darstellung eines Auswertungsangriffs und darin der Schutz des subjektiven Befundes abverlangt wird, wird erwartet, dass sowohl die am Tatort angetroffenen Personen, deren jeweiliger Status als auch deren mögliche Aussageinhalte und die Belehrungspflichten dargelegt werden. Personen, die nicht am Tatort von Vor-, Haupt oder Nachtatphase angetroffen werden, sind nicht zu bewerten.

Fall:

KOK M ist für die Sicherung des subjektiven Tatortbefundes zuständig, während sich KKin F mit der Sicherung des objektiven Befundes befasst.

M befragt also die GES, wann genau sie das Haus verlassen hat, wann sie zurückgekehrt ist, ob die Wohnung abgeschlossen und alle Fenster geschlossen waren, ob sie bereits Angaben über Diebesgut machen kann und ob sie evtl. in den letzten Tagen besondere Situationen hatte, aus denen sich ein Tatverdacht generieren ließe. Zudem wird er später zusammen mit KKin F die Nachbarn befragen, ob sie zur fraglichen Zeit Beobachtungen gemacht haben.

C. Sicherung des objektiven Befundes

27 Nach der PDV 100 gehört hierzu insbesondere

- Bildmaterial und Skizzen einschließlich der Vermessung des Tatortes zu fertigen,
- Spuren zu suchen, zu sichern und auszuwerten,
- nach Beweismitteln zu suchen und diese sicherzustellen,
- weitere für den Tatortbefundbericht wesentliche Informationen zu erheben.[14]

28 Kernaufgabe des Auswertungsangriffs sind Spurensuche und -sicherung am Tatort. Bei der Spurensuche kommt es vor allem darauf an, systematisch zu suchen.[15] Im kriminalistischen Arbeitsalltag hat sich die Suche entlang des rekonstruierten Täterweges bewährt.[16]

---

14 PDV 100, Ziff. 2.2.3.

15 (*Beleke*, 2002), KR 6, S. 13.

16 (*Beleke*, 2002), KR 6, S. 14.

Erfolgreiche Suche und Sicherung von Spuren setzt die lückenlose und systematische Absuche der potenziell spurentragenden Bereiche voraus, sodass als Erstes die abzusuchenden Tatortbereiche festzulegen sind. Als spurentragende Bereiche kommen im Allgemeinen infrage: 29

- der Tatort im engeren Sinne,
- der Fundort,
- der Weg des Täters zum und vom Tatort,
- Opfer, Tatverdächtige,
- Werkzeuge und Tatmittel.[17]

Die Grundsätze der Spurensuche wurden bereits in (*Pientka/Wolf,* 2017), §20 umfangreich dargestellt; deshalb wird an dieser Stelle auf eine Wiederholung verzichtet.

Im Auswertungsangriff kommt es jedoch gegenüber dem Sicherungsangriff zu einer intensiveren Spurensuche, da nun auch Spuren gesucht werden, die nicht sofort erkennbar sind, wohingegen im Sicherungsangriff die erkennbaren Spuren geschützt oder notgesichert wurden und die nicht erkennbaren Spuren durch ein möglichst zurückhaltendes und spurenschonendes Arbeiten insgesamt geschützt wurden. 30

Zur Spurensuche stehen den Beamten des Auswertungsangriffs verschiedene Hilfsmittel zur Verfügung, die näher im Kapitel „Teilmodul HS 1.2.2 Spurensuche, -schutz und -sicherung" erläutert werden.

Die Aufnahme des objektiven Befundes erfolgt grundsätzlich durch 31

- Beschreiben, Fotografieren, Vermessen, Skizzieren des Tatortes und der Tatortsituation,
- Suche und Sicherung materieller Spuren.[18]

Dies kann auch unter der kurzen Formel „Auge-Kamera-Hand" zusammengefasst werden. So hat der Beamte vor Ort zunächst die Aufgabe, die Situation und die Spuren mit seinen Augen zu erfassen. Zu diesem Zeitpunkt soll er nichts anfassen und/oder verändern. Wenn er eine Spur wahrgenommen hat, besteht die nächste Aufgabe in einer fotografischen Sicherung. Hierzu ist die Spur zu kennzeichnen, zu vermessen und gegebenenfalls in eine Tatortskizze einzutragen. Die fotografische Sicherung erfolgt zunächst in Übersichts- und dann in Detailaufnahmen der Spur mit der Kennzeichnung und einem angelegten Maßstab. Erst wenn dies erledigt ist, ist die Spur zu sichern, dh jetzt kann die Spur unter Berücksichtigung der erforderlichen Schutzmaßnahmen „angefasst" werden. Dies muss natürlich so spurenschonend wie möglich erfolgen.

Ein weiterer Grundsatz der Spurensicherung vor Ort heißt: 32

- Sicherung wenn möglich im Original.

Eine solche Sicherung im Original richtet sich nach den Möglichkeiten und dem Verhältnismäßigkeitsgrundsatz. Wenn ein Gegenstand komplett gesichert

---

17 (*Ackermann, Clages & Roll,* 2011), S. 122.
18 (*Ackermann, Clages & Roll,* 2011), S. 119.

wird, an dem sich weitere Spuren befinden, sollen dieser Gegenstand und die weiteren Spuren zu einem späteren Zeitpunkt unter Laborbedingungen beim Erkennungsdienst/bei der KTU gesichert werden.

Fall:

KKin F beginnt mit der fotografischen Sicherung, indem sie jeden Raum insgesamt fotografiert und im Anschluss Detailaufnahmen von den Beschädigungen an der Tür, den geöffneten Schränken und Schubläden und vielen einzelnen Spuren fertigt. Sodann beginnt sie, an den Stellen, an denen ein Aufkommen latenter Spuren zu erwarten ist, mit der Sicherung von Finger- und DNA-, evtl. auch Faserspuren usw. Während dieser Tätigkeit stellt sie in der Küche eine halb geleerte, geöffnete Flasche Bier fest. Frau A erklärt, diese stamme auf keinen Fall von ihr selbst, sie hasse Bier, und sie könne sich auch nicht vorstellen, von wem die Flasche stamme. Damit wird festgestellt, dass der Täter offensichtlich aus dieser Bierflasche getrunken und diese dann auf dem Küchentisch abgestellt und zurückgelassen hat. Hier erfolgt die Sicherung im Original, um im Labor mögliche Fingerabdruckspuren und Speichel und damit DNA an der Flasche zu sichern.

33 An den verschiedenen Tatorten kann eine Vielzahl von Spuren erkannt und gesichert werden. So zeichnen sich Tatorte der Einbruchs- und Gewaltkriminalität, insbesondere Raubstraftaten, Sexual- und Tötungsdelikte, durch das Vorhandensein umfangreicher Spuren aller Spurenarten aus.

> **Hinweis:** Sofern in einer Leistungsüberprüfung die Sicherung des objektiven Befundes im Rahmen des Auswertungsangriffs verlangt wird, müssen die einzelnen Spuren und deren jeweilige Sicherung detailliert dargelegt werden.

D. Nachlaufphase

34 Mit dem Verlassen des Tatortes durch die Kräfte des Auswertungsangriffs wird die Tatortarbeit beendet. Allerdings gibt es auch Tatorte, die nicht zugleich freigegeben werden. Diese Tatorte bleiben beschlagnahmt, häufig auch versiegelt, um auch später erneut weitere Spurensicherungsmaßnahmen am Tatort durchführen zu können.

Sollten noch Kräfte des Sicherungsangriffs eingesetzt sein, so können diese jetzt auch aus dem Einsatz entlassen werden. Gleichzeitig ist der Leitstelle eine Lageabschlussmeldung zu geben.

35 Auf der Dienststelle sind noch die schriftlichen Arbeiten zu fertigen. Hierzu zählen, teils zwingend, teils nur bei umfangreicheren Anlässen

- der Tatortbefundbericht,
- der Spurensicherungsbericht,
- die Asservierung der sichergestellten Gegenstände inklusive der Formulare zur Sicherstellung/Beschlagnahme,
- die Lichtbildmappe,
- sonstige Berichte, Protokolle und Vermerke (zB über weitere Zeugenvernehmungen oder Ähnliches).

Die aufgeführten schriftlichen Arbeiten ergänzen die bereits gefertigten Unterlagen aus dem Sicherungsangriff, zB: die Strafanzeige mit dem Bericht über den erfolgten Sicherungsangriff, die eingeholten Strafanträge (sofern erforderlich), Durchsuchungsprotokolle usw.

E. Tatortbefundbericht

Die Dokumentation über die Erhebung des Tatortbefundes erfolgt durch den Tatortbefundbericht.[19] Obwohl es in NRW keine vorgeschriebene Form gibt, hat sich der Aufbau in fünf Hauptteilen durchgesetzt: 36

Tatortbefundbericht

1. Allgemeines
   - Eingang der Ereignismeldung/Übernahme des Einsatzes – Mitteiler
   - Mitgeteilte Informationen
   - Eingesetzte Kräfte
   - Eintreffzeit am TO
   - Am Tatort angetroffene Einsatzkräfte und sonstige Personen
   - Erste Informationen am Tatort
   - Witterungs- und Lichtverhältnisse
2. Objektiver Befund/Tatortbefund
   - Beschreibung des Tatortes im weiteren Sinn (Lage, Umgebung, genaue Örtlichkeit, Zugangsmöglichkeiten, Tatobjekt)
   - Beschreibung des Tatortes im engeren Sinn (von außen nach innen, wesentliche tatortrelevante Einzelheiten)
   - Beschreibung der Spuren (kann auch in einem separaten Spurensicherungsbericht erfolgen)
3. Subjektiver Befund/Tatortbefund
   - Personalien, Erreichbarkeiten und Inhalt der Aussage des Opfers
   - Personalien, Erreichbarkeiten und Inhalt der Aussagen von Zeugen oder sonstigen Personen
   - Reaktionen und Verhaltensweisen des Opfers und der Zeugen
   - Personalien, Erreichbarkeiten, Belehrung und Inhalt der Aussage möglicher TV/BES

---

[19] Teils, selbst in der PDV 100, wird unzulässig auch dieser Begriff (s. Fn. 8) verkürzt mit der Bezeichnung „Tatbefundbericht". Zutreffend diskutiert *Weihmann*, dass diese Bezeichnung falsch wäre, würde sie doch alle Bedingungsfelder der Tat einbeziehen, nicht nur diejenigen, die am Tatort feststellbar sind:
„Die irreführende Bezeichnung ‚Tatbefundbericht' suggeriert, es könnten schon jetzt Angaben zum strafrechtlichen Verhalten und damit zur Tatbestandmäßigkeit, Rechtswidrigkeit und Schuld gemacht werden. Ob eine Tat im strafrechtlichen Sinne überhaupt – und welche – vorliegt, ist in den überwiegenden Fällen zu diesem frühen Zeitpunkt noch nicht sicher. Nach den Regeln der Kriminalistik wird das schriftliche Ergebnis über den Befund am Ort der Tat, mit den Feststellungen über Personal- und Sachbeweis, über Ermittlungen und Gefahrenabwehr in einem Bericht erstellt. Deshalb wird der Tatortbefundbericht genannt." (*Weihmann*, www.weihmann.info, 2005).

4. (Kriminalistische) Schlussfolgerungen
   Erste Bewertung/Zusammenfassung der wesentlichen Ermittlungsergebnisse der objektiven und subjektiven Tatortbefunderhebung in Bezug auf die vorliegende Straftat, zum Ablauf des Tatgeschehens, zum Opfer, zum Täter und zur Fahndungssituation.
5. Abschließende Maßnahmen
   - Beendigung der Tatortarbeit
   - Aufzählung der getroffenen bzw. noch zu treffenden Maßnahmen
   - Fahndungsmaßnahmen
   - Meldungen und Berichte

37 Die Fertigung des Tatortbefundberichtes ist eine der ganz wesentlichen kriminalistischen Aufgaben. Sofern Sicherungs- und Auswertungsangriff durch dieselben Kräfte durchgeführt werden, entfällt der Bericht über den Sicherungsangriff zugunsten des Tatortbefundberichtes.

In der Praxis hat sich aus Ökonomiegründen eingebürgert, bei weniger schwerwiegenden Delikten den Tatortbefundbericht knapp und eher als Aufzählung denn als Fließtext zu fertigen. Den Gründen für diese Vorgehensweise kann natürlich bei der bestehenden Belastung der Kräfte durchaus gefolgt werden. Es ist allerdings zu bedenken, dass gerade diese „kleinen" Delikte (ein Beispiel ist der Diebstahl aus Kfz) als Massendelikte kaum der Aufklärung zugeführt werden, uns jedoch in der Kriminalitätsbelastung erheblich fordern. Eine gezielte, fundierte und umfassende Ermittlung gerade dieser Delikte würde eine erhebliche Verbesserung der Kriminalitätslage nach sich ziehen, da sie ja eben zahlenmäßig sehr stark sind (s. hierzu auch „Qualitätsoffensive in der Kriminalitätsbekämpfung", Neuausrichtung von Führung und Steuerung der Polizei NRW; Konzentration auf die Erfolgsfaktoren polizeilicher Kernaufgaben – Erlass IM NRW v. 29.5.2008 – 42–59.03.02). Es empfiehlt sich daher, die vorgesehene Struktur immer einzuhalten und möglichst ausführlich, aber im Umfang angemessen mit Inhalt und damit mit Leben zu füllen.

§ 7 Die polizeiliche Vernehmung

38 Die meiste Zeit des polizeilichen Lebens verbringen die Beamten mit der Kommunikation mit Bürgern, egal, um welchen Einsatzanlass es sich handelt und in welcher Rolle auch immer sich die Menschen, denen Polizei begegnet, befinden. Hinzu kommt ein wesentlicher Zeitanteil, in dem schriftliche Arbeiten erledigt werden. Im Bereich der Vernehmung sind wir im „Kerngeschäft" der Polizeiarbeit, in dem sich beide Schwerpunktbereiche – Kommunikation und schriftliche Arbeiten – treffen.

39 Im Zusammenhang mit der Beweislehre wurde bereits darauf verwiesen, dass dem Personalbeweis die wesentliche Rolle im Verfahren zukommt und Sachbeweise der Interpretation durch Personen bedürfen. Diese Personalbeweise aber werden durch die Vernehmung erst für das Verfahren verständlich gemacht und gesichert. Vernehmungen kommt also in allen Verfahrensarten

grundlegende Bedeutung zu. Sie dienen den Gerichten häufig als Grundlage für die Vorbereitung der Verhandlung und damit für spätere Entscheidungen.

Merke: Vernehmungen sind wesentliche Arbeit der Polizei und wichtige Säule der Beweisführung. Sie werden durchgeführt mit dem Ziel der Wahrheitsfindung, nicht mit dem Ziel eines Schuldnachweises.[20]

Definition: Vernehmung ist jede in amtlicher Eigenschaft geführte Befragung zu einem Sachverhalt![21]

Das bedeutet in der Auslegung dieser Definition: sobald ein Beamter eine Frage stellt oder sonstwie einen anderen zum Sprechen animiert und damit auf einen zu ermittelnden Sachverhalt zielt, liegt rechtlich eine Vernehmung vor. Das bedeutet auch: vor dieser Frage ist eine Belehrung über die bestehenden Rechte anzugeben (s. hierzu §7). Und im Umkehrschluss bedeutet es: solange keine Frage gestellt wird, eine Aussage also nicht durch die Ermittlungsbeamten initiiert wird, liegt auch keine Vernehmung vor.

Beispiele: Beamter A sagt zu einem Ladendieb: „Schön wäre, wenn wir wüssten, wo das Diebesgut verkauft wird!" – Amtlich initiiert, in einem zu ermittelnden Sachverhalt – daher also eine Vernehmung.

Beamtin B hört dem Ehemann E zu, der für einen rechtlichen Rat auf die Wache kommt und unaufgefordert erzählt, dass er seine Kinder aus der Wohnung der Ex-Frau geholt und im Ausland vor ihrem Zugriff versteckt hat. Kein Anstoß durch die B, denn der E berichtet ohne vorausgehenden Impuls – keine Vernehmung.

Beamtin B fragt: „Haben Sie geteiltes Sorgerecht?" – Frage zum Sachverhalt, Vernehmung beginnt mit dieser Frage in diesem Moment.

Der Moment, in dem eine Vernehmung beginnt, ist von besonderer Bedeutung. 40
Ihn zu erkennen ist wesentlich für die Entscheidung, wann genau welche Belehrung erforderlich wird. Verkennt der einschreitende Beamte diesen richtigen Moment und belehrt also nicht wie erforderlich und vorgesehen, kann ein Beweisverbot daraus entstehen, schlimmstenfalls ist die ganze Ermittlungsarbeit umsonst (s. hierzu vertiefend §§7 und 8).

Daher gilt:

Besteht Unklarheit über die Frage, ob bereits eine Vernehmung vorliegt oder nicht, so ist in jedem Fall davon auszugehen und auf geeignete Weise zu handeln (und in den meisten Fällen zu belehren)!

---

20 (*Hermanutz/Litzcke*, 2012), S. 118.

21 Zum formalen Vernehmungsbegriff s. unter anderem BGH NStZ 1996, 502.

41 Nicht zur Vernehmung gehören also im Umkehrschluss alle diejenigen „Gespräche", die die Definition nicht erfüllen:

- Fragen durch Privatpersonen
- Fragen ohne Sachverhaltsbezug (etwa zur IdF)
- Fragen, OB jemand in irgendeiner Weise beteiligt ist
- Fragen nach der Rolle des Gegenübers (GES, ZEG, BES…)
- Gespräche außerhalb der Sache (Kontaktgespräche, zB zur Klärung des Intellekts)
- Spontanäußerungen ohne vorangegangenen Impuls/vorangegangene Frage.

42 In der kriminalistischen Literatur werden diese „Gespräche" teilweise als „Befragung" bezeichnet, teilweise – sofern der Status des Anderen noch unklar ist – als „informatorische Befragung". Gemeint ist eine Art unverfängliches Vorgespräch. Der Begriff suggeriert aber, dass man seitens der Behörde Fragen stellen dürfe, um sich allgemein zu informieren. Die Begriffe „Befragung" und „informatorische Befragung" sind also dem Grund nach nicht korrekt.

Damit nämlich greift die Bezeichnung zu kurz: sobald sich die „Informationen" auf einen konkreten Fall beziehen, liegt wieder Vernehmung vor, sind also die Formvorschriften entsprechend zu beachten. Nur solange sich die Fragen auf Informationen über die Person des Anderen und seine Rolle im Ermittlungsverfahren richten, ist Vernehmung noch nicht gegeben. Aufgrund dieses missverständlich zu interpretierenden Begriffs ist nicht von „informatorischer Befragung" zu sprechen, sondern von den bereits genannten und in § 7 näher erörterten „Sondierungsfragen".

A. Ziel von Vernehmungen

43 Egal, um welche Art von Vernehmung es sich handelt, ob Zeugen- oder Beschuldigtenvernehmung, ob Opfervernehmung in Form einer Anzeigenaufnahme, ob Vernehmung in Form einer Wiedererkennungsmaßname oder wie auch immer – jede Vernehmung hat zum Ziel, die Erinnerung einer Person so zu Papier zu bringen, dass die Niederschrift das Geschehen aus Sicht des zu Vernehmenden erlebnisecht wiedergibt.

Dabei richtet sich die Vernehmung an den Inhalten aus, die der Vernommene präsentiert. Das bedeutet:

- eine Person hat ein Geschehen wahrgenommen
- an dieses soll sie sich nun erinnern und
- aus dieser Erinnerung das Geschehen beschreiben.[22]

Daraus ergibt sich, dass der zu Vernehmende in der Lage sein muss, diese drei Anforderungen auch zu erfüllen: er muss wahrnehmen können, sich erinnern können und beschreiben können. Das ist nicht immer der Fall. Sehbehinderte Menschen werden durch die anderen Sinne wahrnehmen und sodann die weiteren Phasen erfüllen, hörgeschädigte Menschen werden die Geräusche eines

---

[22] Zur Vertiefung der hier vereinfachend dargestellten Komponenten empfiehlt sich (*Artkämper/Schilling*, Vernehmungen – Taktik, Psychologie, Recht, 2012).

Geschehens nicht oder nur im Ansatz beschreiben können. Hingegen werden Personen mit Gedächtniseinschränkungen, demente Personen kaum aus der Erinnerung heraus konkrete Angaben machen können, wenngleich sie zur Wahrnehmung gut in der Lage waren.

Es zeigt sich: alle drei Voraussetzungen für eine Vernehmung in der Person des 44 zu Vernehmenden müssen gleichermaßen gegeben sein oder in Einzelfällen ausgeglichen werden können, um eine gute Vernehmung sichern zu können. Das heißt auch, dass das Vorliegen aller Voraussetzungen oder ihr Fehlen zu Beginn von Vernehmungen festgestellt werden müssen. Dazu dienen bestimmte Phasen in der Durchführung der Vernehmung, die der Beschreibung des Erlebten vorangehen.

Auf dieselbe Weise werden in einem Verfahren so viele Vernehmungen von so 45 vielen Personen gefertigt, wie für die Klärung der Sache erforderlich erscheint. In der Summe aller Vernehmungen und im Zusammenspiel mit den weiteren Beweisen sollte am Ende die Möglichkeit stehen, die sog. **objektive Wahrheit** festzustellen, also eine Rekonstruktion des wahren Geschehens zu ermöglichen.

Also verfolgen Vernehmungen sowohl im Gesamtverfahren als auch in den einzelnen Schritten der Ermittlungen bestimmte Ziele. Beispielsweise

- die Feststellung möglicher Delikte (also der Tatbestandsmäßigkeit),
- die Feststellung von Rechtswidrigkeit bzw. Rechtfertigungsgründen,
- die Feststellung von Schuld in allen Elementen,
- die Feststellung von Beteiligungsformen,
- die Rekonstruktion von Tathergängen,
- die Feststellung von Motivlagen, usw.

Ziel von Vernehmungen ist eine möglichst erlebnisechte Geschehenswiedergabe zur Darstellung der sog. „objektiven Wahrheit". !

Diese Zieldarstellung ist seit vielen Jahren innerhalb der Kriminalistik so über- 46 nommen worden. Die Vernehmungen selbst sind jedoch die ganz subjektiven Darstellungen der beteiligten Personen, also eine „subjektive Wahrheit". Die Gesamtheit aller Vernehmungen und die Sachbeweise ergeben erst zusammen ein Bild der Tat, das im Ergebnis die objektive Wahrheit sein soll.

Hier ist allerdings darauf hinzuweisen, dass diese sog. „objektive Wahrheit" 47 nach allgemeiner Auffassung kaum rekonstruierbar ist, dies auch dann, wenn es scheinbar eindeutige technische Beweise gibt. *Artkämper* schildert dies eindrucksvoll und weist zutreffend auf die Tatsache hin, dass die Ermittlungen lediglich die „prozessuale Wahrheit" zutage fördern können:

„Wahrheit im Sinne des einem Urteil zugrundelegbaren Sachverhalts sind die Tatsachen, die nach Vorgabe der Strafprozessordnung zustande gekommen sind und im Rahmen eines entsprechenden justizförmigen Verfahrens in der Hauptverhandlung aufbereitet werden können. Bei nüchterner Betrachtungsweise verbleibt dann eine Sachverhaltskonstruktion, die man als prozessuale Wahrheit bezeichnen kann."[23]

---

[23] (*Artkämper*, Polizeibeamte als Zeugen vor Gericht, 2011), Kap. 2.3, S. 15.

Daher ist näherliegend, die Ziele einer Vernehmung wie folgt zu beschreiben:

Ziel von Vernehmungen ist eine möglichst erlebnisechte Geschehenswiedergabe zur Ermittlung der sog. „prozessualen Wahrheit".

Es ist kaum ein Ermittlungsverfahren vorstellbar, in dem es nicht an irgendeinem Punkt zu einer Vernehmung kommt. Auf welche Weise und in welchem Umfang diese Vernehmungen geführt werden, ist allerdings abhängig von der Bedeutung des Verfahrens.

B. Vernehmungsarten

48 Nicht immer sind Vernehmungen so gestaltet, wie man sich die klassische Situation vorstellt, und manches aus Film und Fernsehen findet sich hoffentlich in der Realität nicht wieder, so zB die berühmte „Lampe".

Durchaus können sie auch außerhalb eines Vernehmungszimmers (das hierzulande in aller Regel das Büro des Ermittlungsbeamten ist) stattfinden, auch Telefonate erfüllen uU die Definition und sind daher ebenfalls als Vernehmungen anzusehen.

Auf welche Weise auch immer die Vernehmung stattfindet: wir unterscheiden hinsichtlich der Personen, die vernommen werden und nach deren jeweiligem Status.

Abb. 3: Vernehmungssituation, Foto von privat (*Kirsten Pientka*)

I. Zeugenschaftliche Vernehmung

49 Der ZEG ist nicht verpflichtet, zur Vernehmung bei der Polizei zu erscheinen oder auszusagen. Anders verhält sich dies, wenn es um staatsanwaltschaftliche

oder richterliche Vernehmungen geht: hier hat der ZEG die Pflicht, an der Aufklärung der Sache mitzuwirken und auszusagen, sofern ihm nicht besondere Rechte der Verweigerung zur Seite stehen. Ebenfalls ergibt sich die Pflicht zur Wahrheit, andernfalls würde er sich strafbar machen der uneidlichen Falschaussage oder des Meineides. Seitens des Gerichts kann ein „unwilliger" ZEG durchaus auch zur Aussage bewegt werden, zB durch Ordnungsgeld oder Beugehaft.

II. Beschuldigtenvernehmung – sog. „verantwortliche Vernehmung"

Auch der BES muss zur polizeilichen Vernehmung nicht erscheinen, ebenso 50
wenig muss er eine Aussage tätigen. Niemand ist verpflichtet, an der eigenen Strafverfolgung aktiv mitzuwirken, wohl aber muss der BES bestimmte Ermittlungshandlungen über sich ergehen lassen (sog. Duldungspflicht), so zB die Pflicht der Teilnahme an Gegenüberstellungen/erkennungsdienstliche Behandlung (§ 58 II StPO und §§ 81a/81b StPO) und körperlichen Untersuchungen (§ 81a StPO). Für solche Maßnahmen kann auch sein Erscheinen bei der Polizei durchgesetzt werden.

III. Vernehmung von Kindern – bezeichnet als „Anhörung"

Für die Anhörung von Kindern gelten besondere Regelungen, die sowohl für 51
Kinder im Zeugenstatus gelten als auch für Kinder, die als Verdächtige eingestuft werden, ebenso gilt dies für Jugendliche.

Über mögliche Ermittlungen gegen Kinder und Jugendliche wird auf HS 2 verwiesen.

Die Anhörung von Kindern und Jugendlichen als ZEG wird, da sie häufig bei Einsätzen der häuslichen Gewalt (s. § 12) betroffen sind, in einem gesonderten Kapitel (§ 6 H) erörtert.

IV. Vernehmung von Betroffenen in OWi-Verfahren – ebenfalls bezeichnet als „Anhörung"

Es gelten für diese Anhörungen die Aussagen zur Vernehmung analog. 52

Aus der Einordnung der geplanten Vernehmung in eine der Kategorien I – IV ergibt sich auch jede Entscheidung über die Fragen zu deren jeweiliger Durchführung: wie ist zu belehren, wie sind die entsprechenden Formulare auszufüllen, wie ist zu protokollieren usw.

Darüber hinaus unterscheiden wir auch Arten von Vernehmungen nach Vernehmungsinstanz, es kommen zur

- polizeilichen Vernehmung

die

- staatsanwaltschaftliche Vernehmung,
- richterliche Vernehmung

hinzu.

53 Die Bedeutung einer richterlichen Vernehmung liegt darin, dass gem. § 254 StPO zur Beweisaufnahme über ein Geständnis und zur Behebung von Widersprüchen das richterliche Protokoll verlesen werden darf. Dies stellt eine zulässige Durchbrechung des Unmittelbarkeitsgrundsatzes in der mündlichen Verhandlung dar.

Sofern also ZEG oder BES zwar bei der Polizei ausgesagt haben, später aber von ihren Verweigerungsrechten Gebrauch machen, ist aufgrund des Unmittelbarkeitsgrundsatzes der Inhalt der Vernehmung nicht mehr in vollem Umfang nutzbar. Zwar kann der Vernehmungsbeamte über die Vernehmung berichten, allerdings kommt aus Sicht des Gerichts einer richterlichen Vernehmung ein höheres Maß an Objektivität zu als einer polizeilichen Vernehmung.

54 Noch schwieriger gestaltet sich die Situation bei ZEG. Ihnen steht das Recht aus § 52 StPO bis zur Hauptverhandlung zu. Zuweilen wird erst hier dieses Recht in Anspruch genommen. Ist dies der Fall, so darf die bisherige Aussage nicht mehr verwertet und auch nicht verlesen werden, wenn sie lediglich bei der Polizei erfolgt ist.

Eine Aussage des vernehmenden Polizeibeamten als ZEG vom Hörensagen ist ebenfalls nicht mehr zulässig.

Der Bundesgerichtshof hat jedoch eine bedeutende Ausnahme von dem in § 252 StPO ausgesprochenen Verwertungsverbot für zulässig erklärt.

Wurde der ZEG, der zur Zeugnisverweigerung berechtigt ist, nach vorschriftsmäßiger Belehrung von einem Richter vernommen, so kann dieser Richter über die frühere Aussage des ZEG vernommen werden, auch wenn dieser in der Hauptverhandlung von seinem Weigerungsrecht Gebrauch macht.

Allerdings ist die richterliche Vernehmung in der Hauptverhandlung nur dann möglich, wenn der Grund zur Zeugnisverweigerung bereits vor der richterlichen Vernehmung bestand. Für danach eingetretene Veränderungen ist das Recht des ZEG unantastbar.

! Daraus ergibt sich: Wesentliche Aussagen in umfangreichen oder bedeutsamen oder besonderen Verfahren sollten durch richterliche Vernehmung abgesichert werden (s. hierzu auch § 6 G).

C. Gestaltung von Vernehmungen

55 Gemäß PDV 100 sind alle Vernehmungen ohne Einschränkung und egal welcher Art gründlich zu planen und vorzubereiten hinsichtlich

- Person des zu Vernehmenden,
- Gegenstand der Vernehmung,
- Zeit und Ort der Vernehmung.

Vor der Durchführung der Vernehmung hat der Vernehmungsbeamte also vorbereitende Entscheidungen und Maßnahmen zu treffen, auf die er in der Vernehmungssituation selbst zurückgreifen kann.

Je nach Umfang und Bedeutung des Ermittlungsverfahrens ist auch diese Vorbereitung umfangreicher oder knapper, immer aber hat sie die drei vorstehenden Aspekte zum Gegenstand, ohne die eine Vernehmung nicht durchgeführt werden kann.

Hinweis: Die Entscheidung, in welcher Reihenfolge welche Personen vernommen werden sollten, wird in erster Linie aus taktischen Erwägungen getroffen. In aller Regel werden zunächst die ZEG, zum Schluss der Beschuldigte vernommen.

Der Sinn dieser Vorgehensweise liegt darin, dass aufgrund der Zeugenaussagen das Geschehen so weit wie möglich bekannt gemacht werden soll. Bei der Vernehmung des BES kann dann mit den schon vorliegenden Aussagen der ZEG abgeglichen werden, es können Vorhaltungen gemacht, entsprechende Nachfragen gestellt werden.

In der kriminalistischen Literatur gibt es durchaus unterschiedliche Auffassungen, wie eine solche Vernehmung aufgebaut und durchgeführt werden kann. 56
Seitens des LAFP NRW wird die auch von *Frank Adler* und *Max Hermanutz*[24] präferierte sog. „strukturierte Vernehmung" gelehrt. Sowohl dieser Begriff als auch die Struktur selbst erfahren nicht allgemeine Anerkennung; *Weihmann* hält beides sogar für erfolgsgefährdend[25].

Betrachtet man aber die verschiedenen Phasen dieser Struktur, so ist festzustellen, dass sie sehr wohl – in mehr oder weniger ausgeprägter Form – für alle Vernehmungssituationen und für alle Vernehmungsarten anwendbar sind. Für den „Vernehmungsanfänger" ist es als hilfreich anzusehen, wenn er sich an die Phasen der Vernehmungen hält, sie im Einzelnen dezidiert vorbereitet und durchführt. So wird nicht etwa, wie teilweise scheinbar befürchtet, ein technokratisches, checklistenartiges und damit unreflektiertes Abarbeiten bewirkt, das selbstständige Denkprozesse ausschaltet. Vielmehr wird eine fundierte Gestaltung bewirkt, die detailreich und durchdacht auch jede rechtliche Entscheidung beinhaltet und ermöglicht. Aus diesem Grunde soll auch hier diese Art der Vernehmung dargestellt und in den Lehrveranstaltungen der FHöV NRW vermittelt werden.

---

24 *Adler* und *Hermanutz* stellen 28 Vernehmungskarten zur Verfügung, die – sofern zutreffend – für das Einhalten der Struktur sorgen und dem Vernehmungsbeamten eine lückenlose Gestaltung der Vernehmung bieten sollen.

25 (*Weihmann*, Kriminalistische Vernehmung, 2010).

D. Strukturierte Vernehmung

57 Die strukturierte Vernehmung läuft in sechs Phasen, die bei allen Vernehmungen in hoher oder geringerer Ausprägung zum Tragen kommen:

Abb. 4: Phasen der Strukturierten Vernehmung

Die nachfolgenden Inhalte zu den Phasen sollen quasi als Bausteine betrachtet werden. Zwar wird es immer diese sechs Phasen geben, ihre Ausgestaltung aber ist abhängig vom konkreten Ermittlungsverfahren und Vernehmungsanlass, damit sind die nachfolgenden Darstellungen nicht abschließend und können durchaus auch noch erweitert werden.

I. Phase 1: Vorbereitung

58 Mehr oder weniger umfangreich ist jede Vernehmung sowohl inhaltlich als auch bezüglich der Rahmenbedingungen vorzubereiten. Wenn ein Beamter zur Befragung jemanden anruft, so hat er sich über das Ziel des Anrufes und sein Gegenüber ebenso klar zu werden wie der Beamte, der in einer Mordsache einen ZEG oder Beschuldigten vernehmen muss. In jedem Fall hat der Beamte vor der Vernehmung alle Informationen beizuziehen, deren er habhaft werden kann.

59 Grundvoraussetzung ist die Kenntnis der bisherigen Ermittlungsergebnisse aus der Akte und aus weiteren polizeilichen Informationsquellen (**Aktenstudium**). Der Grundsatz, dass der Sachbearbeiter eines Ermittlungsvorganges auch die notwendigen Vernehmungen durchführen sollte[26], findet hier seinen Ursprung: niemand kennt die Akte so gut wie er. Damit wird dem Anspruch der PDV 100 zu „Gegenstand der Vernehmung" Rechnung getragen.

---

[26] In umfangreichen Verfahren, zB bei WiKri- oder MK-Sachen, werden als Vernehmungsbeamte besonders geschulte Ermittler eingesetzt.

Ein umfangreiches Aktenstudium ist dennoch auch durch den Sachbearbeiter selbst immer notwendig. Das setzt auch voraus, dass wesentliche Ergebnisse aus der Akte zB durch „Reiter" kenntlich gemacht sind, um sie im Verlaufe der Vernehmung auffinden zu können. Sofern sich aus der Ermittlungsakte Fragen ergeben (zB zu klärende Fachbegriffe, zB Ortskenntnisse usw), sind diese im Vorfeld zu klären, um dem zu Vernehmenden mit Sachkenntnis gegenübertreten zu können. Und nicht zuletzt über die beteiligten Personen muss der Beamte informiert sein. Wer hat im Verfahren welche Rolle inne, wer ist eventuell schon wie in Erscheinung getreten, gibt es Gefahren, die aus der Vernehmungssituation erwachsen können usw.

Nachdem alle Informationen gewonnen wurden, kann die Vernehmung konkret geplant werden.

Die weiteren entscheidungserheblichen Aspekte sind nach PDV 100: **60**

- **Zeit**
  - Wann soll die Vernehmung stattfinden? Es muss beachtet werden, dass in aller Regel noch eine Vorladung verschickt werden muss, der zu Vernehmende sich eventuell frei nehmen muss, die Planung des Beamten ausreichend Zeit einräumt usw.
  - Wie lange wird sie vermutlich dauern? Hier ist insbesondere die „Taktung" verschiedener Vorladungen an einem Tag entsprechend zu planen. Ermittlungsbeamte haben häufig mehrere Vernehmungen täglich, die sie entsprechend durch Vorladungen planen. Mancher geht davon aus, dass Vorgeladene nur in wenigen Fällen überhaupt bei der Polizei erscheinen, laden also im Halbstundentakt vor und wundern sich am Ende, wenn die Vorgeladenen alle vor der Tür stehen.
  - Genügt ein Vernehmungstermin, oder ist der Vorgang so umfangreich, dass mehrere Termine vorzusehen sind? Dann sollten diese ebenfalls vorausgeplant werden.
- **Ort**

  Grundsätzlich sollten Vernehmungen auf der Dienststelle stattfinden, was aber in Einzelfällen nicht möglich ist. So werden sie teilweise verlagert: ins Krankenhaus, in die JVA, zum zu Vernehmenden nach Hause usw. Hier ist auf die Besonderheiten des Vernehmungsraumes bereits in der Planung einzugehen. Während der Beamte im eigenen Büro entsprechende Vorbereitungen treffen kann, die zB seiner Eigensicherung oder bei verantwortlichen Vernehmungen einer möglichen Flucht von BES Rechnung tragen, kann er dies bei Verlagerung der Vernehmung nur ganz bedingt.

  Zu beachten ist außerdem, dass die Vernehmung möglichst ungestört durchgeführt werden sollte, also Telefonanrufe und Besuche einerseits vermieden werden, andererseits aber die Nähe zu den Kollegen (wiederum aus Eigensicherungsgründen) und der Kontakt zu ihnen jederzeit möglich sein müssen.
- **Person**

  Wer ist der zu Vernehmende, welche Rolle hat er im Verfahren? Gibt es bereits Erkenntnisse über ihn oder durch ihn begangene Taten? Hier ist alles an Informationen zu gewinnen, was man über diese Person ermitteln kann. Auch eine Abfrage in den polizeilichen Datensystemen ist durchzuführen. Wird sie übersehen, so kann es zu unangenehmen Situationen kommen: Fälle, in denen Personen vorgeladen, vernommen und verabschiedet wurden, obwohl gegen sie ein Haftbefehl bestand, hat es bereits gegeben.

61 Wenn alle Informationen erhoben sind, ist der zu Vernehmende vorzuladen, dies kann schriftlich oder auch telefonisch geschehen.

In beiden Fällen ist die Vorladung so zu gestalten, dass dem zu Vernehmenden seine Rolle im Verfahren und der Anlass erklärt werden und der Termin so gewählt wird, das ausreichend Zeit für eine Vorbereitung bleibt. Unter Umständen muss der zu Vernehmende sich frei nehmen, Kinder zur Versorgung unterbringen oder Ähnliches, und diesen Vorbereitungserfordernissen seitens des zu Vernehmenden und dem Postweg ist Rechnung zu tragen. In der Praxis lädt man in aller Regel eine Woche im Voraus vor.

Handelt es sich bei den zu Vernehmenden um Kinder oder Jugendliche, so sind Besonderheiten zu beachten, s. hierzu §6 E.

62 Bei wichtigen Vernehmungen von ZEG ist aus taktischen Gründen darüber zu entscheiden, ob ein Vorgespräch stattfinden kann, in dem man sich darüber vergewissert, dass dieser ZEG auch erscheinen wird. Vor Gericht muss er dies, nicht aber bei der Polizei. Sofern aber seine Aussage unverzichtbar ist, sollte man für die weitere Planung der Ermittlungen wissen, ob bestimmte ZEG zur Vernehmung kommen werden oder nicht. Es kann außerdem durchaus vorkommen, dass zu Vernehmende sich des Beistandes anderer Personen versichern wollen, Verwandte mitbringen, einen Anwalt oder auch Opferbetreuer (zB vom „Weissen Ring"). Diese Wünsche sollten zuvor abgeklärt werden, sodass der Sachbearbeiter darüber entscheiden und diese Entscheidung dem Vorzuladenden mitteilen kann.

Sodann ist der mögliche Verlauf der Vernehmung festzulegen: welche Fragen und Inhalte sind zu klären? Worum wird es im Schwerpunkt gehen? Was will der Vernehmungsbeamte konkret von diesem zu Vernehmenden erfahren?

II. Phase 2: Kontakt und Orientierung

63 Mit Beginn der Vernehmungssituation selbst ist zunächst zwischen dem zu Vernehmenden und dem Beamten eine Gesprächsbasis zu schaffen. Zu diesem Zeitpunkt geht es nicht um Inhalte des Ermittlungsvorganges, sondern ausschließlich um eine Art „Vorgeplänkel". Es soll dazu dienen, dass Beamter und zu Vernehmender sich im eigentlichen Wortsinn verstehen, dass die Situation dem zu Vernehmenden erklärt wird. Häufig sind dies Personen, die – insbesondere als Opferzeugen – durch eine Tat erheblich beeinträchtigt sind. Den besonderen Belastungen insbesondere dieser ZEG muss Rechnung getragen werden, wozu auch diese Phase dient.

64 Dem zu Vernehmenden wird auch der Verlauf der Vernehmung erklärt. Sofern in diese Vernehmung weitere Bestandteile besonderer Art eingebettet sind, zB Gegenüberstellungen, sind auch diese, ihr Ablauf und ihre Bedeutung zu erklären. Der Beamte versucht gleichzeitig herauszufinden, wie der andere „tickt", um sich darauf einzustellen. Damit ist nicht gemeint, dass er sich verstellen möge, sondern ausschließlich, dass er das Gespräch verständlich und für den

anderen erträglich gestaltet. Es ist niemandem damit gedient, dass der Beamte „heraushängen lässt", sich für etwas anderes (besseres?) zu halten. Allein die glaubwürdige Begegnung ist zielführend. Dabei sollte der Beamte in dieser Phase aktiv zuhören und dem zu Vernehmenden zeigen, dass er – egal in welcher Rolle er vernommen wird – ernst genommen und verstanden wird.

Ein wegen mehrfachen Mordes verurteilter Straftäter formulierte es einmal sinngemäß wie folgt:

„Nur das Gefühl, von „denen" (gemeint waren die Vernehmungsbeamten der MK) ernst genommen und nicht wie ein zertretenswertes Insekt angesehen zu werden, ohne dass sie versteckt hätten, dass sie mein Handeln verurteilten, hat mir gezeigt: die sind moralisch wirklich in Ordnung. Es geht ihnen offenbar wirklich um die Klärung der Sache. Irgendwie habe ich dann an dieser Klärung mitgearbeitet und sie nicht mehr als meine Feinde angesehen."

Eine wesentliche Grundvoraussetzung ist also, dass der Vernehmende die **65** Schilderung des Vernommenen neutral aufnimmt, aber nicht bewertet. Dies weder verbal noch nonverbal. Der Vernehmende muss sich also darüber klar werden, wie er auch in dieser Phase schon auf den zu Vernehmenden einwirken könnte, würde er in irgendeiner Weise verstärkende, hindernde oder sonstwie wertende Signale geben und er muss diese vermeiden.

Weitere wesentliche Voraussetzung, die hier zu schaffen ist, ist der sog. „gemeinsame Zeichenvorrat". **66** Beamter und Vernommener müssen sich verstehen. Die Probleme mit dieser Anforderung beginnen bereits mit der gesprochenen Sprache, gehen weiter über den in der Sprache gespiegelten Bildungsstand, über Alter und Sozialisierung, die sich ebenfalls in Sprache äußern, über den polizeilichen Fachjargon und Abkürzungen, die Außenstehenden unverständlich sind usw. Es dient diese Phase also auch dazu, dass der Beamte erkennt, welche Sprache und welche Wortwahl für das Verständnis der Beteiligten nötig sind, damit er sich in der Folge darauf einstellen kann. Damit ist nicht gemeint, dass er die Sprache des Gegenübers imitieren soll, sondern allein, dass er mit seinem Sprachvorrat so umgeht, dass er für den Vernommenen verständlich und glaubwürdig bleibt.

III. Phase 3: Freier Bericht

Diese Phase dient dazu, dass der Vernommene aus seiner Erinnerung heraus, **67** ohne durch den Beamten in irgendeiner Weise eine Richtung zu erhalten, das Geschehene berichtet. Das, was er wahrgenommen hat und an das er sich erinnert, soll er „erzählen". Fragen werden in dieser Phase nicht gestellt, es sei denn, es wurde etwas nicht verstanden. Ansonsten wird hier durch den Beamten lediglich zugehört, es werden Notizen gemacht, es wird der freie Bericht „mitgeschrieben".

Wichtig in dieser Phase ist es, den Vernommenen wirklich frei berichten zu **68** lassen, Sprechpausen auszuhalten, nicht Einfluss auf die Erzählung zu nehmen. Ein einleitender Impuls für diese Phase könnte etwa die Aufforderung sein: „Bitte erzählen Sie mir alles, an das Sie sich erinnern, an die Situation, die Abläufe, was Sie gefühlt haben dabei, also wirklich einfach alles, was Ihnen einfällt!" Mit einer derart offenen Aufforderung gibt man dem Vernommenen Gelegenheit, sich umfassend den eigenen Möglichkeiten gehorchend mit der relevanten Situation in der Erinnerung zu befassen. Und man gibt ihm darüber hinaus die Chance, ohne Bewertung, was er selbst für wichtig, unwichtig, schlimm, belastend oder sonstwie hält, gänzlich unbeeinflusst zu schildern.

69 Der besondere Wert dieses freien Berichtes liegt aber auch darin, dass der Vernommene gänzlich unbeeinflusst bleibt durch den Vernehmungsbeamten. Da es durch diesen keine Intervention gibt, entsteht auch nicht der Eindruck, dass er „bestimmte Dinge hören will". Der Vernehmungsbeamte kann so nicht in die Situation kommen, dass er dem Vernommenen durch seine Fragen sein eigenes Bild vom Tathergang aufzwingt. Damit wird einer der wesentlichen Fehler in polizeilichen Vernehmungen, wie *Klaus Habschick* ihn identifiziert,[27] vermieden.

Sobald der Vernommene geendet hat, bedankt sich der Beamte für den Bericht, Phase 3 ist damit beendet. Nun beginnt die Phase, in der der Bericht komplettiert wird.

IV. Phase 4: Befragung

Der freie Bericht wird nicht alle Anforderungen an eine vollständige Vernehmung, wie der Beamte sie definiert, erfüllen können. Es wird fast immer Fragen geben, die für die Ermittlungen von Bedeutung sind, die aber nicht Gegenstand des freien Berichtes waren.

> **Beispiel:** In einer Mordsache wird am Tatort ein Rucksack aufgefunden, dessen Herkunft unklar ist. Im freien Bericht beschreibt ein ZEG den Tatort zu dem Zeitpunkt, als er das Opfer aufgefunden hat. Er geht mit keinem Wort auf irgendwelche Rucksäcke ein.

Da im freien Bericht keine Fragen gestellt werden, ist nun in Phase 4 darauf einzugehen. Der Beamte verschriftlicht jetzt die gesamte Vernehmung und baut dort, wo der freie Bericht Lücken lässt, seine Frage ein, indem er sie stellt und mitschreibt. Ebenso bearbeitet er auftretende Widersprüche, indem er sie dem Vernommenen vorhält und damit eine Klärung herbeiführt.

70 Dabei bedient er sich bestimmter Fragetechniken,[28] die zum einen die Formulierungen und Einstellungen des Vernommenen aufgreifen, zum anderen so zu wählen sind, dass sie dessen Erinnerungs- und Wiedergabemöglichkeiten stärken. Zu vermeiden sind hingegen Fragen, die geschlossen sind oder keine Alternativen zulassen oder bereits die Antwort beinhalten (Suggestivfragen).

71 Die Phase findet ihren Abschluss mit der zusammenfassenden Frage des Vernehmungsbeamten, ob nun wirklich alles gesagt und protokolliert sei, oder ob dem Vernommenen noch Dinge einfallen, die hinzugefügt werden sollten, ob er noch Wünsche oder Fragen hat.

---

[27] Vgl. (*Habschick*, 2012), Kap. 2, S. 73 ff.

[28] Fragetechniken sind Gegenstand verschiedener Fortbildungsmaßnahmen für Vernehmungsbeamte, auf die an dieser Stelle wegen der Komplexität nicht eingegangen wird. Zur Vertiefung s. (*Hermanutz/Litzcke*, 2012) und (*Habschick*, 2012), ebenso zur Taktik in den Beschuldigtenvernehmungen (*Walder/Hansjakob*, 2009), S. 135 ff.

V. Phase 5: Abschluss

Diese werden sodann nachträglich besprochen und notfalls zum Protokoll hinzugefügt. Im Anschluss wird der Vernommene gebeten, die gesamte Niederschrift zu lesen, auf jeder Seite zu unterschreiben oder zu paraphieren und auf der letzten Seite mit Vor- und Familiennamen zu unterschreiben. Damit bestätigt er ebenfalls das „g.g.u." (gelesen, genehmigt und unterschrieben) wurde oder dass er „selbst gelesen, genehmigt und unterschrieben" hat. 72

Häufig wollen Vernommene wissen, wie das Verfahren nun weitergehen wird, welche Schritte sich anschließen. Diese Erklärungen sollten dem Vernommenen detailliert gegeben werden, was voraussetzt, dass der Beamte selbst sich über sie im Klaren ist. 73

Ebenso häufig und in NRW vorgeschrieben sind Hilfestellungen für Opfer, die an den Kriminalpolizeilichen Opferschutz oder Opferhilfeeinrichtungen wie den „Weissen Ring" verwiesen werden, aber auch je nach Einzelfall an Frauenhäuser, Kriseninterventionsteams, Psychiatrische Ambulanzen usw.

Die Verabschiedung setzt den Schlusspunkt unter Phase 5 und damit zunächst unter den Kontakt zwischen Beamten und Vernommenem.

VI. Phase 6: Nachbereitung/Auswertung

Es schließt sich die Auswertung der Vernehmung an. Die aus der Vernehmung erhaltenen Erkenntnisse müssen neu bewertet werden (es erfolgt insgesamt oder in Teilen eine erneute Kriminalistische Fallanalyse, s. hierzu [*Pientka/Wolf*, 2017]). Es muss entschieden werden, ob aufgrund der erlangten Aussage weitere Ermittlungsmaßnahmen durchzuführen oder Eingriffsmaßnahmen vorzubereiten sind. 74

Diese sechs Phasen sollten Bestandteil einer jeden Vernehmung sein. Der Gedanke, sie ausschließlich in erheblichen Ermittlungsverfahren oder umfangreichen Vernehmungen zu deren besserer Strukturierung einzusetzen, ist einer qualitativ ausgerichteten Vernehmungsarbeit nicht zuträglich. Im Gegenteil – hält man sich bei **allen** Vernehmungen, also in allen Situationen, die die Definition erfüllen, an diese Struktur, so ist eine Qualität der Arbeit erreicht, die kaum Schwachstellen in Vernehmungen und damit in der Sicherung der Personalbeweise zulässt. 75

> **Hinweis:** Damit würden auch Anzeigenerstattungen, die ebenfalls als Vernehmungen zu bewerten sind, dieser Struktur unterworfen. !

Natürlich werden Umfang und Ausprägung der verschiedenen Phasen der Bedeutung des Deliktes angepasst werden, was sich aber häufig bereits von selbst durch den Umfang des Geschehens ergibt; eine grundsätzliche Beachtung aber empfiehlt sich. 76

Auch der Auffassung, durch eine derartige Struktur sei der Ermittler in seiner Selbstständigkeit, seiner Flexibilität und seiner Kreativität eingeschränkt, kann nicht gefolgt werden. Innerhalb der Phasen ist die Gestaltungsmöglichkeit in jedem Zeitpunkt gegeben, der Vernehmungsbeamte kann nach seinen ganz individuellen Überlegungen und Entscheidungen arbeiten.

E. Bewertung der Glaubwürdigkeit und Glaubhaftigkeit

77 Nicht nur in einer Vernehmung, auch in jedem anderen täglichen Dienstgeschehen obliegt den Beamten auch die Entscheidung darüber, ob sie einer Person Glauben schenken können oder nicht. Dies wird umso klarer, wenn man die Vernehmungssituation und die Bedeutung von Vernehmungen im Ermittlungsverfahren betrachtet.

In der täglichen Umsetzung entscheidet der Beamte in aller Regel „aus dem Bauch heraus", ob er einer Person glauben kann oder nicht. Dies wird durch Lebens- und Diensterfahrung, eigene Sozialisation usw beeinflusst.

78 Eine Begutachtung, ob eine Person glaubwürdig ist oder nicht, findet durch die Polizei nicht statt. Hinzu kommt, dass diese Frage sich ausschließlich mit dem Menschen und seinen Eigenschaften befassen müsste. Es wäre also die Frage zu beantworten, ob einem Menschen die Eigenschaft der Wahrheit gegeben ist oder nicht.

Aktuell ist man von dieser früheren Betrachtungsweise weitgehend abgewichen. Es wird vielmehr betrachtet, ob man eine Aussage und deren Inhalte als glaubhaft ansehen kann.[29]

„Es geht (…) (also) um die Beurteilung, ob auf ein bestimmtes Geschehen bezogene Angaben zutreffen, dh einem tatsächlichen Erleben der untersuchten Person entsprechen" (NJW 1999, 2746 [2747]).

79 Eine solche Begutachtung aber obliegt nicht dem Polizeibeamten, sondern dem psychiatrischen Gutachter, der in aller Regel durch das Gericht bestellt wird. Er wird aufgrund verschiedener Erhebungstechniken zu dem Schluss kommen, ob eine Person das Geschehen wirklich so erlebt haben kann, wie sie es schildert, oder ob die Schilderung dem Erlebten eher nicht entspricht. Er wird also die Glaubhaftigkeit der Aussage (und nicht die Glaubwürdigkeit der Person) begutachten.

Dennoch können die Polizeibeamten sich hinsichtlich der Einschätzung, ob eine Aussage erlebnisecht und damit glaubhaft ist oder nicht, kaum zurückziehen. Von ihrer Bewertung während der Vernehmung sind insbesondere die Entscheidungen über den weiteren Verlauf der Ermittlungen abhängig. Die Frage also, ob ein Vernehmungsbeamter „seinem" Vernommenen glaubt oder nicht, entscheidet darüber, wie er das Verfahren weiter entwickelt.[30]

Der Polizeibeamte muss sich also hier auf seinen Eindruck verlassen. Diesen kann er stärken, indem er die Instrumente der Kriminalistik nutzt:

- Abgleich der Aussageninhalte mit den Sachbeweisen und weiteren Personalbeweisen,
- Einbeziehung der Aussageinhalte in die Kriminalistische Fallanalyse,
- Beratung im Kollegenkreis und Abgleich mit den Eindrücken Anderer, usw.

---

[29] Zur Vertiefung s. (*Hermanutz/Litzcke*, 2012), Kap. 3, S. 54 ff.
[30] Vgl. (*Hermanutz/Litzcke*, 2012), S. 76.

F. Vernehmungsablauf

Je nachdem, welche Rolle der zu Vernehmende im Verfahren innehat, ist der Verlauf der Vernehmung im Rahmen der Phasen zwei bis fünf festzulegen, Phasen 1 und 6 finden ohne den zu Vernehmenden ausschließlich intern statt. 80

Im Folgenden wird beispielhaft für ZEG und Beschuldigte ein solcher Verlauf dargestellt. Dies ist nicht als eine Art Checkliste zu sehen, die zwingend genau und nur so abgearbeitet werden muss, sondern als ein Anhaltspunkt, an dem sich orientiert und der (außerhalb der Formalien wie zB Belehrungspflichten) klug variiert werden kann und sollte. 81

Zeugenschaftliche Vernehmungen: 82

Phase 1 – intern

Phase 2 – Kontakt und Orientierung

- Keine Fragen zum Sachverhalt
- Daher noch keine Vernehmung

Phase 3 – Freier Bericht

- Lediglich Verständnisfragen stellen, ansonsten „nur" zuhören!
- Einstieg über Personalienaufnahme (§ 163b II StPO)
- Bekanntgabe des Vernehmungsgegenstandes
- Benennung des Beschuldigten, sofern vorhanden (§ 69 StPO)
- Belehrung – vor jeder neuen Vernehmung neu durchzuführen –
- Befragung, ob ein Angehörigenverhältnis iSv § 52 I StPO besteht
  Falls ja: Belehrung an dieser Stelle durchführen
- Kein Hinweis auf Zeugnisverweigerungsrecht erforderlich bei ZEG iSv §§ 53, 53a, 54 StPO
- Ermahnung zur Wahrheit (analog § 57 StPO) anlassbezogen (mögliche Strafvereitelung, Falsche Verdächtigung…)
- Belehrung hinsichtlich Auskunftsverweigerungsrecht bei Selbstbeschuldigung (iSv § 55 StPO)
- Beachte auch: § 81c III StPO „Körperliche Untersuchung"

Phase 4 – Befragung

- Freie Schilderung des ZEG wird wiederholt und protokolliert
- Nachfragen innerhalb des Protokolls möglich
- „Unterhaltung" zwischen Vernehmungsbeamten und ZEG, die „mitgeschrieben" wird

Phase 5 – Abschluss

- ZEG liest die Niederschrift
- ZEG und Vernehmungsbeamter unterschreiben
- Verabschiedung des ZEG

Phase 6 – intern

83 **Verantwortliche Vernehmungen:**

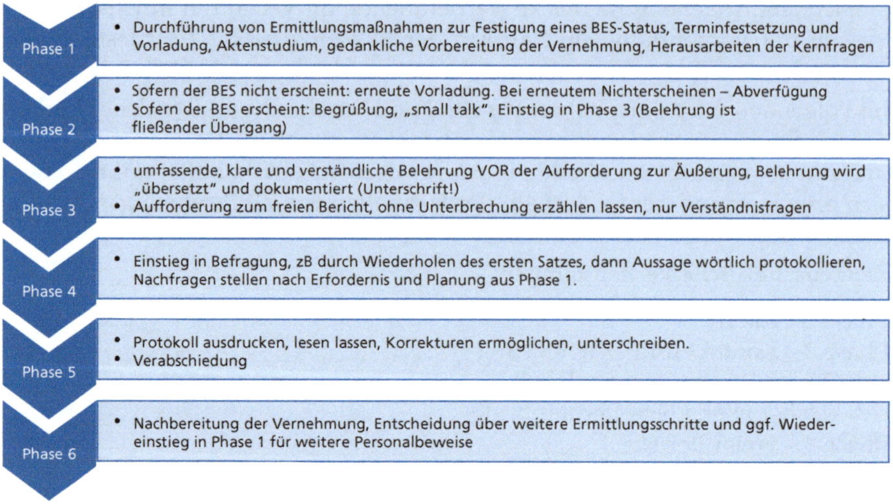

Abb. 5: Ablauf einer verantwortlichen Vernehmung

Phase 1 – intern
Phase 2 – Kontakt und Orientierung
- Keine Fragen zum Sachverhalt
- Daher noch keine Vernehmung

Phase 3 – Freier Bericht
- Belehrung (§ 163a IV iVm § 136 StPO)
  - welche Tat ihm zur Last gelegt wird
  - dass es ihm freisteht, zur Sache auszusagen oder nicht
  - dass er die Möglichkeit hat, jederzeit, auch schon vor der Vernehmung, einen Verteidiger zu befragen, dass er das Recht hat, zu seiner Entlastung Beweisanträge zu stellen
  - dass er – in geeigneten Fällen – sich auch schriftlich äußern kann
- Entscheidung des BES über seine Rechte protokollieren
- Einstieg über Personalienaufnahme (IdF nach § 163b I StPO), die immer stattfindet, auch bei Aussageverweigerung
- Erfolgt eine Aussage: Lediglich Verständnisfragen stellen, ansonsten „nur" zuhören!

Phase 4 – Befragung
- Ermittlung der persönlichen Verhältnisse beim Beschuldigten (§§ 136 III/163a IV StPO)
- bei umfangreichen Vernehmungen ermöglicht eine erweiterte Vernehmung zur Person ein besseres Persönlichkeitsbild
- Freie Schilderung des BES wird wiederholt und protokolliert
- Nachfragen innerhalb des Protokolls möglich
- „Unterhaltung" zwischen Vernehmungsbeamten und BES, die „mitgeschrieben" wird

Phase 5 – Abschluss

- BES liest die Niederschrift
- BES und Vernehmungsbeamter unterschreiben
- Verabschiedung des BES (sofern keine Festnahme oder Verhaftung erfolgt!)

Phase 6 – intern

G. Fragetechniken für Phase 4

Innerhalb einer Vernehmung kann der Vernehmungsbeamte durch geeignete Fragestellungen und Fragetechniken[31] die Erinnerung des Vernommenen und den Aussagefluss hervorrufen und voranbringen oder durch die Nutzung ungeeigneter Fragearten das Gesamtergebnis abwertend beeinflussen. 84

Dazu ist es erforderlich, für die Phase 4 – Befragung – über ein Grundrepertoire an Fragearten zu verfügen.

Wir unterscheiden dazu in „geeignete" und „ungeeignete" Fragen, also fördernde und hemmende. 85

Zunächst unterscheiden wir in offene und geschlossene Fragen:

- Offene Fragen erlauben eine Vielzahl möglicher Antworten und geben keine Richtung vor.

  Beispiel: Was haben Sie in der Y-Straße beobachtet?

- Geschlossene Fragen geben bereits zumindest eine Richtung, im engsten Fall auch eine Antwort vor.

  Beispiele: War das Fahrzeug blau oder rot? War das Auto blau?

Grundsätzlich sind offene Fragen vorzuziehen, wenngleich Vernehmungssituationen denkbar sind, bei denen auch auf geschlossene Fragen mit mehreren Auswahlmöglichkeiten zurückgegriffen werden sollte. Darüber hinaus sind Fragen zu vermeiden, bei denen der Vernommene in eine bestimmte Richtung gelenkt wird, bei denen schlimmstenfalls der Vernehmungsbeamte in der Vernehmung eine Annahme oder eine Tatsache dem Vernommenen „unterschiebt", bei der er kaum noch widersprechen kann. 86

Beispiel für Suggestivfragen: Und das blutige Messer haben Sie auf dem Boden gesehen?

Auch die in der Literatur häufig anzutreffenden Hinweise auf die Nutzung kriminalistischer List in der Vernehmung, möglichst in Abgrenzung zur verbotenen Täuschung, sind im Zusammenhang mit den Fragetechniken zu diskutieren. 87

Zuweilen sind die Grenzen zwischen erlaubter List und unerlaubter Täuschung fließend und nicht trennscharf. Es sollte daher unbedingt dem erfahrenen und durch gezielte Fortbildungen befähigten Vernehmungsbeamten vorbehalten

[31] Zur Vertiefung s. (*Hermanutz/Litzcke*, 2012), S. 78 f.

sein, eine derartige Vernehmungstaktik an den Tag zu legen. Bei dem Versuch, durch eine List eine Aussage zu erwirken, wird nur zu schnell durch den Laien das Gesamtergebnis gefährdet. Es sollte mit Blick auf eine erfolgreiche und rechtlich saubere Ermittlungsführung daher ein derartiges Vorgehen unterbleiben.

Der Appell an jeden Polizei- und Kriminalbeamten kann daher nur lauten:

Hinweis: Nutzen Sie offene Fragen, vermeiden Sie Suggestivfragen und das Beweisverwertungsverbot, indem Sie durch unzulässige Fragemethoden die Vernehmung gefährden.

H. Absicherung von Vernehmungen

88 Jede Vernehmung ist ohne Rücksicht auf Art und Umfang der Maßnahme zu protokollieren. Das bedeutet, dass alles, was zwischen Vernehmungsbeamten und Vernehmungsperson stattfindet, schriftlich festzuhalten ist. Das bedeutet mithin auch, dass auch alle Wortbeiträge des Vernehmungsbeamten zu protokollieren sind, nicht nur die des Vernommenen. Es handelt sich also im Grunde um ein Gespräch, das **komplett** und **lückenlos** mitzuschreiben ist.

89 Zuweilen kommt es vor, dass Personen in ihrer polizeilichen Vernehmung Aussagen abgeben, an die sie sich später, also vornehmlich in der Hauptverhandlung, nicht mehr erinnern oder nicht mehr erinnern wollen. Auch Vorwürfe an Vernehmungsbeamte, man habe dem Vernommenen die Aussagen „in den Mund gelegt", von sich aus hätte er solches nie gesagt, das stimme auch alles so nicht, sind in Gerichtssälen keine Einzelfälle.

Diesen Situationen kann nur entgegengewirkt werden, wenn Vernehmungen umfassend abgesichert werden, was ebenfalls voraussetzt, dass sie rechtlich einwandfrei sind und durch den Vernehmungsbeamten korrekt gestaltet wurden. Dazu kennen wir einige mögliche Vorgehensweisen:

I. Wörtliches Protokoll

90 Eine Grundsatzforderung an den Vernehmungsbeamten ist es, dass er die Aussagen des Vernommenen wörtlich protokolliert. Damit ist auch gemeint, dass er besondere Wortwahlen, immer wiederkehrende Wörter, einen gesprochenen Dialekt oder andere Besonderheiten aufgreift und schriftlich festhält. Eine Vernehmungsniederschrift kann also durchaus auch wie folgt aussehen:

„Nä, hab ich gesagt, Alter, nä, dat machste nich mit mir! Un, nä, da hat er gesagt, Alter, glaubste, ich bestimm hier, du nich!"

Man könnte versuchen, diese Aussage in ein schöneres, lesbareres, vielleicht gar Beamtendeutsch zu übertragen. Der Satz könnte dann heißen: „Ich bat ihn, das zu unterlassen, aber er ging nicht darauf ein und fuhr ungehindert fort!" Damit wird aber bewirkt, dass die protokollierte Aussage nicht mehr das wiedergibt, was tatsächlich gesagt worden ist. Sie ist sodann nicht mehr authentisch, nicht mehr „echt". Echt ist sie nur dann, wenn die später in der Hauptverhandlung gemachte mündliche Aussage sich mit der schriftlich dargelegten Aussage sprachlich so ähnelt, dass kein Zweifel entsteht, dass diese Person diese Aussage tatsächlich genau so gemacht haben wird.

Andernfalls kann die Aussage „Das habe ich bei der Polizei nie gesagt" nicht 91 widerlegt werden. Jeder, der die Person sprechen hört, wird erkennen, dass sie so, wie es auf dem Papier steht, sicher nicht ausgesagt hat. Der Vorwurf, der Beamte habe nicht so aufgeschrieben, wie es gesagt wurde, ist damit nicht zu beseitigen. Und der Bewertungsschritt, wer in der Vernehmung nicht „ordentlich" arbeitet, tue dies sonst in der Beweissicherung vielleicht auch nicht, ist nicht weit.

Merke: Das wörtliche Protokoll ist also eine Dokumentation einer sauberen Beweissicherungsarbeit.

Ist es wegen der besonderen Sprache des Vernommenen nicht möglich, wörtlich zu protokollieren – wer kann schon durchgängig eine in kölschem Dialekt geführte Vernehmung mitschreiben – so kann der Zusatz über die Sprache gewählt werden. In die Vernehmung wird ein Vermerk aufgenommen, dass aus Gründen der Lesbarkeit die Sprache in Schriftdeutsch übersetzt wird. Diese Übersetzung sollte dann möglichst nah am Original liegen; sie könnte in unserem Beispielsfall etwa lauten: „nein, hab ich gesagt, Alter, nein, das machst du nicht mit mir ...." Dort aber, wo die Vernehmung an „neuralgische" Punkte des Tatherganges kommt, muss wörtlich geschrieben werden, so schwer es auch fallen mag.

II. Fragen und Vorhalte

Zuweilen gibt es Vernehmungen, in denen sich der Leser später nicht erklären 92 kann, warum der Vernommene nun gerade diese Aussage macht.

Erinnern wir uns an das Beispiel des Rucksacks. In der Vernehmung eines Notarztes als ZEG steht hier folgender Absatz:

„... wir betraten dann das Schlafzimmer und fanden dort auf dem Bett eine tote Frau vor. Sie war offensichtlich schon geraume Zeit tot, daher haben wir nichts weiter verändert und auf das Eintreffen der Polizei gewartet. Ein Rucksack ist mir nicht aufgefallen. Als dann die Polizei eintraf ...".

Hier erklärt sich überhaupt nicht, warum der ZEG aus der Schilderung der Auffindesituation direkt zu einer Aussage hinsichtlich eines Rucksacks springt, der noch nicht einmal aufgefallen ist. Was nicht auffällt, schildert man auch nicht. Fakt ist, dass der Vernehmungsbeamte eine Zwischenfrage gestellt hat, auf die der ZEG geantwortet hat.

Um einen solchen Bruch in der Logik der Vernehmung zu verhindern, wird die Frage im Protokoll auch als solche gekennzeichnet. Die Vernehmung könnte daher wie folgt aussehen:

„... wir betraten dann das Schlafzimmer und fanden dort auf dem Bett eine tote Frau vor. Sie war offensichtlich schon geraume Zeit tot, daher haben wir nichts weiter verändert und auf das Eintreffen der Polizei gewartet".

Frage: Haben Sie zu diesem Zeitpunkt irgendwo so etwas wie eine Tasche oder einen Rucksack oder dergleichen bemerkt?

Antwort: „Nein, so was ist mir nicht aufgefallen, weder Tasche noch Rucksack oder so.

Als dann die Polizei eintraf …".

93 Auf diese Weise wird deutlich, an welchen Stellen der Vernehmungsbeamte in Phase 4 eingegriffen und nachgefragt hat. Die Gründe für Fragen müssen sich aus dem Gesamtvorgang ergeben. Fragen können zB notwendig werden, weil Dinge unverständlich bleiben, unbekannte und zu erklärende Begriffe benutzt wurden, bestimmte Situationen genauer erörtert werden müssen usw.

Eine andere Möglichkeit, die Interventionen des Vernehmungsbeamten zu dokumentieren, sind sog. „Vorhalte". Der Vernommene macht seine Aussage, die vielleicht an einigen Stellen nicht logisch erscheint oder widersprüchlich bleibt. Dies hält der Vernehmungsbeamte ihm vor. So wird vermieden, dass sich ein Vernommener innerhalb ein und derselben Aussage selbst widerspricht. Die Vernehmung könnte also wie folgt aussehen:

„… wir betraten dann das Schlafzimmer und fanden dort auf dem Bett eine tote Frau vor. Sie war offensichtlich schon geraume Zeit tot, daher haben wir nichts weiter verändert und auf das Eintreffen der Polizei gewartet."

Vorhalt: Soeben haben Sie berichtet, dass Sie schon von der Tür aus den Tod der Frau erkennen konnten, nun aber sagen Sie, Sie hätten das Schlafzimmer betreten. Können Sie das bitte näher erläutern!

„Ja, Sie haben Recht. Ich selbst habe nur einen Schritt in den Raum gemacht, bin aber dann sofort wieder zurück, habe mich also nicht weit von der Tür entfernt …."

Eine knappere Alternative ist es, nicht den gesamten Vorhalt zu protokollieren, sondern lediglich den Hinweis vor die korrigierte Aussage zu setzen „Auf Vorhalt:" Das ist zwar gängige Praxis, jedoch nicht mit der Anforderung des wörtlichen Protokolls (s. oben) in Einklang zu bringen, da damit die Wortbeiträge des Vernehmungsbeamten im Protokoll fehlen.

III. Handschriftliche Änderungen

94 Vor der Unterzeichnung des Protokolls hat der Vernommene die Gelegenheit, das Protokoll komplett und in aller Ruhe und ausführlich zu lesen. Dabei fallen zuweilen Tippfehler, „Buchstabendreher" oder auch Missverständnisse in der schriftlichen Darstellung auf. Eine wesentliche Absicherungsmethode ist es, dem Vernommenen selbst die Gelegenheit zu geben, solche Feststellungen handschriftlich zu kommentieren und mit seiner Korrektur zu versehen. So wird deutlich gemacht, dass der Vernommene tatsächlich die gesamte Vernehmung gelesen hat und, da er nur an einigen Stellen korrigiert hat, inhaltlich mit der Darstellung einverstanden ist.

Die spätere Aussage, das habe man so nie gesagt oder sei ganz anders gesagt worden, ist damit eher unglaubwürdig. Denn wäre dies so gewesen, so hätte man die Korrektur ja ohne Probleme vornehmen können.

Hinweis: Die in der Praxis zuweilen geübte Vorgehensweise, das Protokoll im PC zu korrigieren und dann fehlerfrei auszudrucken, ist hingegen eine Methode, die die inhaltliche Absicherung kaum ermöglicht. Dies sollte daher unterbleiben.

Zusätzlich zu diesen handschriftlichen Änderungen im Vernehmungstext sollte der Vernommene jede einzelne Seite der Niederschrift unterschreiben (also mit ganzem Namen) oder paraphieren (also nur mit Namenskürzel versehen). So wird dokumentiert, dass der Vernommene tatsächlich jede einzelne Seite der Vernehmung zur Kenntnis genommen hat. Zusätzlich kann man ihn bitten, einzelne Abschnitte, die eventuell von besonderer Bedeutung sind, mit seiner Paraphe oder mit seinem Namen zu versehen. 95

Am Ende der Vernehmung wird noch einmal durch den Vernehmungsbeamten mit Namen und Dienstgrad und durch den Vernommenen mit dem Zusatz, wie er die Vernehmung zur Kenntnis genommen hat, unterschrieben.

IV. Bezeichnungen von Unterbrechungen

Nicht jede Vernehmung ist in kurzer Zeit beendet. Gerade in umfangreichen Verfahren werden Vernehmungen oft über mehrere Stunden, zuweilen auch über Tage und Wochen mit den entsprechenden Unterbrechungen geführt. 96

Jede Unterbrechung ist zu benennen und zu erklären. Dazu ist in das Protokoll ein Zusatz aufzunehmen, der den Anlass und die Dauer der Unterbrechung beschreibt.

Beispiel:

Vermerk:
Die Vernehmung wurde unterbrochen um 09.48 Uhr, da es einen Stromausfall im PP gegeben hat.

Oder auch

„…Ich würde gerne einmal zur Toilette gehen. Ist das möglich?"
Vermerk: die Vernehmung wird auf Wunsch des ZEG um 16.12 Uhr unterbrochen. Fortsetzung um 16.23 Uhr.
„…nachdem ich nun die Toilette aufsuchen konnte, geht es mir wieder etwas besser, ich kann daher mit der Vernehmung weitermachen."
Vorhalt: Zuletzt hatten Sie beschrieben, wie Sie den Unglücksort betreten haben und wo die Glassplitter lagen.
„Ja, richtig. Ich bin dann um diese Glassplitter herumgegangen und habe…."

Die Dokumentation der Unterbrechungen bewirkt, dass der Gang der Vernehmung deutlich wird und hinreichend beschrieben wird, wie lange der Vernommene im Einzelfall in der Vernehmungssituation saß. Insbesondere zB bei abhängigen oder süchtigen Personen sind solche Unterbrechungen erforderlich, um zB durch einen Arzt zu klären, ob eine Vernehmung überhaupt fortgesetzt werden kann. 97

Unter Umständen ist bei fehlender Vernehmungsfähigkeit, die der Arzt feststellt, eine Weiterführung nicht möglich. Dann wird bis zu einem späteren Zeitpunkt unterbrochen.

Solche Unterbrechungen werden auch dort besonders wichtig, wo die Vernehmung über lange Zeit läuft und es zwischendurch erforderlich ist, zu essen, zu trinken oder evtl. auch zu rauchen.

V. Versorgung des Vernommenen

98 Sofern der Vernommene äußert, dass er Durst, Hunger oder Lust auf eine Zigarette hat, sollte ihm bei umfangreichen Vernehmungen die Gelegenheit gegeben werden, etwas zu essen oder zu trinken. Handelt es sich bei dem Vernommenen um einen BES, der festgenommen bleibt, so ist ihm entsprechende Verpflegung zu beschaffen.

Das Rauchen während der Vernehmung ist ein besonderes Anliegen. Da das Nichtraucherschutzgesetz eindeutig ist, ist im Grunde die Vernehmung für jede Zigarette zu unterbrechen und der Vernommene vor die Tür zu begleiten. Damit kann unter Umständen bei „hardcore-Rauchern" eine Kontinuität in der Vernehmungssituation nicht erreicht werden. Die Entscheidung über Zahl und Dauer der Pausen ist also in die Kompetenz des Vernehmungsbeamten gelegt, der auch in der Lage sein muss zu erkennen, ob der Vernommene ihm noch folgen kann oder ob eine Unterbrechung notwendig wird.

VI. Richterliche Bestätigung/Vernehmung

99 Es gibt Vernehmungen, die in ihrem Inhalt so bedeutsam sind, dass mit ihnen das gesamte Verfahren steht oder fällt. Sofern ein Vernehmungsbeamter dies erkennt, sollte er die Aussage durch richterliche Vernehmung bestätigen lassen. Damit ist gewährleistet, dass die Aussage so, wie sie hier getätigt wurde, in das Hauptverfahren eingebracht werden kann, auch wenn der Vernommene bis dahin doch seine Rechte in Anspruch nehmen will. Da wegen des Unmittelbarkeitsgrundsatzes nur das gilt, was während der Hauptverhandlung erhoben wird, könnten ansonsten wertvolle Hinweise verloren gehen.

Sofern ein Richter die Vernehmung bestätigt bzw. als eigene Vernehmung durchgeführt hat, kann er als ZEG vom Hörensagen in der Hauptverhandlung über diese Vernehmung berichten bzw. die Niederschrift aus dieser richterlichen Vernehmung verlesen werden, die Aussageinhalte sind also gesichert.

J. Vernehmung von Kindern und Jugendlichen als ZEG

100 Häufig werden Personen als ZEG gehört, die noch keine 18 Jahre alt sind. Es handelt sich hier um Kinder und Jugendliche:

Kinder	bis 14 Jahre	§ 19 StGB/§ 7 KJHG
Jugendliche	14 bis 18 Jahre	§ 1 JGG/§ 7 KJHG
Heranwachsende	18 bis 21 Jahre	§ 1 JGG

Während der Heranwachsende mit mindestens 18 Jahren außerhalb des Strafrechts als volljährig anzusehen ist und daher über alle Rechte und Pflichten verfügt und für sich selbst verantwortlich ist, unterstehen Kinder und Jugendliche dem Aufenthaltsbestimmungsrecht ihrer gesetzlichen Vertreter, also normalerweise ihren Eltern (s. hierzu § 1629 BGB). Daraus ergibt sich auch, dass Kinder und Jugendliche ihre Rechte nicht alleine wahrnehmen können, sondern einen gesetzlichen Vertreter brauchen, der über ihre Rechte wacht.

Sofern also Kinder oder Jugendliche als ZEG[32] in Betracht kommen, sind die 101
gesetzlichen Vertreter mit einzubeziehen und besondere Verfahrensvorschriften zu beachten. Als ergänzende Regelwerke sind RiStBV (Nr. 19) und PDV 382 zu beachten.

Wesentlicher Unterschied zwischen Vernehmungen von Kindern und allen anderen Personen ist zunächst, dass Kinder nicht „vernommen" werden und keine „Vernehmungsniederschrift" in Form eines Protokolls gefertigt wird. Stattdessen ist bei der Befragung von Kindern der Begriff der „Anhörung" korrekt. Die Niederschrift ist kein Protokoll (das von allen Beteiligten unterschrieben würde), sondern eine Niederschrift im engeren Sinne, die nur durch den Beamten unterschrieben wird, der die Anhörung durchgeführt hat.

Zunächst ist festzustellen, ob das Kind oder der Jugendliche überhaupt als ZEG 102
geeignet ist. Erinnern wir uns an die drei Komponenten – Wahrnehmung – Erinnerung – Wiedergabe –, so ist zunächst zu prüfen, ob ein Kind diese überhaupt bereits in ausreichendem Maße entwickelt hat. Dies ist erst dann der Fall, wenn das Kind die geistige Reife hat, realitätsgetreue Wahrnehmungen zu machen, diese aus der Erinnerung abzurufen und diese dann auch bei der Anhörung in verständlicher Weise wiederzugeben.

Hinweis: Als Faustformel gilt nach Auffassung des BGH ein Alter von sieben Jahren. !

Allerdings kann von dieser Altersgrenze nach oben und unten durchaus abgewichen werden. Es gibt Kinder, die bereits in einem weit früheren Alter über gute Beobachtungsfähigkeiten verfügen und diese Beobachtungen auch schlüssig wiedergeben können. Ebenso aber gibt es Kinder, die in höherem Alter zu eben diesen Dingen noch nicht ausreichend in der Lage sind und daher als ZEG nur im Ansatz zur Verfügung stehen können. Nach Auffassung der Rechtsprechung ist ein normal entwickelter Jugendlicher mit 14 Jahren durchaus vernehmungsfähig, das jüngere Kind aber nur in besonderer Reife anhörungsfähig.

Wie für erwachsene ZEG auch erfolgt zunächst die Vorladung des Kindes. 103
Minderjährige werden über die Erziehungsberechtigten vorgeladen, das heißt, die Vorladung richtet sich bei Kindern in aller Regel an die Eltern.

Für den Fall, dass jugendliche Minderjährige nicht mit den Eltern in der gemeinsamen Wohnung leben, ist die Vorladung an den Jugendlichen zu richten, die Eltern sind gleichzeitig davon in Kenntnis zu setzen.

---

[32] Zur Bearbeitung von Ermittlungsvorgängen, bei denen Kinder oder Jugendliche als Täter in Betracht kommen, s. HS 2.

Die Erziehungsberechtigten entscheiden auch darüber, ob der minderjährige ZEG überhaupt zur Vernehmung erscheint und, sofern er dies tut, ob, in welchem Umfang und auf welche Weise er seine Rechte in Anspruch nimmt. Daher muss sich die Belehrung nicht nur an den minderjährigen ZEG selbst, sondern auch an dessen Erziehungsberechtigten richten (→ Rn. 104 f.).

!

Hinweis: Die Belehrung muss der Verstandesreife des Minderjährigen Rechnung tragen.

Der Vernehmungsbeamte muss also prüfen, ob Verstandesreife in ausreichendem Maße überhaupt vorliegt. Sie gilt als vorhanden, wenn der ZEG fähig ist zu erkennen, dass seine Aussage möglicherweise zur Bestrafung einer anderen Person beitragen kann.

Stellt der Vernehmungsbeamte fest, dass das Kind (bzw. der Jugendliche) diese Einsichtsfähigkeit hat, so nimmt er ausreichende Verstandesreife an. Dies muss er schriftlich im Vorgang festhalten, er schreibt einen sog. **Eindrucksvermerk**.

104 Bei Kindern werden sowohl die Erziehungsberechtigten als auch das Kind selbst verständlich und angemessen belehrt. Die Erziehungsberechtigten entscheiden sodann darüber, ob eine Aussage erfolgt oder nicht. Ist dies der Fall, so wird das Kind angehört.

Bei Jugendlichen richtet sich die Belehrung ebenfalls auch an die Eltern, jedoch entscheiden beide – Erziehungsberechtigte und Jugendlicher – getrennt voneinander, wobei die Entscheidung des Jugendlichen für den Vernehmungsbeamten gültig ist, beide Entscheidungen aber in der Akte vermerkt werden und auch durch den Jugendlichen und die Erziehungsberechtigten unterschrieben werden.

Weist der Minderjährige nicht die erforderliche Verstandesreife für eine solche Entscheidung auf, so ist der gesetzliche Vertreter über sein Recht gem. § 52 III StPO und über das seines Kindes zu belehren.

105 Angesichts der unterschiedlichen Bewertung der Frage der Verstandesreife und der Möglichkeiten der Erziehungsberechtigten und des Minderjährigen sind nachfolgende Möglichkeiten denkbar:

		Verstandesreife liegt vor?	Belehrung an	Entscheidend:
Kind	§ 7 I Nr. 1 KJHG § 19 StGB	ja	Erziehungsberechtigten/Ergänzungspfleger und Kind	Erziehungsberechtigter/Ergänzungspfleger
		nein	Erziehungsberechtigten/Ergänzungspfleger	Erziehungsberechtigter/Ergänzungspfleger

		Verstandesreife liegt vor?	Belehrung an	Entscheidend:
Jugendlicher	§ 7 I Nr. 2 KJHG § 10 StGB §§ 1,3 JGG	ja	Erziehungsberechtigten/Ergänzungspfleger und Jugendlicher	Jugendlicher
		nein	Erziehungsberechtigten/Ergänzungspfleger	Erziehungsberechtigter/Ergänzungspfleger

Abb. 6: Übersicht minderjährige ZEG

Ist der Erziehungsberechtigte nicht erreichbar, darf bei Gefährdung der Untersuchung eine Vernehmung/Anhörung erfolgen, jedoch ist die Zustimmung nachträglich einzuholen. Die Entscheidung des Erziehungsberechtigten ist auch dann aktenkundig zu machen.

Von besonderer Bedeutung ist die Wahrnehmung des Zeugnisverweigerungs- 106
rechtes eines Kindes, bei dem ein Elternteil beschuldigt wird, eine Straftat begangen zu haben. Noch spezieller wird die Situation, wenn das Kind Opferzeuge ist, also an dem Kind eine Straftat durch ein Elternteil begangen wurde.

Hier ist der gesetzliche Vertreter als BES von der Entscheidung über die Wahrnehmung der Zeugnisverweigerungsrechte ausgeschlossen,[33] ebenso der nicht beschuldigte Elternteil, soweit die gesetzliche Vertretung beiden Elternteilen zusteht.

Es ist die Bestellung eines Ergänzungspflegers (§ 1909 BGB) bei Gericht erforderlich. Dieser nimmt die Rechte des gesetzlichen Vertreters für das Kind wahr. Auf diese Weise soll bewirkt werden, dass die Interessen der Erwachsenen und die Zeugnis- und Auskunftsverweigerungsrechte der Erziehungsberechtigten nicht ohne genaue Betrachtung aller Für und Wider auf das Kind übertragen werden. Im Vordergrund steht für die Entscheidung eines Ergänzungspflegers das Kindeswohl, nicht die Bestrafung des BES.

In diesem Zusammenhang ist auch das Recht auf Untersuchungsverweigerung 107
gem. § 81c III StPO von Bedeutung. Auch über die Entscheidung zu einer Untersuchung, zB zur Feststellung von Tatfolgen, entscheidet in einem derartigen Fall der Ergänzungspfleger. Das wiederum bedeutet, dass auf die Bestellung eines Ergänzungspflegers zu warten und entsprechender Antrag zu stellen ist, bevor eine Anhörung des Kindes durchgeführt werden kann.

Die Ausführungen zum Zeugnisverweigerungsrecht gelten hier in gleicher Form. Der zu bestellende Ergänzungspfleger entscheidet auch über die Ausübung dieses Rechts.

---

33 § 52 II StPO.

Sollten sofortige körperliche Untersuchungen erforderlich sein, so gilt bei Nichterreichbarkeit des gesetzlichen Vertreters bzw. vor Bestellung eines Ergänzungspflegers ein Richtervorbehalt gem. §81c III StPO.

108 Für den Fall, dass es sich bei einem minderjährigen ZEG gleichzeitig auch um einen durch die Straftat Geschädigten handelt, sind dieser sowie die Erziehungsberechtigten gem. §406h StPO auf ihre Rechte als Nebenkläger (§395 StPO) hinzuweisen. Dazu gehören unter anderem

- Prozesskostenhilfe,
- Vertretung durch einen Rechtsanwalt im Strafverfahren,
- Hinzuziehung einer Person des Vertrauens ,
- Rechtsbeistand im Rahmen der Nebenklage.

Die Hinweise sind aktenkundig zu machen. Nach Abschluss der Maßnahmen sind Kinder in die Obhut der Erziehungsberechtigten zu überstellen. Auch hier ist zu prüfen, ob eben diese Erziehungsberechtigten als Täter in Betracht kommen und durch die Übergabe des Kindes dessen Wohl gefährdet sein könnte. In diesem Fall sind weitere Maßnahmen des Jugendamtes erforderlich. Bei Jugendlichen kann die Übergabe an die Erziehungsberechtigten ebenso, je nach Alter des Jugendlichen, notwendig sein.

109 Häufig (und auch sinnvoll) werden gerade Kinder, die angehört werden sollen, durch ihre Eltern zum Vorladungstermin begleitet. Es ist das Recht der Erziehungsberechtigten, während der gesamten Anhörung anwesend zu sein. Dies gilt in gleichem Maße für die Erziehungsberechtigten Jugendlicher.

Allerdings öffnen sich Kinder und Jugendliche zuweilen den Beamten eher und umfassender, wenn die Eltern nicht mit im Raum sitzen. Es wird daher vor der Anhörung/Vernehmung darum gebeten, dass die Erziehungsberechtigten während der Vernehmung/Anhörung den Raum verlassen. Natürlich erhalten sie nach Abschluss genaue Auskunft darüber, was Ergebnis der Vernehmung/Anhörung ist und was genau ihr Kind berichtet hat. Eine Kopie der Niederschrift erhalten sie aber nicht.

110 Die Niederschrift der Anhörung eines Kindes wird nur vom Beamten unterschrieben, die einer Vernehmung Jugendlicher von allen Beteiligten. Für die Belehrungen werden in beiden Fällen Protokolle gefertigt, die auch durch die Erziehungsberechtigten zu unterschreiben sind.

111 Gemäß §58a StPO und ergänzt durch Nr. 19 RiStBV soll für die Vernehmung minderjähriger ZEG die Aufzeichnung der Vernehmung auf Bild-Ton-Träger (= Video) gewählt werden, um mehrfache Vernehmungen und damit auch mehrfache Belastungen des minderjährigen ZEG zu vermeiden. Auch in Nr. 19 RiStBV ist geregelt, welche Bestandteile der Vernehmung/Anhörung auf welche Weise zu dokumentieren sind:

- die Belehrung ist mit aufzunehmen,
- die Entscheidung über die Rechte ist mit aufzunehmen,
- Vernehmender und Vernommener sollen gleichzeitig in Bild und Ton aufgenommen werden,
- uU sollen BES und dessen Verteidiger die Möglichkeit zur Anwesenheit haben.

Auch soll die Anhörung von Kindern in einer kindgerechten Umgebung stattfinden. Dazu sollen die Polizeibehörden besondere Räumlichkeiten vorhalten, die sog. Kindervernehmungszimmer. Sie bestehen im Optimalfall aus drei Bereichen:

- dem Raum, in dem die Erziehungsberechtigten sich während der Anhörung des Kindes aufhalten können,
- dem Raum, in dem die Anhörung stattfinden kann,
- dem Raum, in dem ein weiterer Beamter die Videomitschnitte betreut und StA, RA oder weitere Beteiligte der Anhörung folgen können.

Eine im Jahr 2006 in NRW durchgeführte Erhebung bei den damaligen Bezirks- **112**
regierungen[34] ergab, dass die Ausstattung der Behörden mit derartigen Kindervernehmungszimmern von „gar nicht vorhanden" bis „optimale Ausstattung" alle Nuancen abbildete und in nur 21 Behörden als Vollausstattung bezeichnet werden konnte.

Eine für dieses Buch durchgeführte stichprobenartige Erhebung in verschiedenen Ermittlungsdienststellen ergab, dass nur in ganz geringen Ausnahmefällen die Anhörung von Kindern videografiert wird und das Kindervernehmungszimmer kaum genutzt wird, teils ist es mittlerweile aus Mangel an Büros für Ermittlungsbeamte wieder rückgebaut worden.

Hier scheint sich also ein Bereich zu zeigen, in dem Anspruch und Wirklichkeit erneut stark auseinanderdriften. Auf welche Weise und durch welche Maßnahmen sie geeignet wieder zusammenzuführen sind, wäre durchaus einer Aufarbeitung durch ein geeignetes Projekt wert.

§ 8 Die Belehrungspflichten bei Zeugen, Tatverdächtigen und Beschuldigten

In jedem polizeilichen Geschehen sind Kenntnisse über die Status von Personen **113**
und die daran geknüpften Belehrungspflichten unerlässlich. Das bezieht sich nicht nur auf diejenigen Tätigkeiten, die klassisch den Kriminalisten zugeordnet werden, sondern auf jegliche polizeiliche Arbeiten ganz unabhängig vom Einsatzanlass. Auch in der Verkehrsunfallaufnahme oder der Ruhestörung (unerlaubter Lärm) ist also darüber zu entscheiden, welche Rolle Personen im Geschehen spielen und wie sie also letztlich zu belehren sind.

A. Begriffserläuterungen

Der Status der Beteiligten ergibt sich aus den in der StPO zugelassenen Beweis- **114**
mitteln des Personalbeweises: es kann sich jeweils um Zeugen (ZEG), Tatverdächtige (TV), Sachverständige (SV) oder Beschuldigte (BES) – Beweismittel im weiteren Sinne, s. (*Pientka/Wolf*, 2017), Rn. 155 handeln, was durch geeignete Fragen festzustellen ist. Hier spricht man von sog. **Sondierungsfragen**. In der Literatur ist an dieser Stelle zuweilen auch von einer „informatorischen Befragung" die Rede; dieser Begriff aber ist missverständlich und sollte daher vermieden werden (hierzu auch → Rn. 42).

---

[34] (*Klose-Nusch*, 2006).

Definition: Sondierungsfragen dienen allein dazu, den verfahrensrechtlichen Status der Person festzustellen.

Sondierungsfragen werden außerhalb (vor!) einer Belehrungspflicht gestellt, was sich allein schon logisch dadurch erklärt, dass der Beamte noch nicht weiß, worüber und wie er überhaupt belehren müsste; genau dies festzustellen ist ja das Ziel der Sondierungsfrage!

115 Sobald jedoch die Rolle des Gegenübers klar ist, ist in korrekter Weise zu belehren in dem Moment, **bevor** rechtlich eine Vernehmung gegeben ist.

Dies wiederum bedeutet, dass jede Frage, die ein Polizeibeamter zu einem Sachverhalt stellt, bereits Vernehmung ist, sofern der Status der Person feststeht und es sich eben nicht mehr um Sondierungen handelt, dass er also **vor** seiner Frage zunächst einmal in geeigneter Weise belehren muss. Diese Belehrung muss allen formellen und materiellen Vorgaben entsprechen, also rechtlich korrekt und verständlich sein.

B. Zeugenbelehrung

116 Sowohl am Tatort in Sicherungs- und Auswertungsangriff als auch in den weiteren Ermittlungshandlungen sind Personen, die rechtlich als ZEG zu klassifizieren sind, häufig anzutreffen. *Lutz Meyer-Goßner* erläutert zutreffend, dass es sich bei all jenen Personen um ZEG handelt, die selbst etwas wahrgenommen haben.[35] Damit zählen also alle Personen zu den ZEG, die irgendetwas berichten können, das mit einem polizeilich relevanten Geschehen in Zusammenhang steht. Häufig besteht bei kriminalistischen Laien der Irrtum, ZEG sei nur derjenige, der auch die Tat beobachtet hat. Dies aber ist nicht so: ZEG ist jeder, der irgendwelche Erkenntnisse zu einem Geschehen beitragen kann.

Beispiele: Der Freund einer Getöteten kann Auskunft darüber geben, mit wem und wo sie gerne ihre Freizeit verbrachte. Diese Aussage hat nichts mit der Tat selbst zu tun, kann aber neue Ermittlungsansätze bieten; der Freund ist demnach ZEG, denn er kann zu einem Geschehen (= Tötungsdelikt) Angaben (mit wem und wo hielt sie sich häufig auf) aus eigener Anschauung machen (er verbrachte häufig Zeit mit ihr zusammen).

Definition: ZEG ist, wer aus eigener Anschauung Angaben zu einem relevanten Geschehen machen kann und gegen den sich das Verfahren nicht richtet.[36]

Wir unterscheiden dabei verschiedene Rollen der ZEG, so kennen wir

- ZEG,
- ZEG von Hörensagen,
- Sachverständige ZEG,
- Opfer-ZEG

[35] (*Meyer-Goßner*, 2012), Einl. 49.
[36] (*Pientka/Wolf*, 2017), Rn. 164.

und unterscheiden jeweils noch hinsichtlich deren Alters (erwachsene, heranwachsende, jugendliche ZEG und Kinder). In der Gestaltung der Vernehmungssituationen ist in dieser Hinsicht zu differenzieren und auf die jeweilige Zeugenrolle einzugehen, s. hierzu unter §6. Hinsichtlich der Belehrungspflichten aber ist inhaltlich zunächst keine Unterscheidung zu treffen. Sobald die Rolle einer Person als ZEG feststeht, ist in entsprechender und geeigneter Weise zu belehren.

Dies gilt natürlich auch für Polizeibeamte, die innerhalb eines Ermittlungsver- 117
fahrens befragt werden sollen. Das heißt: auch, wenn ein ZEG offenbar seine Rechte kennen sollte oder gar kennt, ist er zu belehren; Ausnahme hierzu bilden lediglich die Verweigerungsrechte von Berufs wegen.

Die Zeugenbelehrung richtet sich nach den in der StPO vorgegebenen Komponenten; sie muss sowohl inhaltlich korrekt als auch zum richtigen Zeitpunkt und für den ZEG verständlich abgegeben werden.

Zunächst gelten die Belehrungspflichten für die Aussagen der ZEG vor Gericht, §163 III 1 StPO aber legt deren Gültigkeit auch für polizeiliche Vernehmungen fest:

> **Hinweis:** Bei der Vernehmung eines ZEG durch Beamte des Polizeidienstes sind §52 III, §55 II, §57 S. 1 StPO und die §§58, 58a, 68–69 StPO entsprechend anzuwenden.

Damit gelten alle Belehrungspflichten auch für die polizeilichen Vernehmungen. 118

Kern der Zeugenbelehrung sind zunächst

- Pflichtelemente:
  - Belehrung darüber, dass die Person ZEG ist und daher zur Unterstützung der Wahrheitsfindung bei Gericht verpflichtet (§161a StPO).
  - Belehrung über den Gegenstand des Verfahrens (§69 StPO), wenn vorhanden auch über den BES mit der Frage, ob Verwandtschaft besteht.

Allgemein wird unterschieden in diese Pflichtelemente und die optionalen Elemente, die nach Würdigung des Einzelfalles eingesetzt werden. Sie richten sich also nach den Erkenntnissen, die die Sondierungsfragen ergeben haben oder den Erkenntnissen, die die bisherigen Aussagen des ZEG ergeben.

- Optionale Elemente:
  - Sodann Belehrung auch über das Recht, Verwandte nicht zu belasten und in diesem Fall die Aussage zu verweigern (§52 StPO).
  - Ebenso Belehrung über das Recht, alle diejenigen Aussagen abzulehnen, mit denen sich der ZEG selbst der Gefahr einer Strafverfolgung aussetzen könnte (§55 StPO).
  - Und nicht zuletzt der Hinweis darauf, dass eine Aussage, sofern sie gemacht wird, der Wahrheit entsprechen sollte (§57 StPO), da der falsch aussagende ZEG ansonsten eine wie auch immer geartete Straftat begehen könnte (so zB eine falsche Verdächtigung nach §164 StGB, eine Vortäuschung einer Straftat nach §145d StGB, eine Strafvereitelung nach §258 StGB oder eines der Delikte des 14. Abschnitts). Würde hier auf die un-

eidliche Falschaussage oder den Meineid verwiesen, wäre die Belehrung nicht korrekt; beide Handlungen sind vor der Polizei nicht ohne Weiteres strafbar aus sich heraus.

Zwingende Elemente	Optionale Elemente
Keine Aussagepflicht bei der Polizei	
Untersuchungsgegenstand – **§ 69 StPO**	Vernehmung zur Person Keine Wohnanschrift bei Dienstort statt Wohnort bei Zeugen aus amtlicher Eigenschaft – **§ 68 I StPO** Dienstort etc – **§ 68 II StPO** Identität – **§ 68 III StPO**
Wahrheitspflicht – als Bitte formuliert – **§ 57 StPO,** ansonsten könnte Verfolgung wegen Verdachts der Strafvereitelung drohen	Bekanntgabe der Person des Beschuldigten – **§ 69 I StPO**
	Zeugnisverweigerungsrecht – **§§ 52, (53) StPO**
	Auskunftsverweigerungsrecht – **§ 55 II StPO**
	Falsche Verdächtigung – **§ 164 StGB**
	Strafvereitelung – **§§ 258, 258a StGB**
	Vortäuschung – **§ 145d StGB**
	Sonderfall: Jugendliche Zeugen: Anwesenheits- und Mitwirkungsrecht der Erziehungsberechtigten – **§ 67 JGG sowie PDV 382 Nr. 3.6.5**
	Sonderfall Sexualdelikte: Vernehmung durch eine Frau Vertrauensperson Gang des Verfahrens RdErl. v. 3.2.2004 Bearb. v. Straftaten gegen die sexuelle Selbstbestimmung
	Person des Vertrauens hinzuzuziehen – **§ 406 f. III StPO**
	Hinweis auf das Adhäsionsverfahren – **§ 406h II StPO**
	Vertretungsrecht durch RA – **§ 406 f. I StPO**
	Verteidigeranspruch – **§ 137 I StPO iVm § 67 JGG**

Abb. 7: Belehrung von Zeugen, im Ursprung erstellt durch LAFP NRW, Abteilung 2 – Kriminalitätskontrolle – Strukturierte Vernehmung.

Fall:

Handtaschenraub: Sie erhalten einen Einsatz zum Marktplatz, dort wurde eine ältere Dame (GES) von zwei jungen Männern gestoßen, anschließend haben sie ihre Tasche genommen und sind weggelaufen. Ein Marktstandbesitzer (M) kümmert sich um die Dame und ist auch derjenige, der 110 gewählt hat.

Sie treffen ihn und die GES vor Ort an, ebenso eine Vielzahl von Schaulustigen.

Zunächst ist zu erfragen, wer den Notruf abgesetzt hat und wer bereits während der Tat vor Ort war und etwas zur Sache beitragen kann (Sondierungsfragen).

Sowohl die GES als auch M und eventuell andere Personen aus der Menge der Schaulustigen sind nun als ZEG festgestellt. Sie sind entsprechend zu belehren.

Sowohl M als auch die GES sagen aus, die Täter beschreiben und wiedererkennen zu können. Das deutet darauf hin, dass sie sie nicht namentlich kennen, somit dürfte kaum Verwandtschaft bestehen, über die zu belehren ist. Ebenso wenig erschließt sich, warum die GES über §55 StPO belehrt werden soll; sie wird kaum Verständnis für eine derartige Belehrung haben. Dasselbe gilt für den M, der schließlich ebenfalls als Helfer vor Ort ist und kaum selbst strafbar gehandelt hat.

Einer der Schaulustigen (S) aber macht den Eindruck, mehr über die Angelegenheit zu wissen. Ihn würde man sodann auch nach §55 StPO belehren.

Alle Personen werden angehalten, die Wahrheit zu sagen, eine Verpflichtung dazu wie vor Gericht aber gibt es bei der Polizei nicht.

C. Tatverdächtigenbelehrung

Den Begriff des Tatverdächtigen gibt es in der Form in den Belehrungsnormen nicht; hier wird nur zwischen ZEG und BES unterschieden. Dies hat zur Konsequenz, dass der Tatverdächtige zunächst wie ein ZEG behandelt und daher auch genauso belehrt wird. 119

Definition: Verdächtiger ist derjenige, der als Täter oder Teilnehmer einer Tat in Betracht kommt. Anders ausgedrückt:

Im kriminalistischen Sinn ist der Verdächtige die Person, die objektiven und subjektiven Umständen nach als Täter infrage kommt.[37]

Das bedeutet, dass bereits sehr früh ein Tatverdacht gegen Personen vorliegen kann, ohne dass aber gegen diese Personen bereits gezielt ermittelt wird. Wenn sich im Rahmen der Ermittlungen der Verdacht erhärtet, also vom einfachen (= Anfangs-)Verdacht zum dringenden Verdacht führt, wird das Verfahren gegen diese Person betrieben, die Anzeige richtet sich gegen sie, es werden Maßnahmen gezielt getroffen (sog. Inkulpationsakt). Damit wird diese Person aus dem Verdächtigenstatus heraus in den Beschuldigtenstatus gestellt. Zur zuvor ergangenen Belehrung als ZEG wird also nunmehr die BES-Belehrung erfolgen müssen.

---

[37] (*Ackermann, Clages & Roll*, 2011), S.238.

Fall:

Bei unserem Beispielsfall bedeutet das: S, der sich auffällig benimmt, wird auch als ZEG belehrt wie oben beschrieben, insbesondere auf § 55 StPO ist einzugehen. Da sich das Verfahren aber noch nicht gegen ihn richtet und noch kein dringender Verdacht vorliegt, ist er noch nicht BES.

D. Beschuldigtenbelehrung

Fall:

Während der Maßnahmen am Tatort wird S durch den M als einer der Täter bezeichnet. M sagt „Der da, der war doch auch dabei, und jetzt tut er so, als hätte er damit nichts zu tun! Herr Wachtmeister, den müssen Sie sich greifen!"

Damit liegen nun gegen den S weitere Hinweise vor, die ihn dringend verdächtig machen. Er erlangt also in diesem Moment den Beschuldigtenstatus, es werden in Folge gegen ihn Maßnahmen getroffen werden und er wird als BES in die Strafanzeige aufgenommen.

Auch hier gilt das bereits Gesagte: es ist über die Rechte zu belehren, sobald der Status der Person, in diesem Fall als BES, feststeht und bevor die Vernehmung innerhalb dieses Status beginnt.

120 Das heißt gleichzeitig, dass alle diejenigen Gesprächsinhalte, die nicht zur Vernehmung gehören, auch nicht das Erfordernis der Belehrung enthalten.

121 Nicht zu den Vernehmungen zählen außer den Sondierungsfragen auch sog. „Spontanaussagen" einer Person, die nicht auf einen Impuls des Beamten zurückzuführen sind. Die typische Lebensbeichte also, die ein Täter ohne Einleitung ablegen will, sobald er den Polizeibeamten sieht, ist eine solche Spontanäußerung. Auch hier ist logisch, dass zunächst eine Belehrung unterbleiben wird, kann doch der Beamte nicht ahnen, dass ihm nunmehr Geständnisse von Straftaten gemacht werden sollen.

> **Beispiel:** Aus der Menge der Schaulustigen tritt, als der M auf ihn zeigt, der S hervor, der sofort, ohne überhaupt mit Ihnen Kontakt gehabt zu haben, auf Sie zugeht und sagt „OK, ich war's, ich hab Scheiße gebaut, hätte ich das doch bloß nicht gemacht!"

Hier ist für jeden erkennbar keine Möglichkeit einer vorhergehenden korrekten Belehrung gegeben, sie ist aber vor weiteren Aussagen „einzubauen". Hier gehen die Auffassungen der Praktiker und der Rechtstheorie zuweilen auseinander. Während in der Praxis gerne so lange gewartet wird mit der Belehrung, bis eine erste Frage zum Sachverhalt erforderlich wird (denn erst damit beginnt per definitionem die Vernehmung), ist nach Auffassung der Rechtstheorie die nächste Gelegenheit zur Belehrung zu nutzen. Holte also der BES, der spontan geständig ist, Luft für weitere Ausführungen, so ist in diese Sprechpause hinein die Belehrung zu bringen. Habschick schreibt dazu:

„Der Vernehmende ist nicht gehalten, den Redefluss eines sich spontan äußernden Beschuldigten zu unterbrechen. Auch von ihm dazwischen gestellte Verständnisfragen unterbrechen den Charakter der Spontaneität nicht. Doch Achtung: Spontanäußerungen können nur kurze Lebensdauer haben. Einfache Nachfragen zur Orientierung (…) während der Spontanäußerung sind zulässig, wenn sie ausschließlich diesem Zweck dienen (BGH NStZ 1986, 232)."[38]

122 Unklar bleibt für den einschreitenden Polizeibeamten vor Ort in der Situation jedoch häufig eine Entscheidung, ob eine Frage nun ausschließlich einem solchen Zweck diene oder eben nicht. Um hier die Verwertbarkeit einer Aussage nicht zu gefährden, sollte die erste Gelegenheit zur Belehrung genutzt werden, bevor eine wie auch immer geartete Frage gestellt wird.

Der BES ist dann zunächst über die ihm zur Last gelegte Tat gem. § 163a IV StPO in Verbindung mit § 136 StPO zu belehren. Hierbei muss der Polizeibeamte jedoch nicht die konkrete Strafvorschrift benennen, es geht vielmehr um den Sachverhalt, zu dem der BES vernommen werden soll. Weiterhin wird der BES darüber belehrt, dass es ihm frei steht, sich zu den Beschuldigungen zu äußern oder nicht zur Sache auszusagen. Die Belehrung umfasst auch den Hinweis, dass es dem BES frei steht, jederzeit einen von ihm zu wählenden Verteidiger zu befragen. Außerdem ist er darüber zu belehren, dass er zu seiner Entlastung einzelne Beweiserhebungen beantragen kann.

Auf den polizeilichen Formularen ist die gesamte Belehrungsformel aufgedruckt.

Sachbearbeitung Telefon | Nebenstelle | Fax

Beschuldigtenvernehmung Heranwachsender Ausländerin an Jugendamt

**Mir wurde eröffnet, welche Tat(en) mir zur Last gelegt wird/werden.
Ich wurde darauf hingewiesen, dass es mir nach dem Gesetz freisteht, mich zu der Beschuldigung zu äußern oder nicht zur Sache auszusagen. Ich wurde auch darauf hingewiesen, dass es mir freisteht, auch schon vor dieser Vernehmung einen von mir zu wählenden Verteidiger zu befragen und dass ich zu meiner Entlastung einzelne Beweiserhebungen beantragen kann. Ferner wurde ich darauf hingewiesen, dass bei Fragen nach Vornamen, Familien-, Geburtsnamen, nach Ort und Tag der Geburt, nach dem Familienstand, dem Beruf, dem Wohnort, der Wohnung und der Staatsangehörigkeit die Pflicht zur vollständigen und richtigen Beantwortung besteht und die Verletzung dieser Pflicht nach § 111 Ordnungswidrigkeitengesetz mit Geldbuße bedroht ist.**

Name | Akademischer Grad/Titel
Geburtsname | Vorname(n)
Sonstige Namen (FR = Früherer-, GS = Geschiedenen-, VW = Verwitweten-, GN = Genannt-, KN = Künstler-, ON = Ordens-, SP = Spitz-, SN = nicht zugeordneter Name)
Geschlecht | Geburtsdatum | Geburtsort/-kreis/-staat
Familienstand | Ausgeübter Beruf | Staatsangehörigkeit(en)
Anschrift

Abb. 8: Vernehmungsformular mit Belehrungsformel

123 Vielfach sind Beamte dazu übergegangen, sie zu verlesen und dann davon auszugehen, der BES habe den Inhalt verstanden. Das aber ist nicht ausreichend. Die Belehrung muss formal und inhaltlich korrekt sein und nachweislich verstanden worden sein. Daraus ergibt sich, dass sie sinnvollerweise dem BES auch erklärt wird und in verständliche Alltagssprache oder entsprechende Fremdsprachen übersetzt wird.

Auch dazu sind entsprechende Vordrucke im Bestand abrufbar.

[38] (*Habschick* 2012), S. 174.

124 Sofern die Belehrung vor der ersten Vernehmung des BES unterblieben ist, können die Aussagen, die er daraufhin gemacht hat, nicht verwertet werden (s. hierzu §7). Allerdings gibt es eine Möglichkeit, das Versäumnis zu heilen: die **qualifizierte Belehrung**. Die qualifizierte Belehrung ist also ein Mittel, einen Fehler auszuräumen und Personalbeweise gewinnen zu können. Sie wird in der Weise durchgeführt, dass vor der nächsten Vernehmung, die also auf die unrechtmäßig erlangten Hinweise folgt, der BES zunächst darüber belehrt wird, dass alles, was er bisher gesagt hat, als nicht existent gilt.

Und dies ist tatsächlich so: Alles, was er gesagt hat, wird im Rahmen des Verfahrens nicht in eine Entscheidung einbezogen, es wird überhaupt nicht beachtet. Dies wird dem BES erläutert. Sodann schließt sich die ganz normale Belehrung an wie oben beschrieben. Der BES kann sich nun entscheiden, ob er aussagen will oder nicht. Entscheidet er sich für eine Aussage, so beginnt im Anschluss eine Vernehmung, die Inhalte werden protokolliert. Entscheidet er sich dagegen, so wird dies ebenfalls protokolliert. Natürlich ist die zu Unrecht erlangte Aussage Bestandteil der Akte, denn die fälschlich erlangten Niederschriften werden ja nicht entfernt. Sie werden nur eben überhaupt nicht beachtet. Beachtet wird lediglich die Entscheidung des BES nach erfolgter korrekter Belehrung.[39]

Betrachten wir noch einmal unseren Beispielsfall Handtaschenraub:

Fall:

Variante 1: In dem Moment, in dem der S aus der Menge hervortritt und gesagt hat, er habe „Scheiße gebaut", wird er durch den eingesetzten Beamten als BES belehrt. Das könnte etwa wie folgt klingen: „Dann sind Sie für mich ab jetzt Beschuldigter. Ich werfe Ihnen vor, einen Raub begangen zu haben. Sie müssen dazu nichts sagen, Sie können zunächst einen Anwalt anrufen und um Rat fragen. Sie können sich auch teilweise oder ganz schriftlich äußern. Und Sie können Beweisanträge stellen, uns also sagen, wo es welche entlastenden Hinweise gibt, denen wir dann nachgehen werden. Wie entscheiden Sie sich, wollen Sie zur Sache aussagen?" S legt daraufhin ein umfassendes Geständnis ab, dieses ist verwertbar.

Variante 2: In dem Moment, in dem der S aus der Menge hervortritt und gesagt hat, er habe „Scheiße gebaut", erklärt ihm der eingesetzte Beamte: „Na dann, dann erzählen Sie mal, dann geht es Ihnen besser, außerdem ist das vor Gericht sicher von Vorteil!" Eine erforderliche Belehrung unterbleibt, S gesteht umfassend. Dieses Geständnis ist vor Gericht nicht verwertbar.

S wird durch die eingesetzten Beamten der K-Wache überstellt und dort von KOK Z in Empfang genommen. Ihm wird berichtet, S habe bereits gestanden, er müsse aber noch belehrt werden, dazu sei vor Ort keine Zeit gewesen.

Dies ist für Z der Hinweis darauf, dass das Geständnis als nicht existent zu bewerten ist. Er belehrt daher den S qualifiziert. Das kann ungefähr folgen-

---

[39] BGH 1. Strafsenat NJW 1968, 1388, Leitsatz: Ein Geständnis, das der Angeklagte vor der Polizei nach ordnungsgemäßer Belehrung (§§ 163a IV, 136 I 2 StPO) abgelegt hat, darf auch dann bei der Urteilsfindung verwertet werden, wenn er in einer früheren Vernehmung durch Polizei und Staatsanwaltschaft inhaltsgleiche Angaben ohne Belehrung gemacht hatte.

dermaßen lauten: „Sie sind beschuldigt, einen Raub begangen zu haben. Sie haben den Kollegen eben die Tat gestanden. Da Sie aber zuvor nicht über Ihre Rechte belehrt wurden, gilt das Geständnis nicht, wir werden es nicht nutzen und tun so, als hätten Sie das nicht gesagt. Das heißt auch, dass Sie rechtlich gesehen eigentlich noch keine Aussage gemacht haben. Deshalb werde ich Sie jetzt wie vom Gesetz vorgesehen belehren: Ich werfe Ihnen vor, einen Raub begangen zu haben ....“ Es schließt sich nun die gesamte Belehrung an wie oben in Variante 1 beschrieben, an deren Ende sich der BES entscheidet, wie er seine Rechte wahrnehmen möchte. Sagt er aus, so startet dann seine Vernehmung, die komplett neu durchzuführen ist, ohne Kenntnisse aus dem unrechtmäßig erlangten Geständnis zu nutzen. Will der S nicht aussagen, so wird dies vermerkt und unterschrieben.

Der Sinn einer solchermaßen stringenten Handhabung der Formvorschriften 125
liegt darin, dass eine Beweisführung um jeden Preis in unserem Rechtssystem nicht vorgesehen ist:

Hinweis: Es entspricht nicht dem Grundsatz der StPO, dass die Wahrheit um jeden Preis erforscht werden müsste. Das im Sinne der Allgemeinheit wichtige Interesse an der Strafverfolgung und Ahndung von Straftaten findet in den übergeordneten Grundrechten seine Grenzen. Dies gilt insbesondere für den Schutz der Menschenwürde und der freien Entfaltung der Persönlichkeit.

Dieses gilt gleichermaßen für die Vernehmungen von BES und ZEG.

§ 9 Die Beweisverwertungsverbote

Sofern eine erforderliche Belehrung nicht erfolgt ist, können – wie auch nach 126
anderen Verstößen im Rahmen der Erhebungsverbote – Beweisverwertungsverbote für die zu Unrecht erhaltenen Aussagen greifen.

Diese Beweisverbote sollen bewirken, dass sich die Strafverfolgungsbehörden 127
im Rahmen ihrer Arbeit an Recht und Gesetz halten und insbesondere die Redlichkeit in der Arbeit beachten. Da die Arbeit des Ermittlers zur Beweissicherung häufig in die Grundrechte von Menschen eingreift, jede Vernehmung ein solcher Rechtseingriff ist, ebenso jede Beschlagnahme, Durchsuchung, Identitätsfeststellung usw, gilt als Ergebnis aus Art. 20 III GG (Rechtsstaatsprinzip), **dass nicht um jeden Preis die Wahrheit ermittelt werden darf** (BGHSt 14, 358 [365] = NJW 1960, 1580), da die Erhebung dieser Wahrheit zuweilen im Widerspruch zu höherrangigen Grundrechten stehen wird.

Diesem Grundsatz entsprechend sind die sog. Beweisverbote zu beachten, die die Erhebung von Beweisen unter ganz bestimmten Voraussetzungen als nicht normkonform beschreiben. Die Regelung dieser Beweisverbote (BV) ist teils gesetzlich vorgegeben, teils aber auch durch höchstrichterliche Entscheidungen formuliert worden. Auf ein Beweiserhebungsverbot folgt in bestimmten Fällen das Beweisverwertungsverbot, das somit als Konsequenz des Verstoßes anzusehen ist.

Unterschieden wird in die Beweiserhebungsverbote (BEV), die die Erlangung des Beweises zum Gegenstand haben und die Beweisverwertungsverbote (BVV), die sich aus den BEV ergeben.

128 Nicht immer ist das Verwertungsverbot zwingend (so aber bei Verstoß gegen Art. 2 I iVm Art. 1 I GG), zuweilen unterliegt es der Einzelfallentscheidung. Diese kann sich aus der Frage ergeben, ob der zum Beweis führende Grundrechtseingriff so erheblich ist, dass die Verwertung des Beweises sich verbietet. Geprüft wird also, in welche Grundrechtssphäre eingegriffen wird (sog. Sphärentheorie). Damit wird auch deutlich, dass durch Verstöße gegen die Menschenwürde keine Verwertung des Beweises mehr möglich ist. Je allgemeiner und öffentlicher die Sphäre, in die eingegriffen wurde, umso näher liegt die Möglichkeit, den Beweis dennoch zuzulassen.

Die Bewertung nach der Rechtskreistheorie ist mittlerweile nicht herrschend; sie befasste sich mit der Frage, welchen Rechtsbereich eine zu beachtende Formvorschrift schützen sollte und ob die Verwertung des erlangten Beweises demselben Rechtskreis des Betroffenen angehörte oder nicht.

129 Aktuell in die Bewertung vorherrschend ist die sog. **Abwägungslehre:** Hier werden die Bedeutung des Beweises, die Tiefe des Verstoßes in seiner Erhebung, der Grundrechtseingriff und nicht zuletzt die Frage, ob der Beweis **bewusst** unzulässig erhoben wurde den Fragen gegenübergestellt, was mit diesem Beweis belegt werden kann, ob es noch weitere Beweise für diese Tatsache gibt usw. Die Prüfung ist also eine umfangreiche und im Grunde diejenige, die Sphären- und Rechtskreistheorie vereint und angemessen ergänzt.[40]

Wesentlich für den Polizeibeamten muss es sein, eine Art „Antenne" dafür zu entwickeln, wo sich die Grenzen jeweils finden lassen, da – beim Überschreiten dieser Grenzen – das Gesamtverfahren gefährdet sein kann. Und welcher Ermittler möchte schon gerne, weil er an einer vermeintlich kleinen Stelle nicht sorgsam auf die Begleitumstände für seine Entscheidung geachtet hat, dafür verantwortlich sein, dass aufgrund dieses Versäumnisses das gesamte Verfahren eingestellt werden muss, weil die Beweise nicht bewertet werden dürfen.

130 Wir befassen uns daher mit denjenigen BV, die im Rahmen der polizeilichen Tätigkeit von Bedeutung sein können, nur im Ansatz aber mit denen, die im Rahmen der HV für das Gericht zu beachten wären:

[40] S. hierzu vertiefend in (*Brodag*, 2008), Rn. 260 ff. sowie (*Westphal*, 2010), S. 52 ff. und (*Meyer-Goßner*, 2012), Einl Rn. 55.

Beweisverbote	
Beweiserhebungsverbote (BEV)	**Beweisverwertungsverbote (BVV)**
Beweisthemaverbot: Untersagt eine Beweiserhebung vollständig, so zB bei fehlender Aussagegenehmigung öffentlich Bediensteter gem. §54 StPO oder nach einer Sperrerklärung, §96 StPO. Absolute Verbote existieren zB auch im Bundeszentralregistergesetz §§51, 63 BZRG und im Straßenverkehrsgesetz, §29 VIII StVG bzgl. verjährter Registereintragungen, sowie §7 III G 10, §393 II AO.	**Unselbstständige (resultierende) relative Verwertungsverbote:** ZB §54 StPO, sagt der Zeuge ohne Aussagegenehmigung aus, ist die Aussage verwertbar (Rechtskreistheorie). ZB Registerdaten sind unverwertbar, im Einzelfall jedoch Abwägung möglich. ZB §393 AO als gesetzlich normiertes Gebot enthält selbst eine Abwägungsregel.
Beweismittelverbot: Der Zugriff auf bestimmte Beweismittel ist, ggf. unter Berufung auf entgegenstehendes Recht, untersagt. Dies gilt zB für legitime Auskunfts- oder Untersuchungsverweigerungsrechte von Zeugen, Geheimnisträgern und anderen Personen in den §§52, 53, 53a, 55, 95 II, 97 StPO oder zB aus Art.47 GG. Ferner Regelungen in den §§100aff. StPO.	**Unselbstständige (resultierende) relative Verwertungsverbote:** ZB unverwertbar bei Verstößen gegen Belehrungsregeln bei Zeugen oder Verstöße gegen Beschlagnahmeverbote, Zugriff auf Daten entgegen qualifizierender Straftatenkataloge und Zweckänderungsvorschriften, Entscheidung jedoch in der Abwägung des Einzelfalls = relatives BVV.
Beweismethodenverbot: Die Art und Weise der Beweiserhebung ist untersagt: §§136a StPO mit Verweisen in §§163a, 69 III und 72 StPO.	**Unselbstständige (resultierende) Verwertungsverbote:** ZB gesetzlich normiert in §136a III StPO als **absolutes BVV**, das keinerlei Abwägung unterliegt.
Weitere relevante Beweisthemen: Informationserhebung entgegen Art.1 GG, 13 GG, Kernbereich sonstiger Grundrechte und Grundprinzipien des Strafverfahrensrechts, zB Selbstbelastungsfreiheit, Faires Strafverfahren, keine Strafverfolgung um jeden Preis etc. Tagebücher Abhören in Wohnungen Privat erlangte Beweise Ermittlungen durch V-Personen oder Verdeckte Ermittler Zweckänderungen	**Unselbstständige (resultierende) relative Verwertungsverbote:** Immer nach Einzelfallabwägung über die Rechtskreistheorie (veraltet) Sphärentheorie oder Abwägungstheorie

Abb.9: Beweisverbote, entnommen aus (*Westphal*, 2010), S.52 f.

I. Beweismittelverbote/Berufung auf entgegenstehendes Recht

131 Wie bereits mehrfach erläutert, muss sich niemand selbst belasten oder an seiner eigenen Strafverfolgung aktiv mitwirken (Grundsatz: nemo tenetur se ipsum accusare). Darüber sind sowohl Zeugen (nach § 55 StPO) als auch Beschuldigte (nach § 136 StPO) zu belehren.

Dies ist der Grundsatz, der das gesamte Verfahren bestimmt, dem daher zwingend zu folgen ist. Die Konsequenz daraus ist:

> **Merke:** Die Belehrung ist **immer** verständlich und formal korrekt zu leisten, ZEG und BES sind über die ihnen zustehenden Rechte aufzuklären. Unterbleibt eine erforderliche Belehrung, ist diese Aussage nicht verwertbar.[8]
>
> Lediglich durch eine sog. „qualifizierte Belehrung"[9] kann dieses Verwertungsverbot „geheilt" werden, der ZEG/BES ist sodann erneut zu vernehmen.[10]

> Für einschreitende Polizeibeamte ist es daher von fundamentaler Bedeutung zu erkennen, wann eine Vernehmungssituation gegeben ist und welche Belehrungserfordernisse sich daraus ergeben.
>
> Die Ansprüche an eine formell und materiell korrekte Belehrung sind unbedingt zu berücksichtigen.

Nicht nur die Aussage von Personen kann unter Missachtung des Rechts erlangt werden, auch weitere Beweismittel unterliegen dem Beweismittelverbot:

- die in einer rechtswidrig durchgeführten Durchsuchungsmaßnahme erlangten Beweise, zB Beutestücke, Spuren der Tat usw
- die bei einer unrechtmäßig angeordneten körperlichen Untersuchung erlangten Werte der Blutprobe
- die bei einer nicht rechtmäßig durchgeführten Überwachungsmaßnahme erlangten Daten
- die unter Missachtung der Menschenwürde erlangten Beweise
- und vieles mehr.

II. Beweismethodenverbot/Art und Weise der Beweiserhebung

132 Hier ist insbesondere auf § 136a StPO zu verweisen, der die Gewinnung einer Aussage mit den dort genannten Mitteln verbietet. § 136a StPO findet seine Entsprechung im Straftatbestand des § 343 StGB, der Aussageerpressung. Allein

[41] BGH NStZ 1992, 294.

[42] Die Person ist darüber aufzuklären, dass alles, was sie bisher gesagt hat, nicht verwertet werden darf und als nicht existierend gilt. Sodann wird die formal korrekte Belehrung angeschlossen, eine freie Entscheidung über das Aussageverhalten kann neu getroffen werden und ist nun bindend. Erfolgt keine neue Aussage, sind die Inhalte der nicht korrekt erlangten Vernehmung unverwertbar.

[43] BGH NStZ 2009, 281.

die Tatsache, dass es sich hier um einen Verbrechenstatbestand handelt, zeigt die grundlegende Bedeutung der Normen. Eine nicht aus freien Stücken erlangte Aussage unterliegt dem absoluten Verwertungsverbot, darf auch nicht verlesen werden, daraus können keine Teile entnommen und anderen Beweispersonen vorgehalten werden, der Vernehmungsbeamte darf ebenfalls nicht zu den Inhalten befragt werden, und dies alles gilt auch dann, wenn der Vernommene es sich anders überlegt und der Nutzung der Beweise zustimmt.

Dies zeigt einmal mehr die Bedeutung der freien Willensentschließung im 133
Zusammenhang mit Aussagen im Strafverfahren.

Eine Diskussion der Norm ergab sich im Zusammenhang mit dem Entführungsfall des *Jakob von Metzler.* Der BES behauptete, ihm sei durch einen Kriminalbeamten auf Anordnung des stellvertretenden Polizeipräsidenten Folter angedroht worden, damit er den Ort, an dem er das Opfer gefangen hielt, bekannt gebe. Eine Anordnung von Zwang zur Durchsetzung der Vernehmung ist im deutschen Recht nicht vorgesehen, daher handelt es sich hier um Nötigung zur Erzwingung einer Aussage. Die Öffentlichkeit diskutierte diesen Fall zu Anfang dieses Jahrhunderts sehr kontrovers. Letztlich kam es zu einer Verurteilung der Beamten.[44]

III. Problem: Fernwirkung[45]

Den Darstellungen zum BVV schließt sich die grundlegende Frage an, wie mit 134
unrechtmäßig mittelbar erlangten Beweismitteln umgegangen wird:

> **Beispiel:** P wird von Polizeibeamten noch in der unmittelbaren Nähe des Tatorts vorläufig festgenommen, nachdem er die F um ihren Schmuck beraubt und mit einer Schusswaffe schwer verletzt hat.
>
> POK Eifrig erklärt ihm: „Junge, du hast eh keine Wahl, also lege lieber gleich ein Geständnis ab, alles andere hat keinen Zweck für dich. Und am besten sagst du uns auch gleich, wo du die Beute versteckt hast, wir finden sie sowieso, und dann bist du dran, und das wird schlimmer, als wenn du gleich gestehst!".
>
> P gesteht daraufhin und führt den Eifrig zum Versteck der Beute und der Waffe.

Hier liegt eine Vernehmung im Sinne der Definition vor, denn Eifrig stellt Fragen zu einem Sachverhalt und dies in seiner Eigenschaft als Polizeibeamter. Damit wäre eine Belehrung vor der Vernehmung erforderlich. P ist BES, denn das Verfahren richtet sich gegen ihn, er wird bereits vorläufig festgenommen. Die Belehrung müsste sich also nach § 163a IV iVm § 136 StPO richten.

---

[44] http://www.institut-fuer-menschenrechte.de/uploads/tx_commerce/policy_paper_1_zur_aktuellen_folterdebatte_in_deutschland.pdf (zuletzt abgerufen 29.8.2017).

[45] Nicht zu verwechseln mit „Fortwirkung"; diese bezieht sich auf die Frage, ob der Adressat der ohne Belehrung oder unter rechtswidriger Einflussnahme zu einer Aussage geführt wird, auch dann noch unter dem Eindruck dieses Einflusses steht, wenn wer später qualifiziert belehrt und erneut vernommen wird, oder ob er dann tatsächlich gänzlich frei in seiner Wissensbetätigung und Entscheidung ist.

135 Die Belehrung ist unterblieben. Der erlangte Beweis ist die Aussage des P, die also wegen des vorliegenden Beweiserhebungsverbotes einem direkten unbedingten Beweisverwertungsverbot unterliegt. Innerhalb der Vernehmung aber gab es weitere Beweise, und zwar die Waffe und die Beute, die durch die nicht verwertbare Vernehmung indirekt erlangt wurden. Fraglich ist nun, ob das BVV auch für diese neuen Beweise gilt, es also eine „Fernwirkung" entfaltet.

Hier sind sich Rechtsprechung, Rechtslehre und Literatur uneinig. Es stehen sich mehrere Auffassungen gegenüber, die hier nur in aller Kürze dargelegt werden sollen.[46]

Auf der einen Seite steht die Auffassung, dass eine wirksame Verbrechensbekämpfung vorgehe und das gesamte Strafverfahren nicht in allen folgenden Inhalten durch einen Fehler behindert werden dürfe. Für den vorstehenden Fall bedeutet das, dass die Beweise „Waffe" und „Beute" verwertet werden dürfen.
136 Einer Verurteilung des P stünde damit zumindest in dieser Hinsicht kein Hindernis entgegen.

Dem gegenüber stehen die Anhänger der aus dem US-Amerikanischen stammenden „fruit-of-the-poisonous-tree-doctrine". Hiernach sind alle aus dem rechtswidrig erlangten Beweis resultierenden weiteren Beweise ebenfalls als rechtswidrig und daher als unverwertbar anzusehen. Für den vorstehenden Fall bedeutet dies: Waffe und Beute sind nicht verwertbar, gelten als nicht existent. Was ist aber mit den Interessen der GES, die ihren Schmuck sicher zurückhaben will? Wenn die Beweise nicht existieren, so kann weder der Schmuck ausgehändigt werden noch könnte P – sofern es keine weiteren Beweise gibt – verurteilt werden. Diese Auffassung ist jedoch, auch wenn sie in der Literatur diskutiert wird, auf deutsche Verhältnisse kaum zu übertragen, weil sie in den USA die Arbeit der Ermittlungsbehörden kanalisieren soll, was hierzulande wegen der Grundsätze des Strafverfahrens in dieser Weise nicht umgesetzt
137 werden muss.

Zum Dritten gibt es die Auffassung, dass die mittelbar erlangten Beweise dann verwertbar bleiben, wenn man davon ausgehen kann, dass sie auch ohne den verbotenen Beweis aufgrund anderer Ermittlungen („hypothetischer Ersatzeingriff") im Verfahren hätten erlangt werden können (sog. „eigenständiger Erkenntnisvorgang", s. BGHSt 27, 355 = NJW 1978, 1390 und BGHSt 29, 244 = NJW 1980, 1700). Für unseren Fall bedeutet dies: entscheidend ist die Frage: hätte der P nicht ausgesagt, hätten die Beamten die Waffe und die Beute auch aufgrund anderer Ermittlungen finden können? Kann diese Frage guten Gewissens mit „ja" beantwortet werden, so dürfen Waffe und Beute in das Verfahren eingebracht werden.

---

[46] Vertiefend s. (*Meyer-Goßner*, 2012), Einl Rn. 57; (*Brodag*, 2008), Rn. 263.

Merke: Für die Praxis ist diese Diskussion jedoch müßig:

Der einschreitende Polizeibeamte ist nicht in der Position, eine solche Entscheidung treffen zu können.

Es ist daher immer davon auszugehen, dass eine Fernwirkung des Beweisverbotes eintreten könnte, daher ist auch in allen Fällen auf die Einhaltung der Form- und Verfahrensvorschriften zu achten, um keine Gefährdung des Verfahrens zu schaffen.

Festzuhalten ist also, dass eine gar nicht oder nur unzureichend oder unverständlich erfolgte Belehrung auch nach sich ziehen kann, dass weitere Beweismittel nicht mehr gewürdigt werden dürfen. Dies kann im schlechtesten Fall dazu führen, dass eine „Nachlässigkeit" in der Belehrung, aus welchen Gründen auch immer sie erfolgt ist, zu einem Freispruch führen muss, wenngleich alle Beteiligten wissen, dass eine Täterschaft vorliegt. 138

So berichtete die Westdeutsche Zeitung in 2012 darüber, dass durch einen Fehler der Polizei ein Geständnis nicht mehr verwertet werden durfte. Zwei junge Männer (18 und 19 Jahre alt) hatten sich an einem Brandort als Zeugen gemeldet. Bei ihren Zeugenbefragungen traten aber sehr schnell Widersprüche auf. Zwar stand das Gebäude, ein ehemaliges Krankenhaus, leer, der Schaden belief sich aber dennoch auf über 400.000 EUR. Als sie merkten, dass sie aus der Sache kaum noch herauskamen, legten beide ein Geständnis ab. Verurteilen konnten die Richter sie später aber dennoch nicht. Die Polizeibeamten hatten sie nicht im richtigen Moment auf korrekte Weise über ihre Rechte belehrt. Daher haben sie sich selbst beschuldigt, ohne über ihre Rechte aufgeklärt worden zu sein, und die Aussagen unterlagen dem Verwertungsverbot. Das musste auch der Staatsanwalt so sehen und beantragte ebenfalls folgerichtig den Freispruch der beiden Angeklagten.

Solche Pannen passieren leider immer noch öfter, als man denken mag, und das auch in Verfahren mit Verbrechenstatbeständen wie sexueller Gewalt, Tötungsdelikten usw.

Die Wahrung aller Rechte, auch der BES/Angeklagten, muss handlungsleitend sein. Hält man sich also in allen polizeilichen Handlungsschritten an die Form- und Verfahrensvorschriften, so ist eine gerichtsverwertbare Beweisführung mit angemessener Urteilsfindung möglich. Hält man sich nicht daran, so wird alle aufwendige Ermittlungsarbeit überflüssig, eine Urteilsfindung kann und darf nicht erfolgen.

§ 10 Der Polizeibeamte als Zeuge vor Gericht

Im Rahmen der polizeilichen Arbeit haben die Beamten vielschichtige Entscheidungen zu treffen. 139

Dazu müssen sie einerseits rechtssicher sein, also fundierte Kenntnisse in Strafrecht, Eingriffsrecht, Ordnungswidrigkeitenrecht usw haben, als auch taktisch klug vorgehen. Häufig, nicht nur bei Fällen der hG, müssen spontan vor Ort weitreichende Entscheidungen getroffen werden, ohne dass die Chance besteht, zunächst ausgiebig Rechtskommentare zu sichten.

Diese Entscheidungen treffen die Beamten in aller Regel auch ohne Rücksprache mit StA oder Gerichten, es sei denn, es handelt sich um Maßnahmen mit entsprechenden Entscheidungsvorbehalten (zB Durchsuchung, Festnahme …). Das trifft ebenso für die Führung der Ermittlungsvorgänge zu. Der Ermittlungsbeamte entscheidet selbstständig, wen er wann vernimmt, welche Fragen er stellt, ob und wie er vorlädt usw.

Erst in dem Moment, in dem das Ermittlungsverfahren abgeschlossen ist, ändert sich diese Rolle des Polizeibeamten. Betrachten wir also zunächst den Gang des Verfahrens (in verkürzter Form):

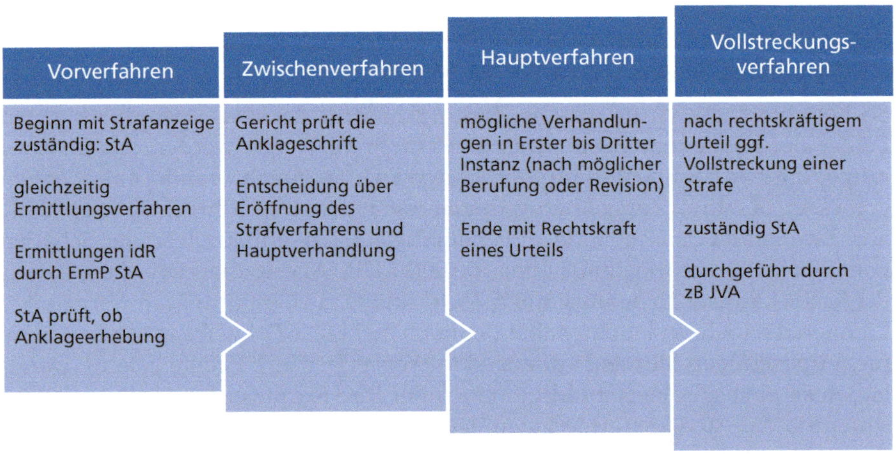

Abb. 10: Abb. des Strafverfahrens – verkürzt

Hieraus ergibt sich, dass die verschiedenen Teile des Verfahrens vom Vorverfahren bis zum möglichen Vollstreckungsverfahren in unterschiedlichen Zuständigkeiten liegen.

140 Das Vorverfahren und das Vollstreckungsverfahren liegen in der Hand der StA, die sich dazu unterschiedlicher Unterstützungen bedient: im Vorverfahren der Polizei, im Vollstreckungsverfahren des Justizvollzugs.

Die RistBV Nr. 3 führen dazu aus:

„1. Der Staatsanwalt soll in bedeutsamen oder in rechtlich tatsächlich schwierigen Fällen den Sachverhalt vom ersten Zugriff an selbst aufklären, namentlich den Tatort selbst besichtigen, die Beschuldigten und die wichtigsten Zeugen selbst vernehmen. (…)

2. Auch wenn der Staatsanwalt den Sachverhalt nicht selbst aufklärt, sondern seine Ermittlungspersonen (§ 152 I GVG), die Behörden und Beamten des Polizeidienstes (§ 161 I StPO) oder andere Stellen damit beauftragt, hat er die Ermittlungen zu leiten, mindestens ihre Richtung und ihren Umfang zu bestimmen.

Er kann dabei auch konkrete Einzelweisungen zu Art und Weise der Durchführung einzelner Ermittlungsmaßnahmen erteilen. (…)“

Im Verlaufe des Vorverfahrens sind demnach alle Maßnahmen zu treffen, die die Aufklärung der Angelegenheit ermöglichen. Diese Maßnahmen werden in der Realität vornehmlich eigenständig (unter Beachtung der Form zB nach richterlicher Entscheidung) durch die Polizei getroffen. Die StA hat aufgrund der begrenzten Ressourcen und der hohen Belastung durch Hauptverfahren kaum die Möglichkeit, sich in die Ermittlungen im Vorverfahren einzubringen. Die Vorverfahren werden also mehrheitlich durch die Polizei selbstständig abgearbeitet und die erhaltenen Ergebnisse zum Abschluss der StA übersandt, damit diese über die Erhebung der Klage entscheiden und das Verfahren weiter betreiben kann. In der Mehrheit der Fälle handelt es sich um einfach gelagerte Taten, von ihnen erfährt die StA auch erst dann, wenn die polizeiliche Ermittlungsakte übersandt wird, weil der Sachbearbeiter der Polizei den Vorgang für ausermittelt hält. In aller Regel schließt sich die StA den erzielten Ermittlungsergebnissen an oder gibt den Vorgang mit der Anordnung für weitere Ermittlungen zurück. 141

In jedem Fall entscheidet die StA danach, ob das Verfahren fortgeführt oder eingestellt wird. Ab diesem Moment ist die Polizei als Ermittlungsbehörde „raus". Damit erfolgt eine Veränderung der polizeilichen Rolle, die sich auch auf den einzelnen Beamten auswirkt und sich insbesondere dann zeigt, wenn er als ZEG vor Gericht geladen wird und dort Rede und Antwort stehen muss zu dem, was er im Laufe des Ermittlungsverfahrens an Schritten unternommen hat. 142

A. Rollenwechsel – vom Ermittler zum Zeugen

Und hier liegt bereits eine wesentliche Anforderung an den Polizeibeamten in der Verhandlung. Während des gesamten Ermittlungsverfahrens ist er „Entscheider und Handler"[47]. Das bedeutet, dass der Beamte auf der Grundlage von Recht und Gesetz Entscheidungen trifft, in Grundrechte von Personen eingreift, Ermittlungshandlungen anordnet und durchführt. Dies tut er nach seiner Beurteilung und seinen Kenntnissen und Fähigkeiten. 143

Sein Ziel muss es sein, diese Maßnahmen rechtssicher zu treffen. Um die Beamten des Landes in genau diese Position zu versetzen, werden im Studium auch eben genau diese Inhalte vermittelt.

Sobald der Beamte aber als ZEG vor Gericht erscheint, ist er eben nicht mehr „Entscheider und Handler". Ganz im Gegenteil: hier ist er das Beweismittel vor Gericht, also eine Art „Beweisobjekt", dem Entscheidungs- und Handlungskompetenzen in diesem Stadium nicht mehr zugeschrieben werden. Er muss stattdessen auf Fragen antworten, die ihm von anderen gestellt werden und die – das ist die Aufgabe der Beteiligten – darauf abzielen, die korrekte Vorgehensweise im Ermittlungsverfahren zu bestätigen oder zu widerlegen. Sowohl StA als Anklagevertreter als auch Rechtsanwälte als Verteidiger haben zum Ziel, die Entscheidungen und Handlungen des Ermittlungsbeamten zu hinterfragen und dahingehend zu prüfen, ob sie auf dem Boden des Rechts getroffen wurden und alle Formalien beachtet wurden. 144

---

[47] Vgl. (*Artkämper*, Polizeibeamte als Zeugen vor Gericht, 2011), S. 10.

Damit ist der Polizeibeamte als ZEG vor Gericht in einer Art Rechtfertigungsposition. Das bedeutet jedoch nicht, dass man ihm Verstöße oder Nachlässigkeiten vorwerfen will. Im Sinne des Rechts will jeder Beteiligte lediglich beweisen, dass das Verfahren zu jedem Zeitpunkt und in jedem Stadium „in Ordnung" war. Dazu zählt es zwangsläufig dann auch, dass der Beamte über seine Entscheidungen und Schritte berichtet, um eine fundierte richterliche Entscheidung vorzubereiten.

In der Praxis zeigt sich aber, dass manche Polizeibeamte mit diesem Rollenwechsel Probleme zu haben scheinen. Sie fühlen sich insbesondere durch Verteidiger attackiert und abqualifiziert. Mag sein, dass manche Verteidiger dies auch genauso wollen, um den Beamten als ZEG in seinem Beweiswert herabzustufen, die Regel sollte aber darin liegen, dass im Sinne eines sauberen Verfahrens jeder seine ihm zugewiesene Aufgabe mit Respekt vor den anderen Beteiligten erfüllt.

In aller Knappheit könnte man (nach dem Modell erkenntnistheoretischer Verpflichtung[48]) sagen: Wer nach umfangreicher und sorgfältiger Erwägung zu einer Entscheidung gekommen ist, dem ist nichts vorzuwerfen. Der sorgfältig arbeitende Polizeibeamte hat also keine Veranlassung, sich attackiert zu fühlen und sollte auch entsprechend eingestimmt seiner Pflicht als ZEG nachkommen.

B. Rechte des Polizeibeamten als Zeuge vor Gericht[49]

145 Der Polizeibeamte ist als ZEG vor Gericht mit allen Rechten versehen, die auch dem „normalen" zivilen ZEG zur Seite stehen:

146 • § 52 StPO – Zeugnisverweigerungsrecht
Dies steht auch dem Beamten zu, zB dann, wenn sich das Verfahren gegen Verwandte des Beamten richtet. Ein solcher Fall ist allerdings nur schwer denkbar, da bereits im Ermittlungsverfahren dieser Beamte vom Fall befreit werden wird. Niemandem ist zuzumuten, gegen die eigenen Verwandten ermitteln zu müssen. Daher wird, sobald ein Zeugnisverweigerungsrecht nach § 52 StPO anzunehmen ist, der betreffende Beamte von weiteren Ermittlungsmaßnahmen befreit. Sollte ein solcher Verdacht erst im Laufe eines Verfahrens auftreten, kann es dennoch sein, dass der Beamte als ZEG geladen wird, um vor Gericht die ersten Ermittlungen vor diesem Verdacht zu erläutern. Allerdings steht ihm auch dafür dann das Zeugnisverweigerungsrecht zu.

147 • § 55 StPO – Auskunftsverweigerungsrecht
Im ersten Hinsehen ist kein Fall denkbar, in dem die Ausübung dieses Rechts möglich ist. Allerdings kann es – s. die Aussagen zum Rollenwechsel und Rollenverständnis – im Laufe eines Verfahrens auch dazu kommen, dass bei den Ermittlungen mögliche Regelverstöße festgestellt werden, aus denen sich eine Strafbarkeit ergeben könnte. Auch dazu muss der beteiligte Beamte keine Aussagen machen, da er sich damit selbst belasten könnte.

---

[48] S. hierzu (*Grundmann*, 2008), S. 238 f.

[49] Vgl. (*Artkämper*, Polizeibeamte als Zeugen vor Gericht, 2011), S. 38 ff.

- § 68b StPO – Rechtsbeistand 148
  Jeder ZEG, also auch der Polizeibeamte, kann für seine Vernehmung vor Gericht (über § 163 III StPO gilt dies analog für polizeiliche Vernehmungen) einen Rechtsbeistand hinzuziehen. Dieser hat die Aufgabe, den ZEG in seiner Vernehmung zu betreuen und über die Einhaltung seiner Rechte zu wachen. Sofern ein Polizeibeamter als ZEG vor Gericht einen Anwalt hinzuziehen will, sollte er dies mit seinem Dienstvorgesetzten abklären und zB die Kostenübernahme entscheiden lassen.
  Darüber hinaus stehen ihm weitere Rechte zu. So hat er die Möglichkeit, statt seiner Wohnanschrift den Dienstort anzugeben:
- § 68 I 2 StPO – Angabe des Dienstortes 149
  Der Grund liegt darin, dass der Beamte seine Angaben über Inhalte macht, die er in amtlicher Eigenschaft erfahren hat und darin, dass er nicht Beweismittel aus seinem privaten Umfeld ist. Damit soll auch dieses private Umfeld geschützt und vermieden werden, dass Prozessbeteiligte die Privatanschrift des Polizeibeamten als ZEG erfahren. Die Dienstanschrift genügt in diesen Fällen, um den Beamten zweifelsfrei als den hier zu hörenden ZEG zu identifizieren und zu den Sitzungsterminen zu laden.

Hier wird also dem Polizeibeamten (so wie auch anderen Amtsträgern in Zeugeneigenschaft) eine Art Sonderstellung zugestanden, die ihm das besondere Recht verschafft. Im Gegenzug werden dem Beamten aber auch besondere Pflichten abverlangt, die über die Pflichten „normaler" ZEG hinausgehen.

C. Pflichten des Polizeibeamten als Zeuge vor Gericht

Zunächst aber hat der Polizeibeamte auch dieselben Pflichten wie jeder andere ZEG auch: 150

- Erscheinungspflicht[50] 151
  In der StPO steht zwar nicht, dass der ZEG erscheinen muss, allerdings kann das Gericht ihm eine „Strafe" auferlegen, wenn er trotz ordnungsgemäßer Ladung nicht erscheint. Daraus ergibt sich im Umkehrschluss, dass der ZEG erscheinen muss. Dies gilt natürlich auch für den Polizeibeamten. Sofern er ordnungsgemäß geladen wurde, dennoch nicht erscheint, kann er zur Verhandlung vorgeführt werden (ein Vorführbefehl wird erlassen, vergleichbar mit einer Art „Haftbefehl für den Termin") oder können Ordnungshaft oder Ordnungsgeld erlassen werden.
  Daraus ergibt sich für den Polizeibeamten, dass er nicht einem Gerichtstermin fernbleiben darf, zu dem er eine ordentliche Ladung erhalten hat. Sofern es ernstzunehmende Gründe gibt, am Termin nicht teilzunehmen, hat er das Gericht frühzeitig davon in Kenntnis zu setzen. Das Gericht entscheidet dann, ob er zB aus dem Urlaub dennoch anreisen muss oder ob auf sein Erscheinen verzichtet werden kann.
  Ist der Beamte zum Termin erkrankt, so muss er dies ebenfalls dem Gericht mitteilen und ein entsprechendes Attest vorlegen. Die Krankmeldung bei der Dienststelle genügt in diesen Fällen nicht.

---

[50] S. (*Artkämper*, Polizeibeamte als Zeugen vor Gericht, 2011), S. 28 und 39.

152 • Aussagepflicht[51]

Sobald die Befragung des ZEG beginnt, hat er über alle relevanten Dinge auszusagen, wenn ihm keine der vorstehenden Rechte zur Seite stehen. Ein Zeugnisverweigerungsrecht von Berufs wegen gibt es für den Beamten nicht.

Allerdings gibt es Einschränkungen, was den Umfang seiner Aussagen angeht (s. hierzu unter „Amtsverschwiegenheit"), die die Aussagepflicht in gewisser Weise einschränken.

Außerdem gibt es eine Einschränkung hinsichtlich der Art, wie die Aussage zustande kommt. Während der „normale" ZEG ausschließlich aus seiner Erinnerung berichten soll und keine Möglichkeit haben sollte, sich durch Akteneinsicht auf die Vernehmung vorzubereiten und seine Erinnerung aufzufrischen, wird gerade das von Polizeibeamten als ZEG vor Gericht verlangt. Hier also liegt eine Pflicht, die über die des normalen ZEG hinausgeht, die

153 • Vorbereitungspflicht[52]

Es wird erwartet, dass der Polizeibeamte sich anhand der Akte und der ihm zur Verfügung stehenden Unterlagen sowie durch Rücksprache mit Kollegen auf die Verhandlung vorbereitet. Das soll nicht bewirken, dass die Beamten ihre jeweiligen Aussagen vermischen oder das herunterbeten, was sie aus der Ermittlungsakte auswendig gelernt haben, sondern es soll vielmehr darum gehen, die eigene Erinnerung aufzufrischen und sich die Wahrnehmungen, die man zum Zeitpunkt des Einsatzes und der Ermittlungen gemacht hat, wieder zu vergegenwärtigen.

Damit trägt man der Tatsache Rechnung, dass Polizeibeamte häufig in der Zeit zwischen dem Ereignis und dem Gerichtstermin noch eine Vielzahl weiterer, ähnlich gelagerter Fälle abarbeiten mussten. Damit sie sich dennoch an den konkreten Fall erinnern, sollen sie die Einzelheiten aus dem Vorgang noch einmal Revue passieren lassen.

Zuweilen werden Polizeibeamte vor Beginn ihrer Vernehmung gefragt, ob sie sich vorbereitet haben und auf welche Weise sie dies getan haben. Eine wahrheitsgemäße Antwort ist hier wie auch bei allen anderen Fragen vor Gericht unabdingbar. Wesentlich ist aber, dass der Beamte aus seiner Erinnerung aussagt und nicht nur die Akte „zitiert".

Sofern sich während der Befragung vor Gericht Erinnerungslücken ergeben, so darf auch der Polizeibeamte diese Lücke nicht durch Vermutungen oder Erfahrungen füllen, die ihm von anderen Beteiligten erzählt wurden. Vielmehr muss er diese Lücke eingestehen und sagen, dass er sich an dieses Detail nicht erinnern kann. Eventuell kann es hilfreich sein, sich aus der Akte oder dem eigenen Notizbuch die Erinnerung „zurückzuholen", dies aber nur auf Geheiß des Vorsitzenden und nicht auf eigene Entscheidung. So soll sichergestellt werden, dass auch der Polizist nur aus seiner Erinnerung und dann wahrheitsgemäß aussagt.

---

[51] S. (*Artkämper*, Polizeibeamte als Zeugen vor Gericht, 2011), S. 30.

[52] S. (*Artkämper*, Polizeibeamte als Zeugen vor Gericht, 2011), S. 45 f.

- Eidespflicht 154
  Diese Pflicht zur Wahrheit der Aussage mündet in der Eidespflicht. So kann, wenn das Gericht den Zeugen für sehr bedeutsam hält, oder um die Wahrheit seiner Aussage bestätigen zu lassen, auch der Polizeibeamte vereidigt werden. Das bedeutet, dass er schwört, die Wahrheit gesagt zu haben.
  Während insbesondere in anglikanischen Ländern die Vereidigung vor der Aussage vorgenommen wird (sog. Voreid), wird in Deutschland erst nach der Zeugenbefragung über die Vereidigung des ZEG entschieden (also sog. Nacheid).
  Sofern ein ZEG vor Gericht falsch aussagt, macht er sich ohnehin bereits der uneidlichen Falschaussage strafbar: Vergehenstatbestand nach § 153 StGB. Hier wird darauf abgestellt, dass jemand die Unwahrheit sagt, obwohl er vor einer zur Abnahme von Eiden berechtigten Stelle aussagt. Zu diesen Stellen gehören nicht die Polizei und auch nicht die StA, sie dürfen keine Eide abnehmen. Die Wahrheitspflicht, die vor Gericht für ZEG besteht, gilt für diese Stellen jedoch analog, auch wenn sie keine Eide abnehmen dürfen. Anders das Gericht, hier kann vereidigt werden. Sofern dies passiert, ändert sich bei einer möglichen Falschaussage die Strafbarkeit zu § 154 StGB und damit zu einem Verbrechenstatbestand mit einer Strafandrohung von mindestens einem Jahr Freiheitsstrafe.
  Hinzu kommen sowohl bei Gericht als auch bei der Polizei und der StA eventuell weitere mögliche Strafbarkeiten, wie zB die §§ 145, 258, 258a StGB und andere mehr, je nach Einzelfall.
  In diesem Punkt liegt also auch die Wahrheitspflicht verankert. Hier ist der Polizeibeamte regelmäßig besonders gefordert. Während der normale ZEG seine Wahrnehmungen berichtet, ist der PVB auch dazu abgerufen, über seine Ermittlungshandlungen Rede und Antwort zu stehen. Da in einer Beurteilung der rechtlichen Situation vor Ort ad hoc entschieden werden muss, kann es sein, dass aus der nachträglichen Betrachtung (ex poste) die rechtliche Bewertung zu einem anderen Ergebnis kommen kann. Das ist für das polizeiliche Einschreiten nicht ungewöhnlich.
  Sofern nun vor Gericht der PVB mit dieser Tatsache konfrontiert wird, bedeutet dies nicht, dass man seine Kompetenzen und seine Entscheidungen als falsch darstellen will, sondern man muss sich vergewissern, dass die getroffenen Maßnahmen und Ermittlungen im Zeitpunkt der Entscheidung korrekt waren. Daher ist jeder PVB gehalten, auch dazu wahrheitsgemäß zu antworten und zu berichten. Das Gefühl, sich selbst besser dastehen zu lassen, kann ins genaue Gegenteil umschlagen: der Beamte wirkt im Nachhinein wenig rechtssicher, damit wird seine Ermittlungsarbeit insgesamt im Wert gemindert und fragwürdiger, damit wiederum werden die von ihm gesicherten Beweise abgewertet und unter Umständen das Verfahren gefährdet.
  Im Ergebnis kann der dringende Appell nur lauten:

Hinweis: Berichten Sie immer nur die Dinge, an die Sie sich erinnern können und bleiben Sie bei der unbedingten Wahrheit. Beachten Sie dabei aber die Pflicht zur Amtsverschwiegenheit.

155 • Pflicht zur Amtsverschwiegenheit und Aussagegenehmigung
Sie ergibt sich aus § 54 StPO. Danach muss (auch) der PVB als ZEG vor Gericht die beamtenrechtlichen Vorschriften beachten. Diese wiederum ergeben sich aus § 37 BeamtStG. Gemäß § 37 I BeamtStG müssen (auch) Polizeibeamte Verschwiegenheit über alle diejenigen Dinge bewahren, die sie im Rahmen ihrer Amtsausübung erfahren. Das würde bedeuten, dass sie über alle dienstlichen Informationen und Ermittlungen nicht berichten dürfen.

Dies trifft zu, wenn nicht eine der in § 37 II BeamtStG genannten Ausnahmen vorliegt. Die sollte sich ohnehin jeder PVB vor Augen halten, bevor er eventuell im Bekannten- oder Familienkreis von dienstlichen Belangen berichtet; er begeht außerhalb der Ausnahmen jedes Mal eine neue Dienstpflichtverletzung.

Für die Vernehmung im Gerichtsverfahren, in dem der Beamte ja als ZEG seinen Pflichten nachkommen muss, hat man aus dieser sehr engen Regelung Ausnahmen in § 37 III BeamtStG die Möglichkeit geschaffen, von der unbedingten Verschwiegenheitspflicht abzuweichen, auch wenn keine der Ausnahmen des Abs. 2 vorliegt. Diese Ausnahme stellt die **Aussagegenehmigung** dar.

Für jeden PVB hat daher vor dessen Vernehmung das Gericht eine Aussagegenehmigung für diesen Fall einzuholen. In NRW sind dafür zwei verschiedene Möglichkeiten gegeben:

Zum einen gibt es im Erlass „Polizeibeamtinnen und Polizeibeamte als Zeuginnen/Zeugen in Straf- und Ordnungswidrigkeitenverfahren – RdErl. d. Ministerium für Inneres und Kommunales – 43–57.01.26 – v. 15.7.2011“ unter A) 3. eine generelle Aussagegenehmigung:

„3. Die Aussagegenehmigung gilt grundsätzlich als erteilt in Straf- und Ordnungswidrigkeitenverfahren, in denen die Polizeibeamtin oder der Polizeibeamte von Amts wegen mitgewirkt hat. Dies gilt auch für die mit der Tat in Zusammenhang stehenden Zivilrechtsstreitigkeiten.“

Zugleich wird hier aber auch die Aussagegenehmigung begrenzt, denn auch mit dieser generellen Genehmigung können keine Aussagen über innerdienstliche Angelegenheiten gemacht werden. Sofern die generelle Genehmigung nach diesem Erlass also nicht ausreicht, muss eine Einzelgenehmigung eingeholt werden.

Dies ist die andere Variante. Zum anderen kann also in jedem Einzelfall eine Genehmigung durch das Gericht beim Dienstvorgesetzten beantragt werden. Da die Ladungen von PVB ohnehin nicht an ihre Privatanschrift gehen, sondern der Dienststelle zugeschickt werden, kann hier auch durch Einzelfallgenehmigung entschieden werden. Solche Genehmigungen für den Einzelfall werden sodann der Ladung angehängt und dem Beamten zugestellt.

Egal, welche Form der Aussagegenehmigung genutzt wird, es gibt für jeden Beamten immer auch Grenzen der Genehmigungen und damit auch Inhalte, über die er im Verfahren nicht aussagen darf. Dazu zählen

156 • Taktische und organisatorische Fragen der Polizeiarbeit, insbesondere Zuständigkeiten, Einsatztaktik, FEM, Anzahl und Art eingesetzter Kräfte und Dienststellen;

- Behördenorganisation und -struktur inklusive der Namen zuständiger Beamter; 157
- Inhalte, die VS sind. 158

Sofern wesentliche Fragen sich auf derartige Inhalte beziehen, muss der Beamte zunächst die Aussage verweigern und auf die Begrenztheit seiner Aussagegenehmigung verweisen. Das Gericht muss sich in diesem Fall mit dem Dienstvorgesetzten des Beamten ins Benehmen setzen und dort abklären, ob die Aussagegenehmigung erweitert wird. So sollte der Beamte auch vorgehen, wenn er sich nicht sicher ist, ob eine Frage von seiner Genehmigung umfasst ist oder nicht. Daher sollte auch in solchen Zweifelsfällen das Gericht um Klärung gebeten werden. Das bedeutet, dass dieser Aspekt bis zur Klärung zwischen Gericht und Dienstvorgesetztem nicht weiter Gegenstand der Vernehmung sein wird.

D. Verhalten von Polizeibeamten als Zeugen vor Gericht

Sobald der Beamte das Gerichtsgebäude betritt, wird auf sein Verhalten besonderer Wert gelegt. Vor dem Sitzungssaal wird er auf weitere ZEG, eventuell auch auf den Angeklagten, Verteidiger usw treffen. 159

Häufig beginnen ZEG, sich die Wartezeit mit Gesprächen über den Fall zu vertreiben. Dies ist unerwünscht und unzulässig, da die Erinnerungen des einzelnen ZEG als wesentliche Quelle seiner Aussage sich so mit denen anderer ZEG vermischt und keine klare, eindeutig auf eigene Erfahrungen basierte Aussage mehr erlangt werden kann. Daher darf sich der Beamte an derartigen Unterhaltungen in keinem Fall beteiligen. Sofern er mitbekommt, dass sich andere ZEG absprechen, sollte er dies über den Staatsanwalt dem Gericht mitteilen.

Ein weiterer Aspekt, der zwar weniger formaljuristisch ist, aber dennoch wesentliche Bedeutung auch für die Einschätzung über den Wert eines ZEG und seiner Aussage hat, ist das Verhalten dieses ZEG vor Gericht. 160

Während „normale" ZEG häufig nur sehr selten bei Gericht erscheinen müssen, diese Erfahrung oft im Leben einmalig ist, ist der PVB regelmäßiger als ZEG geladen. Für ihn stellt also diese Situation keine Ausnahme dar, sondern eher eine alltägliche Situation. Das zeigen die Beamten zuweilen dadurch, dass sie entsprechend „locker" auftreten. Insbesondere während ihrer Freizeit sind sie häufig nicht so vorbereitet und ausgestattet, dass es der Würde des Gerichts entspräche. 161

Dies beginnt bei der Kleidung und endet im Verhalten. Unter „angemessener Kleidung" sind weder Shorts und Sandalen, noch der Konfirmationsanzug oder bei Beamtinnen kurze Röcke und tiefe Dekolletés zu verstehen und ebenso wenig alle anderen vorstellbaren Extreme.

Dasselbe gilt für Verhalten. Weder das absolut coole „heraushängen-Lassen" des geübten ZEG noch eine an Peinlichkeit grenzende Unterwürfigkeit sind angemessen.

Vielmehr erwartet man insbesondere von Polizeibeamten, dass sie sich ihrer eigenen Bedeutung und Rolle als ZEG vor Gericht bewusst sind, die Würde des

Gerichts achten und entsprechend handeln. Ihre Kleidung ist angemessen, das Verhalten sollte professionell und daher auch entsprechend distanziert und neutral sein.

Heiko Artkämper schildert in seinem Buch „Polizeibeamte als Zeugen vor Gericht" sowohl verschiedene negative Verhaltensweisen und deren Auswirkungen eindrucksvoll. Auch die verschiedenen möglichen Fragetechniken und ihre Ziele sind hier vertiefend dargelegt. Im Ergebnis lässt sich festhalten:

Checkliste und Leitfaden zur Vorbereitung und Durchführung der Zeugenaussage[53]

Vorbereitung der Vernehmung

- Aus- und Fortbildungsangebote nutzen.
- Prozessbeobachtungen wahrnehmen.
- Verhinderungen am Terminstag frühzeitig dem Gericht mitteilen und deren Gründe belegen.
- In begründeteren Einzelfällen mit dem Vorsitzenden eine Telefonbereitschaft vereinbaren.
- Überprüfung des Umfangs der Aussagegenehmigung (und ggf. die Bitte an den Dienstvorgesetzten, diese zu beschränken).
- Konkrete Vorbereitung als „Muss".
- Versuch, ein konkretes Erinnerungsbild aufleben zu lassen; Hilfestellungen leisten die Lektüre der Akten, Gespräche mit Kollegen und ggf. auch eine Ortsbesichtigung.
- Kritisch die Ermittlungen nach eigenen Fehlern durchleuchten, um sich so auf entsprechende Fragestellungen vorbereiten zu können.
- Mit der ungewohnten Rolle als Zeuge (nicht Vernehmer) identifizieren.
- Sich klarmachen, dass Ziel einer Hauptverhandlung nicht die Verurteilung des angeblichen Täters, sondern ein rechtsstaatliches Verfahren ist, bei dem ein Freispruch keine Niederlage darstellt.
- Sich gedanklich auf einen geschlossenen Bericht, der zu Beginn der Vernehmung erfolgt, vorbereiten.
- Auf das persönliche Outfit achten.

Verhalten im Gerichtsgebäude

- Unmittelbar vor dem Gerichtssaal und in den Verhandlungspausen Kontaktaufnahmen zu anderen Verfahrensbeteiligten (auch dem Staatsanwalt über die Sache) vermeiden.
- Keine Äußerungen zum Verfahrensgegenstand und zum gewünschten Ergebnis.
- Wahrgenommene Kontaktaufnahmen (Absprachen?) anderer Zeugen dem Gericht mitteilen.

Zeugenaussage

- Bei der Wahrheit bleiben (auch bzgl. der Vorbereitung).
- Sich nicht überschwänglich in Sicherheit wiegen.

---

[53] **Ausschnitte** aus: (*Artkämper*, Polizeibeamte als Zeugen vor Gericht 2011), S. 117 ff.

- Ruhig, sachlich, neutral bleiben.
- Contenance und Höflichkeit bewahren.
- Keine Konfrontationsstellung einnehmen.
- Streitgespräche vermeiden, sich aber auch nicht unterbrechen lassen.
- Stress vermeiden bzw. abbauen.
- Klar ansprechen, was konkretes Erinnerungsbild und daher exakt wiedergebbar ist.
- Gedächtnislücken offenlegen (und nicht etwa zu verschließen suchen).
- Ggf. „Weichmacher" einbauen („soweit ich mich erinnern kann").
- Tatsachenfeststellungen und Schlussfolgerungen sprachlich exakt trennen.
- Keine rechtlichen Wertungen vornehmen.
- Werturteile vermeiden und – sofern dies nicht möglich ist – sie tatsachengestützt begründen.
- Die Grenzen der Aussagegenehmigung im Hinterkopf haben.
- Suggestivsituationen erkennen und vermeiden.
- Fragen in Blickrichtung auf das Gericht beantworten.
- Vorsicht bei rollenfremden Fragen.
- Keine Gegenfragen stellen.
- Bei einer Häufung von Fragen und/oder einer nicht verstandenen Fragestellung den Vorsitzenden um Erläuterung bitten.
- Keine provokativen Fragen beantworten, sondern Schweigen (oder den Vorsitzenden um Hilfe bitten).
- Keine Fragen wie „aus der Pistole geschossen" beantworten.
- Sich nicht überraschen lassen.
- Tatsächliche Fehler einräumen.
- Ggf. das Gericht bitten, mitgeführte Unterlagen verwenden zu dürfen.
- Ggf. das Gericht um kurze Pausen bitten.
- Ggf. das Gericht bei unzulässigen Fragen um Entscheidung ersuchen.

Nachbereitung

Nach seiner Vernehmung sollte der Beamte nicht fluchtartig den Gerichtssaal verlassen und bei unerwünschtem Ausgang auf „die Justiz" schimpfen. Zu einer sinnvollen und lehrreichen Nachbereitung gehören

- Anwesenheit beim Plädoyer des Staatsanwalts und bei der Urteilsverkündung, da hier die Leistung des Zeugen gewürdigt wird.
- Selbstkritische Reflektion des eigenen Verhaltens im Ermittlungsverfahren und vor Gericht im Hinblick auf das Ergebnis.
- Weitergabe der Erfahrungen und Informationen an Kollegen.

§ 11 Die Haftsachenbearbeitung

Die wesentlichen Tätigkeiten eines Kriminalbeamten liegen in der Ermittlung 162
von Straftaten, in der Beweissicherung, in der Vorbereitung der staatsanwaltschaftlichen Entscheidungen usw. Diese Tätigkeiten fasst man allgemein mit der Bezeichnung „Sachbearbeitung" zusammen, der Ermittlungsbeamte ist also ein „Sachbearbeiter". Dies ist eine Bezeichnung, die laut Duden eine Person

beschreibt, die *„beruflich einen bestimmten Sachbereich zu bearbeiten hat“*. Trotz dieser einfach klingenden Erklärung ist gerade die Sachbearbeitung im polizeilichen Dienstalltag eine hochkomplexe Tätigkeit.

A. Allgemeines

Hinweis: Die Sachbearbeitung beginnt mit der Übernahme eines Ermittlungsverfahrens durch das sachlich zuständige Kriminalkommissariat.

163 In der Regel findet diese Übernahme nach der Anzeigenaufnahme oder nach Abschluss des ersten Angriffs und der Übersendung der Anzeige/des Vorgangs statt. Zu diesem Zeitpunkt ist der Sachverhalt im Vorgangsbearbeitungssystem bereits eingetragen, nummeriert, registriert und somit recherchierbar.

Der gesamte Vorgang, der aus allen Dokumenten besteht, die zu dieser Angelegenheit bereits erstellt wurden (Strafanzeige, Protokolle, Vermerke, Lichtbildmappe …), wird an die für die Sachbearbeitung (also für diesen Sachbereich) zuständige Stelle weitergeleitet, und das – trotz der digitalen Möglichkeiten des www. – immer noch in Papierform. Das Papier also nimmt den Weg durch die Behörde – vom Beamten des Wachdienstes über seinen Dienstgruppenleiter, die Führungsstelle zur Direktion K – und von dort wieder „nach unten“ in das zuständige Kommissariat, dessen Leiter diesen Vorgang einem Ermittlungsbeamten zur Sachbearbeitung überträgt. Dieser wird als zuständiger Sachbearbeiter in das Vorgangsbearbeitungssystem IGVP eingetragen: der Vorgang wird ihm „zugeschrieben“.

164 Die Aufgabe des Sachbearbeiters ist es nun, den Vorgang

- auf Vollständigkeit zu überprüfen,
- evtl. ausstehende Inhalte anzufordern,
- genannte Personen in den polizeilichen Datensystemen zu überprüfen,
- inhaltlich zu erarbeiten und daraus zu entscheiden, ob der Vorgang
  - „ausermittelt“ ist und an die StA abgegeben werden kann oder
  - welche Ermittlungsschritte noch einzuleiten sind.

Hinweis: Oberstes Ziel der kriminalpolizeilichen Sachbearbeitung ist es, Straftaten aufzuklären und den oder die Täter gerichtsverwertbar und rechtssicher zu ermitteln und zu überführen.

Dies bedeutet, dass alle Ermittlungen darauf abzielen, Straftaten aufzuklären, Straftäter zu ermitteln und das weitere Verfahren so vorzubereiten, dass eine angemessene Strafzumessung entschieden werden kann.

Hinweis: Wesentliches weiteres Ziel ist es, eine Bereicherung der Täter durch die Tat zu unterbinden und für eine eventuelle Schadensregulierung zu sorgen.

Mögliche Beute soll wiederbeschafft und möglichst den GES ausgehändigt werden.

Welche Ermittlungsschritte der Sachbearbeiter einleitet und in welcher Reihenfolge er diese durchführt, entscheidet er nach seinen kriminalistischen Erfahrungen und Fähigkeiten. Die Art der Durchführung und auch die Reihenfolge entscheiden in vielen Fällen über eine mögliche Aufklärung der Straftat oder bewirken schlimmstenfalls deren Nichtaufklärung. 165

Grundsätzlich entscheidet der kriminalpolizeiliche Sachbearbeiter in eigener Zuständigkeit. Der Kommissariatsleiter ist hierbei auf polizeilicher Seite in aller Regel die einzige „Kontrollinstanz". Der Sachbearbeiter ermittelt so lange, bis er der Auffassung ist, alles zur Aufklärung der Tat Notwendige unternommen zu haben und keine weiteren Ermittlungsansätze zu finden. Damit hat er den Vorgang „ausermittelt".

Jeder Ermittlungsvorgang wird im Anschluss der StA vorgelegt, sie ist „Herrin des Ermittlungsverfahrens". Seitens der StA können durchaus noch weitere Ansätze gesehen werden, was dazu führt, dass noch Anordnungen zu weiteren oder ergänzenden Ermittlungsmaßnahmen getroffen werden. Die StA schickt dann den Vorgang mit entsprechenden Ermittlungsaufträgen an die sachbearbeitende Dienststelle zurück. Dort nimmt dieser Ermittlungsauftrag wieder den Weg über den Kommissariatsleiter und wird in aller Regel demselben Sachbearbeiter erneut zugeschrieben. Da solche Akten mit Ermittlungsauftrag bei der StA mit roten Heftern versehen werden, nennt man diese „Rückläufer" aus der StA im täglichen Sprachgebrauch auch „Rotakten". 166

In der Regel erhält die StA erst durch die Übersendung eines Ermittlungsvorgangs, also erst lange nach der erfolgten Tat, von diesem Delikt Kenntnis. Dies gilt für alle Fälle der einfachen und mittleren Kriminalität.

In Bereichen der Schwerkriminalität, zB bei Tötungsdelikten und bei einigen „Sonderfällen" (zB Delikte durch Polizeibeamte) wird die StA bereits vorher informiert und in die weiteren Ermittlungsschritte einbezogen. Außerdem wird die StA immer dann vor dem Abschluss der Ermittlungen hinzugezogen, wenn Anträge an das Gericht zu stellen sind. Hierbei handelt es sich häufig um Anträge auf Durchsuchungsbeschlüsse, Haftbefehle und Ähnliches. 167

B. Die Haftsachenbearbeitung

Ein Spezialfall der Sachbearbeitung ist die sog. Bearbeitung von Haftsachen. 168

Als „Haftsache" wird allgemein die Situation bezeichnet, dass eine Person durch Beamte (in aller Regel Beamte des Wachdienstes) vorläufig festgenommen und dem Sachbearbeiter einer Dienststelle überstellt wird. Dieser hat nun zu ermitteln, ob nach Rücksprache mit der StA der Festgenommene dem Haftrichter vorgeführt werden soll oder ob er zu entlassen sein wird.

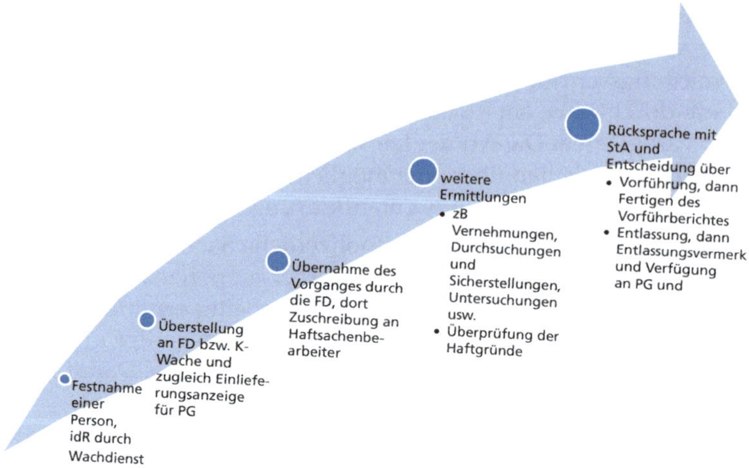

Abb. 11: Ablauf einer Haftsache

Fall:[54]

Im Frühjahr 2013 wird während eines Einsatzes bei einem Fußballspiel ein Polizeibeamter (P) schwer verletzt. Der BES A hat ihm eine volle Bierflasche auf den Kopf geschlagen, weil er ihn davon abbringen wollte, einen anderen Fan „seiner" Mannschaft in Gewahrsam zu nehmen. P wird ins Krankenhaus eingeliefert und dort behandelt. A wird durch weitere Kräfte vorläufig festgenommen und dem PG zugeführt; Festnahmezeit 21.40 Uhr.

Der Vorgang inklusive Festnahmeanzeige wird dem Kriminalbeamten K übergeben.

169 Aufgabe des K ist nunmehr die Bearbeitung dieser Haftsache. Er hat Ermittlungen anzustellen dahingehend, ob in diesem Einzelfall eine Vorführung vor dem Haftrichter angebracht ist, welche Haftgründe und Erwägungen des Einzelfalles in Betracht zu ziehen sind, oder ob der A wegen Fehlens von Haftgründen oder dringenden Tatverdachts zu entlassen ist. Diese Ermittlungen führt er durch, indem er über die für diesen Fall notwendigen Standardmaßnahmen und deren Durchführung entscheidet bzw. eine Entscheidung herbeiführt (zB für Durchsuchungsmaßnahmen, sofern erforderlich).

Dafür hat er maximal Zeit bis zum Ablauf des folgenden Tages, muss trotz des in der Regel ausreichenden Zeitrahmens seine Ermittlungen aber unmittelbar, zügig und ohne Verzögerung durchführen (s. hierzu Art. 104 GG). Je nachdem, wie viele und welche Ermittlungshandlungen noch zu treffen sind, kann dieser Zeitrahmen aber auch knapp werden.

Regelmäßig beginnt der Ermittlungsbeamte in derartigen Fällen mit Erhebungen zur Person des Festgenommenen, da in dieser und seinen Lebensverhältnissen Hinweise für Haftgründe liegen können.

---

[54] Fall abgewandelt nach OLG Hamm BeckRS 2013, 14365.

Fall:

So stellt K sofort fest, dass es sich bei A um einen spanischen Bürger handelt, der in Deutschland keinen Wohnsitz hat, wohl aber über einige Kontakte in den Reihen deutscher Fußballfans verfügt und regelmäßig zu sog. „Krawallspielen" reist.

Für K steht damit fest, dass A sich allein durch Heimreise dem Strafverfahren, 170
das ihn hier erwarten wird, entziehen kann und wird. Er hält daher den Haftgrund der Fluchtgefahr für gegeben. K prüft weiter und erkennt ebenfalls aus seinen Informationsquellen, dass A bereits mehrfach in Deutschland festgenommen wurde und in den früheren Fällen versucht hat, ZEG der Vorfälle durch massive Drohungen zu beeinflussen. Er hält daher auch die Verdunklungsgefahr für gegeben.

Der A ist nunmehr in der Situation, dass seine Inhaftierung zur U-Haft zu erwarten ist. Er selbst kann versuchen, die Ermittlungsergebnisse des K zu widerlegen.

Hier gilt die sog. **Beweisumkehr**: während normalerweise die Unschuldsver- 171
mutung gilt und der Staat dem Einzelnen beweisen muss, dass er etwas falsch gemacht hat, ist hier der Einzelne in der Pflicht, Beweise zu erbringen, dass der Staat mit seiner Einschätzung falsch liegt.

Fall:

Es ist also an A, die Tatsachen zu belegen, aus denen K erkennen kann, dass er sehr wohl über ausreichende soziale Bindungen in Deutschland verfügt – das können eine feste Wohnung, eine Arbeitsstelle, Familie und Freunde sein. Sofern der A dies nicht darlegen kann, ist zunächst bis zur richterlichen Klärung seine Fluchtgefahr anzunehmen.

Abschließend bleibt für K zu prüfen, ob dieser massive Eingriff in die Rechte 172
des A mit der Schwere des Tatvorwurfs und der zu erwartenden Strafe im Verhältnis steht. Hier sind sowohl die gefährliche Körperverletzung als auch der Widerstand gegen Vollstreckungsbeamte sowie die versuchte Befreiung des anderen Fans gerade im Zusammenhang mit der Fußballszene zu betrachten und gegen die Freiheitsentziehung abzuwägen. Sofern der A zB ZEG benennt, sind diese zu vernehmen, es werden also eventuell an dieser Stelle weitere Ermittlungsmaßnahmen erforderlich. Die Standardmaßnahmen der Sachbearbeitung sind, je nach Erforderlichkeit zur Beweissicherung und Ausermittlung von Haftgründen, auch in Haftsachen durchzuführen:

I. Vernehmungen

Die häufigste Ermittlungshandlung ist die Vernehmung. Dies umfasst nicht nur 173
die Vorladung und Vernehmung von weiteren ZEG, sondern – der Definition aus §7 → Rn. 39 folgend – auch die Situationen, wenn zB der Sachbearbeiter telefonisch vom Opfer/Geschädigten ergänzende Auskünfte einholt.

Fall:

Nach einem Handtaschenraub wird die GES durch den Sachbearbeiter angerufen, da aus dem Ermittlungsvorgang nicht hervorgeht, was sich außer Geld und Brieftasche eventuell noch in ihrer Tasche befunden hat. Zu dieser Frage muss zu Beginn wiederum belehrt werden wie oben beschrieben.

174 Ziel der ergänzenden oder erstmaligen Vernehmung des Opfers ist es auch, Daten zu erhalten, um zB gestohlene Gegenstände in der Sachfahndung auszuschreiben. Hierfür wird meist eine Individualnummer oder eine konkrete Beschreibung mit Abbildungen (zB bei Schmuckstücken, Kunstwerken oder Ähnlichem) benötigt, um diesen Gegenstand beim Auffinden zweifelsfrei dieser Straftat und diesem GES zuordnen zu können.

Auch die verantwortliche Vernehmung, also die des BES, ist Standard. Im Übrigen s. hierzu §7.

II. Durchsuchung

175 Eine weitere Standardmaßnahme im Rahmen der kriminalpolizeilichen Sachbearbeitung ist die Durchsuchung bei Verdächtigen gem. §102 StPO oder bei anderen Personen gem. §103 StPO.

Voraussetzung dieser Durchsuchungen ist ein Anfangsverdacht iSd §152 II StPO wegen einer bestimmten Straftat. Dieser Anfangsverdacht muss bereits vorliegen, die Durchsuchung darf nicht dazu dienen, erste Verdachtsgründe überhaupt erst zu schaffen.

Nach §102 StPO reicht hier bereits der Status des Verdächtigen aus.

„Unter strafprozessualen Aspekten wird der Verdächtige wie folgt definiert: Sind Verdachtsmomente gegenüber einer bestimmten Person (noch) schwach und/oder wird gegen diese Person noch kein Verfahren als Beschuldigter betrieben, so handelt es sich um den Verdächtigen.“[55]

176 Eine Durchsuchung nach §102 StPO ist dann zulässig, wenn die allgemeine Vermutung besteht, dass diese Durchsuchung zur Auffindung von Beweismitteln führen wird. Die zu suchenden Gegenstände sind hierzu näher zu beschreiben. Es reicht nicht aus, wenn in der Antragsbegründung lapidar ausgeführt wird, dass die Durchsuchung zur Auffindung von Beweismitteln führen wird. Diese sind annähernd zu beschreiben, zB Einbruchswerkzeug, mobiles Navigationssystem der Marke Medion, Laptop der Marke Siemens, 17-Zoll. Das bedeutet auch, dass aus kriminalistischer Sicht bereits einige Erkenntnisse bestehen, die diese möglichen Beweismittel vermuten lassen.

Diese Beweismittel sind einem konkreten Ermittlungsvorgang zuzuordnen. Es reicht nicht aus, wenn ein Antrag auf einen Durchsuchungsbeschluss mit der Aussage begründet wird, sicher werden Gegenstände aus zurückliegenden Straftaten gefunden. Dies ist keine nachvollziehbare Erfolgsvermutung, die also quasi als Ergebnis die bisherigen Ermittlungen zusammenfassen und nachvollziehbar begründen muss.

177 Als Durchsuchungsobjekte sind sowohl die Wohnung des Verdächtigen als auch seine Person und ihm gehörende Sachen möglich.

Der Bereich der Wohnung darf im Zusammenhang mit Durchsuchungen nicht zu eng gefasst werden. Zur Wohnung gehören auch Nebenräume (Garage, Keller, Dachboden, Waschküche), andere Räume (Hotelzimmer, Büro) und be-

---

[55] (*Ackermann, Clages & Roll*, 2011), S. 238.

friedetes Besitztum. So ist bei der Durchführung einer Durchsuchung zum Auffinden von Beweismitteln jeder Raum einzubeziehen, der zum Durchsuchungsobjekt gehört; auch in dem vermeintlich unaufgeräumten und verschmutzten Keller, der Garage, den „Schmutzecken" ist also zu suchen.

Unter den Begriff „ihm gehörende Sachen" fallen alle beweglichen Gegenstän- 178
de, die nicht unter den Begriff der Wohnung fallen. Es können somit zB der Pkw, der mitgeführte Aktenkoffer, elektronische Datenträger durchsucht werden. Wichtig für die polizeiliche Praxis ist, dass sich die „ihm gehörenden Sachen" nicht zwingend im Eigentum des Verdächtigen befinden müssen, ein Besitz/Gewahrsam der Sachen reicht aus.

Wenn eine Durchsuchung gem. § 103 StPO bei Nichtverdächtigen durchgeführt 179
werden soll, weil zB bekannt wurde, dass der BES dem Wohnungsinhaber Sachen zur Aufbewahrung gegeben hat, die nach den Ermittlungen aus einer Straftat stammen, dann reichen Vermutungen nicht aus, diese Maßnahme zu begründen. In diesem Fall ist eine „Erfolgserwartung" zu begründen: es müssen Tatsachen vorliegen, die den Schluss zulassen, dass die gesuchte Person, eine bestimmte Spur oder Sache sich in der zu durchsuchenden Örtlichkeit befindet. Aus kriminalistischer Sicht ist daher zu ermitteln, welche Tatsachen diese Annahme stützen. Sofern keine Tatsachen erlangt werden können, die die Erwartung nahelegen, ist von einer Durchsuchung abzusehen.

Jede Durchsuchungsmaßnahme muss gründlich vorbereitet werden, dies ist 180
aber in einigen Einsatzsituationen aufgrund der zeitlichen Dringlichkeit nicht immer möglich (zur Rechtsproblematik der Gefahr im Verzuge → Rn. 142). Hierbei müssen der Zweck und das Ziel der Durchsuchung und mögliche Gefährdungsaspekte berücksichtigt werden. Durchsuchungen im Rahmen der Sachbearbeitung haben in der Regel den Vorteil, dass der Sachbearbeiter den Zeitpunkt der Durchsuchung bestimmen und somit auch genügend Zeit in die Planung investieren kann. So können weitere Hinweise gewonnen werden über das Durchsuchungsobjekt (Grundriss, Anzahl Zimmer, Lage usw) und den Adressaten durch Überprüfung in den vorhandenen Dateien (→ Rn. 183 ff.), während der Antrag auf Erlass eines Durchsuchungsbeschlusses beim zuständigen Amtsgericht (s. § 105 StPO) gestellt wird.

Die richterliche Anordnung (richterlicher Durchsuchungsbeschluss) wird durch 181
den Sachbearbeiter dadurch eingeholt, dass die Ermittlungsakte mit einem Durchsuchungsantrag an den sachbearbeitenden Dezernenten der StA geschickt wird, der die Akte mit einem staatsanwaltschaftlichen Antrag an den Ermittlungsrichter weitergibt. Wenn der Richter einen entsprechenden Beschluss erlassen hat, gelangt die Akte mit der Ausfertigung der Durchsuchungsanordnung auf dem umgekehrten Weg wieder zurück zum Sachbearbeiter.

Nur in wenigen Ausnahmefällen ist keine Zeit mehr, um eine richterliche An- 182
ordnung einzuholen, man spricht in diesem Fall von „Gefahr im Verzug".

Definition: „Gefahr im Verzug" liegt vor, wenn bei Einholung der richterlichen Anordnung die Erreichung des Zwecks der Durchsuchung gefährdet wäre.[56]

183 Das Bundesverfassungsgericht[57] hat sich in einer Entscheidung aus dem Jahr 2001 intensiv mit dem Begriff „Gefahr im Verzug" auseinandergesetzt und dazu folgende Leitsätze aufgestellt:

- Der Begriff „Gefahr im Verzug" in Art. 13 II GG ist eng auszulegen; die richterliche Anordnung einer Durchsuchung ist die Regel, die nichtrichterliche die Ausnahme.
- „Gefahr im Verzug" muss mit Tatsachen begründet werden, die auf den Einzelfall bezogen sind. Reine Spekulationen, hypothetische Erwägungen oder lediglich auf kriminalistische Alltagserfahrung gestützte, fallunabhängige Vermutungen reichen nicht aus.
- Gerichte und Strafverfolgungsbehörden haben im Rahmen des Möglichen tatsächliche und rechtliche Vorkehrungen zu treffen, damit die in der Verfassung vorgesehene Regelzuständigkeit des Richters auch in der Masse der Alltagsfälle gewahrt bleibt.
- Auslegung und Anwendung des Begriffs „Gefahr im Verzug" unterliegen einer unbeschränkten gerichtlichen Kontrolle. Die Gerichte sind allerdings gehalten, der besonderen Entscheidungssituation der nichtrichterlichen Organe mit ihren situationsbedingten Grenzen von Erkenntnismöglichkeiten Rechnung zu tragen.
- Eine wirksame gerichtliche Nachprüfung der Annahme von „Gefahr im Verzug" setzt voraus, dass sowohl das Ergebnis als auch die Grundlagen der Entscheidung in unmittelbarem zeitlichem Zusammenhang mit der Durchsuchungsmaßnahme in den Ermittlungsakten dargelegt werden.

In der polizeilichen Praxis hat dies zu einem Umdenken bzgl. der Anordnungen geführt. Die richterlich angeordnete Durchsuchung ist die Regel, die Begründung „Gefahr im Verzug" stellt die Ausnahme dar. Dies ist auch Folge davon, dass sowohl Staatsanwaltschaften als auch Gerichte Bereitschaftsdienste eingerichtet haben, die teilweise die Zeiten außerhalb der Bürodienstzeiten abschließend abdecken oder nur über wenigen Stunden eine Bereitschaftslücke lassen.

184 Liegt der Sachbearbeitung ein Durchsuchungsbeschluss vor, gilt es, vor der Vollstreckung des Beschlusses die allgemeinen taktischen Grundlagen zu beachten, die sich unter anderem auf die Informationsgewinnung hinsichtlich der wesentlichen Bedingungsfelder erstrecken:

---

[56] (*Bialon/Springer*, 2012), S. 174.
[57] BVerfG NJW 2001, 1121.

Adressat der Durchsuchung	Bei wem wird durchsucht, steht die Identität fest? Welchen Status hat diese Person im vorliegenden Verfahren? Welche Erkenntnisse liegen zu dieser Person vor? (zB Auskunft POLAS, Einsichtnahme in die Kriminalakte, EMA-Auskunft, Personenbeschreibung)
Objekt der Durchsuchung	Was soll durchsucht werden? Ort/Lage des Durchsuchungsobjektes – Voraufklärung? Zugang zum Objekt, mögliche Fluchtmöglichkeiten, Nebenräume? Weitere gemeldete Personen, Firmen, ... Haustiere? Kinder im Objekt? Lagepläne erforderlich
Ziel der Durchsuchung	Welche Beweismittel, Spuren, Sachen sollen gefunden werden? Beschreibungen, Fotos, Unterlagen, ... Zweck der Durchsuchung, zB Festnahme des BES
Durchsuchungszeitpunkt	Wann soll durchsucht werden? Taktisch günstigster Zeitpunkt Zugang zum Objekt

Zu den taktischen Grundlagen gehört neben der Eigensicherung auch die logistische Vorbereitung der Maßnahme. Eine Durchsuchung wird durch mindestens zwei Beamte durchgeführt. Sollten die Aufklärungsergebnisse ergeben haben, dass mit dem Antreffen einer weiblichen Person zu rechnen ist, so ist auch eine Beamtin hinzuzuziehen. Darüber hinaus sind bei der Maßnahme mitzuführen 185

- Durchsuchungsbeschluss,
- Lagepläne des Objektes,
- Durchsuchungs- und Sicherstellungsprotokolle zum handschriftlichen Ausfüllen vor Ort,
- Fototechnische Ausrüstung,
- Verpackungsmaterialien, Etiketten, Siegelfolie, Schreibmaterialien,
- Taschenlampe, Scheinwerfer,
- Anlassbezogene Unterstützungskräfte, zB Rauschgiftspürhund, Kräfte für eine äußere Absperrung usw.

Zur logistischen Vorbereitung gehört auch, wenn kein Richter oder Staatsanwalt 186
teilnimmt, gem. § 105 II StPO die Hinzuziehung von Durchsuchungszeugen, wenn dies möglich und deren Gefährdung ausgeschlossen ist. Hierbei soll es sich um einen Gemeindebeamten oder um zwei Gemeindemitglieder handeln, die aber keine Polizeibeamten oder Ermittlungspersonen der StA sein dürfen. In der Praxis wird im Vorfeld einer geplanten Durchsuchung mit der örtlichen

Stadtverwaltung das Bereithalten eines Gemeindebeamten als ZEG abgesprochen. Am Tag der Durchsuchung wird der Gemeindebeamte entweder abgeholt oder er erscheint zu einem vorgegebenen Zeitpunkt an einem bestimmten Ort, zB auf der Wache. Erst dann erfährt der Gemeindebeamte wo und bei wem durchsucht wird.

> **Hinweis:** Die Hinzuziehung von Unbeteiligten dient der Wahrung der Rechtmäßigkeit des Verfahrens und schützt die polizeilichen Durchsuchungskräfte vor ungerechtfertigten Vorwürfen.[58]

187 Bei der Vorbereitung und Durchführung ist außerdem noch § 104 StPO zu beachten, der aussagt, dass Durchsuchungen zur Nachtzeit nur unter den dort aufgeführten Voraussetzungen möglich sind. Die Nachtzeit liegt

- vom 1. April bis 30. September zwischen 21.00 Uhr und 04.00 Uhr,
- vom 1. Oktober bis 31. März zwischen 21.00 Uhr und 06.00 Uhr.

188 In den genannten Zeiträumen dürfen Wohnungen, Geschäftsräume und befriedetes Besitztum nur unter folgenden Bedingungen durchsucht werden:

- Verfolgung auf frischer Tat,
- Gefahr im Verzug,
- Wiederergreifung eines entwichenen Gefangenen.

189 Diese „Nachtzeitschranke" gilt nicht für Räume, „die zur Nachtzeit jedermann zugänglich oder die der Polizei als Herbergen oder Versammlungsorte bestrafter Personen, als Niederlagen von Sachen, die mittels Straftaten erlangt sind, oder als Schlupfwinkel des Glücksspiels, des unerlaubten Betäubungsmittel- und Waffenhandels oder der Prostitution bekannt sind" (§ 104 II StPO).

190 Auch der Zeitpunkt der Durchsuchung ist also zu planen und festzulegen. Hierbei sind taktische (zB Antreffen des Verdächtigen/BES, vermutliche Dauer der Maßnahme, parallel durchgeführte Durchsuchungen, geplante weitere Maßnahmen) und organisatorische Erwägungen (zB Kräftelage, Vorlage des Durchsuchungsbeschlusses) einzubeziehen. Der genaue Zeitpunkt ist individuell in jedem Verfahren zu bestimmen und hängt vom Ermittlungsstand ab. Die meisten Durchsuchungen beginnen in den frühen Morgenstunden, da zu diesem Zeitpunkt die Wahrscheinlichkeit am Größten ist, den Verdächtigen/BES anzutreffen und genügend Zeit für Folgemaßnahmen bleibt, die sich möglicherweise aus der Durchsuchung ergeben.

191 Bereits auf der Anfahrt und Annäherung zum Durchsuchungsobjekt sind die bisher erlangten Aufklärungsergebnisse zu beachten. Die Einsatzfahrzeuge sind in der Regel verdeckt abzustellen, und es sollte eine innere und äußere Absperrung verdeckt eingerichtet werden. Häufig handelt es sich bei den Durchsuchungsobjekten um Wohnungen in Mehrfamilienhäusern. Hier erfolgt zunächst ein Zugang zum Hausflur, ohne dass davon der Betroffene informiert wird. Dies ist möglich, indem bei einer anderen Partei im Haus geklingelt wird

---

[58] (*Ackermann, Clages & Roll*, 2011), S. 446.

oder im Vorfeld eine Zugangsmöglichkeit über einen Hausmeister oder den Vermieter geschaffen wird.

Die Zutrittsphase in das Durchsuchungsobjekt ist kritisch, da es hier erstmalig zu einem Zusammentreffen der eingesetzten Beamten mit dem Betroffenen und eventuell anderen Personen kommt. Für viele Verdächtige/BES ist dies der Moment, wo ihnen in Sekundenbruchteilen klar wird, dass die Polizei sie ermittelt hat. Außerdem ist den Betroffenen bewusst, was sie in der Wohnung aufbewahren/verstecken und dass diese Gegenstände die Tatbeteiligung nachweisen können. Deshalb müssen die Beamten die Eigensicherung beachten und sich schnellstmöglich einen Überblick über das Durchsuchungsobjekt verschaffen. Hierzu gehört es festzustellen, welche Personen sich in dem Objekt aufhalten, wo sie sich aufhalten, ob es gefährliche Gegenstände gibt (was allein schon in jeder Küche per se der Fall ist) und wie die Aufteilung der Wohnung ist. 192

In vielen Fällen wird der Zugang freiwillig gestattet und die Durchsuchung findet mit Einverständnis des Betroffenen statt. In diesen Fällen läuft eine Durchsuchung in groben Zügen wie folgt ab: 193

- Überblick verschaffen,
- Persönliche Vorstellung der Polizeibeamten,
- Bekanntgabe des Durchsuchungszwecks an den Betroffenen vor Beginn der Durchsuchung,
- Aushändigung des richterlichen Durchsuchungsbeschlusses,
- Vorstellung der Durchsuchungszeugen und Erläuterung ihrer Aufgaben,
- Überprüfung aller anwesenden Personen,
- diese wenn möglich in einen Raum unter Aufsicht bringen,
- Belehrung des Betroffenen und Information zum Durchsuchungsgrund und zu den gesuchten Gegenständen,
- Durchsuchung der Person des Verdächtigen/BES,
- Durchführung der Durchsuchung der Wohnung,
- Ausfüllen des Durchsuchungs- und Sicherstellungsprotokolls mit Unterschriften der durchsuchenden Beamten, der ZEG und des Betroffenen,
- Aushändigung einer Kopie des Durchsuchungs- und Sicherstellungsprotokolls an den Betroffenen,
- Verabschiedung.

Wird das Durchsuchungsobjekt/die Wohnung nicht freiwillig geöffnet, ist zunächst festzustellen, ob sich zu diesem Zeitpunkt Personen/der Betroffene in der Wohnung aufhalten. In diesen Fällen besteht die Gefahr, dass der Betroffene Beweismittel beiseiteschafft oder vernichtet, während die Beamten bereits vor der Tür stehen. In solchen Fällen ist die Wohnung gewaltsam zu öffnen. Dies ist eine Zwangsmaßnahme, die vorher angedroht werden muss. Gleichzeitig haben sich die Beamten als Polizeibeamte zu erkennen zu geben. In der Praxis geschieht diese Öffnung hauptsächlich durch das Eintreten/Aufbrechen der Wohnungstür. Kurz vor dem Zutreten wird dies angedroht und das Betreten und anschließende Durchsuchen erzwungen. Dies geschieht innerhalb weniger Sekunden, um mögliche Tätigkeiten in dem Objekt zu unterbinden. 194

195 Eine weitere Möglichkeit, in eine verschlossene Wohnung zu gelangen, ist die Hinzuziehung eines Schlüsseldienstes. Dies wird immer dann durchgeführt, wenn keine zeitliche Dringlichkeit für das Eindringen vorliegt, zB keine Person in der Wohnung ist, das Verschieben des Durchsuchungszeitpunktes taktisch nicht geboten ist oder keine Gefahr besteht, dass Beweismittel zwischenzeitlich vernichtet werden. Wenn der Betroffene oder ein Vertreter nicht anwesend sind, wird das Schloss der Wohnungstür durch den Schlüsseldienst ausgetauscht, und nach der Durchsuchung wird die Wohnung verschlossen. Das Durchsuchungs- und Sicherstellungsprotokoll wird in der Wohnung offen abgelegt. Eine Nachricht wird an der Tür zurückgelassen, der neue Schlüssel wird auf der Wache hinterlegt und kann dort abgeholt werden.

196 Sollte es sich um eine Ergreifungsdurchsuchung handeln, bei der Objekte nach Personen durchsucht werden, um diese festzunehmen, so ist bei entsprechender Gefährlichkeit dieser Person auch der Einsatz eines SEK zu prüfen.

Während der Durchsuchung ist der Betroffene in der Regel anwesend. Er kann der Durchsuchung beiwohnen, muss dies aber nicht. Bei seiner Abwesenheit ist ein Vertreter hinzuzuziehen, hierbei kann es sich um Familienangehörige, aber auch um Nachbarn handeln.

197 Die praktische Durchführung der Durchsuchung wird vom Ziel bestimmt. Einige Grundsätze dazu führt die PDV 100 aus:

„Durchsuchungen sind systematisch durchzuführen; es ist zweckmäßig
- Größere Objekte abschnittsweise,
- Mehrgeschossige Objekte etagenweise, in der Regel von oben nach unten,
- Tiefgeschosse und Wasserfahrzeuge in der Regel von unten nach oben,
- Raum für Raum,
- Räume im Uhrzeigersinn oder sektorenweise zu durchsuchen. Bei mehreren Objekten ist eine zeitliche Abstimmung zu prüfen."[59]

198 Koordination und Kooperation der eingesetzten Kräfte sind während der Durchsuchung zwingend erforderlich. Zum einen müssen die angetroffenen Personen beaufsichtigt werden, zum anderen hat eine systematische Suche zu erfolgen. Hierbei ist zu beachten, dass alle Gegenstände und Objekte auch als mögliches Versteck geeignet sind. Deren Beschaffenheit hängt natürlich vom zu versteckenden Gegenstand ab. Je kleiner der gesuchte Gegenstand ist, desto mehr Versteckmöglichkeiten gibt es. Auch werden Verstecke zuweilen so ausgewählt, dass sie die Durchsuchungskräfte beeinflussen, etwa durch empfundene Hemmungen, Ekel, Furcht vor Tieren oder Ansteckung und Ähnliches. So sind Verstecke in Terrarien voll mit Spinnen oder Schlangen, in Schmutz oder Ähnlichem durchaus häufig.

Aufgrund dieser Vielfältigkeit ist eine abschließende Aufzählung von Verstecken nicht möglich. Folgende Grundsätze sind unter anderem jedoch zu beachten:

---

59 PDV 100, Ziff. 3.6.2.

- Systematisches und planmäßiges Vorgehen,
- Gründlich suchen,
- Nicht zurückschrecken vor Schmutz, Exkrementen, Tieren (Spinnen, Schlangen …),
- Nicht unter Zeitdruck setzen lassen,
- Gegenstände nach Versteckmöglichkeiten absuchen,
- Alle Räume, die zum Durchsuchungsobjekt gehören, durchsuchen (zB auch die Küche, das Badezimmer, Kinderzimmer und den Keller),
- Durchsuchte Räume nicht mehr betreten lassen.

Eine Besonderheit ergibt sich bei Durchsuchungen immer dann, wenn die **199** Durchsicht von aufgefundenen Papieren erforderlich wird, die nach § 110 StPO der StA zusteht. Auf Anordnung der StA steht dieses Recht auch den Ermittlungsbeamten der StA zu. Da es kaum eine Durchsuchung gibt, wo keine Papiere zu sichten sind, ist diese Anordnung vorher einzuholen, damit auch die einschreitenden Polizeibeamten die Papiere des Betroffenen sichten können. Nur dann kann auch entschieden werden, welche Papiere für das Verfahren relevant und somit sicherzustellen sind. Eine Durchsicht ist auch möglich, wenn der Inhaber der Papiere dies genehmigt.

Unter den Begriff „Papiere" sind auch CD, Filme und elektronische Datenträger zu fassen. Alternativ können diese Datenträger ebenso wie Papier in Form von Akten oder Ähnlichem zur späteren Sichtung durch die StA sichergestellt bzw. beschlagnahmt werden.

„Werden, insbesondere während Ermittlungsdurchsuchungen, Sachen, Gegenstände, Spuren, Vergleichsmaterialien oder andere Beweismittel aufgefunden, so ist die sofortige Dokumentation erforderlich."[60]

Von der Auffindung etwaiger Beweisgegenstände sind die ZEG und der Betroffene zu informieren. Die Dokumentation erfolgt auf einem Durchsuchungs- und Sicherstellungsprotokoll und sollte folgende Angaben enthalten: **200**

- Genaue Bezeichnung des Fundortes,
- Art der Aufbewahrung,
- Genaue Beschreibung des Gegenstandes,
- Letzter Gewahrsamsinhaber,
- Rechtsgrundlage der Beschlagnahme (→ Rn. 203)[61].

---

[60] (*Ackermann, Clages & Roll*, 2011), S. 474.

[61] Es darf nicht außer Acht gelassen werden, dass die Beschlagnahmevorschriften zB auch von Verfalls- und Einziehungsgegenständen bestimmte Konsequenzen hervorrufen, die die „simple" Beweismittelbeschlagnahme nicht nach sich zieht, man denke zB an Veräußerungsverbote.

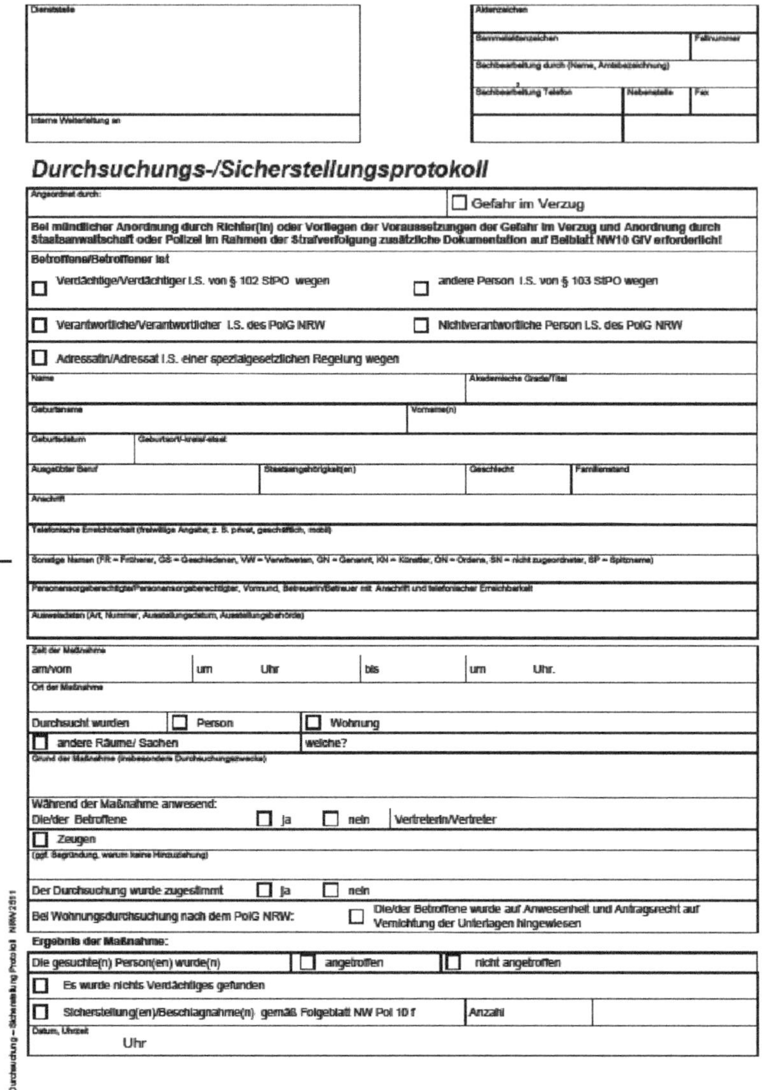

Dienststelle

Interne Weiterleitung an

Aktenzeichen

Sammelaktenzeichen | Fallnummer

Sachbearbeitung durch (Name, Amtsbezeichnung)

Sachbearbeitung Telefon | Nebenstelle | Fax

Durchsuchungs-/Sicherstellungsprotokoll

Angeordnet durch: ☐ Gefahr im Verzug

Bei mündlicher Anordnung durch Richter(in) oder Vorliegen der Voraussetzungen der Gefahr im Verzug und Anordnung durch Staatsanwaltschaft oder Polizei im Rahmen der Strafverfolgung zusätzliche Dokumentation auf Beiblatt NW10 GIV erforderlich!

Betroffene/Betroffener ist

☐ Verdächtige/Verdächtiger i.S. von § 102 StPO wegen ☐ andere Person i.S. von § 103 StPO wegen

☐ Verantwortliche/Verantwortlicher i.S. des PolG NRW ☐ Nichtverantwortliche Person i.S. des PolG NRW

☐ Adressatin/Adressat i.S. einer spezialgesetzlichen Regelung wegen

Name | Akademische Grade/Titel

Geburtsname | Vorname(n)

Geburtsdatum | Geburtsort/-kreis/-staat

Ausgeübter Beruf | Staatsangehörigkeit(en) | Geschlecht | Familienstand

Anschrift

Telefonische Erreichbarkeit (freiwillige Angabe; z. B. privat, geschäftlich, mobil)

Sonstige Namen (FR = Früherer, GS = Geschiedenen, VW = Verwitweten, GN = Genannt, KN = Künstler, ON = Ordens, SN = nicht zugeordneter, SP = Spitzname)

Personensorgeberechtigte/Personensorgeberechtigter, Vormund, Betreuerin/Betreuer mit Anschrift und telefonischer Erreichbarkeit

Ausweisdaten (Art, Nummer, Ausstellungsdatum, Ausstellungsbehörde)

Zeit der Maßnahme
am/vom | um Uhr | bis | um Uhr.

Ort der Maßnahme

Durchsucht wurden ☐ Person ☐ Wohnung

☐ andere Räume/ Sachen | welche?

Grund der Maßnahme (insbesondere Durchsuchungszwecke)

Während der Maßnahme anwesend:
Die/der Betroffene ☐ ja ☐ nein | Vertreterin/Vertreter

☐ Zeugen
(ggf. Begründung, warum keine Hinzuziehung)

Der Durchsuchung wurde zugestimmt ☐ ja ☐ nein

Bei Wohnungsdurchsuchung nach dem PolG NRW: ☐ Die/der Betroffene wurde auf Anwesenheit und Antragsrecht auf Vernichtung der Unterlagen hingewiesen

Ergebnis der Maßnahme:

Die gesuchte(n) Person(en) wurde(n) ☐ angetroffen ☐ nicht angetroffen

☐ Es wurde nichts Verdächtiges gefunden

☐ Sicherstellung(en)/Beschlagnahme(n) gemäß Folgeblatt NW Pol 10 f | Anzahl

Datum, Uhrzeit
Uhr

Durchsuchung – Sicherstellung Protokoll NRW 2011

Abb. 12: Durchsuchungs- und Sicherstellungsprotokoll (NW 10)

201 In vielen Fällen ist eine fotografische Sicherung der Auffindesituation geboten. Um eine Zuordnung des sichergestellten Gegenstandes zu gewährleisten, ist dieser mittels Anhänger oder Aufkleber zu beschriften.

„Es ist relativ häufig, dass bei Durchsuchungen verdächtige oder zur Fahndung ausgeschriebene Gegenstände gefunden werden, die mit dem Verfahren, im Rahmen dessen die Durchsuchung stattfindet, in keinem direkten Zusammenhang stehen. Diese werden nach § 108 StPO als Zufallsfunde bezeichnet."[62]

[62] (*Ackermann, Clages & Roll*, 2011), S. 475.

Die gefundenen Gegenstände sind vorläufig zu beschlagnahmen.

Fall:

Beim Verdächtigen eines Wohnungseinbruchs wird mit einem richterlichen Beschluss die Wohnung zielgerichtet nach der Beute und möglichen Einbruchswerkzeugen durchsucht. Die Beamten können Teile der Beute finden und sicherstellen. In der Gefriertruhe werden in einem Plastikbehälter ca. 10 Gramm Amphetamin gefunden. Hierbei handelt es sich um einen Zufallsfund, da das Rauschgift mit dem Wohnungseinbruch nicht in Verbindung steht. Das Rauschgift wird vorläufig beschlagnahmt. Nach der Durchsuchung wird ein weiteres Verfahren wegen Verstoßes gegen das BtMG eingeleitet, da der Besitz von Rauschgift nach dem Betäubungsmittelgesetz strafbar ist.

Wenn alle Räume durchsucht wurden, ist die Durchsuchung zu beenden. Dem **202** Betroffenen ist eine Ausfertigung des Durchsuchungs- und Sicherstellungsprotokolls auszuhändigen. Sollten Gegenstände sichergestellt/beschlagnahmt worden sein, so gilt dieses Protokoll auch als Quittung für den Betroffenen. Das Protokoll ist vor Ort auszufüllen.

III. Beschlagnahme

Sicherstellungen respektive Beschlagnahmen schließen sich in aller Regel an **203** Durchsuchungen an. Daher ist der Vordruck, der für diese beiden Maßnahmen verwendet wird, derselbe: das Durchsuchungs- und Sicherstellungsprotokoll.

Alle Gegenstände, die aufgefunden und in amtliche Verwahrung genommen **204** werden, sind genau zu bezeichnen. Dazu werden sie mit Aufklebern oder Anhängern versehen, in denen Datum, Ort, genaue Auffindestelle, letzter Gewahrsamsinhaber usw verzeichnet sind. So können die Gegenstände sowohl der Maßnahme als auch dem Vorgang und dem TV/BES zugeordnet werden. Sodann werden die Gegenstände in die sog. „Asservatenkammer" gegeben, einen besonders gesicherten Raum zur Lagerung von Beweismitteln usw.

Sollte es sich um Gegenstände handeln, die aus bestimmten Gründen dort nicht **205** gelagert werden können (zB Chemikalien, verderbliche Gegenstände, besonders gefährliche oder gefährdete Gegenstände), so ist mit der StA zu vereinbaren, wie in diesem konkreten Fall mit den Beweismitteln umzugehen ist. Diese Anordnung der StA ist im Vorgang entsprechend zu dokumentieren.

Sofern die beschlagnahmten Gegenstände einen besonderen Wert haben, **206** (Schmuck, Bargeld, wertvolle Kunstgegenstände usw), empfiehlt es sich, durchgängig das sog. „Vier-Augen-Prinzip" zu wahren. Das bedeutet: man sollte nicht die halbe Million EUR alleine zählen und verpacken, um sich selbst vor eventuellen Vorwürfen zu schützen. Dieses Prinzip wird durchgängig angewandt und durch die Unterschriften aller Beteiligten bestätigt.

IV. Festnahme/Verhaftung

In unserem Ausgangsfall der Tat zN des Polizeibeamten sind wir bereits in der **207** Bearbeitung der Haftsache, da der Tatverdächtige bereits festgenommen wurde und der Sachbearbeiter nunmehr über dessen Haftgründe ermittelt. Dennoch kann – auch in diesem Fall – eine weitere freiheitsentziehende Maßnahme erforderlich werden, zB wenn Mittäter ermittelt werden.

208 Für die Durchführung freiheitsentziehender Maßnahmen ist grundsätzlich zu unterscheiden, ob es sich um eine ad hoc-Maßnahme handelt, also eine vorläufige Festnahme, oder um eine planbare Maßnahme im Sinne einer Verhaftung, also der Durchführung einer richterlichen Anordnung.

Während bei vorläufigen Festnahmen häufig keine aufwendige und zeitintensive Vorbereitung und Informationsgewinnung möglich sind, kann die Verhaftung durchaus detailliert geplant und vorbereitet werden. Dafür ist bei einer vorläufigen Festnahme die Prüfung von Haftgründen eine wesentliche Aufgabe, die wiederum bei der Verhaftung entfällt.

209 • Verhaftung

Während bei einer vorläufigen Festnahme der Entschluss zur Entziehung der Freiheit spontan und durch Vor Ort-Entscheidung umgesetzt wird, ist die Durchführung einer Maßnahme zur Vollstreckung eines Haftbefehls (HB) durchaus planbar. In diesen Fällen kann sehr wohl durch kriminalistische Informationsgewinnung auf ein möglichst reibungsloses Gelingen des Einsatzes hingewirkt werden.

Wie aus der Einsatzlehre bekannt, werden dazu die unterschiedlichen Lagefelder analysiert, Aufklärung betrieben und die Vor- und Nachteile gegeneinander abgewogen (zB bzgl. der Täterpersönlichkeit, des Ortes und des Zeitpunktes der geplanten Verhaftung, der erforderlichen Kräfte usw) und entsprechende Entscheidungen getroffen, die sowohl für die Eigensicherung der eingesetzten Beamten als auch für das Gelingen der Maßnahme erfolgsbestimmend sind.

Kriminalistisch ist noch hinzuzufügen:

- Dem Verhafteten ist eine Kopie des HB in einer ihm verständlichen Sprache auszuhändigen; in Ausnahmefällen ist zunächst eine entsprechende Belehrung in einer verständlichen Sprache mit anschließender Aushändigung möglich (§ 114a StPO).
- Der Verhaftete ist über seine Rechte zu belehren (§ 114b StPO).
- Der Verhaftete darf unverzüglich einen Angehörigen oder eine Person des Vertrauens benachrichtigen (§ 114c I StPO). Dies ist nur dann nicht zu gestatten, wenn dadurch die Untersuchung gefährdet würde. Dies könnte zB dann der Fall sein, wenn der Haftrichter den HB mit dem Haftgrund der Verdunklungsgefahr begründet hat. Die Benachrichtigung von Angehörigen könnte in einem solchen Fall zur Einflussnahme auf Beweismittel durch ebendiese Angehörigen führen. Daher ist hier im Einzelfall genauestens zu prüfen, ob dieses Recht dem Verhafteten verwehrt werden darf.
- Dort, wo es auch auf die Sicherung weiterer Spuren ankommt, ist möglichst spurenschonend vorzugehen.
- Eine lückenlose Dokumentation der Maßnahme ist durch entsprechende Berichte durchzuführen.
- Der Verhaftete ist im Anschluss an die Maßnahme mit dem gesamten Vorgang derjenigen Behörde oder Einrichtung zu überstellen, die im HB genannt ist (in aller Regel dem Gericht bei Untersuchungshaftbefehlen, der JVA bei Vollstreckungshaftbefehlen usw) (§ 115 StPO).

– Eine etwaige Ausschreibung zur Personenfahndung ist zu löschen und mit Erledigungsvermerk zu versehen.

- Festnahme 210

Die vorläufige Festnahme richtet sich für die Polizei nach § 127 II StPO, die möglichen Haftgründe bzw. Unterbringungsgründe sind zu prüfen nach §§ 112 ff. StPO.

Auf die rechtliche Bewertung und Einordnung der Voraussetzungen und Befugnisse soll hier nicht näher eingegangen werden, s. dazu die Literatur zum Eingriffsrecht, ebenso wird im Zusammenhang mit einsatztaktischen und eigensicherungstechnischen Fragestellungen verwiesen auf die Fachliteratur zur Einsatzlehre.

Stattdessen soll im Folgenden auf die kriminaltaktischen Entscheidungen eingegangen werden.

So wie das gesamte Strafverfahren und damit auch das Ermittlungsverfahren der Feststellung von Geschehensabläufen und Beteiligungen dient, so dient auch die Festnahme dem Ziel, einen mutmaßlichen Täter oder bekannte, aber noch nicht vorhandene Beweismittel für das Strafverfahren „verfügbar" zu halten. Es soll verhindert werden, dass ein dringend Verdächtiger sich dem Verfahren entzieht oder Beweismittel beiseitegeschafft oder vernichtet werden.

Hinweis: Die Festnahme dient der Sicherung des Strafverfahrens dergestalt, dass der BES bzw. die Beweismittel für das Verfahren verfügbar gehalten werden.

Spontane (ad hoc) Festnahmen sind polizeilicher Alltag. Die Entscheidung, 211
ob eine Person mit dringendem Tatverdacht vorläufig festgenommen werden soll oder nicht, ist daher häufig zu treffen.

Der in der Praxis mehrheitlich begründete Haftgrund ist der der **Fluchtgefahr** (§ 112 II Nr. 2 StPO).

Hinweis: Dieser liegt vor, wenn die Würdigung der Umstände des Einzelfalles die Gefahr zeigt, dass der BES sich dem Verfahren entziehen werde.

Daraus ergibt sich, dass für die Entscheidung der Festnahme der Einzelfall zu prüfen und zu bewerten ist, ob sich daraus Hinweise ergeben, dass der BES „verschwinden" könnte. Da diese Umstände vor Ort für die ad hoc zu treffende Entscheidung nicht bereits umfassend bekannt sind, unter Umständen auch andere Haftgründe in Betracht kommen, wird der BES festgenommen und parallel mit den Ermittlungen begonnen, die sich mit der Abklärung des Haftgrundes befassen (s. hierzu Haftsachenbearbeitung).
Auch die weiteren Haftgründe – zunächst die Verdunklungsgefahr (§ 112 II Nr. 3 StPO mit Einschränkung aus § 113 StPO bei Vergehen mit Strafandrohung unter sechs Monaten) und bei besonders schwerwiegenden Delikten (so auch Tötungsdelikte) auch der absolute Haftgrund aus § 112 III StPO – kommen als Grundlage polizeilicher Entscheidungen in Betracht. Auch hier ist der Haftgrund durch geeignete Ermittlungen im Rahmen der Haftsachenbearbeitung zu festigen oder zu widerlegen.

V. Informationsgewinnung durch kriminalpolizeiliche personenbezogene Sammlungen (KPS)/Kriminalakten (KA)

212 Neben den Vernehmungen von Personen aller Art ist die Arbeit mit Daten eine wesentliche Erkenntnisquelle für den Ermittlungsbeamten: Sammlung und Auswertung von Daten ist eine der Kernaufgaben polizeilicher Arbeit.

213 Diese Daten sind in der überwiegenden Zahl der Fälle solche, die personenbezogen sind und daher häufig das Recht auf informationelle Selbstbestimmung (RiS) tangieren oder einschränken. Folglich sind entsprechende Rechtsgrundlagen erforderlich; sie finden sich im Bundesdatenschutzgesetz (BDSG), dessen Ausgestaltung in den Landesdatenschutzgesetzen (DSG NRW) und in Ermächtigungen (zB auch in StPO und im PolG NRW[63]) sowie in Erläuterungen dazu landesintern in Erlassen und Richtlinien.

214 Einige dieser Erlasse sind Verschlusssachen nur für den Dienstgebrauch (VS nfD). Wenn auch solche Richtlinien, Dienstvorschriften und Erlasse teils volltextlich im Internet zu finden sind, so soll an dieser Stelle doch auf deren Darstellung verzichtet werden (s. hierzu Vorwort zu diesem Buch).

Öffentlich zugänglich und hier einschlägig sind jedoch die immer noch gültigen und mit Datum 20.9.2013 zuletzt veröffentlichten folgenden Erlasse:

- Erlass „Richtlinien für die Führung Kriminalpolizeilicher personenbezogener Sammlungen (KpS) RdErl. d. Innenministeriums – IV A 5–6420/1 – v. 25.8.2000“[64]
- Erlass „Führung von Kriminalakten RdErl. d. Innenministeriums – 42.2–6422 – v. 21.2.2002“[65]
- Erlass „Erkennungsdienst RdErl. d. Innenministeriums – IV D–6400 – v. 19.1.1998“[66]
- Erlass „Richtlinien für die Führung der Lichtbildvorzeigekartei RdErl. d. Innenministers – IV D 1–6407 – v. 18.9.1986“[67]

---

63 S. (*Bialon/Springer*, 2012), Rn. 1050.

64 Abrufbar unter: https://recht.nrw.de/lmi/owa/br_bes_text?anw_nr=1&gld_nr=2&ugl_nr=2056&bes_id=3252&menu=1&sg=0&aufgehoben=N&keyword=Kriminalpolizei#det0 (zuletzt abgerufen am 29.8.2017).

65 Abrufbar unter: https://recht.nrw.de/lmi/owa/br_bes_text?anw_nr=1&gld_nr=2&ugl_nr=2056&bes_id=3244&menu=1&sg=0&aufgehoben=N&keyword=Kriminalakten#det0 (zuletzt abgerufen am 29.8.2017).

66 Abrufbar unter: https://recht.nrw.de/lmi/owa/br_bes_text?anw_nr=1&gld_nr=2&ugl_nr=2056&bes_id=3246&menu=1&sg=0&aufgehoben=N&keyword=Erkennunsdienst#det0 (zuletzt abgerufen am 29.8.2017).

67 Abrufbar unter: https://recht.nrw.de/lmi/owa/br_bes_text?anw_nr=1&gld_nr=2&ugl_nr=2056&bes_id=3256&menu=1&sg=0&aufgehoben=N&keyword=Lichtbildvorzeigekartei#det0 (zuletzt abgerufen am 29.8.2017).

Sie alle enthalten Regelungen für die verschiedensten kriminalpolizeilich bedeutsamen Informationssammlungen über Personen und befassen sich daher mit den KpS. Die Kriminalakten sind eine besondere Form der KpS. 215

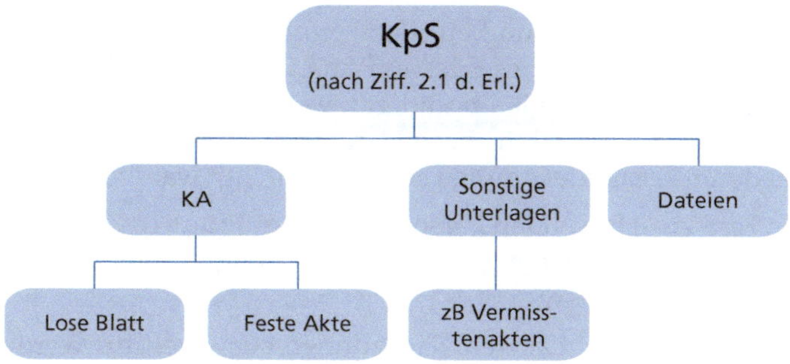

Abb. 13: KpS

Sinn und Zweck der Sammlungen ergeben sich aus Ziff. 1.2 des KpS-Erlasses:

„Zwecke der KpS sind,

1.2.1
Hinweise zur Gefahrenabwehr, insbesondere zur vorbeugenden Bekämpfung von Straftaten, zu geben,

1.2.2
bei der Personenidentifizierung zu helfen,

1.2.3
Hinweise für das taktische Vorgehen und die Eigensicherung der Polizei zu geben,

1.2.4
bei Ermittlungen die Aufklärung des Sachverhalts zu unterstützen und die Feststellung von Verdächtigen zu fördern."

Im Ergebnis ist also festzustellen, dass KpS sowohl gefahrenabwehrenden Zwecken dienen als auch die Ermittlung unterstützen. Da die KA als eine Form der KpS nur der Gefahrenabwehr dienen, sind sie ausschließlich polizeiliche Akten, die – da es innerhalb der vorbeugenden Bekämpfung von Straftaten keine Zuständigkeit anderer Behörden gibt – auch nur durch Polizei genutzt werden (→ Rn. 190). 216

KpS werden bei den Kreispolizeibehörden und dem LKA geführt (Ziff. 1.5 KpS-Erlass). Auskünfte aus den KA auch an andere Polizeibehörden sind nach dem DSG NRW geregelt; eine solche Datenübermittlung erfolgt nach Ziff. 3 des Erlasses nur an Polizeien des Bundes und der Länder und an andere öffentliche Stellen (zB Justizbehörden, Zoll pp), sofern es für deren Aufgabenerfüllung erforderlich ist. Diejenigen Stellen, an die bei Vorliegen der Voraussetzungen Daten übermittelt werden dürfen, werden im Erlass (Ziff. 3.2) beispielhaft (also nicht abschließend) genannt. Ob diese Voraussetzungen vorliegen, ist in jedem Einzelfall anhand der einschlägigen Gesetze zu prüfen.

Dies gilt auch für telefonische (Sofort-)Anfragen. Hier ist zusätzlich auf geeignete Weise (zB durch Abfrage des Kennwortes) festzustellen, ob der Anfragende zweifelsfrei berechtigt ist, die von ihm verlangten Angaben zu erhalten. Nur dann darf eine Auskunft erteilt werden.

217 Die Übermittlung von Daten an Betroffene erfolgt grundsätzlich nicht. Nur auf schriftlichen Antrag (s. Ziff. 4 des Erlasses iVm § 18 I DSG NRW) wird dem Betroffenen Auskunft darüber erteilt, ob und ggf. welche Unterlagen über ihn in den KpS vorhanden sind. Dies gilt insbesondere dann, wenn es sich um Unterlagen handelt, bei deren Zustandekommen er selbst beteiligt war (zB ED-Unterlagen).

Auch die in KpS zu erfassenden Personen sind im Erlass in Ziff. 2.3 aufgezählt; es wird deutlich, dass es sich nicht nur um BES handelt, sondern auch um Vermisste, gefährdete ZEG usw.

218 KpS können als Karteien, Dateien, Sammlungen usw geführt werden. Die bekannteste KpS ist die KA, also eine Sammlung von Akten über Personen. Der Erlass über die Führung solcher KA gestaltet den KpS-Erlass näher aus und geht auf diese Form der KpS konkreter ein.

219 Gemäß Ziff. 1.1 des KA-Erlasses sind Kriminalakten ausschließlich zur Gefahrenabwehr eingerichtet worden. Daraus ergibt sich auch, dass – außer der für die Gefahrenabwehr zuständigen Polizei – niemand das Recht auf Einsicht in die KA hat und auch keine Auskünfte aus KA an andere Behörden oder Stellen gegeben werden können. Hier wird erneut das Erfordernis erkennbar für die notwendige klare Trennung zwischen Ermittlungsvorgängen und KA:

„5.2.2
Erkenntnisse aus KA, die in einem Ermittlungs- oder Strafverfahren gewonnen wurden, können in einzelne Ermittlungsvorgänge übernommen werden, wenn dies erforderlich ist. In diesem Fall ist, unter Verzicht auf den Hinweis auf die Existenz der KA, jedoch unter Angabe des staatsanwaltschaftlichen Aktenzeichens bzw. der polizeilichen Tagebuchnummer, auf diese Ermittlungsvorgänge als Informationsquelle hinzuweisen.

5.2.3
Schriftstücke oder ADV-Ausdrucke, die aufgrund von Erkenntnisanfragen aus den KA, Ergebnissen von INPOL-Überprüfungen oder Auskünften aus dem KAN (Kurzauskünfte) erstellt wurden, dürfen nicht in Ermittlungsvorgänge aufgenommen werden.

5.2.4
Die Anfertigung von Ablichtungen der KA-Inhalte oder deren Aufnahme in Ermittlungsvorgänge ist unzulässig."

220 Herrin des Strafverfahrens ist die StA, die daher auch befugt ist, sich sämtliche polizeilichen Akten vorlegen zu lassen (Aktenvorlagepflicht gem. § 163a II 1 StPO). Teilweise wird die Auffassung vertreten, daraus resultiere dann auch die Verpflichtung der Polizei, sämtliche polizeilichen Sammlungen offen zu legen. KA aber sind nicht einfach nur „Ermittlungs-Akten-Doppel", deren Inhalte den Justizbehörden offenbar werden müssen. Dies wird deutlich, wenn wir die Begrifflichkeiten konkreter betrachten und definieren:

Eine „Akte" im Sinne der Ermittlungsakte, also der Niederschriften über ein Verfahren mit repressiver Zielrichtung, wird im täglichen Sprachgebrauch „Vorgang" genannt. Ein „Vorgang" kann aus vielen verschiedenen Akten-(ordnern) und Akten(typen) bestehen, insgesamt ist er aber ein einziger Vorgang, also eine Justizakte. 221

Sofern der Kriminalbeamte also von einer Kriminalakte spricht, meint er eben nicht diesen Vorgang, sondern die KA als KpS.

Es gibt unterschiedliche Formen der KA, die sich aus dem jeweiligen Umfang ergeben. 222

Sobald eine Person kriminalpolizeilich in Erscheinung tritt, muss der jeweilige Sachbearbeiter entscheiden, ob diese Person auch künftig weiterhin auffällig sein wird oder ob es sich nach seiner Auffassung um eine einmalige Verfehlung handeln wird. Kommt er zu der Überzeugung, dass eine „negative Kriminalprognose" gestellt werden muss, also mit weiteren Taten dieser Person zu rechnen ist, wird er einen Bericht über diese Person schreiben (Merkblatt), in dem er sowohl die Informationen über diese Person als auch die Hinweise zum Delikt schriftlich festhält. Dieses Schriftstück ist sodann Grundlage für eine KA, die bei der Wohnortbehörde der Person geführt wird.[68]

Existiert bereits eine KA über diese Person, so wird sie durch den neuen Bericht dieses Sachbearbeiters ergänzt. 223

Besteht eine KA, so wird sie so lange geführt, wie sie zur rechtmäßigen Erfüllung von Aufgaben notwendig ist. Dies bedeutet – wenn die Person nicht mehr in Erscheinung getreten ist – idR eine Aussonderung nach zehn Jahren. Weitere Aufbewahrungsfristen ergeben sich aus Ziff. 5 des Erlasses.

VI. ed-Behandlung

Im Rahmen der Ermittlungsverfahren ist die Entscheidung zu treffen, ob eine Person einer erkennungsdienstlichen Maßnahme unterzogen werden soll und welchen Umfang diese ggf. haben muss. 224

Die Rechtsgrundlagen hierzu ergeben sich aus § 81b StPO; zu den erforderlichen Tatbestandsvoraussetzungen und möglichen Rechtsfolgen sei auf die eingriffsrechtliche Literatur verwiesen (zB *Bialon/Springer*, 2012, Rn. 1106–1139). An dieser Stelle soll lediglich auf die aus kriminalistischer Sicht erforderlichen Aspekte eingegangen werden.

Art und Umfang der einzelnen möglichen Maßnahmen ergeben sich aus dem Erlass des Innenministeriums NRW: Erkennungsdienst RdErl. d. Innenministeriums – IV D–6400 – v. 19.1.1998, Ziff. 5. Hiernach ist in jedem Einzelfall zu entscheiden, welche Bestandteile einer Gesamt-ed-Behandlung im Einzelfall erforderlich sind. Diese sind sodann durch die zuständige KPB durchzuführen. Der Erlass sieht unter anderem vor: 225

[68] Ausnahmen hierzu ergeben sich, zB bei Personen ohne festen Wohnsitz, aus dem Erlass „Führung von Kriminalakten", RdErl. d. Innenministeriums v. 21.2.2002 – 42.2–6422, MBl. NRW 2002, 324.

„5.3
Grundsätzlich sind aufzunehmen
- Zehnfingerabdrücke (KP 1),
- dreiteiliges Lichtbild (Profil, Portrait und Halbprofil), einschließlich Lichtbild-Beschriftung (KP 3),
- Personenbeschreibung (KP 8).

5.4
Zusätzlich sind von BES aufzunehmen
- Handflächenabdrücke in einfacher Ausfertigung, wenn zu vermuten ist, dass bei einer Straftat daktyloskopische Spuren hinterlassen wurden oder bei künftigen Straftaten solche Spuren hinterlassen werden,
- Ganzaufnahmen, wenn sie Zeugen einschließlich Opfern bei der Tatausführung persönlich gegenübertreten."

226 Damit ist auch für die kriminaltaktische Entscheidung eine konkrete Vorgabe vorhanden:

227 KP 1, KP 3 und KP 8, also die Abdrücke aller zehn Finger, ein sog. dreiteiliges Lichtbild und die Beschreibung der Personen sind Grundlage einer jeden ed-Behandlung.

Hierbei kommt es insbesondere darauf an, die durch die Formulare (KP 16) gebotenen Möglichkeiten der Beschreibungen zu nutzen und sich mit ihnen detailliert auseinanderzusetzen und sich nicht auf das Ankreuzen als bloße „Erledigung" ohne gedankliche Auseinandersetzung zu beschränken. Um dies an einem Beispiel festzumachen:

228 Im Rahmen der Personenbeschreibung, die als Grundsatzmaßnahme aller ed-Behandlungen gilt, wird auch eine Entscheidung über die äußere Erscheinung des Betroffenen gefordert.

Möglich sind hier die nachfolgenden Alternativen:

L 23 Äußere Erscheinung (Nur eine Eintragung möglich)

☐ **10 Europäisch**	☐ **20 Asiatisch**	☐ **30 Afrikanisch**	☐ **40 Indianisch**
☐ 11 Westeuropäisch	☐ 21 Westasiatisch	☐ 31 Nordafrikanisch	☐ 41 Nordamerikanisch
☐ 12 Südeuropäisch	☐ 22 Südasiatisch	☐ 32 Nordostafrikanisch	☐ 42 Mittel-/Südamerikanisch
☐ 13 Südosteuropäisch	☐ 23 Zentralasiatisch	☐ 33 Zentral-/Südafrikanisch	☐
☐ 14 Osteuropäisch	☐ 24 Ostasiatisch	☐ 34 Afro-Amerikanisch	☐
	☐ 25 Südostasiatisch		

Abb. 14: Personenbeschreibung aus KP 16

Betrachtet man die angebotenen Möglichkeiten, so wird die Problematik bereits deutlich: zum einen ist es nicht vordergründig erkennbar, ob eine Person zentral-, süd- oder ostasiatisch erscheint. Zum anderen ist diese Bewertung sicher auch von Sachbearbeiter zu Sachbearbeiter unterschiedlich – wer sich eine detaillierte Bewertung zutraut und sich seiner Sache sicher ist, wird nicht die Oberkategorie ankreuzen, alle anderen aber werden genau das tun. Da die verschiedenen Begrifflichkeiten recherchefähig sein müssen, ist das „Ankreuzverhalten" aber entscheidend. Zurzeit werden die Unterschiedlichkeiten durch die Rechercheergebnisse in unseren Dateien ausgeglichen. Ob dies aber immer gelingt, ist zumindest unklar.

Ein weiteres Beispiel sei angefügt, ebenfalls aus der KP 16 – Personenbeschreibung: 229

L 26 Stimme/Sprachmerkmale (Bis zu 5 Eintragungen möglich)

☐ 01 sehr hoch	☐ 02 sehr tief	☐ 03 belegt/heiser	☐ 04 näselt/nuschelt	☐ 05 stottert/stammelt
☐ 06 lispelt	☐ 07 stumm	☐ 08 laut	☐ 09 leise	☐ 10 schnell
☐ 11 langsam				

Abb. 14a: Personenbeschreibung aus KP 16

Auch wenn der Sachbearbeiter „stumm“ ankreuzt, können weitere Sprachmerkmale angekreuzt werden, die zunächst widersprüchlich scheinen, sich aber zB auf die Stimme, nicht auf die Wortbildung beziehen können. Ob also ein Sachbearbeiter sich bei seinem Ankreuzverhalten auf Stimme oder auf Wörterbildung bezieht, hat wesentlichen Einfluss auf die Eindeutigkeit und Klarheit des ed-Materials. Damit liegen Vergleichbarkeiten und die Möglichkeit, eine Person aufgrund dieser Eintragungen in der Datei wieder zu finden, nicht immer klar auf der Hand.

Über diese Grundüberlegungen hinaus ist ebenfalls darauf zu achten, dass für BES gem. Ziff. 5.4 des Erlasses weitere Maßnahmen zu treffen sind als für andere Personen, sofern aus den Erfahrungen resultierend bestimmte Prognosen gestellt werden können. Es ist gezielt über die Entscheidung nachzudenken, ob der BES als Spurenleger daktyloskopischer Spuren in Betracht kommt oder kommen wird oder ob er sich einem ZEG persönlich nähert oder genähert hat. Ist dies der Fall, so sind die ed-Maßnahmen darauf abzustimmen. 230

Verwiesen sei an dieser Stelle auch auf die vereinfachte ed-Behandlung, auf die Ziff. 5.8 des Erlasses verweist.

Im Ergebnis bleibt für die ed-Behandlung festzustellen, dass aus kriminaltaktischen Gründen über den jeweiligen Umfang unter Beachtung des Erlasses entschieden werden muss.

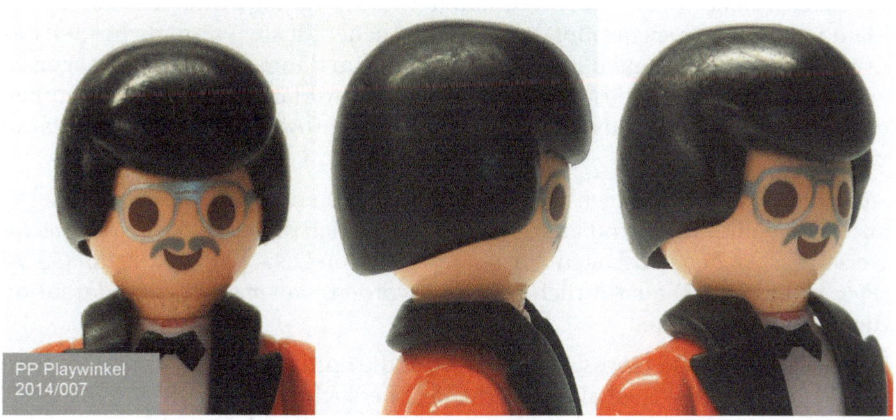

Abb. 15: Dreiteiliges Lichtbild, Foto von privat (*Kirsten Pientka*)

Als wesentliche Grundmaßnahme wird auch das dreiteilige Lichtbild gesehen. 231

232 Die Gestaltung dieser Lichtbilder geht auf *Alphonse Bertillon* (1853–1914) zurück. Es zeigt eine Person zunächst im Profil, dann „en face" – also von vorn – und zuletzt im Halbprofil. So soll erreicht werden, dass alle Perspektiven, aus denen man eine Person sehen kann, durch das Lichtbild abgedeckt sind.

Hinzu kommt in Einzelfällen eine Ganzkörperaufnahme.

In der heutigen Zeit sind diese Bilder zwar immer noch Gegenstand der ed-Behandlungen, allerdings sind sie im digitalen Zeitalter auch als digitale Bilder vorgehalten. Dazu dient die Datei „digi-ED-net", auf die im Verlauf des HS 2 im Zusammenhang mit den Wiedererkennungsverfahren näher eingegangen wird.

Abb. 15a: Ganzkörperaufnahme, Foto von privat (*Kirsten Pientka*)

VII. DNA-Probenentnahme

233 Aus den Ausführungen zu den Beweismitteln im Grundstudium wurde bereits deutlich, dass die DNA-Spuren zur Identifizierung von Spurenlegern heute einen wesentlichen Teil in der kriminalistischen Arbeit bilden.

Jeder Mensch legt in jeder Sekunde seines Daseins viele verschiedene DNA-Spuren, sei es als Speicheltröpfchen, als Hautschuppen, als Haarspuren usw. Der Sicherung und Auswertung dieser Spuren gilt ein wesentliches Augenmerk in der kriminalistischen Arbeit.

Aus dieser Bedeutung der Spuren aber ergibt sich auch die Notwendigkeit, Vergleichsmaterial von BES vorzuhalten. Daher sind die Entnahme von DNA-Material und die Speicherung daraus gewonnener Muster wesentlicher Teil des Erkennungsdienstes und der Sachbearbeitung. Im Rahmen der Ermittlungen ist zu entscheiden, ob von bestimmten Personen DNA-Material genommen werden darf und soll, was sich als körperliche Untersuchung darstellt, und wie damit zu verfahren ist.

234 Auch hier sei im Zusammenhang mit den eingriffsrechtlichen Fragen verwiesen auf die Fachliteratur[69] und an dieser Stelle lediglich die kriminalistische Sichtweise beschrieben. Aussagen zur Beweiskraft von DNA sind bereits im GS 5.2 (*Pientka/Wolf*, 2017) ausführlich gemacht worden, daher wird auch darauf an dieser Stelle verzichtet.

Stattdessen soll besonderes Augenmerk auf die Entnahme von Proben gerichtet werden. Sie wird aktuell als körperliche Untersuchung nach § 81a bzw. c StPO klassifiziert und durchgeführt, indem mit einer sterilen Bakteriette ein Speichelabrieb der Mundschleimhaut genommen wird.

[69] ZB (*Bialon/Springer*, 2012), Rn. 948 ff.

Bei dieser Tätigkeit ist mit allerhöchster Hygiene und besten Schutzvorkehrungen vorzugehen. Gerade der in der jüngeren Vergangenheit eingetretene Fall der Verunreinigung von Material, der die bundesdeutsche Polizei in mehreren Bundesländern in die Irre geführt hat, zeigt dies eindrucksvoll: 235

„Nach dem Mord an einer 22 Jahre alten Polizistin im April 2007 in Heilbronn hatten die Ermittler in einem der größten Polizeieinsätze in der deutschen Geschichte anhand von DNA-Spuren am Tatort nach einer Serientäterin gesucht, die es gar nicht gab.

Denn nach zwei Jahren Ermittlungsarbeit mit 30 Mann und der Überprüfung von 3.700 Spuren stellte sich heraus, dass das DNA-Material, das an 40 verschiedenen Tatorten gefunden worden war, von einer Frau stammte, die die zur Spurensicherung eingesetzten Wattestäbchen der Polizei verpackt hatte.“[70]

Dieser Fall ging als „das Phantom von Heilbronn“ in die Geschichte ein und gab Anlass zu Untersuchungen über Probenverunreinigungen bei Materialherstellung, Probenentnahme und Untersuchungen sowohl innerhalb der Polizei als auch bei Zulieferern. Problematisch sind diejenigen Fälle, in denen von sog. „Spur-Spur-Treffern“ die Rede ist, in denen also bei verschiedenen Taten an verschiedenen Tatorten identisches Material aufgefunden wurde, mit dem die Taten zusammengeführt und sodann einem Spurenverursacher zugeschrieben werden. 236

Bereits Anfang 2009 setzte das BKA eine Arbeitsgruppe (sog. „DNA-Prüfgruppe“) ein, die den Auftrag erhielt, alle möglichen Kontaminationsursachen zu erforschen und Vorschläge zu deren Vermeidung zu erarbeiten.

Schon in den ersten Phasen ihrer Arbeit stellte diese Gruppe fest, dass das „Phantom von Heilbronn“ offenbar nicht der einzige Fall von inkorrekten Spur-Spur-Treffern war, sondern dass auch in anderen Fällen von Kontamination des Materials ausgegangen werden musste.[71]

Diese Kontaminationen sind teils auch dadurch entstanden, dass in der Entnahme von Material bei der körperlichen Untersuchung eben nicht die höchste Hygiene beachtet wurde.

VIII. Vorführung

Kehren wir zurück zu unserem Ausgangsfall (s. Fn. 61). Der Beamte K hat Vernehmungen durchgeführt, die persönlichen Verhältnisse des BES ermittelt, eine ed-Behandlung durchgeführt und weitere Maßnahmen getroffen. Im Ergebnis kommt er zu dem Schluss, dass er die Verhältnismäßigkeit für gegeben hält und sich entschließt, den A der zuständigen StA mit der Anregung, einen HB zu beantragen, zu überstellen. Er wird also den A „vorführen“. 237

Dazu fertigt er einen sog. Vorführbericht an, der den vorläufigen Abschluss der Ermittlungsakte bildet, und der A wird dem Haftrichter vorgeführt. Damit ist für K die Bearbeitung der Haftsache abgeschlossen.

---

[70] Aus Süddeutsche Zeitung v. 6.11.2010: Phantom-Panne kein Einzelfall.
[71] BKA-Presseerklärung v. 22.4.2009.

238 Der Vorführbericht muss mindestens nachstehendem Aufbau folgen, ihn zu ergänzen und ggf. weiter auszubauen ist allerdings immer möglich:

1. Daten der Person(en), die vorgeführt wird/werden
   Bsp.: Vorgeführt wird der ....A, geboren ..., wohnhaft ...
2. Ihr/ihnen zur Last gelegte Tat(en)

Er steht im Verdacht, am ... um ... Uhr den (Personalien des GES) mit einer vollen Bierflasche auf den Kopf geschlagen und auf diese Weise schwer verletzt zu haben (gef. KV gem. §§ 223 I, 224 I Nr. 2 StGB).

3. Beweissituation
   Hier werden zunächst alle Beweismittel aufgelistet, die im Rahmen der Ermittlungen gefunden wurden. Es bildet sich die Struktur ab, die in der Beweissicherung bereits bekannt ist: Personalbeweis, Sachbeweis und letztlich die Aussage des BES sofern vorhanden, als Beweismittel im weiteren Sinne. Innerhalb der einzelnen Punkte wird nicht die gesamte Vernehmung oder jeder einzelne Beweisgegenstand abgedruckt, sondern vielmehr die Ergebnisse dargestellt unter Hinweis auf die Seitenzahl, in der dieser Aspekt im Ermittlungsvorgang zu finden ist:
   a) Zeugen
      Der GES/ZEG P erklärt in seiner Vernehmung (Bl. X d.A.) ... Diese Angaben werden durch die ZEG
      M und F in ihren jeweiligen Vernehmungen (Bl. Y d.A.) gestützt, die aussagten, dass ...
   b) Sachbeweise
      Im Rahmen der Tatortarbeit wurden folgende Spuren aufgefunden (Spurensicherungsbericht s. Bl. YY d.A.):
   - (Bl. Xx d.A.)
   - Tatwerkzeug „Bierflasche", gleichzeitig Spurenträger von
     Blutspuren
     Fingerspuren
     DNA-Spuren
   c) Vernehmungen der BES
      Der BES K erklärt in seiner Vernehmung, er wolle von seinem Aussageverweigerungsrecht Gebrauch machen. Sein Verteidiger, RA Müller, war anwesend; Vollmacht s. Bl. Z d.A.
4. Haftgründe
   Hier werden die von dem Beamten K ermittelten Haftgründe mit den entsprechenden Begründungen aufgeführt. Sofern mehrere Haftgründe vorliegen, werden sie alle umfassend dargelegt.
   Im vorliegenden Fall wird der Haftgrund der Fluchtgefahr einschlägig sein. Dieser wird mit den Fakten aus den Ermittlungen, die jeweils mit Hinweis auf die Seite des Vorgangs versehen werden, erläutert.
5. Ziel der Vorführung.
   Im Ergebnis wird angeraten, gegen den BES A wegen Fluchtgefahr U-Haftbefehl zu erlassen wegen gefährlicher Körperverletzung zN des P

Der gesamte Vorgang einschließlich Vorführbericht wird mit dem BES dem Gericht überstellt; dort entscheidet ein Haftrichter, ob Haftbefehl erlassen wird oder nicht und ob der BES in eine JVA überstellt wird oder entlassen werden kann.

Häufig entsteht bei den Sachbearbeitern Verwunderung über die Entscheidungen von Haftrichtern, nicht immer sind Haftsachenbearbeiter und Haftrichter sich in der Interpretation der vorliegenden Beweise und deren Stichhaltigkeit einig. Zuweilen liegen solche Diskrepanzen durchaus in der Beweissicherung durch die Polizei, die durchaus lückenhaft oder mit Rechtsfehlern belastet sein kann; zuweilen aber auch in einer irritierenden Bewertung durch die Haftrichter. Eine gute Zusammenarbeit und Kommunikation kann solche Irritationen ebenso vermeiden wie ein auf allen Seiten absolut akribisches Arbeiten und Bewerten.

§ 12 Die Grundsätze der allgemeinen Ermittlungs-Aktenführung

Der mit dem BES dem Richter übersandte Vorgang der Haftsache ist eine besondere Form eines Ermittlungsvorganges. Dennoch gelten die allgemeinen Regeln der Aktenführung auch für Haftsachen:

A. Allgemeines

„Der polizeiliche Ermittlungsvorgang ist eine Dokumentation und damit ein Spiegelbild von Geschehensabläufen und Grundlage für prozessuale Entscheidungen. Diese schriftliche Dokumentation nennt man Akte.“[72]

Im Sprachgebrauch der Ermittler wird diese Akte auch häufig Ermittlungsakte 239
oder Ermittlungsverfahren/-vorgang oder einfach nur „Vorgang“ genannt, da es sich hierbei um eine Zusammenstellung in einer Strafsache handelt (→ Rn. 221). Eine durchgehende Dokumentation eines Ermittlungsvorgangs ist erforderlich, um zu jeder Zeit einen aktuellen und umfassenden Stand der Ermittlungen wiedergeben zu können.

Die Führung einer Ermittlungsakte ist an folgende Grundsätze gebunden: 240

Hinweis: Aktenvollständigkeit, Aktenklarheit und Aktenwahrheit

Somit hat die Ermittlungsakte im strafprozessualen Verfahren folgende Funktionen:

„Sie
- enthält Anlass und Begründung für die Einleitung des Ermittlungsverfahrens und zwar sowohl in der Sache als auch in Bezug auf bestimmte Personen (Anfangsverdacht),
- dokumentiert Geschehensabläufe über die Tat und den Tatbefund,
- ist Grundlage für die Entscheidungen über strafprozessuale Eingriffsmaßnahmen,
- gibt Auskunft über Ermittlungsergebnisse bei der Aufklärung von Straftaten und deren Zustandekommen (Verlauf der Beweiserhebungsmaßnahmen),

---

[72] (*Beleke*, 2002), KR 13, S. 3.

- ist Entscheidungsgrundlage für die Entschließung der StA über die Klageerhebung oder Einstellung des Verfahrens,
- dient der Verteidigung des BES durch Einsichtnahme des Verteidigers in die Ermittlungsakte,
- hat in der Hauptverhandlung Orientierungsfunktion für das zuständige Gericht."[73]

241 Aus diesen Funktionen und den oben genannten Grundsätzen ergeben sich bestimmte Forderungen an den Inhalt und den Aufbau von Ermittlungsakten:

- Dokumentation aller Ermittlungshandlungen,
- Darstellung aller Fakten zur Beurteilung von Tat und Täter (belastende und entlastende Umstände),
- Begründung aller Maßnahmen und deren Ergebnisse,
- Übersichtlichkeit der Akte.

B. Aktenordnung

242 Bis zum heutigen Tag gibt es keine verbindlichen Regelungen zwischen der StA und der Polizei über die Führung einer Ermittlungsakte und die Systematik eines Aktenaufbaus. Die PDV 100 führt dazu unter „2.2.11 Aktenführung" Folgendes aus:

„Der Aktenführung im Ermittlungsverfahren ist besondere Sorgfalt zu widmen. Im Einzelfall kann eine frühzeitige Abstimmung mit der Staatsanwaltschaft notwendig sein."

Hier wird nochmals die Bedeutung der Ermittlungsakte herausgestellt und dass in umfangreichen Verfahren eine Abstimmung mit der sachbearbeitenden StA über den möglichen Aktenaufbau durchzuführen ist, da die StA als „die Herrin des Ermittlungsverfahrens" anzusehen ist.

Der Aufbau und der Inhalt eines Ermittlungsvorgangs sind in der Mehrzahl der vorliegenden Straftaten, bis auf wenige Details, gleich:

- „Strafanzeige oder Ereignisbericht mit Einleitungsverfügung,
- Einsatzbericht der ersten Kräfte am Tatort,
- Tatortbefundbericht mit Lichtbildmappe,
- Berichte über die Fortführung der Ermittlungen und deren Ergebnisse (Ermittlungsberichte),
- Zeugenvernehmungen,
- Berichte über die Durchführung von Wiedererkennungsverfahren,
- Bericht zur vorläufigen Festnahme/Festnahmeanzeige,
- Durchsuchungsbeschlüsse einschließlich der Protokolle und Berichte,
- Aufstellung der beschlagnahmten Gegenstände,
- Personen- und Sachfahndungen, die unmittelbar zum Tatverdächtigen oder zur Sicherstellung von Beweismitteln/Tatbeute führten,
- Vorführberichte, Haftbefehlsantrag der StA, Haftbefehle,
- Schlussbericht."[74]

---

[73] (*Clages*, Der rote Faden, Grundlagen der Kriminalpraxis, 2004), S. 60, 61.
[74] (*Clages*, Der rote Faden, Grundlagen der Kriminalpraxis, 2004), S. 64.

Im Grundsatz wird die Ermittlungsakte chronologisch geführt. Dies gilt für einfach gelagerte Straftaten und Ermittlungsverfahren. Die einzelnen Aktenbestandteile werden nach dem Datum ihres Ereignisses in der Akte abgeheftet. Die einzelnen Blätter der Akte werden durchnummeriert, um die Vollständigkeit zu dokumentieren und Verweise auf einzelne Aktenbestandteile zu ermöglichen. 243

Ist zu Beginn der Ermittlungen absehbar, dass es sich um ein umfangreiches und komplexes Ermittlungsverfahren handelt, so ist ein anderer Aktenaufbau zu wählen. 244

„Die Aktenordnung orientiert sich am Einzelfall, stellt somit kein verbindliches Ordnungssystem dar und ist abhängig von

- Anzahl der Straftaten,
- Anzahl der Täter,
- Art der Beteiligung,
- Umfang der Asservate und Beweismittel,
- Umfang und Art der Fahndungsmaßnahmen,
- Umfang und Art der Tat- und Täterermittlung."[75]

In solchen Fällen werden neben der Hauptakte weitere Akten angelegt.

„Die Hauptakte ist das Kernstück des Ermittlungsverfahrens. In ihr werden alle beweiserheblichen Feststellungen und Ergebnisse zu Tatgeschehen und Art der Beweiserhebung zusammengefasst und dokumentiert. Sie ist das Spiegelbild der Ermittlungen."[76]

Die nachfolgend genannten Akten können noch neben der Hauptakte angelegt werden, zB:

I. Spurenakten

Hierbei handelt es sich um ein „Verzeichnis von Ermittlungsansätzen (zB Personen, Gegenstände, Kfz-Kennzeichen, Rufnummern, Hinweise aus der Bevölkerung) mit den hierzu vorhandenen Ermittlungsergebnissen. Insofern bezieht sich die Bezeichnung Spurenakte auf einen Spurenbegriff im kriminalistischen Sinn."[77] 245

Spurenakten werden immer dann angelegt, wenn bei einer Straftat mit einem hohen Spurenaufkommen zu rechnen ist und nicht zu erkennen ist, welche Spur tatrelevant ist und zum Täter führen könnte. Dies ist zB bei anfänglich ungeklärten Tötungsdelikten der Fall.

Jede einzelne Spur sollte mit einem Deckblatt beginnen und mit einem Schlussvermerk abgeschlossen werden. 246

Sollten sich aus einer Spurenakte Hinweise auf den/die Täter ergeben, so kann diese Spur auch zur Hauptakte genommen werden. Ansonsten sind Querverweise in der Hauptakte auf diese Spur aufzunehmen.

---

[75] (*Beleke*, 2002), KR 13, S. 10.

[76] (*Clages*, Der rote Faden, Grundlagen der Kriminalpraxis, 2004), S. 66.

[77] (*Wirth*, 2011), S. 525.

II. Fallakten

247 Werden innerhalb eines Ermittlungsverfahrens mehrere Straftaten, sog. Serienstraftaten, bearbeitet, kann es zur Übersichtlichkeit erforderlich werden, für jede Straftat eine einzelne Fallakte anzulegen. Dies wird umso wichtiger, wenn sich das Verfahren gegen mehrere Tatverdächtige richtet, die die einzelnen Taten in unterschiedlicher Zusammensetzung begangen haben.

Auch hier sollte zur besseren Übersicht vor jede Fallakte ein entsprechendes Deckblatt geheftet werden. Vernehmungen zu den einzelnen Fällen sind dann hinter den jeweiligen Fall zu heften, um jeden Fall auch abschließend bewerten zu können.

III. Täterakten/Personenakten

248 Täterakten korrespondieren in komplexen Verfahren mit den Fallakten. In den Täterakten werden für jeden BES die Straftaten/Fälle zusammengefasst, an denen er beteiligt war. So erhält man immer einen Überblick über die zur Last gelegten Taten und kann zB gezielter bei Vernehmungen vorgehen. Außerdem können einzelne Täterakten durch Sachbearbeiterteams abgearbeitet werden. Verfahrenstechnisch kann der sachbearbeitende Staatsanwalt eine solche Täterakte auch leichter aus dem Hauptverfahren abtrennen und somit einen BES separat anklagen.

IV. Beweismittelband/Asservatenband

249 Die Anlegung eines Beweismittelbandes ist immer dann sinnvoll, wenn in einem Verfahren zahlreiche Asservate sichergestellt werden, die noch ausgewertet werden müssen. Hier erfolgt die Bearbeitung in Asservatenkomplexen, in der Regel nach den einzelnen Durchsuchungsobjekten. Bereits die Kennzeichnung der Asservate hat nach einem vorgegebenen Schema zu erfolgen, um später jedes Asservat auch einem Durchsuchungsobjekt und dort genau einem Raum zuordnen zu können.

V. Kostenakte

250 Die Kostenakte erhält alle Rechnungen, zB:

- Dolmetscherrechnungen,
- Rechnungen von Schlüsseldiensten,
- Abschlepprechnungen,
- Gutachterrechnungen,
- Rechnungen von Providern für Telekommunikations-Überwachungsmaßnahmen,
- und andere kostenpflichtige Maßnahmen des Ermittlungsverfahrens.

VI. Rechtshilfeakte

251 Sollten Ermittlungen in anderen Staaten erforderlich werden oder werden Informationen von anderen Staaten für das Ermittlungsverfahren angefordert, so ist dies in einer Rechtshilfeakte zu dokumentieren. Hier werden unter anderem

die staatsanwaltschaftlichen Anträge auf Rechtshilfe, die gerichtlichen Beschlüsse und der Schriftverkehr mit den ausländischen Behörden abgeheftet.

VII. Handakte

Grundsätzlich sollte zu jedem umfangreicheren Verfahren auch eine Handakte 252 geführt werden. Die Handakte ist nicht Teil der Ermittlungsakte. In ihr werden polizeiinterne Unterlagen aufbewahrt, die nicht unmittelbar verfahrensrelevant sind. Hierzu zählen zB:

- Vermerke über Kräftezuweisung innerhalb der Behörde,
- Absprachen mit der StA,
- Ausdrucke polizeiinterner Datensysteme,
- Auszüge aus Kriminalakten,
- Absprachen mit anderen Behörden.

VIII. Schlussbericht/Schlussvermerk

„In umfangreichen Verfahren mit mehreren Beschuldigten und wechselnden Tatbeteiligungen kann es auch für den Staatsanwalt hilfreich sein, wenn der kriminalpolizeiliche Sachbearbeiter einen Schlussbericht fertigt."[78]

„Der Schlussbericht enthält eine zusammenfassende Beschreibung von Ziel und Verlauf der Ermittlungen sowie von bedeutsamen Ergebnissen der Ermittlungshandlungen unter Verweis auf die jeweiligen Beweismittel. Die Darstellung soll rationell, übersichtlich und logisch sein und sich auf beweiserhebliche Fakten konzentrieren."[79]

Der Schlussbericht ist auch für die Anklageerhebung durch die StA eine große 253 Hilfe, trotzdem muss der Staatsanwalt die gesamte Akte lesen. Dieser Umstand führte dazu, dass nach einem Beschluss der Innenministerkonferenz v. 29.4.1974, Top 3, kein solcher polizeilicher Schlussbericht mehr gefertigt werden soll. Intention des Beschlusses war es, dass durch das Aktenstudium der StA ein Schlussbericht nicht mehr erforderlich ist und die Polizei somit unnötige Arbeit leistet oder die Arbeit der StA machen würde. In der Praxis wird in Absprache mit der StA weiterhin in komplexen Verfahren ein Schlussbericht gefertigt. Im Rahmen der Haftsachenbearbeitung wird der Schlussbericht durch den Vorführungsbericht ersetzt.

C. Akteneinsicht

Grundsätzlich steht dem BES ein Akteneinsichtsrecht nicht zu. Gemäß § 147 254 StPO hat dies jedoch der gewählte oder bestellte Verteidiger. Die Gewährung dieser Akteneinsicht obliegt der StA. Eine Akteneinsicht kann aber verweigert werden, wenn dies den Untersuchungszweck gefährden kann (§ 147 II StPO).

---

[78] (*Beleke*, 2002), KR 13, S. 28.
[79] (*Wirth*, 2011), S. 489 (490).

„Der Polizei steht das Recht, Akteneinsicht zu gewähren, nach herrschender Rechtsmeinung nicht zu, auch dann nicht, wenn sich die Ermittlungsakten noch bei der Polizei befinden, ohne dass sie der StA vorgelegen haben."[80]

255 Eine Ausnahme wird in Nr. 183 (2) RistBV beschrieben:

„Von der Möglichkeit der Delegation an die Behörden des Polizeidienstes nach § 478 I 3 StPO soll nur insoweit Gebrauch gemacht werden, als dies im Interesse aller Beteiligten zur einfacheren oder beschleunigten Unterrichtung des Ersuchenden sachdienlich erscheint. Soweit eine Delegation in Betracht kommt, wird es grundsätzlich angezeigt sein, diese auf einfach und schnell zu erledigende Auskünfte zu beschränken."

256 Die Akteneinsicht an den Verteidiger erfolgt in der Praxis durch Aushändigung/Übersendung/Hinterlegung im Fach des Rechtsanwaltes beim zuständigen Gericht. Grundsätzlich werden dem Verteidiger die Hauptakte und – wenn gewünscht – auch sämtliche sonstigen Akten (außer der Handakte) überlassen.

„Zur Weitergabe der durch die Akteneinsicht erlangten Kenntnisse an den Beschuldigten ist der Verteidiger berechtigt oder idR auch verpflichtet."[81]

257 Dies bedeutet für die polizeiliche Praxis, dass der Verteidiger seinem Mandanten auf Wunsch die Ermittlungsakte in Kopie zur Verfügung stellt. Somit darf es für Polizeibeamte keine Überraschung mehr darstellen, wenn sie zB bei Durchsuchungen bei BES Kopien von Ermittlungsakten finden.

§ 13 Die kriminalpolizeiliche Arbeit in Fällen häuslicher Gewalt

A. Phänomenologie häuslicher Gewalt

258 Fragt man Studierende nach ihrem ersten Praktikum, ob sie Erfahrungen mit Einsätzen wegen häuslicher Gewalt gemacht haben, so gibt es kaum jemanden, der das nicht bestätigten kann. Die sodann geschilderten Fälle sind vielschichtig und zeigen alle Formen und Facetten von Aggression, Täter-Opfer-Konstellationen, Opferverhalten und Strafbarkeiten. Es scheint auch so, als ob sich diese subjektiven Eindrücke mit der Realität messen ließen. Auch in den Medien wird häusliche Gewalt (hG) permanent thematisiert und analysiert.

Hans Göppinger schreibt dazu mit einer kaum zu übersehenen Ironie:

„Der selektive Alltagsmythos, wonach häusliche Gewalt „Männergewalt gegen Frauen und Kinder" sei, wird von den Medien schulmäßig aufbereitet, von der Politik schulmäßig in die verschiedensten Kampagnen und Gesetzgebungsverfahren eingespeist und ebenso schulmäßig von den Experten und dem Rechtsstab umgesetzt. Und wen wundert es, dass die neuen Hellfeldzahlen nun erneut und umso klarer bestätigen, dass Männer die Täter sind und dass noch viel zu wenig getan wird, denn „immer noch", so die mythenbildenden Stereotypen von Faltblättern

---

[80] (*Clages*, Der rote Faden, Grundlagen der Kriminalpraxis, 2004), S. 63.
[81] (*Meyer-Goßner*, Strafprozessordnung – StPO, 2003), § 147 Rn. 20.

über Dienstanweisungen bis zu den regierungsamtlichen Verlautbarungen, wird angeblich jede dritte oder jede fünfte oder jede siebte Frau Opfer von Männergewalt."[82]

Zur Überprüfung kann nicht, wie sonst üblich, der Blick in die PKS herangezo- 259
gen werden, da die hG dort statistisch nicht erfasst wird. Hier können allein die Einsatzstatistiken der Polizeibehörden weiterhelfen. Sie legen den Schluss nahe, dass tatsächlich die Fälle der hG in den letzten Jahren deutlich angestiegen sind,[83] was aber auch daran liegen kann, dass mit Einführung neuer Ermächtigungen in den Polizeigesetzen der Länder eine erhöhte Sensibilität auch der Polizei zu einer Steigerung der Feststellungszahlen führte.

Suchen im Internet mit dem Stichwort „häusliche Gewalt" ergeben tatsächlich, wie von *Göppinger* beschrieben, mehrheitlich Seiten, in denen Frauen als potentielle Opfer angesprochen werden, in denen die hG als Gewalt gegen Frauen in Paarbeziehungen angesprochen wird usw.

Diejenigen Fälle, in denen die Täter-Opferkonstellation aus der Norm fällt, 260
werden hier hingegen kaum angesprochen. Sie kommen jedoch vor: der heranwachsende Sohn, der die Eltern traktiert, die pflegenden Angehörigen attackieren den Patienten, Senioren werden angegriffen, die Frau schlägt den Mann usw. Alle diese Fälle sind sicher Fälle der „Gewalt im sozialen Nahraum" und, wenn sie die Komponenten einer hG in sich vereinen, auch Fälle der häuslichen Gewalt.

Auch eine einheitliche Definition, was sich unter dieser Bezeichnung verbirgt, ist nicht zu finden. Man versucht vielmehr, verschiedenste Aspekte in die Definitionsversuche einzubeziehen. Und auch der Blick in das Gesetz greift zu kurz:

So sind für eine Wohnungsverweisung im Polizeigesetz NRW (§ 34a PolG NRW) 261
nur zwei Tatbestandsvoraussetzungen erforderlich:

- Gegenwärtige Gefahr für Leib, Leben oder Freiheit einer Person,
- Gewaltanwendung in einer Lebensgemeinschaft.

Zur Klärung der Begriffe ist es hilfreich, die gem. Ziff. 34a.0 der Verwaltungs- 262
vorschrift zum PolG NRW (hier: VV zu § 34a PolG NRW) verbindliche Handlungsanweisung des nordrhein-westfälischen Innenministeriums hinzuzuziehen:

„Häusliche Gewalt wird angenommen, wenn es in häuslicher Gemeinschaft
– ehelicher oder – unabhängig von der sexuellen Orientierung – nicht ehelicher Art
– sonstiger Art (zB Mutter/Sohn/Seniorenwohngemeinschaft)
die entweder
– noch besteht (…)
oder
– in Auflösung befindlich ist (…)
oder
– seit einiger Zeit aufgelöst ist (…)
zur Gewaltanwendung kommt.

---

82 (*Göppinger*, 2008,) S. 186 f.

83 Vgl. (*Tetsch/Baldarelli*, 2011): im Jahre 2006 als Einsätze registriert wurden 19.348 Fälle, seit 2002 (14.300 Fälle) wurden jährliche Steigerungen verzeichnet.

Häusliche Gewalt setzt nicht die Tatbegehung in der gemeinsamen Wohnung voraus. Tatorte können auch Geschäftsräume oder der öffentliche Raum sein.

In Zweifelsfällen wird die Polizei häusliche Gewalt annehmen."[84]

Mit dieser Einordnung sind die Fälle der hG bezüglich Täter, Opfer, Tatort und Tatsituation umfassend beschrieben. Gemeinsamer Kern aller Delikte sind – wie im Gesetz vorgesehen – die Lebensgemeinschaft sowie die Gewaltausübung, aus der die gegenwärtige Gefahr resultiert. Gerade diese Form der Gewaltdelikte zeichnet sich meist als Wiederholungstat aus. Man spricht in diesem Zusammenhang vom sog. Gewaltkreislauf.

I. Gewaltkreislauf nach *Lempert*

263 Bereits 1988 hat *Joachim Lempert* ein erstes Modell der Gewaltentstehung entwickelt, das er zusammen mit *Burkhard Oelemann* im Rahmen der Beratungstätigkeit für Gewalttäter in Hamburg (sog. Hamburger Modell) stetig weiter entwickelt hat.

Danach verlaufen die Gewalt und damit die gewalttätige Beziehung in zehn Schritten:

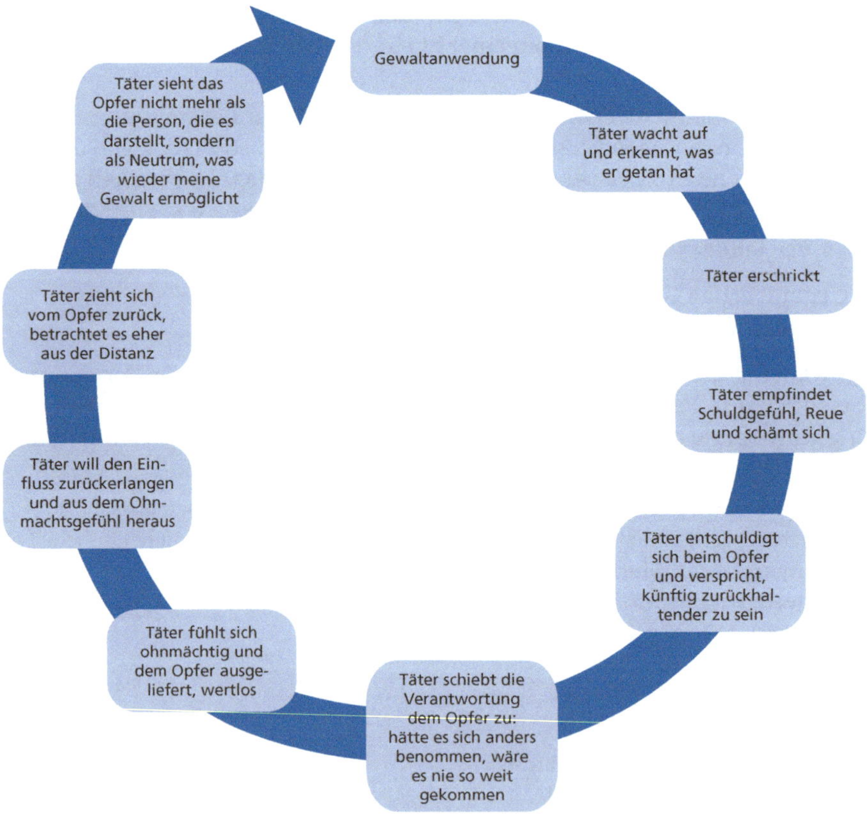

Abb. 16: Gewaltkreislauf nach *Lempert*

[84] IM NRW, 2007.

Der Ausgangspunkt liegt in der Gewaltanwendung, wobei Art und Intensität der Gewalt gänzlich unterschiedlich sein können. Je häufiger der Kreislauf durchlaufen wurde, je mehr Erfahrungen also mit Gewalt bestehen, desto intensiver kann sie sich entwickeln, desto gewalttätiger wird der Aggressor. Außerdem können die Intervalle, die zwischen den Gewaltattacken liegen, ebenfalls immer kürzer werden. 264

Während der Aggressor sich zunächst nach der Gewaltanwendung nur mit sich selbst beschäftigt und seine Handlung, nachdem sie ihm bewusst wird (Aufwachen), als Verfehlung bewertet (Erschrecken), beginnt er dann, sich dem Opfer erneut zuzuwenden, da er Reue und Scham über sich selbst und sein Verhalten empfindet. Zunächst beginnt er, sich für seine Handlung zu entschuldigen. Er ist freundlich und zugewandt und verspricht, es „nie wieder zu tun“, er entschuldigt sich, macht Geschenke usw. Diese vermeintliche Übereinstimmung zwischen Täter und Opfer suggeriert Ruhe und Frieden. Das führt dazu, dass der Täter sich in dieser Phase der Entspannung fragt, wie es denn überhaupt zu einer solchen Handlung kommen konnte, die ihm nun so fremd und fern erscheint. Er gibt zunächst die Schuld ab, indem er Ursachen sucht (der Alkohol war schuld, das Opfer hat Schuld usw). Im nächsten Schritt gibt er auch die Verantwortung ab. Diese Unterscheidung zwischen Schuld und Verantwortung trifft *Lempert*, um einen Handlungsansatz zu eröffnen, den er für die Gewalttherapie nutzen kann. So kann der Täter selbst an dieser Stelle ansetzen, um anderes Verhalten mit mehr Verantwortung zu erlernen. Auch ist dies der Moment, in dem das Opfer die Verantwortung für die Gewaltsituation auf sich nimmt. Aus den täglichen Einsatzgeschehen kennt jeder Polizeibeamte die Opfer, die verletzt und gedemütigt immer noch glauben, sie hätten etwas falsch gemacht, „er konnte ja nicht anders“, und die ernsthaft glauben, sie könnten durch ein ausgeprägt devotes Verhalten künftige Gewalteskalationen vermeiden. 265

Da nun die Verantwortung beim Opfer liegt, ist der Gewalttäter nicht mehr Akteur, sondern nur noch jemand, der der Situation ausgeliefert ist (Ohnmacht = ohne Einfluss). Das aber ist genau die Position, die das Gefühl vermittelt, keine Macht zu haben, wertlos zu sein. Mit diesem Lebensgefühl setzt sich der Täter nun auseinander (Abwehr der Ohnmacht), beteiligt das Opfer daran nicht (Kontaktabbruch zum Opfer). Damit steht der Vulkan wieder kurz vor dem Ausbruch, denn dieser fehlende Kontakt führt dazu, dass der Täter sein Opfer nicht mehr als Menschen wahrnimmt, er betrachtet es vielmehr distanziert als Objekt, dem eigene Empfindungen oder Gefühle nicht oder nur begrenzt zugestanden werden. Der nächste kleine Impuls, die nächste Unzufriedenheit, das nächste Gefühl der Unzulänglichkeit und Minderwertigkeit führt zum erneuten Ausbruch der Gewalt. 266

Mit jedem neuen Durchlaufen des Kreislaufs (veraltet: der „Gewaltspirale“) verkürzen sich die einzelnen Schritte, die Zeiträume bis zum nächsten Ausbruch werden geringer, die Gewalt wird intensiver. 267

Hier liegt auch der Grund, warum bereits bei einem ersten polizeilichen Einsatz wegen familiärer Gewalt mit allen rechtlichen Mitteln reagiert werden muss, auch wenn das Opfer selbst dies anders sieht. Auch der erstmalige Übergriff ist Anlass genug, mit Wohnungsverweisung und Ermittlungsverfahren zu reagieren, da die nächste Attacke nach Durchlaufen der diversen Schritte programmiert ist.

268 Wohnungsverweisung und Rückkehrverbot kommen allerdings nur dann in Betracht, wenn die Voraussetzungen gegeben sind, in deren Zentrum auch die Lebensgemeinschaft zwischen Täter und Opfer steht. Diese Lebensgemeinschaft ist aber nicht zwingend Voraussetzung dafür, dass der Gewaltkreislauf durchlaufen wird. Dies kann auch dann der Fall sein, wenn es sich zwar nicht um Lebensgemeinschaften, aber um nahe Täter-Opfer-Beziehungen handelt.

II. Abgrenzung „häusliche Gewalt" und „Gewalt im sozialen Nahraum"

269 Eine Abgrenzung der hG zu Delikten, die man allgemein die „Gewalt im sozialen Nahraum" nennt, liegt daher – wenngleich die Begriffe in der Literatur teils synonym und teils widersprüchlich verwendet werden – auf der Hand: Alles, was nicht aus einer Lebensgemeinschaft erwächst, aber dennoch sozialem Nahraum zuzurechnen ist, wäre damit nicht mehr hG (und ließe daher keine Wohnungsverweisung mit Rückkehrverbot zu), aber Gewalt im sozialen Nah-raum.

Die Differenzierung erscheint vordergründig wenig relevant. Sie entfaltet aber ihre Bedeutung in der Abarbeitung der Einsatzanlässe in der Praxis, insbesondere eben in der Entscheidung, ob der Aggressor der Wohnung verwiesen werden darf oder nicht.

Versuchen wir, uns diese Unterscheidung an einem Fall zu verdeutlichen:

Fall:

Die Streifenwagenbesatzung D 12/33 erhält einen Einsatz zur Ewaldstraße 11. Anrufer ist ein Hausbewohner (H), der aus einer Wohnung im Erdgeschoss lauten Streit, Schreien, Weinen und Geräusche hört, die, so sagt er, auf eine Schlägerei hindeuten.

Die Beamten des D 12/33 stellen fest, dass in der Wohnung die Mieterin M auf ihren Freund F massive Gewalt ausgeübt und ihn geschlagen hat.

Zur Entscheidung, den Aggressor – hier die M – aus der Wohnung zu verweisen und dem Opfer – hier dem F – Freiraum zu verschaffen, muss geklärt werden, ob die Gewalt in einer Lebensgemeinschaft ausgeübt wurde.

Ist dies nicht der Fall, liegt sicher eine Gewalt im sozialen Nahraum vor, aber keine häusliche Gewalt im eigentlichen Sinne, für die eine Wohnungsverweisung mit Rückkehrverbot in Betracht käme.

270 Zunächst ist also durch geeignete Maßnahmen zu ermitteln, ob eine (noch existierende oder abgeschlossene) Lebensgemeinschaft vorliegt oder nicht. Und genau hier liegen auch die ersten Besonderheiten, die für die ermittelnden Dienststellen in derartigen Einsatzsituationen zu bedenken sind.

B. Besonderheiten in der Erhebung des Tatortbefundes und der Sachbearbeitung

Wie bereits bekannt, werden die ersten Maßnahmen in aller Regel durch die Kräfte des Wachdienstes getroffen, die den Einsatz erhalten und daher den Sicherungsangriff durchführen. 271

Im Rahmen des Sicherungsangriffs ist der Tatort in seiner ursprünglichen Form zu bewahren und dafür Sorge zu tragen, dass alle Beweise durch die Kräfte des Auswertungsangriffs gesichert werden können. Zugleich und in erster Linie ist die gegenwärtige Gefahr zu beseitigen, also über Wohnungsverweisung und Rückkehrverbot und die Hinzuziehung von Rettungskräften und weitere Maßnahmen zu entscheiden.

Hier ist bereits im Ansatz zu erkennen, dass es sich bei derartigen Einsätzen um Gemengelagen handelt, in denen einerseits die Gefahrenabwehr, andererseits aber auch die Strafverfolgung zu berücksichtigen ist. Daraus ergeben sich an Sicherungs- und Auswertungsangriff besondere Anforderungen.

I. Besonderheiten im Sicherungsangriff – Schutz des objektiven Befundes

Zum einen geht es beim Eintreffen am Tatort darum, alle Erkenntnisse zu erheben, die für eine klare Gefahrenprognose erforderlich sind, zum anderen aber vorrangig darum, die Opfer zu schützen, den Aggressor von ihnen zu trennen und zu sichern und zuletzt natürlich auch um Beweissicherung für ein konsequent durchzuführendes Strafverfahren.[85] 272

Daher sind zum Schutz des objektiven Befundes wie in jedem anderen Sicherungsangriff auch alle Sachbeweise zu schützen und unter Umständen notzusichern. Dies aber nach den Maßnahmen der Gefahrenabwehr. Das bedeutet für die eingesetzten Kräfte, dass sie den gesamten Einsatz mehrgleisig bearbeiten und immer in beiden Dimensionen denken und entscheiden müssen.

Zunächst sollte aufgrund objektiver Hinweise darüber entschieden werden, ob eine Lebensgemeinschaft vorliegt. Dazu kann es hilfreich sein, Erkenntnisse über den dauerhaften Aufenthalt in der Wohnung zu erlangen: Kleidung, Waschutensilien, persönliche Gegenstände, Fotos usw lassen darauf schließen, ob sich eine Person hier aufhält oder nicht. Die vorgefundenen Informationen müssen zur Gesamtsituation passen und den Schluss zulassen, dass Täter und Opfer hier zusammen wohnen. 273

Sodann sind auch die Folgen der Gewaltanwendung, also Verletzungen, Zustand der Wohnung usw festzustellen. Sofern das Opfer in ein Krankenhaus transportiert wird, ist es entweder zu begleiten oder es sind weitere Kräfte dorthin zu entsenden, um auch dort die Spuren der Tat sichern zu können.

Im Übrigen gilt, was zu den Maßnahmen des Sicherungsangriffs in GS 5 (*Pientka/Wolf*, 2017) gesagt wurde. 274

---

[85] Vgl. Broschüre IM NRW 2007, S. 8 f.

Diese objektiven Hinweise sind zu bewahren für die Kräfte des Auswertungsangriffs. Häufig ist der Auswertungsangriff ebenfalls durch die Kräfte des Wachdienstes zu bewältigen. In diesen Fällen gehen Sicherungs- und Auswertungsangriff ineinander über (s. § 5).

II. Besonderheiten im Sicherungsangriff – Schutz des subjektiven Befundes

275 Zunächst gelten die allgemeinen Hinweise des Sicherungsangriffs auch hier. Besondere Bedeutung kommt aber der Tatsache zu, dass im Falle der hG die hauptsächlichen Personalbeweise bei den Opferzeugen und nicht selten auch bei den Kindern liegen.

Einerseits müssen diese Personen befragt werden, um im Rahmen der gefahrenabwehrrechtlichen Entscheidung die Kriterien für die Tatbestandsvoraussetzungen herausarbeiten zu können, andererseits aber ist jede Aussage auch als Beweis im Ermittlungsverfahren zu sehen. Daher kommt hier den Belehrungspflichten entscheidende Bedeutung zu.

276 Dem kann durch klare Anwendung der Vorschriften dann entsprochen werden, wenn es sich um erwachsene ZEG handelt. Sofern aber Kinder betroffen sind, der Aggressor ein Elternteil ist, kann nicht davon ausgegangen werden, dass eine Aussage des Kindes im Verfahren Bestand haben kann. Es muss die Belehrung an einen Ergänzungspfleger gerichtet werden, der aber vor Ort nicht unmittelbar zur Verfügung steht, sondern über das Familiengericht eingesetzt werden muss (s. hierzu auch § 6 I).

In der Praxis ist also darauf zu achten, dass ZEG mit Verweigerungsrechten zunächst lediglich nach den Vorschriften des Polizeigesetzes zu befragen sind, um die Gefahrenlage zu klären. Alle so erlangten Aussagen werden für das Strafverfahren gegen den Aggressor nicht zur Verfügung stehen. Bis zur Vernehmung der ZEG muss zB durch Hinzuziehung eines Ergänzungspflegers die Möglichkeit geschaffen werden, die Belehrungen insbesondere über § 52 StPO korrekt zu vermitteln. Erst dann kann für das Strafverfahren vernommen (bei Kindern angehört) werden.

III. Besonderheiten – Übergang vom Sicherungs- zum Auswertungsangriff

Häufig wird in der Praxis bei Fällen der hG nicht nur der Sicherungsangriff, sondern auch der anschließende Auswertungsangriff durch die Kräfte des Wachdienstes abgearbeitet. Dies gilt insbesondere dann, wenn alle Beteiligten Erwachsene sind und keine Kinder involviert waren. Lediglich die weiteren Ermittlungsmaßnahmen im Anschluss werden in diesen Fällen durch Beamte der Ermittlungsdienste durchgeführt.

In diesen Fällen gehen Sicherungs- und Auswertungsangriff ineinander über. Zeitgleich werden die Beweise sowohl geschützt als auch gesichert. Die Nachlaufphase des Sicherungsangriffs und die Vorlaufphase des Auswertungsangriffs fehlen, insbesondere entfällt die Übergabe des Ereignisortes, da es keinen Wechsel zwischen den eingesetzten Beamten gibt.

Im Rahmen des Auswertungsangriffs ist das Strafverfahren vorzubereiten. Dazu ist es in den meisten Fällen erforderlich, den oder die GES nach einem Strafantrag zu befragen.

Grundsätzlich dient dieser Strafantrag als Prozessvoraussetzung. Da es sich **277** häufig um Körperverletzungsdelikte handelt, liegt jedoch in der Entscheidung der StA, ob öffentliches Interesse an der Strafverfolgung angenommen wird oder nicht, also ein Strafantrag des GES zur Durchführung des Verfahrens benötigt wird oder nicht. Diese Entscheidung liegt in keinem Fall bei der Polizei! Von ihrer Seite wird **jeder** Fall der hG zur Anzeige gebracht. In aller Regel werden auch alle Fälle durch die StA weiter verfolgt.

Dennoch wird der/die GES nach einem Strafantrag gefragt. Allerdings ist nur **278** in wenigen Fällen davon auszugehen, dass dieser auch gestellt wird bzw. bestehen bleibt. Führt man sich die Aussagen vor Augen, die zum Gewaltkreislauf nach *Lempert* gemacht wurden, so wird deutlich, dass das Opfer häufig die Schuld bei sich selbst oder die Schuld nicht beim Verursacher sieht und daher nicht bereit ist, einen Strafantrag zu stellen. Daher bleibt in diesen Fällen der Opferwille zunächst unbeachtlich, es wird die Strafverfolgung so oder so eingeleitet.

Auch aus den Überlegungen zum Gewaltkreislauf ergibt sich das Erfordernis, **279** dem Opfer weiterführende Hilfestellung anzubieten, dies aber auf besondere Weise zu tun. Dies geschieht einerseits, indem der/dem GES Hinweise über Opferberatungs- und Opferhilfeeinrichtungen gegeben werden. Sofern das Interesse beim Opfer besteht, die Situation tatsächlich selbst in die Hand zu nehmen und aktiv an einer Veränderung zu arbeiten, hat es alle Möglichkeiten. Da aber Opfer häufig verharren in ihrer Situation und die Energie und die Angstfreiheit zur Veränderung nicht aufbringen, wird ergänzend das Einverständnis erfragt, die Opferdaten an Hilfseinrichtungen weitergeben zu dürfen. Diese wenden sich dann unaufgefordert an den oder die GES und bieten ihre jeweilige Hilfe an.

[redacted]

[redacted], den 19.03.2012

Beratung bei Trennung, Scheidung, Häuslicher Gewalt

Sehr geehrte Frau [redacted],

KAIP – das Kooperative Gewaltinterventionsprogramm der Region – erlangt Kenntnis über alle Fälle Häuslicher Gewalt und Stalking in der Region [redacted] und hat die Aufgabe, Sie als Betroffene direkt auf die Möglichkeiten von Rat, Unterstützung und Hilfe hinzuweisen.

Die Zeit der Trennung einer Partnerschaft ist ein Lebensabschnitt, der emotional hoch aufgeladen ist. Viele Menschen sind damit überfordert.
Häusliche Gewalt war bei manchen Paaren ein Trennungsgrund. Erfahrungsgemäß gehört die Zeit nach der Trennung zu der Phase, in der Frauen und Kinder am meisten gefährdet sind.

Wird die Polizei gerufen, erstattet diese aufgrund des Gewaltschutzgesetzes Anzeige gegen den Beschuldigten. Diese wird dann von der zuständigen Amtsanwaltschaft des Amtsgerichtes der Stadt, in der der Beschuldigte mit erstem Wohnsitz gemeldet ist, bearbeitet. Sollte das Gericht eine Hauptverhandlung in dieser Sache führen, werden Sie als Zeugin geladen.

Es gibt in vielen Städten Beratungsangebote für Frauen, die von Gewalt betroffen sind. Dort erhalten Sie Unterstützung bei der Verarbeitung dieser Gewalterfahrung und zudem wichtige Informationen über rechtliche Möglichkeiten.

Beratungsstelle des Vereins Frauen [redacted]
[redacted]
42285 [redacted]
Tel.: [redacted]

Außerdem bietet in nnn nnn, Beratungsstelle für Opfer/Zeugen von Gewalt und Straftaten, ein Zeugenzimmer im Amtsgericht an. Dort finden Sie Beratung zu Fragen rund um den Ablauf von Gerichtsverhandlungen sowie, wenn gewünscht, Begleitung zur Aussage.

[redacted]

Mit freundlichen Grüßen

Abb. 17: Anschreiben an ein Opfer nach hG

Der Einsatz bildet sich daher für die am Tatort eingesetzten Kräfte nach dem 280
Eingang der Meldung zB auf der LSt und deren Einsatzvergabe wie folgt ab:

1. Einsatzübernahme und Anfahrt zum Einsatzort,
2. Sicherungsangriff,
   - Gefahrenabwehr (Eigensicherung! und ggf. Erste Hilfe/Rettungsmaßnahmen),
   - Trennen der Beteiligten,
   - Schutz des objektiven und subjektiven Befundes,
   - Vorbereitung der gefahrenabwehrenden Maßnahmen nach dem Polizeigesetz, insbesondere Gefahrenbewertung und -prognose,
   - Maßnahmen nach dem Polizeigesetz durchführen,
3. Auswertungsangriff,
   - Sicherung des objektiven und subjektiven Befundes,
   - Strafantrag einholen (wenn gestellt),
   - Zeugenbelehrungen und erste Befragungen,
   - Weitere ZEG (zB Nachbarn) finden,
   - Informationen für Opfer aushändigen, Frage nach Einverständnis zur Datenweitergabe stellen,
4. Nacharbeiten zur Wohnungsverweisung nach dem Polizeigesetz,
5. Bericht über den Einsatz hG als Kombination von Tatortbefundbericht mit Bericht über den Sicherungsangriff bei häuslicher Gewalt.

IV. Gefahrenbewertung und Gefahrenprognose

Im Bericht über den Einsatz ist insbesondere zu begründen, aufgrund welcher 281
Kriterien die Gefahrenprognose getroffen wurde und warum die Beamten die Entscheidung getroffen haben, den Aggressor der Wohnung zu verweisen. Hierzu stützen sie sich allein auf ihre eigenen Wahrnehmungen und die von ihnen festgestellten Fakten; was das Opfer dazu sagt und welche Auffassung es selbst zur Entscheidung vertritt, ist für die polizeiliche Schlussfolgerung nicht von Belang. Damit wird der Tatsache Rechnung getragen, dass die Opfer selbst in ihrer Situation kaum eine fundierte rationale Entscheidung dieser Tragweite treffen können. Genau in dieser Überlegung liegt ja auch der Grund dafür, dass man dem Opfer (mindestens, Abweichungen nach unten sind zu begründen, Verlängerungen sind möglich) zehn Tage Freiraum verschafft.

Ziel ist hier nicht (nur), das Opfer für zehn Tage vor den Attacken des Partners 282
zu schützen, sondern vielmehr ihm Gelegenheit zu geben, aus der Distanz heraus eine Entscheidung über die weiteren Entwicklungen zu treffen. Im Moment des Einsatzes trifft die Polizei die Entscheidung vorläufig für das Opfer. Sie bedient sich dazu verschiedener Kriterien:

- „Die grundsätzlichen Erkenntnisse der Phänomenologie der häuslichen Gewalt als Wiederholungstat,
- Polizeiliche Erkenntnisse über die gewalttätige Person (zB aus Kriminalakten oder vorangegangenen Einsätzen),
- Feststellungen zur grundsätzlichen Gewaltbereitschaft der gewalttätigen Person, wie zB Erkenntnisse über

  - Wiederholte Gewaltanwendung oder Drohungen mit oder ohne Bezug zum aktuellen Sachverhalt,
  - Aggressionen unter Alkohol- oder Drogeneinfluss,
  - Sucht und Abhängigkeit,
- Feststellungen zu Art und Intensität der Gewalt (zB zu Dauer, Art und Umfang sowie Schwere der Verletzungen, Tatwerkzeugen und Waffen),
- Aussagen von gefährdeten Personen, Zeuginnen und Zeugen zu der aktuellen Tat sowie zu zurückliegenden Taten,
- Feststellungen zum physischen und psychischen Zustand anwesender Kinder,
- Feststellungen zum Zustand der Tatwohnung (zB zu Sachschäden und Verwahrlosung),
- Informationen über aktuelle oder ehemalige gerichtliche Schutzanordnungen,
- Zuwiderhandlungen gegen polizeiliche Anordnungen gem. § 34a PolG NRW."[86]

283 Die Betrachtung des Gefahrenaspektes muss sich also auf zwei Richtungen beziehen: zum einen muss geprüft werden, ob die gegenwärtige Gefahr in einer Weise vorliegt, dass die in § 34a PolG NRW genannten Rechtsgüter gefährdet sind. Zum anderen muss aber auch betrachtet werden, ob mit weiteren Attacken auch in der Zukunft gerechnet werden muss. Das bedeutet, dass auch beim allerersten Einsatz eine Prognose zu stellen ist, ob der Gewaltkreislauf in Gang gesetzt ist oder nicht. Gibt es dafür Anhaltspunkte und liegt dieser Schluss nahe, so muss der Einsatz als hG abgearbeitet werden.

V. Besonderheiten in der weiteren Sachbearbeitung

284 Gerade im Rahmen der hG sind häufig ganze Familien von dem Ereignis betroffen, Kinder kommen als GES oder ZEG in Betracht, das Familiengericht, das Jugendamt, Opferhilfeorganisationen usw sind beteiligt. Aber auch behördenübergreifende Maßnahmen können erforderlich werden.

> **Beispiel:** Die Eheleute E aus Köln machen mit ihren beiden elf und 14 Jahre alten Kindern einen Ausflug zur Cranger Kirmes in Herne. Dort geraten sie in einen heftigen Streit, bei dem der E seine Frau mit Faustschlägen übel zurichtet. Andere Kirmesbesucher trennen die beiden, die Polizei wird gerufen. Die Beamten bewerten den Fall (zutreffend!) als hG und sprechen gegen den E eine Wohnungsverweisung mit zehntägigem Rückkehrverbot aus. Zugleich stellen sie den von ihm mitgeführten Wohnungsschlüssel sicher.

Durch die eingesetzten Beamten ist der Einsatz im Rahmen von Sicherungs- und Auswertungsangriff abgearbeitet worden. Alle weiteren Maßnahmen aber sind durch die zuständige Dienststelle im PP Köln zu treffen. Dort sind weitere Vernehmungen durchzuführen, die Einhaltung des Rückkehrverbotes zu überprüfen, der Opferschutz zu aktivieren usw.

285 Wie auch im vorliegenden Fall ist in jedem Einzelfall zu prüfen, ob durch die Maßnahmen des Sicherungs- und Auswertungsangriffs der Vorgang umfassend abgearbeitet ist, oder ob vielmehr weitere Maßnahmen im Nachgang zu

---

[86] Vgl. (IM NRW, 2007), 16.

treffen sind, die entweder durch die Polizei selbst durchzuführen sind oder durch andere Behörden, die aber von Seiten der Polizei durch entsprechendes Berichtswesen erst dazu in die Lage versetzt werden.

Festzuhalten ist daher, dass gerade Fälle der hG von so hoher Komplexität sind, dass hier immer in alle Richtungen gedacht und gearbeitet werden muss. Insbesondere ist an den Schutz der Opfer zu denken. Wenn irgendwelche Zweifel bestehen, ob hG vorliegt oder nicht, so sollte sie immer angenommen werden. Dies auch und nicht zuletzt, damit die eingesetzten Beamten sich selbst schützen vor Vorwürfen, eventuell nicht alles zum Schutz der Opfer getan zu haben.

§ 14 Lernzielkontrolle

Lernziele im HS 1.2.1:

Wie im Grundstudium werden den Kompetenzzielen Lehr- und Lernziele zugeordnet, denen eine der Lernzielstufen zugewiesen wird.

Die Stufen sind gestaffelt wie auch im Grundstudium in Lernzielstufen 1–4, wobei die Komplexität und damit die Bedeutung ansteigend sind. Lernziele der Stufe 4 sind mithin die wesentlichen und werden sicher regelmäßig Prüfungsrelevanz entfalten.

„Die Studierenden sind in der Lage,

1. kriminalistische Maßnahmen des objektiven und subjektiven Befundes zu beurteilen und Lösungskonzepte für den Auswertungsangriff zu entwickeln. (Stufe 4)
2. den Status von (Opfer-) Zeugen und Beschuldigten zu differenzieren. (Stufe 4)
3. Grundsätze der strukturierten Beschuldigten- und Zeugenvernehmungen unter besonderer Berücksichtigung möglicher Beweis- und Beweisverwertungsverbote sowie bestehender Opferrechte zu beurteilen. (Stufe 4)
4. die Rolle des Polizeibeamten im Strafverfahren einzuordnen. (Stufe 2)
5. sachgerechte Ermittlungsmaßnahmen im Rahmen einer Haftsachenbearbeitung bis zur Abgabe an die Staatsanwaltschaft unter Anwendung bekannter polizeilicher Dateien, Informationssysteme und Akten zu identifizieren und die Bedeutung der Dokumentation zu erläutern. (Stufe 3)
6. polizeiliche Konzepte im Zusammenhang mit ‚Gewalt im Sozialen Nahraum' auf konkrete Sachverhalte unter besonderer Berücksichtigung des Opferschutzes zu übertragen. (Stufe 3)
7. Gefahrenprognosen zu erstellen und die erforderlichen Maßnahmen abzuleiten. (Stufe 3)"

Nr.	Aufgabe/Frage
1.	Legen Sie dar, welche Ziele der Auswertungsangriff verfolgt.
2.	Aus welchen Elementen besteht der Auswertungsangriff?
3.	Erläutern Sie Bedeutung, Zusammenhang und Abgrenzung von Sicherungs- und Auswertungsangriff!

Nr.	Aufgabe/Frage
4.	Aus welchen Elementen besteht ein Tatortbefundbericht und welche Bedeutung hat er?
5.	Welche Bedeutung haben Vernehmungen im Rahmen eines Ermittlungsverfahrens?
6.	Beschreiben Sie Inhalt und Zweck einer strukturierten Vernehmung!
7.	Welche Besonderheiten sind bei Kindern, die als ZEG in Betracht kommen, bei ihrer Befragung zu beachten?
8.	Welche Absicherungsmethoden für Vernehmungen und deren Niederschriften kennen Sie und wie beschreiben Sie deren Durchführung und Bedeutung?
9.	Frau F hat einen Raub beobachtet, bei dem ein Kioskbesitzer durch drei junge Männer verletzt wurde. Sie sind im Sicherungsangriff eingesetzt. Belehren Sie Frau F!
10.	Frau F gibt an, einen der drei Täter erkannt zu haben und zeigt auf einen in der Menge Schaulustiger stehenden jungen Mann. Daraufhin halten Sie ihn an und stellen seine Personalien fest. Belehren Sie ihn!
11.	Wie unterscheiden sich die drei wesentlichen Status im Ermittlungsverfahren: ZEG, TV, BES?
12.	Wie entsteht ein Beweisverwertungsverbot?
13.	Was verstehen wir unter einer „Haftsache"?
14.	Welche Aufgaben hat ein Haftsachenbearbeiter?
15.	Erläutern Sie, welches Ziel, welchen Aufbau und welchen Inhalt ein Vorführbericht hat. Welches ist die Alternative zur Vorführung mit Vorführbericht?
16.	Welche KpS kennen Sie?
17.	Was verstehen wir unter einer „Kriminalakte" und wie entsteht sie?
18.	Wer ist zuständig dafür, sog. „Kriminalprognosen" zu erstellen und warum macht man das?
19.	Was sind die Unterschiede zwischen „Kriminalakte" und „Ermittlungsakte"?
20.	Erläutern Sie die Kriterien der hG!
21.	Was verstehen wir unter dem Gewaltkreislauf?
22.	Welche Bedeutung hat der Gewaltkreislauf in der Sachbearbeitung hG?
23.	Analysieren Sie die Abgrenzungsprobleme in der Abarbeitung von Sicherungs- und Auswertungsangriff in Fällen häuslicher Gewalt!

Nr.	Aufgabe/Frage
24.	Welche Besonderheiten ergeben sich bei Einsätzen wegen hG im Rahmen der Sicherung des subjektiven Befundes?
25.	Welche Besonderheiten ergeben sich bei Einsätzen wegen hG im Rahmen der Sicherung des objektiven Befundes?
26.	Was ist ein Ergänzungspfleger?
27.	Welche Rechte hat ein Polizeibeamter als ZEG vor Gericht?
28.	Welche Pflichten hat ein Polizeibeamter als Zeuge vor Gericht?
29.	Woher bekommt man eine Aussagegenehmigung?
30.	Über welche Inhalte muss die Amtsverschwiegenheit gewahrt bleiben?

3. Abschnitt. Teilmodul HS 1.2.2 Spurensuche, -schutz und -sicherung

286 Bereits im Grundstudium wurden wesentliche Spuren betrachtet, dazu zählten auch Fragen der jeweiligen Beweiskraft und der Beweiswerte.

Allerdings sind im Zusammenhang mit der Spurendiskussion diejenigen Prüfungspunkte außer Acht gelassen worden, die sich mit Fragen der Spurensicherungsmethoden, der Auswertungsmethoden und der Vergleichsmöglichkeiten befassten.

Daher sind in diesem Hauptstudium einige Wiederholungen zum GS 5.2 erforderlich, wobei zu den jeweiligen Spurenkomplexen nunmehr der Blick auf die verbleibenden Punkte der Spurendiskussion gelenkt, aber nicht erneut auf Beweiskraft und Beweiswert[87] eingegangen wird.

§ 15 Kompetenzziele des Teilmoduls HS 1.2.2

287 „Die Studierenden sind in der Lage,

1. naturwissenschaftliche Erkenntnisse und kriminaltechnische Verfahren auf konkrete Sachverhalte anzuwenden.
2. den Beweiswert verschiedener Spuren/-komplexe zu interpretieren und den Bezug zum Sachbeweis herzustellen.
3. geeignete Spurensicherungsmaßnahmen zu übertragen und die Bedeutung der Dokumentation für das Ermittlungsverfahren zu erläutern."[88]

§ 16 Die Suche und Sicherung relevanter Spuren

288 Sowohl Suche als auch Sicherung von Spuren zählen zu den wesentlichen Arbeiten an jedem Ort, an dem ein ermittlungsrelevantes Ereignis stattgefunden hat. Die Sicherung von Spuren schließt sich deren Suche an. Dabei ist es unerheblich, ob es sich um eine sog. Notsicherung handelt, wie sie in Sicherungsangriffen durchgeführt wird, um eine Spur vor der Vernichtung zu retten, oder ob es sich um die schlussendliche Sicherung handelt. Zunächst muss die Spur erkannt werden, um sie dann sichern zu können.

Zunächst werden die Beamten des Wachdienstes den Schutz derjenigen Spuren gewährleisten, die sie bereits erkannt haben und dort, wo sie weitere Spuren vermuten oder erwarten, mit aller Vorsicht agieren, um diese ihrem Auftrag entsprechend zu schützen und den Tatort im Ursprungszustand zu erhalten, soweit das möglich ist.

---

[87] S. hierzu (*Pientka/Wolf*, 2017), §§ 22 ff.

[88] (*FB Polizei NRW*, 2016).

289 Die Suche nach weiteren Spuren, deren Sichtbarmachung und die „Mitnahme" der Spuren für weitere Auswertungen bezeichnen wir dann als "Tatortarbeit" oder Tatortuntersuchung oder schlicht als „die Spurensicherung (SpuSi)".

„Die Tatortuntersuchung wird als Kernstück der Tatortarbeit (auch des Auswertungsangriffs) angesehen. Sie umfasst die Aufnahme des objektiven Tatbefundes (sic!).

Die Tatortuntersuchung wird geprägt von den Phasen:
- der zielgerichteten Suche nach Spuren und materiellen Beweismitteln,
- der Sicherung von Spuren mittels technischer Verfahren und der Sicherstellung von materiellen Beweismitteln,
- der operativen Spurenauswertung."[89]

Diese Tätigkeiten, die in der Regel durch Beamte der Kriminalpolizei durchgeführt werden, sind an jedem Tatort, an jedem Unglücksort, an jedem Unfallort durchzuführen.

290 Dazu bedarf es zunächst einiger ganz grundsätzlicher Überlegungen, die immer und ohne Ausnahme bei jeder Spurensuche und Spurensicherung beachtet werden müssen, die daher auch hier zunächst vorangestellt werden sollen, bevor auf die Suche und Sicherung einzelner konkreter Spuren eingegangen wird.

A. Grundsätze der Spurensuche und Spurensicherung

I. Umfang der Spurensuche

291 Im Rahmen der Arbeit an Ereignisorten ist nach Spuren des Ereignisses zu suchen. Wie bereits bekannt, sind alle Orte einzubeziehen, die mit dem Ereignis im Zusammenhang stehen und die Definition des „Tatortes im kriminalistischen Sinne" erfüllen:

> **Definition:** Tatort im kriminalistischen Sinne ist der Ort, an dem der Täter vor, während und nach der Tat gehandelt hat.

Zu suchen ist also auch auf dem Fluchtweg des Täters, auf dem Annäherungsweg usw.

292 Zu unterscheiden ist allerdings, um welche Reichweite und Art von Ereignissen es sich handelt:

- je schwerer und schwerwiegender das Ereignis und
- je spurenintensiver das Ereignis,

desto intensiver erfolgt die Suche nach diesen Spuren. Bei Ereignissen, die kaum Spurenaufkommen bewirken, wird daher auch kaum nach Spuren gesucht werden.

---

[89] (*Roll*, 2008), S. 95.

Beispiel: Ein Meineid vor Gericht ist ein Verbrechenstatbestand, also ein schwerwiegendes Delikt, das aber als sichtbare oder latente Veränderungen der Außenwelt – also an Spuren – kaum intensiv wirkt. Außer Speichelspuren durch das Sprechen wird es kaum Augenscheinsobjekte geben, die zu suchen und zu sichern wären. Auf eine Spurensuche wird hier trotz der Erheblichkeit des Deliktes verzichtet und stattdessen auf Personalbeweise und Urkunden (Protokoll) zurückgegriffen werden.

Bei anderen Tatorten aber, insbesondere bei intensivem Körperkontakt zwi- 293
schen Täter und Opfer, kann das Spurenaufkommen erheblich sein. Das wiederum erfordert eine genaue Planung innerhalb der Spurensuche und -sicherung. Dies wird in aller Regel dadurch umgesetzt, dass entweder der allein eingesetzte Spurensicherungsbeamte nach seiner gedanklichen Tatrekonstruktion und unter Berücksichtigung der Beweiskraft einzelner Spuren vorgeht, oder indem mehrere Spurensicherungsbeamte bestimmte Bereiche des Tatortes übernehmen. In diesem Fall kann der Tatort nach Abschnitten und Arealen eingeteilt werden oder nach Spurenkomplexen. So würde der eine Beamte sich um den Raum xy oder um die Dakty-Spuren kümmern, während andere Beamte andere Räume oder Komplexe übernehmen.

Bei der **Planung** der Spurensuche sind insbesondere zu berücksichtigen: 294

- Varianten des Tathergangs,
- Entstehungsmöglichkeiten der Spuren,
- örtliche Gegebenheiten.[90]

II. Taktik der Spurensuche

Bereits in (*Pientka/Wolf*, 2017), Rn. 275 ff. haben wir ausführlich dargelegt, welche 295
Möglichkeiten es gibt, die Spurensuche am Tatort zu gestalten und sind zu dem Schluss gekommen, dass allein eine Kombination aus heuristischer und systematischer Vorgehensweise sinnvoll scheint:

„So kann bspw. der bekannte Weg des Täters zum Eindringen in das Tatobjekt bis zum angegriffenen Gegenstand nach der heuristischen Methode abgesucht werden. Die Spurensuche im Tatzentrum dagegen erfolgt nach der systematischen Methode, weil nicht bekannt ist, an welchen Stellen der Täter das angegriffene Objekt berührt hat."[91]

Durch diese Kombination wird gewährleistet, dass dort, wo der Tatort im engeren Sinne liegt, also die Tathandlung stattgefunden hat, systematisch und damit lückenlos der gesamte Ereignisort abgesucht wird. Hingegen wird an den „entfernteren" Teilen des Tatortes heuristisch gesucht, sich also in die Gedankenwelt des Täters hineinversetzt.

Die Beamten im Sicherungsangriff haben nur begrenzt die Möglichkeit, den 296
Tatort vor Veränderungen durch ihre Arbeit zu schützen. Sie müssen den Tatort absuchen nach anwesenden Personen (Tätern pp), die Eigensicherung beachten

---

[90] (*BKA*, Arbeitsanweisung Tatort – Spuren [ATOS], 2012), Ziff. 1.1.2.1.
[91] (*Wirth*, 2011), S. 258 f.

und sich entsprechend am Tatort bewegen, Erste Hilfe leisten und daher auch anwesende Verletzte bewegen, dem Rettungsdienst Platz schaffen usw. Ihre Arbeit ist also dadurch geprägt, dass sie auch Veränderungen am ursprünglichen Tatort verursachen und damit neue Spuren legen, die keine Tatrelevanz haben, also zu den Trugspuren zählen.

Auch haben sie aufgrund der häufig dringlichen Einsätze kaum die Möglichkeit, sich zunächst mit Spurenschutzkleidung zu versorgen. Wichtiger für sie ist die persönliche Schutzkleidung.

Sie werden ihre Aufgabe in erster Linie dadurch erfüllen, dass sie den Tatort in geeigneter Weise absperren.

297 Anders aber ist das für die Beamten des Auswertungsangriffs, die die SpuSi betreiben und sich also zur Suche und Sicherung am Tatort bewegen. Aber auch für sie gilt, dass sie so wenig wie möglich Spuren verändern und eigene Spuren legen:

„Es sind nur die Kräfte an den Tatort heranzulassen, die für die Spurensuche unbedingt erforderlich sind (Trampelpfade anlegen). Dadurch wird verhindert, dass Spuren vernichtet und Trugspuren gelegt werden. Evtl. vorhandene Trugspuren sind als solche zu kennzeichnen; werden sie nicht als solche erkannt, erschweren sie die Tataufklärung.

Es sind nur bestimmte Tatortbereiche zu betreten, die für die Spurensuche freigegeben worden sind.

Nicht freigegebene Bereiche sind deutlich erkennbar abzusperren (Absperrleinen, Flatterbänder)."[92]

298 Für sie besteht ausreichend Zeit, da die Kräfte des Wachdienstes vor Ort sind, sich mit entsprechender Kleidung zu versorgen.

Sie sollten also Schutzkleidung tragen in Form von

- Mundschutz – zB zur Vermeidung von eigenen Speichelspuren (DNA),
- Handschuhe – zB zur Vermeidung von daktyloskopische Spuren und Hautschuppen (DNA),
- Schutzanzug inkl. Kapuze bzw. Haube – zB zur Vermeidung von Faser- und Haarspuren,
- Schuhüberzieher – zB zur Vermeidung von Schuhspuren und Erdübertragungen.

299 An Tatorten mit hoher Bedeutung, also zB Tötungsdelikten, finden wir diese Vorgehensweise regelmäßig. Bei Tatorten von Massendelikten eher weniger. So werden „normale" Einbruchstatorte eher selten auf diese Weise abgearbeitet. Das ist einerseits aufgrund der sehr hohen zahlenmäßigen Belastung mit diesen Delikten verständlich, andererseits aber wird so auch das Entdeckungsrisiko für den Täter verringert. Je höher aber das Entdeckungsrisiko, desto höher auch die in der Strafverfolgung enthaltene Präventionswirkung. Wünschenswert wäre also, wenn auch solche Delikte, die uns durch ihre hohe Anzahl an Delikten besonders belasten, ebenso abgearbeitet würden.

---

[92] (*BKA*, Arbeitsanleitung Tatort – Spuren [ATOS], 2012), Ziff. 1.1.2.2.

Abb. 18: www.stadt-zuerich.ch/pd/de/index/stadtpolizei_zuerich/WD_WFD.html (zuletzt abgerufen am 29.8.2017)

Nicht zuletzt gilt für die Tatortarbeit der Grundsatz von „Auge – Kamera – Hand". Diesem Grundsatz ist sowohl im Sicherungsangriff zu folgen, wenn es um Notsicherungen von Spuren geht, als auch im Auswertungsangriff, wenn die „echte" SpuSi beginnt. 300

Unter diesem Grundsatz verstehen wir, dass zunächst der Beamte den Tatort in Gänze erfassen (ansehen) muss, um ihn dann fotografisch zu sichern. Wir verstehen darunter aber auch die Vorgehensweise im Umgang mit jeder einzelnen Spur: 301

Zunächst werden sichtbare Spuren erkannt, nach latenten Spuren mit geeigneten Verfahren gesucht, was man unter den Begriff „Auge" subsumieren kann.

Sobald eine Spur erkannt ist, wird sie auf eine geeignete Weise fotografiert (zu den Grundsätzen der Tatortfotografie → Rn. 287 ff.), also das Stichwort „Kamera" erfüllt.

Erst dann kann es daran gehen, die Spur selbst auf eine Weise, die sie schont und für die Auswertung erhält, mitnahmebereit zu machen und einzupacken, also aufzunehmen. Und auch in diesem letzten Teil (Hand) sind je nach Spur Besonderheiten zu beachten, auf die in der Folge eingegangen wird. Zu beachten ist, dass das Stichwort „Hand" allerdings nicht wörtlich zu nehmen ist: 302

„Spurenträger sind möglichst nicht anzufassen, auch nicht mit Handschuhen. Ist ein Anfassen unvermeidlich, dürfen nur die Stellen berührt werden, die nach Sachlage keine Spuren aufweisen können. Dabei sind stets Einmalhandschuhe zu tragen."[93]

Zu berücksichtigen ist ferner, dass in jedem Fall versucht werden sollte, eine Spur im Original und möglichst mit dem Spurenträger zu sichern. Das heißt, dass nur dann, wenn eine Spur sich auf einem nicht transportablen Spurenträger befindet, der also durch Größe und Beschaffenheit nicht mit zur Untersuchungsstelle genommen werden kann, eine Spurensicherung vor Ort stattfinden soll. 303

Da die Möglichkeiten in diesem Zusammenhang aber meist begrenzt sind (so können Tauchverfahren oder Bedampfung nur an transportablen Gegenständen durchgeführt werden), ist auch darüber nachzudenken, ob bei erheblicher

[93] (*BKA*, Anleitung Tatortarbeit – Spuren [ATOS], 2012), Ziff. 1.1.2.2.

Bedeutung der Tat und der Spur Spurenträger transportabel gemacht werden können (zB durch Heraustrennen aus dem Gesamten).

> **Beispiel:** An einem riesigen Theatervorhang ist eine kleine Stelle mit einer Flüssigkeit kontaminiert. Diese könnte herausgetrennt und die Materialspur im KTI des LKA untersucht werden.

„Eine Spurensuche an transportablen Spurenträgern vor Ort kommt nur in Betracht, wenn

- beim Transport die Gefahr der Spurenveränderung oder des Spurenverlustes besteht,
- die Sicherstellung unverhältnismäßig ist,
- erst durch den Nachweis von Spuren an dem Gegenstand das Recht zur Beschlagnahme begründet wird."[94]

III. Spurensicherung

304 Im Anschluss an die Spurensuche erfolgt die Sicherung der aufgefundenen Spuren. Das Prinzip „Auge-Kamera-Hand" greift hier erneut, indem zunächst der Tatort und jede einzelne Spur fotografisch gesichert werden, im Anschluss die Spur selbst zu sichern ist.

305 Die Ergebnisse dieser Arbeit finden sich im Anschluss im Spurensicherungsbericht wieder, der Bestandteil umfangreicher Tatortbefundberichte ist bzw. diesen beigefügt wird. Für jede einzelne Spur wird hier beschrieben,

- wo genau sie gefunden wurde (Spurenträger, Spurenlage, Spurennummer),
- wie genau sie erkannt wurde (evtl. genutzte Hilfsmittel),
- um was es sich handeln dürfte (Spurenart, vermutetes Material, mögliche Bedeutung),
- wie genau sie gesichert wurde (Verfahren, Schwierigkeiten, Ergebnis),
- durch wen sie gesichert wurde,
- wie sie verpackt wurde.

306 Zu jeder Spur wird eine Spurenkarte geschrieben, die die im Tatortbefundbericht aufgeführten Inhalte ebenfalls enthält.

Im Anschluss wird jede Spur verpackt und asserviert. Hierbei ist darauf zu achten, um welche Art von Spuren es sich handelt. Manche Spuren müssen auf besondere Weise gelagert werden, um sie vor dem Verfall zu schützen. So können nasse oder feuchte Gegenstände, wenn sie auf ungeeignete Weise gelagert werden (zB in Plastikfolie, unter Luftausschluss), schimmeln oder faulen, andere können unter zu viel Umluft porös oder brüchig werden usw.

> **Hinweis:** Auch die Lagerung von Spuren sollte unbedingt den Fachdienststellen überlassen werden! Notfalls – sollte eine Notsicherung erforderlich werden und das Warten auf die FD unmöglich sein – ist dort anzufragen, wie mit der einzelnen Spur zu verfahren ist!

[94] (*BKA*, Anleitung Tatortarbeit – Spuren [ATOS], 2012), Ziff. 1.1.2.3.

Fakt ist aber auch: eine Spur, deren Vernichtung droht, überhaupt nicht zu sichern, ist schlimmer, als sie falsch zu sichern; das Anfertigen von Fotos dürfte immer möglich sein, und genau dies ist eine der wesentlichen Methoden der Spurensicherung, auf die an jedem Tatort zurückgegriffen werden muss.

B. Spurensicherung durch Tatortfotografie/Spurenfotografie

Bereits so früh wie möglich sind von jedem Ereignisort Fotos zu fertigen, die 307
ihn in seinem Ursprungszustand möglichst mit Eintreffen der Beamten dokumentieren.

Allerdings haben die Beamten des Sicherungsangriffs zunächst andere Prioritäten zu setzen, als Übersichtsaufnahmen zu fertigen. In Zeiten der Smartphones aber dürfte es bereits nach kurzer Zeit und Entspannung der Lage möglich sein, notfalls mit eigenen Mitteln Fotos zu fertigen.

Die sich anschließende Tatortfotografie durch die Beamten des Auswertungs- 308
angriffs aber muss andere und weitere Möglichkeiten berücksichtigen und bestimmte Voraussetzungen erfüllen.

Regelmäßig wird in der fotografischen Sicherung eine bestimmte Reihenfolge eingehalten:[95]

1. Schritt: Orientierungsaufnahmen
2. Schritt: Übersichtsaufnahmen
3. Schritt: Teil- bzw. Nahaufnahmen
4. Schritt: Spuren- und Detailaufnahmen

Zu 1: Orientierungsaufnahmen 309

Sie sollen die Lage des Tatortes näher beschreiben und ihn einordnen. Insbesondere bei Unfall- und Unglücksorten, aber auch bei Tatorten im Freien oder Tatorten von besonderer Bedeutung werden solche Aufnahmen hergestellt.

Zwar bedienen wir uns auch der modernen und allgemein zugänglichen Quellen (wie zB Google-Maps), allerdings ersparen uns diese nicht die teils aus der Luft gefertigten eigenen Übersichtsaufnahmen, denn sie sind den allgemeinen Quellen überlegen:

- Sie zeigen die aktuelle Situation zum Zeitpunkt der Aufnahme.
- Sie ermöglichen uns, bestimmte Ausschnitte abzubilden, die für das Verfahren von besonderer Bedeutung sind.
- Sie können Bezüge herstellen und mit anderen Perspektiven verglichen und ergänzt werden.
- Sie können individuell mit den konkreten Fragen aus dem Verfahren vorbereitet werden.

Zu 2: Übersichtsaufnahmen 310

Der Ausschnitt wird hier bereits enger gewählt, hier wird der Tatort abgebildet in seiner Gesamtheit. Daher können Übersichtsaufnahmen durchaus auch von Kräften des Sicherungsangriffs angefertigt werden, um den Zustand eines Tatortes bei Eintreffen zu dokumentieren. Die

---

95 Vgl. (*Roll*, 2008), S. 106 ff.

Übersichtsaufnahmen dienen dazu, den Tatort als Situationsspur zu sichern und die Lage und das Vorhandensein bzw. Fehlen von Spuren am Ereignisort zu dokumentieren. Folglich ist der Tatort auch zunächst in seiner Gesamtheit abzubilden, bevor die einzelnen Spuren markiert und gekennzeichnet werden und die Übersichtsaufnahmen nun mit Maßstäben und Spurentafeln pp wiederholt werden. Dies dient insbesondere dazu, auch die Arbeit der SpuSi zu dokumentieren und Bezüge zwischen den Spuren und deren Systematik herzustellen.
Bei großen Ereignisorten werden auch diese Übersichtsaufnahmen überlappend und im Uhrzeigersinn und zT auch aus der Luft erstellt, sofern sie Foto- oder Videotechnik nutzen.

„Übersichtsaufnahmen sollen einen Gesamtüberblick vermitteln und eine Verbindung zu in Nahaufnahmen (Nr. 1.2.6) dokumentierten Einzelheiten herstellen.
Dabei kann es zweckmäßig sein,
– sie von einem erhöhten Standort (Dach, Leiter),
– sie als Luftbild oder
– mehrere Aufnahmen in verschiedenen Einstellungen
zu fertigen.“[96]

Die Nutzung von Videotechnik hat zusätzlich zur Fotografie den Vorteil, dass sie durch die bewegten Bilder und gleichzeitige Aufzeichnung von Ton in der Lage ist, auch Bewegungen zu dokumentieren und die Erläuterungen des sichernden Beamten mitzuschneiden. Auf diese Weise kann Videotechnik sowohl zur Sicherung von Übersichten zum Tatort genutzt werden als auch zur Dokumentation des Einsatzes. Hier sollte bedacht werden, die eigene Video-Technik des FuStKW auch für derartige Tatortsicherungen und Übersichten einzusetzen.
Ist es erforderlich, auch Größen und Maße aus den Aufnahmen zu erkennen, so bedient man sich – nun allerdings außerhalb des Sicherungsangriffs – der Fotogrammetrie.

„Durch die Anwendung photogrammetrischer Verfahren ist es möglich, maßstabsgerechte Grund- und Aufrisse zu erlangen und eine direkte Messung am zu untersuchenden Objekt zu vermeiden, da diese Messungen an fotografischen Bildern vorgenommen werden.“[97]

Die Möglichkeit, Messungen vorzunehmen, ohne den Ort erneut aufsuchen zu müssen, hat wesentliche Vorteile im Verfahren. Man denke nur an Unfallorte, bei denen die Fahrzeuge nach Unfallaufnahme abgeschleppt werden müssen. Sofern im Nachhinein neue Fragen auftauchen, ist es kaum möglich, die Situation der Unfallaufnahme erneut nachzustellen und zu rekonstruieren. Dies erspart die Fotogrammetrie.
Eine modernere Form, die nicht nur die nachträgliche Vermessung ermöglicht, sondern darüber hinaus noch weitere Vorteile bietet, ist der 3D-Laser-Scanner. Durch ihn wird der gesamte Ereignisort durch wech-

[96] (*BKA*, Anleitung Tatortarbeit – Spuren [ATOS], 2012), Ziff. 1.1.2.1.
[97] (*Roll*, 2008), S. 107.

selnde Positionen des Scanners vermessen und durch Digitalisierung und Kombination der erfassten Messpunkte in seiner Gänze dargestellt.

„Vorteile:

- Die Szene wird exakt so festgehalten, wie sie vorgefunden wurde.
- Hochwertige Daten für die Untersuchung innerhalb weniger Minuten.
- Virtuelle Begehung und Messungen am Tatort zu jeder Zeit.
- Ankläger/Staatsanwälte können mit den Richtern den Tatort besichtigen.
- Zeugenaussagen beurteilen (Wer hat von wo was gesehen?).
- Von der Tageszeit unabhängiger Einsatz, über hohe Reichweiten, augensicher."[98]

Wird ein Tatort gescannt, so können die digital erzeugten Bilder durch die genutzte Software alle möglichen Fragen beantworten und bieten dem Ermittler die Chance, verschiedene Positionen am Tatort virtuell einzunehmen. Entfernungen können gemessen und dargestellt werden, Schussverläufe berechnet und abgebildet werden, einzelne Spuren betrachtet und vermessen werden usw.

Hier bietet sich also durch die computergestützten Verfahren eine sehr umfassende Möglichkeit der Tatortsicherung und -vermessung, die bereits seit einigen Jahren genutzt wird. Aufgrund der hohen Kosten und des Fortbildungsbedarfes ist allerdings nicht jede Dienststelle mit entsprechenden Geräten ausgestattet. In NRW ist das LKA für die 3D-Lasertechnik zuständig und verfügt über entsprechende Geräte, die für den Einzelfall dort angefordert werden können.

Zu 3: Teil- bzw. Nahaufnahmen 311

Hier wird der Tatort nicht mehr als Übersicht, sondern in Ausschnitten dargestellt. Das zeigt, dass auch die Tatortfotografie sich immer näher an das Detail heranbewegt und auf diese Weise den kriminalistischen Tatort von außen nach innen und vom Großen ins Kleine immer konkreter abbildet, um letztendlich die einzelne Spur als Detail darzustellen. Auch solche Nahaufnahmen können durchaus bereits im Sicherungsangriff notwendig werden, erst recht aber im Auswertungsangriff. Bei umfangreichen Tatorten und Kapitaldelikten werden diese Arbeiten allerdings von Spezialkräften durchgeführt. Diese Fotos dienen ebenfalls der Dokumentation von einzelnen Spuren und deren Lage.

„Bei der Dokumentation der Lage von Spuren ist zu berücksichtigen, dass auch noch nach mehreren Jahren Sachverhalte beweiskräftig rekonstruierbar sein müssen.

Daher ist die Lage der Spuren und der Spurenträger als solche und zueinander sowie zu ihrer Umgebung zu dokumentieren durch

- Tatortfotografie (Übersichts- und Nahaufnahmen),
- Skizzen (nicht maßstabsgetreu)/Zeichnungen (maßstabsgetreu) und
- Beschreibungen."[99]

---

[98] http://www.leica-geosystems.de/de/Kriminalistik-Oeffentliche-Sicherheit_79312.htm (zuletzt abgerufen am 29.8.2017).

[99] (*BKA*, Anleitung Tatortarbeit – Spuren [ATOS], 2012), Ziff. 1.1.2.1.

312 **Zu 4: Spuren- und Detailaufnahmen**

Detailaufnahmen von Objekten und Aufnahmen von Spuren dienen

- der Darstellung einzelner Objekte von geringer Größe,
- der Sicherung von Formspuren mit dem Ziel, eine Individualidentifizierung zu ermöglichen.[100]

Spuren sind formatfüllend aufzunehmen. Dies gilt insbesondere für Formspuren mit individualisierenden Merkmalen, weil sie auf dem fotografischen Abzug normalerweise mindestens im Maßstab 1 : 1 abgebildet werden, um Identifizierungen zu ermöglichen. Diese Abbildungen werden als unterstützende Grundlage für Gutachten genutzt, die nach Bewertung der Originalspur erstellt werden. Eine Identifizierung ausschließlich aufgrund eines Fotos bleibt die Ausnahme. Teilweise sind stärkere Vergrößerungen notwendig, zB im Maßstab 5 : 1 bei daktyloskopischen Spuren.[80]

313 Gerade die Fotografie von Spuren erfordert besondere Kenntnisse der Fototechnik; diese speziellen Tätigkeiten werden daher von speziell ausgebildeten Kräften, häufig durch Fotografen der Lichtbildstellen, durchgeführt. Aufgrund dieser Besonderheiten soll an dieser Stelle auch weniger auf die technischen Umsetzungen eingegangen werden, die der Ermittlungsbeamte getrost den Spezialisten überlassen kann. Zur Vertiefung für den interessierten Leser bietet sich an, *Frings/Rabe* (*Frings/Rabe*, Grundlagen der Kriminaltechnik Bd. I, 2011) zu Hilfe zu nehmen. Sie befassen sich ausführlich mit Fotografie und Dokumentation von Spuren, deren wesentlicher Teil ebenfalls in fotografischer Arbeit liegt.

Vielmehr soll hier der Fokus darauf gelegt werden, was gute Spurenfotografie zu leisten vermag, wie sie für die Ermittlungen wirken kann und auf welche Weise Mängel in der fotografischen Darstellung die Ermittlungsergebnisse nachteilig beeinflussen können. Bereits die durch die Kräfte des Sicherungsangriffs am Tatort gefertigten ersten Maßnahmen sollten in Kenntnis dieser Problematiken entstehen, um mögliche Schwächen und Mängel entweder auszuschließen oder bei Übergabe der Fotos auf sie aufmerksam zu machen.

Ein solcher Mangel kann zB eine verzerrte Aufnahme sein. Hier verschieben sich Verhältnisse und Größen gegeneinander; eine klare Auswertung der Aufnahme für das Verfahren ist daher schwierig. Ein weiterer Mangel kann der fehlende oder ein falscher oder falsch angewandter Maßstab sein: Nur, wenn der Millimetermaßstab auf dem Foto in geeigneter Weise zB im rechten Winkel liegt, können Mängel wie die angesprochene Verzerrung erkannt werden.

314 Und nicht zuletzt gerade in Zeiten der Smartphones ein häufig auftretendes Problem sind farbverändernde Lichtverhältnisse. Daher ist das Mitabbilden eines Farbmusters (zB genügt ein Blatt Papier, das dann mit den Fotos übergeben wird) zu überlegen.

315 Eine eingesetzte Lichtquelle sollte so eingerichtet werden, dass sie einerseits Höhen und Tiefen deutlich hervorbringt, andererseits aber nicht wesentliche Teile der Spur im Schatten „verschlucken" lässt. Darauf ist auch schon bei den

[100] (*BKA*, Anleitung Tatortarbeit – Spuren [ATOS], 2012), Ziff. 1.2.6.2.

ersten Fotos an einem Tatort zu achten, die auch durch Kräfte des Sicherungsangriffs anzufertigen sind.

C. Menschliche Ab- und Eindruckspuren (Fingerspuren und Ohrabdruckspuren)

Formspuren als mögliche Ab- oder Eindruckspuren wurden bereits im Grundstudium ausführlich erläutert (*Pientka/Wolf*, 2017). Zu diesen Formspuren zählen als ganz wesentliche die Finger- und die Ohrspuren, wobei Ohrspuren mehrheitlich als Abdruckspuren vorkommen, Fingerspuren auch als Eindruckspuren. **316**

Beide zählen, wenn sie als Abdruckspuren vorkommen, meist zu den sog. latenten Spuren, die also zunächst nicht sichtbar sind und erst durch geeignete Verfahren sichtbar gemacht werden müssen, um sie auswerten zu können.

I. Spurensuche

Die Suche nach Fingerspuren unterliegt zunächst den allgemeingültigen Regeln (Schutzkleidung, von innen nach außen usw, s. § 14 A). Es empfiehlt sich insbesondere bei umfangreichen Tatorten, dass man zunächst diejenigen Objekte untersucht, die man ohnehin während der Tatortarbeit bewegen muss, um diese vor dem Arbeiten damit bereits zu überprüfen und im Anschluss ungehindert anfassen zu können. **317**

Sodann wird der Tatort dahingehend abgesucht, welche Objekte durch den oder die Täter angefasst worden sein müssen. Diese werden auf Fingerabdruckspuren untersucht. Dazu gilt es zunächst, ihre Lage (Teilaufnahmen) und sie selbst (Detailaufnahme) zu fotografieren und dann unter den zur Verfügung stehenden Verfahren auszuwählen, auf welche Weise die Spur sichtbar gemacht werden soll. Diese Entscheidung ist abhängig vom Material des Spurenträgers, seiner Größe und der Spur selbst. **318**

Sofern der Spurenträger transportabel ist, ist er insgesamt zu verpacken und sicherzustellen. Die Sichtbarmachung der Spur erfolgt dann nicht mehr im Auswertungsangriff, sondern in der KTU-Stelle im Rahmen der sich anschließenden Maßnahmen.

Für die Suche nach Ohrabdruckspuren gilt gleiches. Sie werden insbesondere an Tatorten in Wohnungen häufig vorgefunden. Bevor der Täter sich Zugang zur Wohnung verschafft, horcht er an der Tür, ob er aus dem Inneren Geräusche hört oder nicht. Dazu legt er das Ohr an die Tür und hinterlässt so einen Abdruck. Zumeist stützt er sich ergänzend noch am Türblatt ab, sodass auch ein Handflächenabdruck entsteht. **319**

Aus diesem Grunde bietet es sich an, an Tatorten in geschlossenen Wohnungen oder hinter „blickdichten" Türen das Türblatt nach Ohr- und Handabdruckspuren abzusuchen. Sofern solche Spuren erkannt werden, werden sie wie daktyloskopische Spuren behandelt.

Vor Ort im Rahmen des Auswertungsangriffs bieten sich außer der Fotografie dazu nur noch die Adhäsionsverfahren an. Sie gehören zu den Standardmaßnahmen zur Sichtbarmachung latenter Fingerspuren. **320**

Damit macht man sich die Tatsache zunutze, dass die Papillarleistenbilder durch Übertragung von Talg und Schweiß auf den Spurenträger entstanden sind. Trägt man nun vorsichtig Staub auf, so bleibt dieser an den Stellen haften, an denen sich Schweiß befindet, nicht aber an den anderen Stellen, und es entsteht das Fingerspurenabbild. Welche Art von Stäuben man dazu benutzt, ist wieder abhängig vom Material des Spurenträgers. Gängig sind Rußpulver oder Magnetstaub (magna brush), die auch in verschiedenen Färbungen vorgehalten werden, um auch bei dunklen oder farbigen Spurenträgern einen farblichen Kontrast zu bewirken. Diese werden mit geeigneten Pinseln (zB Marabu- oder Zephyrpinsel bei Rußpulver oder Magnetstabpinsel bei magna brush) vorsichtig aufgebracht.

321 

Abb. 19: Zephyrpinsel (*BKA*, Anleitung Tatortarbeit und Spuren [ATOS], 2012)

Andere Spurenträger, insbesondere saugende Materialien, werden im Rahmen der weiteren Maßnahmen durch Verfahren auf der Dienststelle bearbeitet. Diese Untersuchungen zählen also nicht mehr zum Auswertungsangriff. Gerade bei diesen Materialien (Pappe, Papier …) ist das Einstaubverfahren wenig erfolgversprechend, da der Spurenträger in aller Regel – sofern er ausreichend porös und unbeschichtet ist – die Schweißbestandteile bereits aufgenommen hat, es also keine Grundlage mehr gibt, an der die Pulver haften bleiben können.

Solche saugenden Materialien können entweder getaucht oder bedampft werden. Für beide Verfahren benötigt man eine besondere Ausstattung zum Schutz vor Chemikalien und giftigen Dämpfen, weshalb sie vor Ort nicht umsetzbar sind.

Abb. 20: Magna brush Stab (*BKA*, Anleitung Tatortarbeit und Spuren [ATOS], 2012)

Beim sog. Tauchverfahren wird der Spurenträger insgesamt in eine Lösung aus Ninhydrin eingetaucht oder damit besprüht. Die Chemikalie reagiert mit den Säurebestandteilen im Schweiß der Fingerspur, die rosa bis violett eingefärbt und so sichtbar gemacht wird. 322

Dieses Verfahren ist sowohl gesundheitsgefährdend als auch hoch explosiv, daher ist es ausschließlich durch geschulte Mitarbeiter bei ausreichender Sicherheitstechnik unter Wahrung der Arbeitsschutzbestimmungen durchzuführen.

Beim Bedampfungsverfahren wird der Spurenträger einem Dampf ausgesetzt, der von erhitztem Sekundenkleber ausgeht. Diese Dämpfe lagern sich an der Spur an, wofür auch eine ganz geringe Restfeuchtigkeit noch ausreichend erscheint. Die Fingerspur erscheint dann entweder ausreichend sichtbar oder kann zusätzlich mir Adhäsionsverfahren bearbeitet werden. 323

Auch diese Art der Sichtbarmachung ist den Spezialisten unter Berücksichtigung der Arbeitsschutzbestimmungen vorbehalten, da auch hier giftige Dämpfe entstehen. So bedarf es für diese Tätigkeit zB eines Bedampfungsschrankes und eines Exhausters, die beide lediglich auf den Fachdienststellen zur Verfügung stehen. Dennoch ist gerade diese Form der Sichtbarmachung geeignet, auch große Objekte auf Fingerspuren zu untersuchen, da man zB auch ganze Räume (Zimmer, Führerhaus von Lkw, Fahrgastzellen …) bedampfen kann.[101] Allerdings sind diese Räume im Anschluss nur mit Atemschutz bzw. nach ausreichender Belüftung betretbar. Die vollständige Beseitigung der Dämpfe stellt sich indes als schwierig dar, weshalb von diesen Möglichkeiten kaum Gebrauch gemacht wird.

Die Sichtbarmachung der latenten Spur ist noch als Bestandteil der Spurensuche zu sehen. Häufig wird an Tatorten eine Vielzahl von möglichen Spurenträgern untersucht und „schwarz gemacht", bis man auf Spuren trifft, die gesichert werden können. 324

II. Spurensicherung

Im Anschluss an den ersten Schritt der Spurensicherung, der Detailfotografie, ist über die Art der Sicherung im Einzelfall zu entscheiden. 325

Die mit Adhäsionsverfahren sichtbar gemachte Spur wird im Anschluss mit einer Spurensicherungsfolie abgeklebt, die blasenfrei (!) auf die Spur aufgezogen, anschließend auf eine Spurensicherungskarte aufgeklebt wird. Die Karte wurde zuvor beschriftet und mit Spurennummer, Tatort, Spurenlage und evtl. einer Skizze über die genaue Fundstelle versehen. Sie wird sodann zum Vorgang gegeben. 326

Nach einer Sichtbarmachung durch Spezialverfahren wird die Spur durch Detailaufnahmen so fotografisch gesichert, dass das Spurenfoto statt der Originalspur zur Auswertung genutzt werden kann.

Daktyloskopische Spuren, die als Eindruckspuren vorkommen, sind nicht latent, sondern von vornherein sichtbar, der erste Schritt der Sichtbarmachung 327

[101] Vgl. (*Frings/Rabe*, Grundlagen der Kriminaltechnik Bd. I, 2011), S. 70.

entfällt daher. Solche Spuren zeichnen sich dadurch aus, dass hier das Papillarleistenbild in einen weichen Spurenträger eingedrückt ist. Häufig sind solche Spuren in Blut zu finden. Damit ergibt sich auch die zu beachtende Problematik im Rahmen einer Spurenkonkurrenz: Die Sicherung des Blutes zerstört die Fingereindruckspur, hingegen würde die Sicherung der Fingereindruckspur – außer bei reiner Fotografie – unter Umständen die Blutspur und DNA-Material in dem Blut zerstören. Daher ist hier eine Prioritätenentscheidung zu treffen. Durch geeignete Spurenfotografie kann die Fingerspur zunächst hochauflösend mit geeigneter Lichtgestaltung abfotografiert werden, um die Auswertung in AFIS auf Grundlage des Fotos durchzuführen, wie es auch nach Tauchen oder Bedampfen gemacht wird. Im Anschluss kann die Trägersubstanz, in die die Fingerspur eingebracht ist, gesichert und untersucht und ausgewertet werden.

III. Spurenauswertung, Vergleichsarbeit

328 In den Nachrichtensammel-Stellen der § 2-Behörden werden die sichtbar gemachten Spuren zunächst dahingehend überprüft, ob eine Auswertung möglich erscheint und die Spur als brauchbar angenommen werden kann. Ist dies der Fall, so wird die Spur – sofern noch nicht erfolgt – fotografisch gesichert, um auch nach einem möglichen Versand der Spur weitere Auswertungen vornehmen zu können.

329 Gibt es bereits Tatverdächtige oder wird vermutet, dass die Spur von Berechtigten stammt, so findet durch die Daktyloskopen der NSSt ein erster Vergleich mit deren ed-Material, das für diesen Zweck zu nehmen ist, statt. Andernfalls wird die Spur direkt weitergeleitet an das LKA und dort in AFIS (Automatisiertes – nicht automatisches!!! – Fingerabdruck Identifizierungssystem) mit dem vorhandenen Datenpool abgeglichen. Dort liegen alle bei ed-Behandlungen genommenen Finger- und Handflächenabdrücke ein (diese namentlich beim BKA, aber für Recherchen der LKÄ zugänglich) und ebenso alle an Tatorten gesicherten Spuren (bei den jeweils zuständigen LKÄ).

330 Die eingereichten Spuren werden standardmäßig mit dem ed-Material in AFIS verglichen, um festzustellen, ob diese Spur von einer Person gelegt worden ist, die bereits erkennungsdienstlich behandelt wurde. Übereinstimmungen, die AFIS findet, werden den zuständigen daktyloskopischen Gutachtern der Behörde zurückgemeldet. Hier findet der letzte Abgleich statt. Allein der Gutachter muss entscheiden, ob nach seiner Auffassung die Anzahl der gefundenen Übereinstimmungen der Spur mit einem möglichen Spurenverursacher ausreicht, um diese Spur dieser Person zuschreiben zu können. Diese Auffassung vertritt der Daktyloskop mit seinem Gutachten vor Gericht.

D. Handschuhspuren

331 Nach vergleichsweise neuen Erkenntnissen des LKA Bremen sind die Auswertemöglichkeiten von Handschuhspuren sehr vielfältig. Die meisten Handschuhe tragen ausreichend Merkmale zum Individualbeweis.

Die Spurensicherung erfolgt analog der Sicherung daktyloskopischer Spuren; Die Vergleichsuntersuchung erfolgt analog der formspurenkundlichen Untersuchungen. 332

E. Schuhspuren

Grundlegende Ausführungen zu Beweiskraft und Beweiswert von Schuhspuren finden sich in (*Pientka/Wolf*, 2017), §§ 22, 23, auf die hier lediglich knapp zurückgegriffen werden soll. 333

Schuhspuren zählen zu den technischen Formspuren und kommen als Ein- oder Abdruckspuren von Schuhsohlen vor.

Abb. 21: Schuheindruckspur (*BKA*, Anleitung Tatortarbeit – Spuren [Atos], 2012)

Abdruckspuren lassen sich weiter unterscheiden in positive und negative Abdruckspuren: wird aus der Schuhsohle Material auf einen Spurenträger aufgebracht,[102] so handelt es sich um eine sog. positive Abdruckspur. Hingegen liegt eine negative Abdruckspur dann vor, wenn Material entfernt wird. Tritt man zB in Staub, so nimmt der Schuh Partikel mit (Substanzabhebung), die dann in der Staubschicht fehlen.[103] 334

I. Spurensuche

Der Spurensuche dienen zunächst die Maßnahmen zur Rekonstruktion des Tatgeschehens, da Schuhspuren ungeachtet ihrer konkreten Art immer auch Situationsspuren sind. Daher sollten sowohl im Sicherungs- als auch im Auswertungsangriff im Rahmen einer gedanklichen Rekonstruktion die Orte der Vor- und Nachtatphase einbezogen werden, die Wege zum und vom Tatort nach Schuhspuren abgesucht werden. 335

---

[102] Substanzübertragung, vgl. (*Frings/Rabe*, Grundlagen der Kriminaltechnik Bd. I, 2011), S. 88.

[103] (*Pfefferli*, 2007), S. 120.

Dazu eignet sich in erster Linie die Nutzung

- verschiedener Lichtquellen (Verwendung verschiedener Wellenlängen zB bei blutigen Schuhspuren, Spuren auf textilen Untergründen (Infrarot) und Ähnliches)
- verschiedener Lichteinfallwinkel (Veränderung des Höhenwinkels oder der Blickrichtung des Beleuchtungswinkels – sog. Azimut), um auch auf harten Böden eventuelle Spuren sichtbar zu machen.

II. Spurensicherung

336 Bei jeder aufgefundenen Schuhspur ist zunächst die fotografische Sicherung durchzuführen. Um bei mehreren Spuren das Gangbild und die Gehrichtung erkennen zu können, sind Übersichtsaufnahmen erforderlich. Im Anschluss werden die Spuren einzeln fotografiert. Sowohl bei Abdruckspuren als auch bei Schuheindruckspuren sollten Lichtquellen auch bei der fotografischen Sicherung auf geeignete Weise eingesetzt werden, das heißt, dass bei Eindruckspuren sehr schräg einfallendes Licht zugeschaltet werden sollte, um so durch einen Schattenwurf das Profil plastischer hervortreten zu lassen.[104] Es sollten mehrere Aufnahmen unter variierendem Beleuchtungswinkel (Azimut) erstellt werden, denn je nachdem, von wo das Licht einfällt, werden bestimmte Profilbestandteile detailreich dargestellt oder sind nicht sichtbar.

Dazu ist ein Maßstab an Längs- und Breitseite im rechten Winkel anzulegen, um das Foto anschließend so weit vergrößern zu können, dass das Abbild der Sohle deren Originalgröße erreicht. Dabei ist die Kamera planparallel zur fotografierten Oberfläche zu positionieren.

Im Anschluss wird die Spur durch ein geeignetes Verfahren gesichert. Abdruckspuren können durch Adhäsionsverfahren verstärkt und sodann wie daktyloskopische Spuren untersucht werden.

337 Eindruckspuren werden zunächst von losen Gegenständen unter aller Vorsicht befreit, Stöckchen, Steine, andere Kleinteile werden herausgehoben. Sollte die Eindruckspur sehr nass sein (umso wichtiger ist die zügige Sicherung der Spur!), wird dieses Wasser aufgesaugt, für eine Notsicherung mit saugfähigem Material, durch Spurensicherungsbeamte mit einem Schwamm. Da die Profilrillen des Schuhs in dem weichen Material hervorstehen, muss die Spur in einem weiteren Schritt gefestigt werden; dazu eignet sich Haarspray, das sehr vorsichtig aus ausreichendem Abstand (um das Material nicht durch den Druck „wegzusprühen") mit feinem Sprühnebel in die gesamte Spur gegeben wird.

Letztendlich wird die Spur mit angerührtem Dentalgips vorsichtig ausgegossen. Dazu bedient man sich eines Hilfsmittels, über das man den Gips in die Spur einfließen lässt. Der Rand wird mit einem Streifen aus Kunststoff oder Folie umrahmt, damit der Gips nicht aus der Spur herausfließen kann.

---

[104] (*Pfefferli*, 2007), S. 121.

Abb. 22: Spurensicherung mit Gips (*BKA*, Anleitung Tatortarbeit – Spuren [ATOS], 2012)

Weitere Möglichkeiten, Eindruckspuren abzuformen, sind weniger „alltagstauglich" und bedürfen besonderer Kenntnisse. So können zB Eindruckspuren im Schnee ebenfalls mit Gips ausgeformt werden, jedoch sollte hier auf die Temperatur geachtet werden, da sich herkömmlicher Gips nach dem Einrühren in Wasser beim Abbinden erhitzt. Für das Ausgipsen von Schuheindruckspuren in Schnee wird der Gips mit Eiswasser (Schnee liegt dann in der Regel ja vor) angerührt, damit die Gipsmasse möglichst kühl in die Spur gelangt und diese nicht schmilzt. 338

Um auch feinste Details so zu konservieren, dass sie bei der Berührung mit Gips (auch durch das Eigengewicht der Gipsmasse) nicht zerstört werden, wird in der Regel ein Sprühwachs verwendet, das vor dem Gips in die Spur gesprüht wird. Das Wachs stützt die feineren Details recht gut ab.

Außerdem können Spuren im Schnee mit speziellen Wachs-Sprays (Snow Print Wax) fixiert, verstärkt und dann ausgegipst oder direkt mit Schwefelblüte abgeformt werden. Dabei handelt es sich um aus Schwefel durch Verdunstung (Sublimation) gewonnenen, feinen, gelblichen Schwefelstaub. Dieser wird erhitzt, aufgelöst, abgekühlt und dann zum Abformen der Spur genutzt. Aber auch diese Vorgehensweise sollte den Fachleuten der KTU vorbehalten bleiben.

III. Spurenauswertung, Vergleichsarbeit

Da Schuhe in der heutigen Zeit mehrheitlich Massenware sind, kann über die Schuhsohlen in aller Regel ein Gruppenbeweis erbracht werden. Individualbeweise sind nur unter günstigen Voraussetzungen möglich (zeitnahe Sicherstellung möglicher Spurenverursacherschuhe usw). Dies gilt auch, wenn der Hersteller in die Sohle sein Logo, Schriftzüge oder Ähnliches eingebracht hat. In keinem Fall darf versucht werden, einen möglichen Verursacherschuh in den Eindruck „einzusetzen". Stattdessen sind der mögliche Verursacherschuh oder 339

Schuhe von Berechtigten im Original sicherzustellen, um spätere Vergleiche vornehmen zu können.

340 Leider existiert in NRW noch[105] keine zentrale Sammlung von Schuhspuren oder Schuhsohlenmustern oder Referenzschuhen. Jedoch führen einige KPB in ihren KTU-Stellen für ihren eigenen Zuständigkeitsbereich eine Sammlung, in der sie Tatortschuhspuren sammeln. SchARS – **Sch**uhspuren und -muster **A**rchivierungs- und **R**etrieval-**S**ystem – ist eine Datenbank, die in aktueller Fassung netzgestützt die Speicherung und den Vergleich von Schuhsohlenelementen ermöglicht. Auf diese Weise können im günstigsten Fall ähnliche Schuhsohlenspuren verschiedener Tatorte zusammengeführt werden (für weitere Details s. *Frings/Rabe*, Grundlagen der Kriminaltechnik Bd. I, 2011, S. 92 ff.).

F. Reifenspuren

341 Reifenspuren haben wesentliche Bedeutung bei der Ermittlung von Verkehrsunfallursachen, sind aber auch an kriminalistischen Tatorten nicht selten, da Täter sich mit Kfz zum Tatort hinbewegen oder Fahrzeuge zur Flucht nach der Tat nutzen und so häufig Reifenspuren hinterlassen.

Die Spur selbst und ihr Erscheinungsbild können allein durch die Gestalt Hinweise auf das Fahrverhalten bei der Spurentstehung geben:

342 **Bremsspuren** zB sind verzerrte Reifenabdrücke, die sich auf der Fahrbahn als die allgemein bekannten schwarzen Spuren zeigen; ein Profil ist nur noch verzerrt erkennbar. Sobald die Räder blockieren, sind Reifenprofile gar nicht mehr erkennbar, sie zeigen sich lediglich als schwarze Striche in Reifenbreite auf der Fahrbahn ab (**Blockierspur**). Blockierspuren sollten bei modernen Fahrzeugen mit funktionierenden Antiblockiersystemen nicht mehr vorkommen.

343 **Schleuderspuren** entstehen bei unkontrolliertem mehrfachem Abweichen von der Spurrichtung, bei jedem Richtungswechsel wirken die Kräfte auf die Räder so, dass die Spur deutlich, das Profil aber verzerrt ist.

Damit zeigt sich auch, dass diese Spuren in der Regel bereits sichtbar sind und der Schwerpunkt der Tatortarbeit auf der Spurensicherung liegt. Diese Sicherung erfolgt wie bei Schuhspuren: die Spuren werden immer fotografisch gesichert, Reifenabdruckspuren in Einzelfällen bei geeignetem Spurenuntergrund abgezogen, Reifeneindruckspuren werden ausgegipst, wobei hier ein Ausschnitt zu wählen ist, der möglichst versuchen sollte, die gesamte Umdrehung des Reifens abzubilden.

344 Die Sicherung von Reifenspuren erfolgt ebenso wie deren Auswertung analog zu der Arbeit mit Schuhspuren: fotografische Sicherung, Abformung, anschließend konkrete Vergleichsarbeit: die gesicherte Spur wird mit dem möglichen Spurenverursacher verglichen. Hier ist wie bei Schuhspuren zu beachten, dass sich durch weiteren Gebrauch auch die Merkmale im Reifen verändern. Einschlüsse, Beschädigungen usw nutzen aber zwar weiter ab, bleiben aber in ihrer

[105] Die Ausstattung aller KTU-Stellen mit einheitlicher Software und die Einrichtung einer zentralen Schuhspurensammlung beim LKA NRW sind in Planung.

Grundstruktur vorhanden, sodass auch nach einiger Zeit eine Zuordnung durch die Gutachter durchaus möglich ist.

G. Werkzeugspuren

Auch zu den Werkzeugspuren und ihren verschiedenen Erscheinungsformen wird zu Beweiskraft, Beweiswert und den verschiedenen Spurenformen auf (*Pientka/Wolf*, 2017) verwiesen (s. dort Rn. 330 ff.), wozu an dieser Stelle erneut nur ergänzt werden soll. 345

Unter Werkzeugspuren verstehen wir im weiteren Begriff auch das Werkzeug selbst (als Gegenstand- und Situationsspur), im eigentlichen Sinn aber sind die von diesem Werkzeug produzierten Spuren gemeint. Sie entstehen, indem mit dem Werkzeug auf einen Gegenstand eingewirkt wird entweder durch Materialantragungen (Abdruckspuren, zB Schmutz oder Lack oder Ähnliches[106]) oder Eindruckspuren (Materialverdrängung durch Benutzung des Werkzeuges). Zumeist geschieht dies im Versuch, diesen Gegenstand zu öffnen, wobei sich der Täter Werkzeuge ganz unterschiedlicher Arten bedienen kann. Mit dem Werkzeug kann entweder dynamisch Material verdrängt werden, indem durch Übergleiten auf dem Spurenträger Gleitspuren entstehen oder durch vergleichsweise statische Materialverdrängung in den Spurenträger eingewirkt wird.[107] Daher zählen wir zu den Werkzeugspuren nicht nur Werkzeuge im Sinne des allgemeinen Sprachgebrauchs, sondern Werkzeuge im technologischen Sinne: Hier sind Werkzeuge definiert als Artefakte, die zur Erleichterung einer Arbeit eingesetzt werden. 346

Die Untersuchung von Werkzeugspuren an menschlichem Gewebe ist ein Teilbereich der Werkzeugspuren und so gesehen natürlich bereits erwähnt. Deren Spurensuche und Sicherung weicht jedoch von den anderen Werkzeugspuren deutlich ab; sie stellen einen Sonderfall dar, der den Spurensicherungskräften bzw. der Kriminalmedizin überlassen bleiben. Lediglich die Kenntnis, dass derartige Spuren vorhanden sein können, sollte bei jedem Polizeibeamten vorhanden sein, um die Sensibilität für deren Beobachtung zu wecken.

Durch die unterschiedlichen Arten von Werkzeugen kommen auch die durch sie verursachten Spuren ganz unterschiedlich als Ab- oder Eindruckspuren vor und werden wie andere technische Formspuren behandelt.

I. Spurensuche

Die Suche von Werkzeugen als Gegenstandsspuren geschieht an Tatorten regelmäßig sowohl durch die Nachschau am eigentlichen Ereignisort (Tatort im engeren Sinne), aber auch im Rahmen einer Tatortbereichsfahndung[108] im Um- 347

---

[106] Hier ist die wesentliche Unterscheidung die Zielrichtung einer Untersuchung. Sofern die Form betrachtet wird, die das angetragene Material bildet, spricht man von der Formspur. Wird aber das Material selbst untersucht, zB hinsichtlich der Zusammensetzung des Lacks, gilt es als Materialspur.

[107] S. hierzu vertiefend (*Braune/Weber*, 2016).

[108] Tatortbereichsfahndung ist definiert als die gezielte polizeiliche Suche nach Personen und/oder Sachen in einem begrenzten Raum um den Tatort.

feld. Dabei sollte nicht nur auf Werkzeuge geachtet werden, die zu den vordergründig erkennbaren Vorgehensweisen dieses einen Tatortes zu passen scheinen. Vielfach werden auch Werkzeuge an Tatorten hinterlassen, die zwar hier nicht konkret benutzt wurden, aber in anderen Taten Bedeutung hatten. Die Suche mit anschließenden Sicherstellungen ist also offen zu halten.

348 Die Suche nach den eigentlichen Werkzeugspuren, die durch die Benutzung von Werkzeugen entstanden sind, richtet sich nach der gedanklichen Rekonstruktion des Tathergangs (heuristische Suche). Die Stellen, an denen ein Einwirken durch den Täter möglich ist, werden unter Nutzung geeigneter Lichtquellen und ggf. auch Vergrößerungsmitteln nach Ab- oder Eindruckspuren abgesucht.

II. Spurensicherung

349 Werkzeuge als Gegenstandsspuren werden nach fotografischer Sicherung im Original gesichert und spurenschonend verpackt. Die Art der Verpackung richtet sich nach der Art des Werkzeuges und seinem Zustand (nass oder trocken, Größe usw). Gerade als Gegenstandsspuren werden Werkzeuge häufig im Rahmen von Fahndungsmaßnahmen aufgefunden und beschlagnahmt. Das Antreffen von Tatverdächtigen im Rahmen der Tatortbereichsfahndung führt dann dazu, dass das vermeintliche Tatwerkzeug zur Untersuchung dem LKA zugesandt wird. Aus taktischer Sicht wird empfohlen, selbst beim Antreffen eines Tatverdächtigen und beim Auffinden eines „vermeintlichen" Tatwerkzeuges die Umgebung weiter abzusuchen. Zunehmend wird festgestellt, dass Tatverdächtige bei Einbruchsdelikten ein „Vorzeigewerkzeug" mit sich führen. Bei Tatentdeckung werfen sie das eigentlich verwendete Werkzeug unbemerkt weg. So erhalten die Gutachter ein Werkzeug, welches am Tatort nicht zum Einsatz gelangt ist und schließen es dann auch als Spurenverursacher aus.

350 Auch Ab- und Eindruckspuren sollten möglichst mit Spurenträger im Original gesichert werden. Dort, wo das aufgrund von Größe oder Beschaffenheit des Spurenträgers nicht möglich oder zweckmäßig ist, sollte versucht werden, den Teil des Gegenstandes herauszulösen, an dem sich die Spur befindet, sofern der Grundsatz der Verhältnismäßigkeit dies zulässt. In solchen Fällen müssen der herausgelöste Teil des Gegenstandes genau kenntlich gemacht und seine ursprüngliche Lage und Ausrichtung im Gesamtgegenstand dokumentiert werden.

351 Eindruckspuren werden, wenn die Sicherung mit Spurenträger im Original nicht möglich ist, abgeformt. Dazu bietet sich Abformmasse auf Silikonkautschukbasis an. Diese wird in den Eindruck eingebracht und formt so die Struktur der Spur ab. Nachdem die Masse ausgehärtet ist, sie stellt sich dann wie ein gummiartiges Negativ der Spur dar, kann sie aus dem Eindruck herausgelöst werden. Zur Sicherung von Werkzeugspuren sind ausschließlich braune und graue Abformmassen geeignet. Weiße oder gar transparente Materialien bilden Werkzeugspuren in nicht ausreichender Detailtreue ab und dürfen daher keine Anwendung finden.

Suche nach Gegenständen als Tatwerkzeugen ist mithin eine Suche nach Sachen, also Teil einer Tatortbereichsfahndung.

III. Spurenauswertung, Vergleichsarbeit

Die am Tatort sichergestellten Originalspurenträger oder die Abformungen der Eindruckspuren werden in NRW beim LKA untersucht. Dort werden mögliche Spurenverursacherwerkzeuge mit dieser Spur mit dem Ziel verglichen, diese als Spurenverursacher zu identifizieren oder auszuschließen. Gegebenenfalls können auch Spuren verschiedener Tatorte, die für eine Serientat infrage kommen, auf Übereinstimmungen untersucht werden. 352

Das LKA NRW unterhält für solche Fragen eine Werkzeugspurensammlung, in der diejenigen Spurenträger gesammelt werden, zu denen es noch keine Aufklärung der Tat gibt. Hier werden Spuren sog. „umgreifender Werkzeuge" gesammelt (s. hierzu [*Pientka/Wolf*, 2017]). Hierzu gehören Spuren von Rollgabelschlüsseln, die den größten Anteil der Spurenträger bilden, sowie Spuren von Zangen, Maulschlüsseln, Spezialabbrech- und Spezialziehwerkzeuge und seit 2017 auch Spuren von Hydraulikspreizgeräten. Bei den Spurenträgern, mit Ausnahme der Spuren der Hydraulikspreizgeräte, handelt es sich in der Regel um Immobilien-Schließzylinder und Abdeckungen von Kfz-Schließzylindern.

Diese mechanischen Sicherungseinrichtungen, also Schließzylinder, Türen, Fenster, Wertbehältnisse etc, gehören daher ebenfalls in das Untersuchungsfeld der technischen Formspuren.

Die Vergleichsarbeit erfolgt in der Regel durch Sachverständige, die ihr Untersuchungsergebnis in Form eines Gutachtens niederlegen.

H. Sonstige Formspuren

Unter diesem Begriff fassen wir alle diejenigen Spuren zusammen, die in den „klassischen" Formspuren als Ab- oder Eindruckspuren bislang nicht betrachtet wurden. Hierzu zählen zB solche Veränderungen an der Form eines Objektes, wie sie durch Gebrauch entstehen. 353

Ein Beispiel, dies zu erklären, sind Spuren, die in ihrer Form nur bedingten Veränderungen unterliegen und zur Identifizierung von Spurenverursachern dienen können. Sehen wir uns ein **Beispiel** an:

> **Beispiel:** Kleidungsstücke sind in der Regel nach einem Schnittmuster aus mehreren Teilen zusammengesetzt, indem sie auf unterschiedliche Weisen mit Nähten miteinander verbunden werden. Diese Nähte haben je nach ihrer Art verschiedene Bezeichnungen (einfache Naht, Doppelnaht, Kappnaht …). Die einzelnen Teile des Kleidungsstückes verschieben sich beim Tragen gegeneinander. Das verändert jedoch nicht die durch die Naht entstandenen Verbindungen. So kann zB die Seitennaht an der Außenseite einer Jeans zwischen den beiden Nahtstellen wie ein Strichcode aussehen. Dieser bleibt so, wie er im Ursprung gefertigt wurde, da der Herstellungsprozess seine Spuren hinterlassen hat, die auch mit Bügeln, Pressen oder Ähnlichem nicht mehr zu beseitigen sind.

Daher kann es unter günstigen Bedingungen möglich sein, individuelle Zeichnungen auf Abdrücken oder Bildern zu erkennen und einen Spurenverursacher zu identifizieren oder auszuschließen, sofern Vergleichsmaterial vorliegt.

I. Körperzellhaltige Spuren

354 Zu den Spuren, die Körperzellen enthalten, zählen alle diejenigen, die aus menschlichen „Bausteinen" oder „Teilen" bestehen. Es wird geschätzt, dass der menschliche Körper aus mehr als 70 Milliarden Zellen besteht, die sich in Form, Aussehen und Funktion unterscheiden (vgl. www.oncosite.de, zuletzt abgerufen am 29.8.2017). Die meisten Körperzellen[109] erneuern sich stetig und werden durch Teilung von Zellen und damit durch Verdoppelung der DNA immer wieder ersetzt (sog. einfache Zellteilung: Mitose). Die Auswertbarkeit der DNA bleibt über Jahre erhalten; auf diese Weise konnten Untersuchungen über Verwandtschaftsbeziehungen ägyptischer Pharaos[110] ebenso in der Neuzeit durchgeführt werden wie die Suche nach Nachfahren von Ötzi[111]. Beides zeigt den überragenden Nutzen von körperzellhaltigen Spuren.

355 Finden wir nun an einem Tatort Anzeichen menschlicher Gegenwart, so ist davon auszugehen, dass dort auch menschliche Zellen vorhanden sind, die ausgewertet werden können, da sie DNA enthalten. Der Nachweis von DNA wird im Bereich der Sachbeweise häufig geführt durch Blut, Schweiß, Hautschuppen, Speichel, Sperma, Vaginalsekret, Nasensekret. Diese Spuren fassen wir unter dem Begriff „serologische Spuren" zusammen. Zu den körperzellhaltigen gehören aber auch Haare, die Exkrete Urin und Kot, Knochen und Zähne.

Vielfach sind diese Spuren sowohl Materialspuren als auch Situations- und Formspuren. So kann das Blut beispielsweise durch die Form der Spur Aufschluss darüber geben, aus welcher Entfernung, aus welcher Richtung, mit welcher Kraft es auf den Spurenträger aufgetragen wurde. Der Sicherung der Situation durch geeignete Tatortfotografie kommt also hier eine besondere Bedeutung zu.

356 Darüber hinaus ist immer auch zu bedenken, dass diese Materialien ebenfalls Aufschluss geben können über weitere wesentliche Fragen in einem Verfahren. So kann Blut nicht nur für DNA-Untersuchungen genutzt werden, sondern auch zur Feststellung von Alkohol-, Medikamenten-, Drogenkonsum oder Krankheiten. Bei Beweisführung mit solchen körperzellhaltigen Spuren ist also immer auch an die anderen möglichen Fragestellungen zu denken.

I. Spurensuche

357 Die Vielfältigkeit der möglichen Spuren lässt eine Reduzierung der Suchmethoden kaum zu. Zunächst gilt wie bei allen anderen Spuren auch, dass die gedankliche Rekonstruktion der Tat bereits Hinweise auf mögliche Spurenfundorte und mögliche Spuren und Spurenträger gibt (heuristische Suche). So ist es ein Unterschied, ob es sich um einen Raub handelt, bei dem der Täter am Tatort

[109] Dies gilt zB nicht für Augenzellen, Schweißdrüsenzellen, Nervenzellen und nur in begrenztem Umfang für Leberzellen.

[110] Tutanchamun, s. hierzu auch http://www.zeit.de/wissen/geschichte/2010-02/tutanchamun-pharao-erbgut (zuletzt abgerufen am 29.8.2017).

[111] http://www.welt.de/wissenschaft/article120883029/So-wurden-Oetzis-19-lebende-Verwandte-aufgespuert.html (zuletzt abgerufen am 29.8.2017).

ohne Maskierung gesprochen hat, um ein Sexualdelikt oder um eine Beteiligung an einer Schlägerei – in allen Fällen wird es körperzellhaltige Spuren geben, wo und wie man nach ihnen sucht ist jedoch gänzlich unterschiedlich.

Als hilfreich erweisen sich unterschiedliche Leuchtmittel (zB Superlite 400, UV- 358
Licht-Lampe) oder Reagenzien (zB Luminol). In allen Fällen ist darauf zu achten, dass das Sichtbarmachen der Spur Einfluss auf die Auswertbarkeit der Spur, insbesondere der DNA haben kann und auf diese Weise die Untersuchungsmöglichkeiten reduzieren könnte. Grundsätzlich ist zu vermeiden am Tatort bereits Vortests durchzuführen, ob es sich bei einer aufgefundenen Spur zB um Blut handelt oder nicht.[112] Stattdessen ist in allen Fällen die Spur auf geeignete Weise zu sichern und eine Substanzbestimmung inklusive der konkreten Fragestellungen und DNA-Untersuchung im Fachlabor durchzuführen.

Sofern die Suche nach körperzellhaltigen Spuren am Tatort mit bloßem Auge 359
nicht zum Ziel führt, auch Lichtquellen und Vergrößerungshilfen nicht zum Erkennen von Spuren führen, werden relevante Bereiche mit Folie abgeklebt.

Und auch die Überlagerungen oder Verschleppung von Spuren und anderen Spurenträgern sind unbedingt zu vermeiden; die Beeinflussung der DNA wäre ansonsten schwerwiegend[113]. Hier erlangt daher die Schutzkleidung im Rahmen der Spurenarbeit besondere Bedeutung; weder auf Kapuze/Kopfhaube noch auf Mundschutz oder Schuhüberzieher kann verzichtet werden! Sofern keine Schutzkleidung verfügbar ist, wie bei Sicherungsangriffen häufig, sollte vermieden werden, über erkannte Spuren hinweg zu sprechen oder zu arbeiten.

II. Spurensicherung

Für alle zellhaltigen Spuren gilt: jede Spur sollte nach der Fotografie möglichst 360
mit Spurenträger gesichert werden. Ist dies nicht möglich, zB bei großflächigen Blutspuren auf dem Boden, so wird zwischen verschiedenen Verfahren entschieden, die sich nach der Beschaffenheit der einzelnen Spur richten:

Angetrocknete serologische Spuren: 361

- die Materialspur möglichst mit Trägersubstanz aus dem Spurenträger herauslösen, schonend und schützend verpacken. Nicht nur die Spur abschaben! „Ein besonderer Hinweis gilt der Sicherung von getrockneten Blutspuren. Für den Fall, dass der Spurenträger nicht im Original asserviert werden kann, wird dringend die Sicherung mit destilliertem Wasser und Wattestieltupfer empfohlen. Das Abkratzen oder Abschaben der Spur sollte unterbleiben, da sich bei dieser Art Blutstäube bilden, die in der Luft verwirbeln

---

112 Anderer Auffassung hierzu sind *Frings/Rabe*, Grundlagen der Kriminaltechnik, Bd. 2, 2011, die auf S. 23 erklären: „Generell spricht nichts gegen spezifische Vortests, beispielsweise auf Blut, Sperma, Speichel oder menschliches Eiweiß, wenn bestimmte Regeln eingehalten werden." Dieser Auffassung kann nicht gefolgt werden; die „Regeln" sind derart umfänglich und komplex, dass ihre umfassende Beachtung kaum einem nicht spezialisierten Spurensicherungsbeamten abverlangt werden kann. Damit werden Spuren gefährdet und ihre Aussagekraft eingeschränkt, was zu vermeiden ist.

113 S. hierzu (*BKA*, Anleitung Tatortarbeit – Spuren [ATOS], 2012), Ziff. 8.1.

und durch Einatmen Infektionen auslösen können."[114]

- ist dies nicht möglich, die Spur mit einem in aqua dest befeuchteten Wattestäbchen (Bakteriette oder forensic swab[115]) anlösen und abreiben, dann in Röhrchen verpacken. Zum Vergleich eine zweite Probe aus der Umgebung der Spur nehmen und damit ebenso verfahren. Beide angefeuchteten Bakterietten durchtrocknen lassen und erst im Anschluss in Röhrchen verpacken. Forensic swab können sofort in das Röhrchen verpackt werden, da dieses eine ausreichende Belüftung ermöglicht.

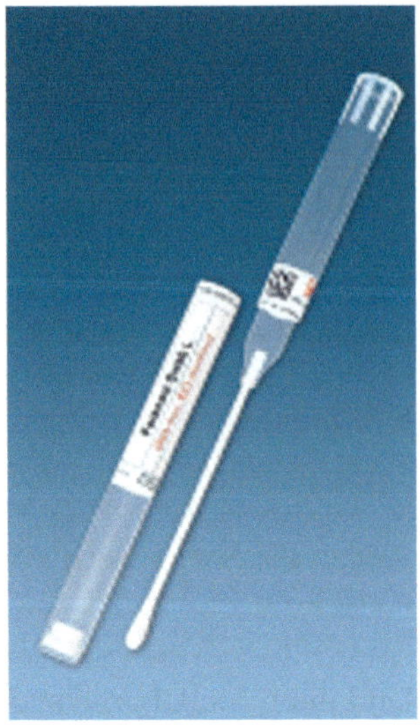

Abb. 23: Forensic Swab

362 **Feuchte oder nasse serologische Spuren:**

- Sicherung ebenfalls im Original mit Spurenträger soweit möglich,
- ansonsten Sicherung wiederum mit Wattestäbchen, diesmal ohne vorheriges Anfeuchten,
- Spur bzw. Bakteriette im Anschluss an der Luft in geeignetem Behältnis trocknen (Fachdienststelle!).

363 **Haare:**

- Haare nicht mit bloßen Händen anfassen, nicht mit Pinzette aufnehmen, nicht durch Abkleben sichern (dies nur bei Notsicherung),
- Wurzelzone nicht berühren,
- Aufnehmen mit weicher Pinzette,
- Spurhaare (zB bei Sexualdelikten) auskämmen,
- Sichern in Pergamintüte.

Ein besonderes Augenmerk sollte noch gerichtet werden auf die Aussagekraft von Blut als Formspur.

III. Spurenauswertung, Vergleichsarbeit

364 Körperzellhaltige Spuren werden in NRW in den Labors des KTI im LKA untersucht oder durch das LKA externen Labors zur Untersuchung weitergegeben. Entscheidend ist die konkrete Fragestellung, jedoch ist in den allermeisten Fällen davon auszugehen, dass aus dem Material die DNA extrahiert wird.

[114] (*Frings/Rabe*, Grundlagen der Kriminaltechnik Bd. II, 2011), S. 28.

[115] Nach den jahrelangen vergeblichen Versuchen, eine offenbar reisende Täterin zu finden, die sowohl eine Polizeibeamtin in Heilbronn getötet zu haben schien (die Tat wird tatsächlich dem NSU-Trio Zschäpe/Mundlos/Böhnhardt angelastet) als auch Einbrüche zB in Gartenlauben in der Eifel, stellte sich 2009 heraus, dass die erkannte DNA-Struktur einer Mitarbeiterin in der Firma zuzuordnen war, die die Bakterietten herstellt. Ergebnis in NRW war die durchgängige Nutzung von garantiert DNA-freien und sterilen Wattestäbchen – forensic swab.

Vergleiche werden entweder mit Material vorgenommen, das von TV oder GES stammt, oder mit der Datenbank DAD. Um Vergleichsmaterial zu nehmen, wird bei Vorliegen der rechtlichen Voraussetzungen mit einem Wattestäbchen ein Abrieb aus der Mundschleimhaut genommen. Alternativ kann eine Blutprobenentnahme erfolgen. 365

Bei Haaren ist gerade auf die Gewinnung von Vergleichshaaren höchste Genauigkeit anzuwenden. Da Haare bei ein und demselben Menschen durchaus unterschiedlich sein können (graue Schläfen sind ein Beispiel), sind auch die Vergleichsproben an unterschiedlichen Stellen zu nehmen. So werden Vergleichshaare zunächst von der Körperstelle genommen, wo sie nach Tatrekonstruktion auch bei der Tat herrührten. Werden Kopfhaare zum Vergleich benötigt, so sind sie zunächst über Papier auszukämmen und im Anschluss aus mehreren Kopfregionen sowohl auszuzupfen als auch abzuschneiden, dann nach Ursprungsregion voneinander getrennt zu verpacken. 366

Diese Vergleichsproben gehen dem LKA anonymisiert (mit barcode bzw. Anonymisierungsformel, s. hierzu vertiefend *Frings/Rabe,* Grundlagen der Kriminaltechnik Bd. II, 2011, S. 30) zu und werden dort auf Übereinstimmung mit der jeweiligen Spur untersucht. 367

In der DAD werden verformelte Untersuchungsergebnisse von Tatortspuren ebenso gespeichert wie ed-Material von Personen, für die die Speicherung in der DAD etwa im Rahmen einer Verurteilung angeordnet wurde. 368

„Untersuchungsergebnisse aus den Analysen von Spurenmaterial und von Personen, auf die die gesetzlichen Vorgaben zutreffen, werden an den Erkennungsdienst übermittelt und von diesem in die DAD eingestellt. Übereinstimmungen eingestellter Datensätze liefern wertvolle Ermittlungshinweise, die aus der modernen Verbrechensbekämpfung nicht mehr wegzudenken sind. Mittlerweile findet sogar zwischen vielen europäischen Staaten ein automatisierter Abgleich der DNA-Datenbanken statt, sodass auch bei grenzüberschreitender Kriminalität wertvolle Ermittlungshinweise erhalten werden."[116]

Diese Hinweise können als Spur-Spur-Treffer vorliegen, bei denen die neu untersuchte Spur mit einer bereits gespeicherten Spur übereinstimmt und daher von derselben Spurenlegerschaft ausgegangen werden kann, oder als Spur-Person-Treffer, bei denen die Spur einem bestimmten, bereits in der DAD erfassten Menschen als Spurenleger zugeordnet werden kann.

J. Digitale Spuren

Unter diesem Begriff fassen wir alle diejenigen Spuren zusammen, die durch die Nutzung von IuK-Technik entstehen. Da sich in der heutigen Zeit die Menschen mehrheitlich permanent auf irgendeine Weise online bewegen, hinterlassen sie in der digitalen Welt ihre Spuren. So gibt es Delikte, die ohne die Technik nicht möglich wären: Cyber-Crime, zB in Form der Implementierung von 369

[116] https://www.bka.de/DE/UnsereAufgaben/Ermittlungsunterstuetzung/Kriminaltechnik/Sachbeweise/Toetungsdelikte/SpurenMenschlicherHerkunft/spurenMenschlicherHerkunft.html (zuletzt abgerufen am 29.8.2017).

Malware, das Schädigen der Betriebssysteme und Software von Computern rund um die Welt durch Verteilung von Viren, Würmern usw.

„Eine bekannte Variante der derzeit im Internet kursierenden Ausprägungen von Ransomware ist der sog. angebliche „BKA-Trojaner". Hier wird dem Nutzer des mit der Schadsoftware infizierten Computers mittels einer eingeblendeten Meldung (mit Kopf Bundeskriminalamt?) suggeriert, dass der Computer im Zusammenhang mit verschiedenen strafbaren Handlungen in Erscheinung getreten und daher gesperrt worden sei. Die Meldung informiert den Geschädigten weiterhin über die Möglichkeit einer Entsperrung des Computers nach Zahlung von 100 Euro. Dabei wird dem Geschädigten in der Regel die Möglichkeit der Bezahlung über digitale Zahlungsdienstleister angeboten, wodurch ein anonymer Geldtransfer vom Opfer zum Täter erfolgt.

Mittlerweile sind weltweit mindestens 25 Staaten von diesem Phänomen betroffen. Angepasste Versionen der Ransomware sind zwischenzeitlich auch in Nord- und Südamerika (USA, Kanada, Mexico, Brasilien, Peru, Kolumbien, Argentinien) im Umlauf. Dieser Umstand resultiert unter anderem aus der Möglichkeit, den Quellcode der Schadsoftware (seit Ende 2011) in entsprechenden Foren der Underground Economy zu kaufen".[117]

370 Zudem verschieben sich Straftaten vom direkten menschlichen Kontakt mehr und mehr in die digitale Welt: statt den Betrug beim Einzelhändler mit der Gefahr der sofortigen Entdeckung durchzuführen, geht man zum Warenkreditbetrug unter Nutzung des Internets über. Statt jemanden seiner Habe zu berauben und ihm dabei direkt gegenüberzustehen, die Folgen der Drohung oder Gewaltausübung direkt beobachten zu müssen, geht man mehr und mehr zu Taten über, die den persönlichen Kontakt meiden, aber ebenso einträglich sind. Delikte, die der sog. „Carding-Szene" zuzurechnen sind, in der Daten von Zahlungskarten gehandelt werden, oder das allgemein bekannte Phishing sind ebenso verbreitet wie die in der Öffentlichkeit außerhalb der Fachkreise relativ unbekannte Methode, sog. Botnetze aufzubauen und die eigene Identität auf diese Weise bis zur Perfektion zu verschleiern:[118]

„Wie in den Jahren zuvor bedienten sich die Täter auch im Jahr 2011 bei der Tatausführung sog. Botnetze. Dabei werden zahlreiche per Schadcode infizierte Computer ohne Wissen ihrer Besitzer über sog. Command- & Control-Server (C&C-Server) ferngesteuert. Der physische Standort sowie die Identität der Straftäter sind oftmals nicht zu ermitteln. Die Aufspielung des Schadcodes erfolgt analog zum Phishing. Diese Schadsoftware erlaubt dem Täter einen nahezu vollständigen Zugriff auf den Computer des Opfers.

Botnetze und ihre Kapazitäten stellen nach wie vor eine weltweit lukrative Handelsware im Bereich der Underground Economy dar. Die Bot-Herder („Hirten", Anm. d. Verf.) vermieten Bots,

(…)

---

[117] (*BKA*: Bundeslagebild CyberCrime 2012), S. 7.

[118] S. vertiefend die Informationen auch zu anderen Bereichen der Internetsicherheit von der Westfälische Hochschule Gelsenkirchen auf http://www.internet-sicherheit.de, Institut für Internetsicherheit (zuletzt abgerufen am 29.8.2017).

Seriöse Angaben zur Gesamtzahl der weltweit in Botnetzen zusammengeschlossenen Rechner sind weiterhin nicht oder nur sehr lückenhaft möglich."[119]

Diese wenigen Beispiele zeigen, dass die Möglichkeiten, die die Computertechnik bei ausreichender krimineller Energie bietet, schier unerschöpflich sind. 371
Entsprechend muss Polizei reagieren und sich auf diese nicht mehr ganz neue Form der Kriminalität einstellen. Das MIK NRW veröffentlicht dazu im Internet:

Die Bearbeitung von Straftaten unter Nutzung von Computern nimmt in der polizeilichen Sachbearbeitung einen immer größer werdenden Anteil ein. Dabei reicht der Einsatz von Informations- und Kommunikationstechnik zur Begehung von Straftaten vom einfachen Betrug bei der Bestellung von Waren mittels PC über das Infizieren von Computern zum Ausspähen von Kontodaten bis hin zu gezielten Angriffen auf Datennetze.

Die Polizei in Nordrhein-Westfalen verstärkt den Kampf gegen die Computer- und Internetkriminalität. Dazu wurde im Landeskriminalamt NRW ein Cybercrime-Kompetenzzentrum eingerichtet.

Zum Cybercrime-Kompetenzzentrum gehören Ermittlungskommissionen für herausragende Verfahren, die Zentrale Internetrecherche, die Auswertestelle für Kinderpornografie sowie weitere Experten für Computerforensik, Telekommunikationsüberwachung, Auswertung, Analyse und Prävention.[120]

Computerforensik also ist eine mit dem technologischen Fortschritt entstandene neue Spezialbetätigung für Ermittlungsbeamte. 372
Sie sind vergleichsweise die „KTU der virtuellen Welt". Sie befassen sich mit den nicht offenkundig auf der Hand liegenden Spuren: mit Markern, die nicht offensichtlich auf der Hand liegen, von sog. „embedded systems" und durch software selbstständig angestoßene oder benutzerinitiierte Momentaufnahmen einer virtuellen Anwesenheit.

Solche Momentaufnahmen werden – genau wie reale Spuren auch – auf Spurenträgern hinterlassen. Bei möglichen Trägern digitaler Spuren handelt es sich um Datenträger und Speichermedien. Diese gilt es zunächst zu suchen und sicherzustellen, um sodann bei der Untersuchung des Datenträgers die tatsächliche Spur festzustellen, auszulesen und zu interpretieren.

I. Spurensuche

So wird im Rahmen einer Spurensuche nach all denjenigen Möglichkeiten gesucht, Daten zu speichern: 373

„Gesucht wird jede Form von Datenträgern, zB in

- Computern
- Peripheriegeräte (Drucker, Router, Scanner)

---

[119] (*BKA*: Bundeslagebild CyberCrime 2011), S. 16.

[120] S. hierzu auch Rede des Innenministers NRW, Ralf Jäger, vom 26.07.2011 unter http://www.mik.nrw.de/presse-mediathek/aktuelle-meldungen/archiv/archiv-meldungen-im-detail/news/rede-von-innenminister-ralf-jaeger-anlaesslich-der-vorstellung-des-cybercrime-kompetenzzentrums-des.html (zuletzt abgerufen am 29.8.2017).

- Digitalkameras und Videogeräte
- Mobilfunkgeräten, Smartphones, PDA und
- Telekommunikationsgeräte (Telefon, Voice over IP Devices, Faxgeräte)
- Home-Entertainment-Geräte (TV, Videorecorder, Receiver pp) bis hin zu

externen Speichermedien wie
- Disketten
- CD's/DVD's
- Datenbänder pp
- Externe Speichermedien (Speicherkarten, USB-Stick)
- Externe Festplatten und Plattensysteme (USB, SCSI, S-ATA, Firewire, Raid-Systeme)
- Teilweise sind bereits in
- Uhren
- Stiften, ja sogar in
- Kleidungsstücken

eingearbeitet.

Weiterhin sind IuK-Spuren in
- elektronischen Fahrzeugkomponenten (wie zB Wegfahrsperren, ABS-, Airbagsteuergeräte, Navigationssyteme, OBU's von Mautsystemen wie Toll-Collect, digitale Tachographen etc.)
- elektronische Komponenten und Steuerrechner von Verkehrsleitsystemen Bahn, Flug, Schifffahrt
- Zugangssystemen und
- mobilen Navigationssystemen

zu finden.

Deshalb sind alle Gegenstände zu suchen, die digitale Daten bzw. Datenträger enthalten können."

Diese Aufzählung aus *BKA,* Anleitung Tatortarbeit – Spuren (ATOS), 2012, Ziff. 16.1.0 kann nicht abschließend sein. So sind zB auch noch nicht die vielgenutzten verschiedenen Möglichkeiten der Datenspeicherungen im Netz (Clouds) aufgeführt, die aber ebenfalls wesentliche Beweisbedeutung erlangen können.

Aufgrund des rasanten, sich gleichsam selbst überholenden technologischen Fortschritts muss die Liste ständig aktualisiert und angepasst werden, sie ist also immer nur eine Momentaufnahme. Dennoch sind „alte", bereits im täglichen Gebrauch überholte Medien, nicht zu vernachlässigen: Disketten werden heute zwar kaum noch benutzt, was aber nicht bedeutet, dass sie nicht dennoch beweiserhebliche Daten enthalten können.

II. Spurensicherung

374 Kaum eine Straftat geschieht heute, in der nicht digitale Spuren eine Bedeutung erlangen können. Sei es, um zu belegen, auf welche Weise im Rahmen der Wirtschaftskriminalität geschäftliche Vernetzungen deklariert wurden, sei es zum Beweis von Beleidigungen bei Stalking, Kinderpornografie oder aber zum Beweis von Kontakten und Gesprächen.

Daher können alle Gegenstände und Geräte, die solche Spuren enthalten, auch im Verfahren eine potentielle Beweisbedeutung haben und sind daher (§ 94 StPO) sicherzustellen. Daher haben diese Sicherstellungen auch für jeden PVB Bedeutung, der im Rahmen eines Sicherungsangriffs vor solchen Geräten steht. Ebenso wesentlich ist aber im Rahmen der Tatortarbeit, auch festzustellen, ob zusätzlich zu den genutzten und sicherzustellenden Speichermedien online-Datenspeicherung betrieben wird. Hinweise, die darauf hindeuten, sind ebenfalls sicherzustellen, um in den Anschlussermittlungen auch auf die betreffenden Provider zugehen zu können.

Trotz aller Technik – der Mensch arbeitet dort, wo er sich sicher fühlen will, 375 häufig dennoch mit Papier und Stift! Sofern Computer, Schreibtischausstattung, Drucker usw als Beweismittel sichergestellt werden können, sollte auch auf das Umfeld geachtet werden: Notizen, die Web-Adressen beinhalten, Zettel mit Passwörtern oder PINs, sind ebenfalls sicherzustellen.

Die Sicherung von Hardware, um sie der Fachdienststelle zum Auslesen der 376 Daten zur eigentlichen Spurensicherung zuzuführen, erfolgt nach bestimmten Grundsätzen:

- **Keine** Zustandsänderung des Gerätes – Ausgeschaltetes bleibt aus, Eingeschaltetes bleibt an!
- **Niemand**, auch nicht GES, erhält mehr Zugang zu den sicherzustellenden Geräten. (**jede** Tastenbedienung setzt einen neuen Impuls und zerstört uU einen alten!)
- Auffindesituation inklusive aller Peripheriegeräte fotografisch und durch Skizzen sichern!
- Eingeschaltete Geräte und Anlagen bleiben stehen, wo sie sind!
- Keine Aktion am Gerät durchführen, auch nicht Scrollen, um zu sehen, was sonst noch so auf dem Monitor angezeigt wird!
- **Rechner werden niemals heruntergefahren!** Stattdessen: Netzstecker ziehen (aus der Steckdose, nicht aus dem Gerät!) oder bei Laptops Geräteschalter lange gedrückt halten, bis das Gerät ausschaltet.

Im Zeitalter der Smartphones werden Handys nicht mehr nur zum Telefonieren 377 genutzt, sondern als Computerersatz für unterwegs. Die darauf zu findenden Daten sind daher ungleich umfassender als noch vor einigen Jahren. Gerade Handys sind das Kommunikationsmedium der Gegenwart, folglich gibt es so gut wie keine Straftaten, in denen sie nicht auf irgendeine Weise Bedeutung erlangen. Der Umgang mit Handys als Träger digitaler Spuren zählt daher zu den Grundlagen der Spurenlehre und steht auf einer Stufe mit Kenntnissen über Daktyloskopie und DNA-Untersuchungsmöglichkeiten.

Hinzu kommt, dass die Möglichkeiten eines Zugriffs auf das Handy von außen heute auch ohne besondere Kenntnisse möglich ist: Apps (Anwendungen) wie „Find my (i-)Phone“ sind sowohl für iOS-Geräte von Apple als auch für Geräte anderer Betriebssysteme (Android pp) zu haben und lassen Zugriffe, zB auf die integrierte Kamera oder bei entsprechender Konfiguration auf die Daten oder das Ausschalten auch aus der Distanz zu.

378 Daraus ergeben sich folgende zwingend einzuhaltenden Vorgehensweisen:

- Zustand des Gerätes nicht verändern: Ausgeschaltetes bleibt ausgeschaltet, Eingeschaltetes bleibt eingeschaltet!
- Auf keinen Fall ohne Not irgendwelche Tasten betätigen!
- Ist das Handy eingeschaltet, muss es zügig an ein Ladegerät angeschlossen werden, damit es sich nicht durch leeren Akku selbst ausschaltet.
- Eingeschaltete Geräte sofort an einen Ort bringen, an dem kein (!) Empfang gegeben ist, um den möglichen Fernzugriff zu verhindern.
- Alle Zubehörteile wie Kabel, Netzgeräte, USB-Kabel usw ebenso sicherstellen wie Unterlagen zum Gerät (Belege, Unterlagen, aus denen der Provider hervorgeht, Handbuch usw).

Da Tablets häufig ebenso über Netzkarten verfügen wie Smartphones, ist mit diesen ebenso zu verfahren.

379 Die Sicherstellung von Datenträgermedien wie USB-Sticks, CDs usw ist ebenfalls immer in Betracht zu ziehen. Dabei ist in den letzten Jahren die äußere Erscheinung von USB-Sticks immer mehr verändert worden; manche sind als Datenspeicher überhaupt nicht mehr erkennbar, da auch der eigentliche „Stecker" zuweilen sehr versteckt liegt. Daher ist auch in der Umgebung von Rechnern auf solche teils außergewöhnlichen USB-Sticks zu achten.

III. Spurenauswertung, Vergleichsarbeit

380 Das Auslesen der Daten obliegt allein der Fachdienststelle. Hier können auch bereits gelöschte Daten wieder lesbar gemacht werden, selbst wenn sie mit einem elektronischen Löschprogramm (eraser) nicht nur einfach in den Papierkorb verschoben, sondern mehrmals überschrieben wurden.

K. Textile Spuren/Fasern

381 Unter Faserspuren, auch Textilspuren oder Textile Fasern genannt, verstehen wir alle diejenigen Spuren, die durch den Kontakt von Textilien mit einem Spurenträger entstehen.

Da wir Menschen in aller Regel bekleidet unterwegs sind, tragen wir ständig solche textilen Fasern am Körper. Immer dort, wo wir nun Kontakt mit anderen Menschen oder Gegenständen haben, lösen sich aus der Kleidung Teile ab und lagern sich an der Kontaktstelle an. Aus dieser Tatsache ergibt sich der Begriff der „Kontaktspur". Häufig sind die übertragenen Teile so klein, dass sie mit bloßem Auge kaum zu erkennen sind, daher sprechen wir hier auch von „Mikrospuren".

382 Zu den Faserspuren zählt auch die besondere Art der Anschmelzspuren. Hier sind Spurenverursacher (also Textil) und Spurenträger zum Zeitpunkt des Kontaktes miteinander verschmolzen. Dies geschieht häufig bei Verkehrsunfällen, bei denen zB Gurtteile oder Armaturenbrettteile beim Aufprall unter hoher Reibung mit Textilien in Kontakt kommen. Durch diese Reibung wird Hitze erzeugt, die die beiden Materialien miteinander verschmelzen lässt.

Faserspuren können sowohl als Situations- als auch als Form- und Materialspur von Bedeutung sein.

Zu Beweiskraft und -wert von Faserspuren s. (*Pientka/Wolf*, 2017), Rn. 355 ff.

I. Spurensuche

Faserspuren als Mikrospuren sind mit bloßem Auge nicht zu erkennen. Auch 383
die Nutzung von Lichtquellen führt nicht immer dazu, dass Fasern festgestellt werden. Häufig benötigt man dazu ein Mikroskop, was vor Ort aber kaum möglich sein wird.

Die Suche nach Faserspuren als Mikrospuren ist daher in einem einzigen Arbeitsschritt zusammen mit der Spurensicherung zu erfüllen, indem der Tatort bzw. der mögliche Spurenträger abgeklebt wird.

II. Spurensicherung

Dazu wird der Bereich, in dem die Faserspuren erwartet werden, mit einer 384
(klebenden) Mikrospurenfolie bedeckt. Die Art und Weise, wie und in welchem Umfang das Abkleben durchgeführt wird, hängt im Wesentlichen vom Delikt, vom Tatort und der Zielrichtung ab:

„Zu unterscheiden sind:

- Flächendeckend-topografisches Abkleben (vollflächiges Abkleben) → grundsätzlich bei Kapitaldelikten üblich.
- Flächendeckens arealweises Abkleben (so zB bei Autositzen).
- Informatorisches Abkleben (Vergleichsprobenentnahme)."[121]

In der Umsetzung heißt das, dass am Tatort eines Tötungsdeliktes durchaus die 385
Bekleidung, der Leichnam, der konkrete Auffindeort komplett mit Folie abgezogen werden, ebenso werden zB Rückenlehnen oder Sitzflächen von Stühlen, Sesseln, Autositzen oder Ähnliches in Abständen mit Klebefolienstreifen versehen.

Die aufgebrachten Folienstreifen werden durchnummeriert, um die genaue
Lage einer eventuell daran gefundenen Faserspur nachhalten zu können. 386

Werden Fasern mit bloßem Auge erkannt (Faserspuren als Makrospuren), so werden auch sie mit Klebefolie abgenommen, sofern sie lose aufsitzen. Andernfalls wird die Faser vorsichtig aus dem Spurenträger gelöst und einzeln in einer Pergamintüte verpackt.

Handelt es sich um ganze Kleidungsstücke, so werden diese so gefaltet, dass mit zwischengelegtem Papier verhindert wird, dass Material auf Material gelegt wird. Jedes einzelne Kleidungsstück wird in eine eigene Papierverpackung gegeben.

Dasselbe gilt für Vergleichskleidung, die als Spurenverursacher in Betracht kommt und daher für Vergleichsarbeit sichergestellt wird.

---

[121] (*Frings/Rabe*, Grundlagen der Kriminaltechnik Band II, 2011), S. 37.

III. Spurenauswertung, Vergleichsarbeit

387 Die Auswertung von Faserspuren wird in NRW durch das KTI beim LKA durchgeführt. Hier wird insbesondere verglichen,

- ob eine aufgefundene Faser einem bekannten Spurenverursacher (zB dem TV) zugeschrieben werden kann;
- ob alle vorgefundenen Fasern bereits einem verursachenden Kleidungsstück zugeschrieben werden können.

Insbesondere die zweite Frage gewinnt für Ermittlungen, zB bei Tötungsdelikten, besondere Bedeutung. Findet man an einem Tatort rote Wollfasern, aber kein Kleidungsstück, dem diese zugeordnet werden können, so werden die Ermittlungen sich auch darauf konzentrieren können, ein solches Kleidungsstück aufzufinden.

L. Schusswaffenspuren (Waffe, Projektil, Hülse, GSR)

388 Auch hierzu ist bereits in (*Pientka/Wolf*, 2017) zu Beweiskraft und möglichen Beweiswerten ausführlich ausgeführt worden. In der Folge wird daher wiederum auf Spurensuche, -sicherung und -auswertung eingegangen.

Das BKA definiert in ATOS (Ziff. 4.0.1)

„**Schusswaffenspuren** sind durch Waffeneinwirkung entstandene Formspuren auf
- verfeuerter
- unverfeuerter

Munition."

389 Das bedeutet, dass im engeren Sinne GSR (Gun Shot Residues) und auch die Waffe selbst nicht zu diesen Schusswaffenspuren gehören würden. Da aber diese ebenfalls erhebliche Bedeutung in der kriminalistischen Beweisführung haben, werden sie hier – wie auch in (*Pientka/Wolf*, 2017) – hinzugenommen. Bei GSR handelt es sich um Schussspuren, die durch die Schussabgabe entstehen.

Waffen und Waffenteile (zB Magazin) können ebenso wie Projektile und Hülsen als Spurenträger in Betracht kommen und zugleich als Spurenverursacher. GSR wiederum finden sich an diversen Stellen, die zum Zeitpunkt der Schussabgabe erreichbar waren: dem Täter, dem Opfer, der Waffe, der Umgebung usw. Daher sind alle diese Elemente wesentlich, wenn es bei einer Tat zum Schusswaffengebrauch gekommen ist.

390 Kam es bei einer konkreten Tat nicht zum Gebrauch der Waffe, wurde sie aber mitgeführt, so kann sie ebenfalls bei früheren Taten eingesetzt worden sein; ihre Bedeutung als möglicher Spurenverursacher in der nachträglichen Klärung von Straftaten ist also ungebrochen.

I. Spurensuche

391 Da wir also vom weiteren Begriff ausgehen, ist auch in der weiteren Betrachtung auf alle möglichen Objekte des erweiterten Spurenbegriffs einzugehen.

Waffe und Waffenteile, Munition, Geschosse/Projektile, Hülsen:

Diese Spuren gehören zu denen, die durch ihre Größe und Beschaffenheit mit bloßem Auge erkennbar sind, zählen also zu den Makrospuren. Dennoch liegen sie an Tatorten nicht immer sofort erkennbar herum, es muss also nach ihnen gesucht werden.

Hier gilt erneut, dass nicht nur die Suche am engeren Tatort wichtig ist, sondern 392
im Rahmen einer Tatortbereichsfahndung auch diejenigen Orte einbezogen werden müssen, an denen der Täter vor und nach der Tat gehandelt hat oder haben kann: Annäherungswege, Fluchtwege, Täterwohnung, Kraftfahrzeuge, Unterschlupfmöglichkeiten usw.

Abb. 24: Waffe am Tatort, Foto von privat (*Kirsten Pientka*)

Gerade dort, wo eine Schusswaffe benutzt wurde, können Hülsen der verfeuerten Munition in der Umgebung aufzufinden sein. Im Rahmen eines Sicherungsangriffs sind diejenigen, die unmittelbar erkannt werden, zu schützen und am Auffindeort zu bewahren. Andere Hülsen werden häufig weit vom eigentlichen Schussabgabeort entfernt aufgefunden, was auch daran liegt, dass sie nach dem Auswerfen wegspringen, wegrollen und nicht mehr in der unmittelbaren Umgebung liegen bleiben.

Aber auch die Suche nach Geschossen gestaltet sich teilweise schwierig. Je 393
nachdem, in welches Medium sie eindringen oder welche Stoffe sie durchdringen, verformen sie sich mehr oder weniger und zerlegen sich. Der Grad der Deformierung ist aber auch abhängig von der Art des Geschosses und seinen konkreten Eigenschaften (zB in welchem Grad es aufpilzt, sich also „staucht").

Und zuweilen schließt sich der Stoff, in den ein Geschoss eingedrungen ist, über ihm wieder, sodass zunächst kaum erkennbar ist, dass hier ein Einschuss stattgefunden hat.

Ziel der Spurensuche nach Schusswaffenspuren ist es, durch das Auffinden aller Spuren, die im Zusammenhang mit einer Schusswaffe stehen, einen Waffengebrauch oder einen Waffenbesitz nachzuweisen.

II. Spurensicherung

394 Alle aufgefundenen Waffen sind zunächst in ihrer Auffindesituation zu dokumentieren.

„Dabei ist aufzunehmen

- Lage der Schusswaffe (rechte/linke Seite, ganz abgedeckt/teilweise abgedeckt/offen)
- Schlageinrichtung (Schlaghebel gespannt/entspannt)
- Sicherungseinrichtung (vorhanden/nicht vorhanden, gesichert/entsichert)
- Stellung des Verschlussstückes (vorn/hinten/halb zurück; Hülse/Patrone in der Auswurföffnung eingeklemmt)
- Magazin (in der Schusswaffe/teilweise herausgezogen/außerhalb der Schusswaffe/fehlt ganz, Anzahl der Patronen)
- Revolvertrommel (geschlossen/geöffnet)
- Anordnung der Patronen/Hülsen in der Revolvertrommel in Bezug zum Lauf im Uhrzeigersinn beschreiben (Nr. 1 = Patrone vor dem Lauf),
  Trommel vor dem Herausschwenken auf Rahmen und davor liegender Stelle der Trommel markieren, Trommel beim Herausschwenken festhalten!“[122]

395 Darüber hinaus gilt: den besonderen Gefahren unbekannter Waffen, die sich zudem in einem unbekannten Zustand befinden, ist durch erhöhte Eigensicherung Rechnung zu tragen! Die Waffe ist sofort in einen **handhabungs- und transportsicheren Zustand**[123] zu versetzen!

Dazu ist das Magazin zu entnehmen und die Waffe zu entladen und zu sichern.

Weitere „Zerlegearbeiten“ werden nicht durchgeführt. Beim Zusammensetzen der Waffe bzw. beim Laden des Magazins hat derjenige, der sie schussbereit gemacht hat, uU wertvolle Spuren gelegt (zB Munition mit bloßen Händen angefasst und damit Fingerabdruckspuren hinterlassen, mit deren Nachweisbarkeit er nicht rechnete).

Im Anschluss werden alle sichergestellten Waffenbestandteile einzeln verpackt und der Fachdienststelle zugeführt.

Dieselbe Vorgehensweise gilt bei der Sicherung von Waffenteilen, Geschossen, Hülsen usw.

396 Für die Sicherung von Schussspuren ist zu berücksichtigen, dass GSR sowohl als Materialspur als auch als Situationsspur Bedeutung erlangen können. So kann durch das Material die Zusammensetzung von Zünd- und Treibmittel der Ursprungsmunition festgestellt werden, durch die Verteilung und Dichte der

---

[122] (*BKA*, Anleitung Tatortarbeit – Spuren [ATOS], 2012), Ziff. 4.2.5.
[123] (*BKA*, Anleitung Tatortarbeit – Spuren [ATOS], 2012).

Ablagerungen am Spurenträger die Entfernung zur Waffe und die Frage beantwortet werden, ob die Anwesenheit bei Schussabgabe zufällig war oder es sich eher um den Schützen gehandelt haben muss.

Die Sicherungsmethoden für GSR unterscheiden sich dementsprechend; soll festgestellt werden, ob an einer Person oder einem Ort GSR vorhanden sind, ohne auf deren Verteilung schauen zu müssen, so wird mit einer Art „Klebestempel" die entsprechende Stelle mehrfach abgetupft (tape-lift-Technik). Sinnvoll ist diese Vorgehensweise nur, wenn die Untersuchung zeitnah durchgeführt werden kann, da GSR nur sehr lose anhaften und leicht zu entfernen sind. Zudem sind erhebliche Vorkehrungen zu treffen, um jede Spurenkontamination auszuschließen (s. hierzu vertiefend *Frings/Rabe*, Grundlagen der Kriminaltechnik, Bd. II, S. 65 ff.).

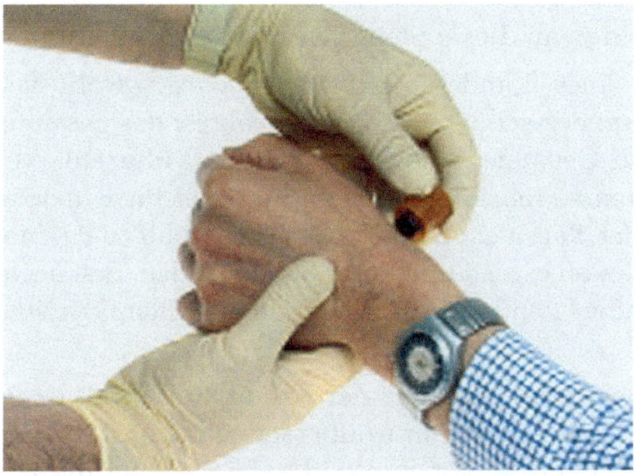

Abb. 25: REM Tab, https://www.stadt-zuerich.ch/content/dam/stzh/pd/Deutsch/Stadtpolizei/Grafik%20und%20Foto/Wissenschaftlicher%20Dienst/Bilder%20Technik/H2_017028.jpg (zuletzt abgerufen 28.8.2017).

Sofern es auf die mengenmäßige Verteilung, die Dichte und Form der Rückstände ankommt, ist der entsprechende Bereich abzukleben.

III. Spurenauswertung, Vergleichsarbeit

Wie bei vielen anderen Spurenkomplexen schon bekannt, so sind auch bei Schuss- 397
waffen- und Schussspuren konkurrierende Spurenkomplexe zu beachten. Das erforderliche Vergleichsmaterial wird einerseits durch kriminalpolizeiliche Maßnahmen bei GES, BES, am Tatort und bei weiteren Ermittlungen aufgefunden, andererseits wird es in der zentralen Waffensammlung des BKA (und der LKÄ), der zentralen Tatortmunitionssammlung (ebenfalls BKA) entsprechende Waffen und Waffenteile geben, mit denen das sichergestellte Material verglichen wird.

Da Bauweise, Art, Munition, Reichweiten, Kaliber usw von Waffen außerordentlich vielfältig sind und es unzählige verschiedene Systeme gibt, wird an dieser Stelle lediglich das Grundlegende zur Suche und Sicherung der Spuren erläutert. Im Rahmen der kriminalpolizeilichen Ausbildung ist hier einiges mehr an Details zu erörtern.

Da wir in NRW jedoch (noch bzw. wieder) die Einheitsausbildung betreiben, eine konkretere und fundiertere kriminalwissenschaftliche Kenntnis erst im Rahmen der Fortbildungsmaßnahmen vermittelt wird, soll an dieser Stelle auch eine Beschränkung stattfinden auf diejenigen Inhalte, die für die Beamten des Wachdienstes für Sicherungs- und Auswertungsangriff von Belang sind.

M. Brandspuren

398 Dasselbe gilt für die Brandspuren. Gerade Brandorte (und auch Explosionsorte) gehören zu den hochkomplexen Untersuchungsorten. Wenn aber keine Kenntnisse darüber bestehen, was man später mit den einzelnen Spuren zeigen kann, mithin ihre Bedeutung unklar ist, so werden sie nicht entsprechend geschützt oder notgesichert werden. Und gerade an solchen Einsatzorten kommt den ersten Feststellungen schon bei Eintreffen am Ort besondere Bedeutung zu.

Daher wird auch zu den Brandspuren an dieser Stelle Grundlegendes erläutert.

„Der Brandort ist der Ereignisort eines Brandes. Als Brandort wird sowohl das Brandobjekt als auch der Brandraum bezeichnet. Das Brandobjekt ist das gesamte vom Brand geschädigte Objekt (zB Gebäude, landwirtschaftliche Kulturen). Als Brandraum wird der räumlich begrenzte Teil eines Brandobjekts bezeichnet, in dem sich die Brandausbruchstelle befindet. Bei einem Brandort ist im Regelfall zu Beginn der Ermittlungen nicht einschätzbar, ob es sich um einen Tatort handelt. Erst nach Aufklärung der Ursachen der Brandentstehung kann eine genauere Charakterisierung vorgenommen werden.“[124]

399 Die Klärung der Ursache ist also wesentliches Ziel der Arbeit am Brand- bzw. Explosionsort. Da die möglichen Ursachen schier unüberschaubar sind (von A wie „apparativen Mängeln“ über Blitzeinschlag, Funkenflug, Selbstentzündungen usw bis Z wie „Zigarettenstummel“ ist alles möglich), ist die Ursache meist durch ein Ausschlussverfahren (= Eliminationsverfahren) zu ermitteln.

Gerade hier zeigt sich, wie die verschiedenen Beweisformen ineinander greifen: Aussagen der Feuerwehr über die Brandentwicklung, der Brandsachverständigen über mögliche Beschleuniger oder Brandherde oder Brandzehrung, von Brandzeugen über Flammenfarbe oder Ausdehnung, aufgefundene Gegenstände im Umfeld des Brandortes, Ausdehnung von Explosionsfolgen usw sind miteinander zu verknüpfen und in Beziehung zu setzen, um letztendlich eine fundierte Aussage über die Brand- bzw. Explosionsursache treffen zu können.

I. Spurensuche

400 Ebenso wesentlich ist es, die gesamte Bandbreite möglicher Spuren auch außerhalb des Ereignisortes zu suchen. So können Personen, die sich zu unschädlichen Stadien der Brandentwicklung am Ort aufgehalten haben auch unterschiedliche Spuren tragen: vom Geruch nach Benzin über angesengte Haare und Kleidung bis zur Rauchgasvergiftung hinterlässt jedes Stadium seine eigenen Spuren.

---

[124] (*Roll*, 2008), S. 11.

Diese Maßnahmen zur Spurensuche können bereits in einem frühen Stadium durchgeführt werden, wenn auch der eigentliche Brandort noch nicht betreten werden kann. Brandorte bieten immer, auch wenn der Brand gelöscht ist, erhebliche Gefahren. So kann es zu Einstürzen, Neuentzündungen, Ausgasungen, Kriechströmen usw kommen. Der Ort selbst wird daher – mit geeigneter Schutzkleidung wie Helm, Sicherheitsstiefel pp – erst dann betreten, wenn er durch die Feuerwehr freigegeben ist.

An umfangreichen Brandorten, bei denen mit Brandbeschleunigern und beson- 401
deren Spuren zu rechnen ist, werden häufig Diensthunde eingesetzt, die in der Lage sind, auch hier noch das Vorhandensein von Brandbeschleunigern anzuzeigen.

II. Spurensicherung

Die Spurensicherung bei Brandorten muss unmittelbar mit dem Sicherungsan- 402
griff beginnen, da viele der Situationsspuren, die für die weiteren Ermittlungen von Bedeutung sind, sich im Laufe des Brandes verändern, also sofort notgesichert werden müssen. Eine Rekonstruktion zB der Flammen oder Rauchfarbe ist zu einem späteren Zeitpunkt nicht mehr möglich. Gerade die Färbung in den verschiedenen Stadien des Brandes gibt aber wesentlichen Hinweis auf die möglichen Brandentstehungen.

Ebenso wichtig ist zu erkennen, wie sich Funkenflug und Funkenentwicklung darstellen, da sie sich nicht zuletzt durch Löscharbeiten, aber auch durch die Witterungsverhältnisse und Windstärke und Windrichtung maßgeblich verändern können.

Aus diesen Gründen ist es unverzichtbar, möglichst sofort mit fotografischer 403
Sicherung zu beginnen. Dazu genügt tatsächlich der Einsatz eines Smartphones, um die ersten Feststellungen dokumentieren zu können.

Für weitere Spurensicherungsmaßnahmen, insbesondere in Bezug auf Ursachenfeststellung, sind die Brandsachbearbeiter der Behörden (sofern vorhanden) und die Tatortgruppe Brand-Sprengstoff des LKA, die aber erst nach Abschluss der Rettungs- und Löscharbeiten die Arbeit aufnehmen, zuständig und zeitnah anzufordern. Darüber hinaus werden Brandsachverständige hinzugezogen, die aus ihrer wissenschaftlichen Richtung Fragen zu einem auftauchenden Problem beantworten können.

III. Spurenauswertung, Vergleichbarkeit

Die Auswertung und der Vergleich sichergestellter Spuren benötigt bei Brand- 404
und Explosionsorten auch alle diejenigen Stoffe, die zur Arbeit an diesem Ort eingesetzt worden sind. Da zB besondere Löschmittel erheblichen Einfluss auf die Spurensituation nehmen und Materialspuren maßgeblich verändert werden können, sind von allen eingebrachten Stoffen Vergleichsproben sicherzustellen, um bei den Untersuchungen in den Labors mögliche chemische Reaktionen nachvollziehen zu können.

§ 17 Die Bedeutung der Dokumentation von Spurensuche und -sicherung für das Ermittlungsverfahren

405 Jeder Ereignisort ist, wie bereits festgestellt, ein Ort, an dem mehr oder weniger deutlich und sichtbar Veränderungen der Außenwelt gefunden werden, die wir als „Spuren" bezeichnen. Schon im Sicherungsangriff, bewegen sich Personen, die mit dem eigentlichen Ereignis nicht in direktem Zusammenhang als Täter oder Opfer stehen, an diesem Ort und hinterlassen weitere Spuren. Dies setzt sich über die gesamte polizeiliche und kriminalpolizeiliche Arbeit fort.

406 Zu den tatrelevanten Spuren kommen also auch immer Trugspuren hinzu, die sich insbesondere bei erforderlichen Rettungsmaßnahmen nicht vermeiden lassen. Damit ergibt sich aber auch die Gefahr, dass es zu einer unklaren Situation kommt, welche Spuren von Bedeutung sind und welche nicht. Spuren aber gehören zu den maßgeblichen Beweisen im Strafverfahren und sind als Augenscheinsobjekte wesentlicher Bestandteil der Beweisführung.

407 Im Rahmen des Vorverfahrens wird die gerichtliche Beweiswürdigung vorbereitet, und dies durch Polizei- und Kriminalbeamte, die weitestgehend selbstständig und eigenverantwortlich den Tatort „abarbeiten". In der Hauptverhandlung haben diese Beamten dann nachzuweisen, dass sie dieser Aufgabe korrekt und umfassend nachgekommen sind.

Um dies möglichst frühzeitig zu belegen und damit die Spuren und ihre Aussagekraft zu erhalten, wird in der Regel beim umfangreichen Verfahren ein Spurensicherungsbericht geschrieben.

Hier wird jede Spur nach ihrer Ordnungsnummer dokumentiert. Sie wird beschrieben in Bezug auf ihre Lage, ihr Aussehen, die Größe und Ausdehnung, Farbe, Material usw.

Zusätzlich wird auch genau erörtert, wie die einzelne Spur gesichert wurde. Hier muss der Tatsache Rechnung getragen werden, dass mit einem geeigneten Spurensicherungsverfahren auch Beschädigungen anderer Spuren, die sich eventuell überlagern, einhergehen. Spätere Laboruntersuchungen durchzuführen, ohne Kenntnis darüber zu haben, dass vielleicht bei der Suche nach Spermaspuren eine Lichtquelle eingesetzt wurde, die aber Wärme entwickelte (und somit die Eiweißbestandteile in der Spur beeinträchtigen kann), kann zu Fehlergebnissen führen, die ein Verfahren durchaus auch kippen können.

408 Ebenso kommt es darauf an zu beweisen, dass die Spur, so wie sie vorgefunden und gesichert wurde, noch vorgehalten wird. Eine Veränderung der Spur kann zu Fehlurteilen führen, egal, ob diese Veränderung als bewusste Manipulation oder als versehentliche Beeinflussung geschehen ist. Allein die Veränderung oder Entfernung eines auf einem digitalen Foto angezeigten Datums stellt eine unzulässige Veränderung dar.

Und wie schwierig wird es werden dem Gericht zu zeigen, dass man nur bei einer einzigen Spur nicht ganz so genau war, ansonsten aber immer akribisch gearbeitet haben will.

Machen wir diese allgemeinen Aussagen an einem Beispielsfall fest:

Fall:

An einem Tatort werden Blutspuren gesichert, die als Formspur konkrete Aussagen über die Tropfrichtung machen: offensichtlich ist Blut aus einer etwas angewinkelten Richtung auf eine Wand getropft, es zeigen sich die typischen „Bärentatzen". Ein Beamter hat diese Spur, die schon angetrocknet war, wie gelernt gesichert, indem er die Tapete rundherum aufgeschnitten und das spurtragende Stück sichergestellt hat.

Leider sind aufgrund eines technischen Defektes die Fotos, die er vor dem Heraustrennen der Tapete von der Spur gemacht hatte, vernichtet. Die Wand ist mittlerweile durch den Tatortreiniger bearbeitet und das Stück neu tapeziert worden.

Vor Gericht ist nun die Frage, wo und wie muss das Opfer gestanden haben, damit dieser Tropfen genau so auf die Tapete kommen konnte. Allerdings ist nicht mehr nachvollziehbar, wie genau das herausgetrennte Tapetenstück an der Wand saß. Damit kann die Frage nicht mehr mit hinreichender Klarheit beantwortet werden.

Dies hätte vermieden werden können, wäre eine genaue Skizze als Ergänzung zu den Fotos angefertigt worden, das Passstück auf 12 Uhr gekennzeichnet worden usw.

Der Fall zeigt: sofern es Mängel in der Spurensuche oder -sicherung gibt, müssen sie angesprochen und dargelegt werden. Es ist besser, sie anzusprechen und damit zu dokumentieren, dass man sich sehr wohl der Ansprüche an gute Spurenarbeit bewusst ist, aber Sachzwänge überwogen, als zu versuchen, Unzulänglichkeiten zu vertuschen.

Hinweis: Akribie in der Spurenarbeit von der Suche bis zur Dokumentation ist wesentliche Eigenschaft eines guten Kriminalbeamten und Teil der viel geforderten „intellektuellen Redlichkeit"![125]

[125] Der Philosoph *Thomas Metzinger* (geb. 1958) definiert: „Intellektuelle Redlichkeit bedeutet, dass man einen bedingungslosen Willen zur Wahrheit und zur Erkenntnis besitzt und zwar auch dann, wenn es um Selbsterkenntnis geht und auch dann, wenn Selbsterkenntnis einmal nicht mit schönen Gefühlen einhergeht." *Hänsel, M.* (Hrsg.): Die spirituelle Dimension in Coaching und Beratung; Göttingen (2012), unter Verweis auf *Metzinger, T.* (2010), Spiritualität und intellektuelle Redlichkeit; Vortrag auf dem Kongress Meditation und Wissenschaft, 2010.
Der Kriminalist *Waldemar Burghard* (1924–2002) erklärte intellektuelle Redlichkeit mit konkretem Bezug zur kriminalpolizeilichen Arbeit: „Der Kriminalist hat sich in seinem Bemühen, die (vermutete) Wahrheit zu ermitteln, an die Prinzipien Exaktheit, Gründlichkeit, Verantwortungsbewusstsein und Gewissenhaftigkeit zu halten." (*Weihmann/Schuch*, Kriminalistik, 2011), S. 84.

§ 18 Lernzielkontrolle

409 Wie schon im § 14 erläutert, sind auch hier Kompetenz- und Lehr-/Lernziele in den Formulierungen identisch. Auch hier ist durchgängig jedes Ziel mit einer Operationalisierung konkretisiert worden.

Durchgängig handelt es sich um Ziele der Stufe 3, also solche, die durchaus als wichtiger angesehen werden müssen. Es ist also zu erwarten, dass in Prüfungen während des Studienverlaufes auf diese Zielerreichung geschaut wird.

Die Anzahl der Ziele ist zwar überschaubar, jedoch beziehen sich die drei Ziele der Stufe 3 auf jeweils alle erläuterten Spuren der Kapitel C bis L.

„Die Studierenden sind in der Lage,

1. naturwissenschaftliche Erkenntnisse und kriminaltechnische Verfahren auf konkrete Sachverhalte anzuwenden. (LZ 3)
2. den Beweiswert verschiedener Spuren/-komplexe zu interpretieren und den Bezug zum Sachbeweis herzustellen. (LZ 3)
3. geeignete Spurensicherungsmaßnahmen zu identifizieren und die Bedeutung der Dokumentation für das Ermittlungsverfahren zu erläutern. (LZ 3)"

Nr.	Aufgabe/Frage
1.	Welchen Sinn hat die Schutzkleidung eines Spurensicherungsbeamten am Tatort?
2.	Wozu setzt man bei Spurenfotografie Schräglicht ein?
3.	Was ist ein 3-D-Laser-Scanner?
4.	Erläutern Sie, was Sie unter „Übersichts-", „Nah-" und „Detailaufnahme" verstehen!
5.	Wie legt man bei Tatortfotografie einen Maßstab an und welchen Sinn hat das?
6.	Was verstehen Sie unter „latente Spur"? Grenzen Sie diesen Begriff zu „Mikrospur" ab!
7.	Welche Methoden kennen Sie zur Sichtbarmachung latenter Fingerabdruckspuren?
8.	Welche allgemeinen Grundsätze gibt es zur Spurensuche und -sicherung?
9.	Erläutern Sie, in welchen Fällen Sie nach Ohrabdruckspuren suchen würden!
10.	Wer ist zuständig für den Vergleich von Fingerspuren?
11.	Welche Treffermöglichkeiten bietet AFIS?
12.	Erläutern Sie den Unterschied zwischen Schuhabdruckspur und Schuheindruckspur!

Nr.	Aufgabe/Frage
13.	Wie wendet man die gängige Methode zur Sicherung einer Schuheindruckspur an?
14.	Welche „sonstigen Formspuren" kennen Sie?
15.	Was versteht man unter serologischen Spuren?
16.	Welche allgemeine Beweiskraft haben serologische Spuren?
17.	Beschreiben Sie die Methode zur Sicherung von angetrockneten und feuchten Blutspuren als Materialspur!
18.	Welche Interpretationsmöglichkeiten bietet Blut als Formspur?
19.	Analysieren Sie die Bedeutung digitaler Spuren im Allgemeinen und in einem Fall von Cyber-Mobbing!
20.	Sie betreten anlässlich einer Ruhestörung eine Wohnung und erkennen, dass auf einem Monitor ein kinderpornografisches Bild angezeigt wird. Wie gehen Sie zur Beweissicherung vor?
21.	Erläutern Sie, warum Faserspuren zu den sog. Mikrospuren zu zählen sind!
22.	Was verstehen Sie im Zusammenhang mit Faserspuren unter „arealweise" und „topografisch"?
23.	Beschreiben Sie, wie Sie ein beim BES beschlagnahmtes Hemd asservieren, das sie als möglichen Spurenverursacher erkannt haben!
24.	Was versteht man unter „GSR"?
25.	Wie gehen Sie vor, wenn Sie an einem Tatort eine Schusswaffe finden?
26.	Analysieren Sie, an welchen Waffenteilen Sie welche Spuren erwarten können!
27.	Beschreiben Sie drei Möglichkeiten einer Brandentstehung!
28.	Warum ist es von besonderer Bedeutung, bereits frühzeitig an einem Brandort Foto- und Videodokumentation anzufertigen?
29.	Was genau erwarten Sie in einem guten Spurensicherungsbericht?
30.	Erläutern Sie, warum die sog. „intellektuelle Redlichkeit" gerade in der Spurenarbeit von Bedeutung ist!

4. Abschnitt. Teilmodul HS 1.3.2 – Kriminalitätsanalyse und polizeiliche Kriminalprävention

Ohne genaue Kenntnis dessen, was Kriminalität ausmacht, ist deren Bekämpfung weder in präventiver noch in repressiver Zielrichtung möglich. Informationsgewinnung und -verarbeitung sind daher unabdingbare Voraussetzung für eine erfolgreiche kriminalistische Arbeit sowohl am einzelnen Fall (taktisch, Mikroebene, vgl. hierzu [*Pientka/Wolf*, 2017], § 7) als auch in Phänomenbereichen (taktisch und strategisch, Makroebene, vgl. ebd.). 410

Die dafür erforderlichen Kompetenzen schreibt das Modulhandbuch fest und in erster Linie der Kriminologie zu:

§ 19 Kompetenzziele des Teilmoduls HS 1.3.2

„Die Studierenden sind in der Lage, 411

1. die Kriminologie als empirische, praxisorientierte Wissenschaft darzustellen.
2. die unterschiedlichen statistischen Erfassungsmethoden der Kriminalität und deren Aussagekraft zu erläutern.
3. die Ursachen und Bedingungen für Kriminalität zu analysieren und konkrete Sachverhalte entsprechend zu interpretieren.
4. die polizeiliche Kriminalprävention als Kernaufgabe der Kriminalitätsbekämpfung zu bewerten.
5. die Inhalte der Kriminalgeographie zu skizzieren."[126]

§ 20 Die Kriminologie als Wissenschaft

Wenngleich insbesondere bei „Polizeipraktikern" gerade die Kriminologie einen Ruf als praxisferne Wissenschaft hat, so ist sie doch aus dem täglichen Dienstleben nicht wegzudenken. Zwar macht sich der Beamte im Einsatz die Tatsache, dass seine Gedanken und Entscheidungen gerade nun auf kriminologisch-wissenschaftlichen Füßen stehen, nicht in jedem Fall deutlich, doch ist genau dies der Fall, wie wir später noch sehen werden. Das heißt auch, dass der Beamte in jedem einzelnen Fall wissenschaftlich-praktisch tätig werden muss. Dazu hilft ihm die Kriminologie. 412

Die Kriminologie ist eine Wissenschaft, die als sog. „interdisziplinäre" Wissenschaft die Erkenntnisse, Methoden und Inhalte verschiedener anderer Wissenschaftsbereiche in sich vereint (Teilwissenschaften) und sich derer (Bezugswissenschaften) bedient. Eben hierin könnte die Ursache dafür liegen, dass eine 413

[126] (*FHöV NRW*, 2016), S. 58.

eindeutige und von allen Kriminologen anerkannte Definition, was Kriminologie sei, noch immer nicht zu finden ist,[127] je nach wissenschaftlichem Standpunkt dessen, der die Definition versucht, stellt sie sich unterschiedlich dar.

So erläutert *Göppinger*:

„Die Kriminologie ist eine selbständige Erfahrungswissenschaft. Sie befasst sich mit den im menschlichen und gesellschaftlichen Bereich liegenden Umständen, die mit dem Zustandekommen, den Folgen und der Verhinderung von Straftaten sowie mit der Behandlung von Straffälligen zusammenhängen. Unter Beteiligung der Wissenschaften von Mensch und Gesellschaft richtet sie dabei ihre erfahrungswissenschaftlichen Forschungen auf alles, was mit der Persönlichkeit des Straffälligen in ihren sozialen Bezügen und mit dem von der Rechtsordnung bzw. Sozialordnung missbilligten Verhalten zusammenhängt. Hierzu gehören auch die Lebensentwicklung des Straffälligen und die Stellung der Straftat innerhalb derselben, die Persönlichkeit, die sozialen Bezüge und das Verhalten des Opfers der Straftat sowie das Zustandekommen, die Art und die Auswirkung der Sanktionen, ihre Vollstreckung und die Zeit nach dem Vollzug einer Freiheitsstrafe."[128]

Zwar erkennt *Göppinger* hier die diversen Bestandteile kriminologischer Forschung und kriminologischer Erkenntnisprozesse und die daraus zweifelsohne resultierenden unterschiedlichen Standpunkte, allerdings bezeichnet er sie als **selbstständige** Erfahrungswissenschaft.

Weiterhin stellt *Göppinger* die verschiedenen wissenschaftlichen Einflüsse gleichbedeutend nebeneinander. Damit wird diese Definition der Tatsache nicht gerecht, dass in unterschiedlichen Epochen auch unterschiedliche Sichtweisen und unterschiedliche Schwerpunkte vorherrschen. So gibt es in der Geschichte Epochen, in denen vermehrt auf Vererbungstheorien geschaut wurde (mit verheerenden Auswirkungen), solche mit dem Schwerpunkt der gesellschaftlichen Einflüsse oder solche mit dem Schwerpunkt wirtschaftlicher Ursachen. Ebenso unterscheiden sich die Schwerpunkte in der Frage, in welcher Region der kriminologische Ansatz formuliert wird. Daher ist diese von *Göppinger* gebotene Erläuterung nicht als Definition zu sehen, sondern vielmehr eine Beschreibung der Kriminologie als Wissenschaft.

414 *Frank Neubacher* macht das Problem der Definition dadurch deutlich, dass er in unterschiedlichen Betrachtungen die Bestandteile der Wissenschaft erläutert, aufgeteilt in mehrere Kapitel. Fasste man diese zusammen, so ergäbe sich:

„Die Kriminologie ist eine interdisziplinäre und internationale Sozialwissenschaft.[129] Sie wird zu den Kriminalwissenschaften gezählt.[130] Sie ist eine Erfahrungswissenschaft[131] mit autonomen Erkenntnisinteressen[132] und befasst sich mit abweichendem Verhalten und den gesellschaftlichen Reaktionen darauf."[133]

---

[127] S. hierzu auch (*Göppinger*, 2008), S. 2.
[128] (*Göppinger*, 2008), S. 1.
[129] (*Neubacher*, 2011), 1. Kapitel, Rn. 6.
[130] (*Neubacher*, 2011), 1. Kapitel, Rn. 9.
[131] (*Neubacher*, 2011), 1. Kapitel, Rn. 10.
[132] (*Neubacher*, 2011), 1. Kapitel, Rn. 11.
[133] (*Neubacher*, 2011), 1. Kapitel, Rn. 12.

Hans-Joachim Schneider definierte schon 1987:[134] 415

„Gegenstand und Aufgabe der Kriminologie ist die Analyse von Kriminalisierungs- und Entkriminalisierungsprozessen. Das Verbrechen wird bestimmt durch den gesellschaftlichen Kriminalisierungs- und Entkriminalisierungsprozeß, zu dem neben der Strafgesetzgebung im engeren Sinne die gesellschaftliche Wirklichkeitsgrundlage und die tatsächlichen gesellschaftlichen Auswirkungen der Strafgesetzgebung gehören."

Damit hat er bereits damals die vielfältigen Einflüsse bezeichnet und den Fokus der Wissenschaft auf die Beschreibung von Prozessen gelegt.

Weitere Definitionen lassen sich in der kriminologischen Fachliteratur mannigfach finden; sie lassen jeweils den zentralen Standpunkt des jeweiligen Wissenschaftlers erkennen.

Da innerhalb der Lehre ein Konsens gefunden werden sollte, um die Kernaussagen kriminologischer Erkenntnisse entsprechend bewerten zu können, wird folgende weitgehend akzeptierte Erklärung von *Hans-Dieter Schwind* als **Definition**[135] angenommen: 416

Definition: „Unter Kriminologie ist der interdisziplinäre Forschungsbereich zu verstehen, der sich auf alle die empirischen Wissenschaften bezieht, die zum Ziel haben, den Umfang der Kriminalität zu ermitteln und Erfahrungen

- über die Erscheinungsformen und Ursachen der Kriminalität,
- über Täter und Opfer sowie
- über die Kontrolle der sozialen Auffälligkeit einschließlich der Behandlungsmöglichkeiten für den Straftäter und der Wirkungen der Strafe (bzw. Maßregel)

zu sammeln."

Welchem der Erklärungsversuche auch immer man sich anschließt, in jedem wird deutlich, dass Kriminologie sich aus verschiedenen Blickrichtungen dem Kern der Betrachtung, dem Verbrechen, nähert und die jeweiligen Einflüsse auch aus diesen verschiedenen Blickrichtungen bewertet. Daraus ergibt sich zwangsläufig, dass Kriminologie sich in den Reigen der anderen Kriminalwissenschaften einordnen und sich weiterhin in Teilwissenschaften aufgliedern muss.

Unstreitig ist aber, dass sich Kriminologie, da sie „interdisziplinär" ist, verschiedener anderer Wissenschaften bedient, die damit ihre sog. **Bezugswissenschaften** darstellen. Nach *Schwind:* 417

„... heute (neben dem Strafrecht): Soziologie, Psychiatrie und Psychologie (vgl. dazu Gebauer in Jehle 1992, 338 ff.). Eine besondere Rolle spielen darüber hinaus auch die Ethologie (vergleichende biologische Verhaltensforschung), die Anthropologie (Leh-

---

134 (*Schneider*, 1987), S. 86.
135 (*Schwind*, 2011), § 1 Rn. 16,8.

re vom Menschen, seiner Abstammung, Erbstruktur, seinem Körperbau usw) die Kriminalpädagogik sowie in methodischer Hinsicht: Mathematik und Statistik."[136]

Aus allen Bezugswissenschaften bedient sich der Kriminologe derjenigen Erkenntnisse, die für die Betrachtung von Kriminalität jeweils bedeutsam sein können.

A. Betrachtungsgegenstand der Kriminalwissenschaften

418 Wie auch Kriminalistik und juristische Wissenschaften befasst sich die Kriminologie mit dem, was gemeinhin als Kriminalität oder „Verbrechen" bezeichnet wird. [137] Lediglich die Art, „Kriminalität" und „Verbrechen" zu definieren, unterscheidet sich wieder von Standpunkt zu Standpunkt:[138]

Der Begriff „Verbrechen" („crimen") ist außerordentlich schillernd und komplex. Es lässt sich als rein juristisches Phänomen auffassen, kann aber auch in seinen engen Beziehungen zu Kultur, Religion und Moral gesehen werden.

B. Strafrechtlicher Verbrechensbegriff

419 Der strafrechtliche (formelle) Verbrechensbegriff ergibt sich aus der Legaldefinition des § 12 StGB, der in Vergehen und Verbrechen einteilt, wobei die mögliche Mindeststrafe als Maß genutzt wird. Die weiteren Inhalte hierzu sind, da sie Gegenstand des Grundstudiums sind, als bekannt vorauszusetzen (vertiefend s. hierzu [*Pientka/Wolf*, 2017], § 8 B sowie Kommentare zum StGB).

420 Nach diesem Begriff des Verbrechens unterliegt die Definitionsmacht, was als Kriminalität anzusehen ist und was nicht, dem Gesetzgeber. Dies zeigt sich darin, dass Prozesse der Entkriminalisierung oder Legalisierung ebenso häufig diskutiert werden wie Kriminalisierungsfragen. Ob also eine bestimmte Handlung überhaupt strafbar sein soll oder nicht, entscheidet der Gesetzgeber. Neue Phänomene werden durch neue Strafnormen definiert und erklärt, nicht immer im ersten Anlauf bereits ausreichend bestimmt, aber im Gesetz verankert. Ein Beispiel aus der jüngeren Vergangenheit ist die Aufnahme des § 238 StGB, Nachstellung. Die umgangssprachlich als „Stalking" bezeichneten Handlungen sind seit geraumer Zeit häufiger Anlass für Anzeigenerstattungen, fanden sich aber in keiner Strafnorm zusammenfasst. Daher wurden sie durch die Neuschaffung des § 238 StGB aufgenommen (**Kriminalisierung**).

421 Ebenso entscheidet der Gesetzgeber, in welcher Weise die Strafbarkeit aufgenommen werden soll und auch darüber, ob eine Tat in der Grundeinteilung der Delikte korrekt aufgenommen ist oder nicht. So kann es zu **Entkriminalisierungen** kommen, also zu einer „Degradierung" des Deliktes, zB vom Verbrechens- zum Vergehenstatbestand oder zur Verlagerung eines Vergehens in den Bereich der Ordnungswidrigkeiten.

422 Wird eine Strafbarkeit überhaupt nicht mehr vorgesehen, so spricht man von der **Legalisierung**.

---

136 (*Schwind*, 2011), § 1 Rn. 17.
137 S. hierzu auch die Ausführungen in (*Pientka/Wolf*, 2017), 2. Abschnitt, §§ 6 und 8.
138 (*Göppinger*, 2008), 1. Teil, § 1 C unter Verweis auf sich selbst und *Bock*.

Beispiele:

- Von *Bob Marley* (1945–1981) stammt die Textzeile „Legalize it – don't criticize it". Bis heute ist die Diskussion um die Legalisierung von Cannabisprodukten nicht verstummt, sie wird immer wieder mehr oder weniger intensiv geführt, ohne bislang irgendeine Reaktion gezeigt zu haben, ohne überhaupt nur eine Entkriminalisierung herbeigeführt zu haben. Lediglich die Einführung von Mengengrenzen und die Möglichkeiten zur Nutzung staatsanwaltschaftlicher Opportunitätsentscheidungen sind in den späten 1980er Jahren eingeführt oder intensiviert worden, wobei es sich hier aber in erster Linie um Entscheidungen aus Gründen der Ökonomie handelte und nicht um solche, die aus der Gefährlichkeitsdiskussion entstanden wären.
  Eine Einigung der diskutierenden Gruppen untereinander und mit dem Gesetzgeber und der Gesellschaft kann offenkundig hier nicht erzielt werden und damit nicht zu einer Veränderung des Gesetzes führen.
- Die Straftatbestände der § 175 StGB – Homosexuelle Handlungen – oder § 218 StGB – Schwangerschaftsabbruch – sind jedoch nach langen Diskussionen in der Öffentlichkeit weggefallen bzw. modifiziert worden. Hier ist der Gesetzgeber seinem Auftrag, Kriminalität zu definieren, nach den Entwicklungen gesellschaftlicher Toleranz gerecht geworden und hat entsprechend angepasst.
- Mit der Entwicklung der Informationstechnologie sind Handlungen möglich geworden, die es zuvor nicht gab (zB § 263a – Computerbetrug); solche werden, sobald das Erfordernis erkannt wird, zusätzlich aufgenommen.[139]

Im Ergebnis ist festzuhalten, dass der strafrechtliche Verbrechensbegriff sich aus der Zuschreibung von Strafen an bestimmte Handlungen ergibt.

C. Natürlicher Verbrechensbegriff

Da diese Zuschreibungsprozesse immer anhängig von vielen Faktoren sind, 423
daher auch dazu führen, dass Verbrechen wandelbar ist und die Gefahr besteht, die Definitionen im Sinne einzelner Gruppierungen zu instrumentalisieren (vgl. in Diktaturen unterschiedlichster Couleurs), wird nach einem Begriff gesucht, der diesen Schwankungen nicht unterliegen würde. Dies soll der sog. natürliche Verbrechensbegriff sein. Dieser Begriff geht zurück auf *Raffaele Garofalo* (1851–1934), der Delikte beschrieb, die „in sich" schlecht sind, die „delicta mala per se". Dazu zählen zB Mord, Raub, Vergewaltigung, also diejenigen Delikte, die wir auch heute als besonders verwerflich ansehen, die sog. „Kapitaldelikte".

Ihnen gegenüber stehen diejenigen Taten, denen man die Strafbarkeit erst zu- 424
schreiben muss, die sog. „delicta mere prohibita", die dann wiederum dem strafrechtlichen Verbrechensbegriff entsprechen.

---

[139] Am 11.6.1994 aus dem StGB gestrichen, bis dahin lautete Abs. 1: „Ein Mann über achtzehn Jahre, der sexuelle Handlungen an einem Mann unter achtzehn Jahren vornimmt oder von einem Mann unter achtzehn Jahren an sich vornehmen läßt, wird mit Freiheitsstrafe bis zu fünf Jahren oder mit Geldstrafe bestraft."

Stellt man diesem Bemühen gegenüber, dass es auch in manchen Gegenden durchaus erwartet wird, eine gebrochene Ehre wiederherzustellen, indem Menschen getötet werden, oder dass der Geschlechtsverkehr gegen den Willen eines erwachsenen Menschen als „möglich" angesehen wird, zeigt sich die Schwäche dieses Begriffs und erneut, dass ein Zuschreibungsprozess auch diese delicta mala per se zu erlaubten Handlungen umdefinieren kann.

Bliebe die Frage, in welcher Weise Verbrechen definiert werden muss, um diese Schwachstelle zu beseitigen.

D. Kriminalistischer Verbrechensbegriff

425 Der kriminalistische Verbrechensbegriff ist bis hierher der umfassendste; er beinhaltet alle mit einer Kriminalstrafe bedrohten Handlungen, also Vergehen und Verbrechen. Der Begriff wird im Grundstudium näher erläutert, s. also hierzu (*Pientka/Wolf*, 2017), Rn. 25.

Da er sich also am Strafrecht orientiert, unterliegt auch er der Zuschreibungsmacht des Gesetzgebers.

E. Soziologischer (materieller) Verbrechensbegriff

426 Dieser Zuschreibungsmacht zu entgehen, versucht der soziologische Verbrechensbegriff. Hier wird alles das als Verbrechen bezeichnet, was von dem sozial Üblichen abweicht, was also sozialabweichend = deviant ist.

Sozialabweichendes Verhalten ist demnach deviant und mithin kriminell im Sinne dieses Verbrechensbegriffs. Weicht Verhalten nur ab, wird das Verhalten nicht toleriert, es wird kommentiert, aber eher durch gesellschaftliche Reaktionen bestraft.

427 Ist das Verhalten aber nicht nur abweichend, sondern auch sozialschädlich, fügt es also der Gesellschaft (oder Teilen von ihr) einen wie auch immer gearteten Schaden zu, wird in aller Regel das Verhalten auch juristisch unter Strafe gestellt, es wird also angesehen als eine Ordnungswidrigkeit oder ein Vergehen oder ein Verbrechen.

Beziehen wir diese Grundaussagen auf konkrete **Beispiele**:

- Vorstandsvorsitzende großer Banken legen das Kapital, für das sie verantwortlich zeichnen, hochspekulativ an und verlieren es. Ihr Arbeitgeber reagiert mit Entlassung, nicht ohne zuvor eine Entschädigung in Millionenhöhe gezahlt zu haben. Solche und ähnlich gelagerte Fälle haben gerade in der jüngeren Vergangenheit zu vielen Diskussionen in der Gesellschaft geführt. Strafrechtlich ist dieses Verhalten in den meisten Fällen nicht zu würdigen. Es entspricht also weder dem natürlichen noch dem juristischen oder dem kriminalistischen Verbrechensbegriff. Als sozialschädlich ist dieses Verhalten allerdings anzusehen, denn es beeinträchtigt nachhaltig das Vertrauen der Bevölkerung in Banken, Geldanlagen usw, wodurch wiederum Nachteile für die Gesamtgesellschaft entstehen.
- Schwarzfahren (Erschleichen von Leistungen) wird zuweilen in bestimmten Gruppierungen der Bevölkerung als Sport angesehen. Die so entste-

henden Schäden werden auf alle anderen Nutzer umgelegt, die sie daher durch ihre erhöhten Gebühren ausgleichen müssen. Es handelt sich also um sozialschädliches Verhalten, das juristisch eher der Bagatellkriminalität zuzurechnen ist.

- Dasselbe gilt für Ladendiebstähle, die – jeder für sich genommen – ebenfalls der leichten Kriminalität zuzurechnen sind, insgesamt gesehen als Phänomen aber die Gesamtgesellschaft belasten (erhöhte Preise, Versicherungsgebühren, Personalbedarf bei den Strafverfolgungsbehörden durch die Belastung als Massendelikt usw).
- Auch Verhalten, das weder mit Strafe bedroht noch als Ordnungswidrigkeit anzusehen ist, gilt als sozial schädlich und daher als kriminologisch betrachtenswert, man denke nur an das Verhalten einzelner Besucher bei Massenveranstaltungen, Karnevalsumzügen, Schützenfesten oder das zur Zeit insbesondere unter einigen jungen Menschen beliebte „Komasaufen".

Hier wird also mit einem soziologischen Verbrechensbegriff auch dasjenige Verhalten erfasst, das bei den anderen Definitionen durch das Raster fallen würde.

Im Ergebnis lässt sich festhalten, dass alle Kriminalwissenschaften sich mit demselben, aber je nach Standort unterschiedlich definierten Wissenschaftsgegenstand, eben dem Verbrechen, befassen.

F. Kriminologie im Kontext der Kriminalwissenschaften

Das Wechselspiel zwischen den Kriminalwissenschaften und die aus jeweiliger Sicht zu stellenden Kernfragen in der Betrachtung des Verbrechens gehört zum Grundlagenwissen und wurde bereits im Grundstudium vermittelt. An dieser Stelle soll daher lediglich zur Erinnerung die Einteilung der Kriminalwissenschaften erneut dargestellt werden: 428

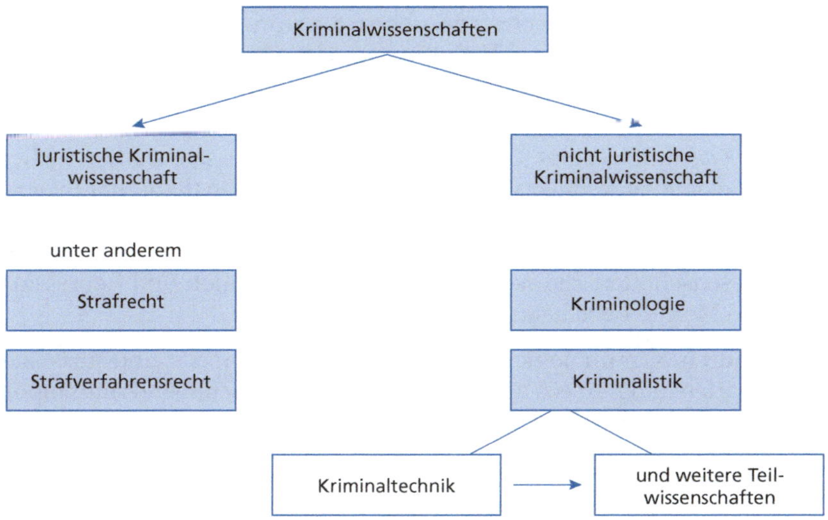

Abb. 26: Übersicht über die Kriminalwissenschaften

429 Wie bereits im Grundstudium erörtert, sind sowohl die juristischen als auch die nicht-juristischen Kriminalwissenschaften sowohl auf dem Gebiet der Betrachtung von Einzelfällen tätig als auch zur Erforschung von Phänomenen oder allgemeingültig zu prüfenden Fragen, wir teilen also die Betrachtungsebenen in Mikro- und Makroebenen (vertiefend [*Pientka/Wolf*, 2017], Rn. 31). Hier greifen die Betrachtungen teils ineinander, teils ergänzen sie sich, teils sind sie aber auch redundant.

Beispiel: Sowohl die Kriminalistische Fallanalyse als auch die Kriminologische Deliktsanalyse prüfen bestimmte Inhaltsfragen, wenngleich sie einerseits den Einzelfall, andererseits das Allgemeine vor Augen haben. Während hier zB die konkret erlangte Beute betrachtet wird, wird dort die Frage aufgeworfen, was mehrheitlich als Beute erlangt wird und ob dieser Einzelfall zum „Durchschnitt“ passt oder etwa Besonderheiten aufwirft.

Ebenso ist den Kriminalwissenschaften zu Eigen, dass sie sich quasi als beratende Wissenschaften unter die Klammer der Kriminalpolitik stellen. Ohne die Forschungen und Erkenntnisse der Kriminalwissenschaften wären kriminalpolitische Entscheidungen nur schwer vorzubereiten bzw. umzusetzen. In der Literatur wird teils die Kriminalpolitik als Ergebnis oder Folge der Kriminologie angesehen, dies erscheint jedoch angesichts der komplexen Struktur und Inhalte der Kriminalpolitik als verkürzt.

430 So weist *Schwind*[140] auf die verschiedenen Auffassungen zur Begriffsbestimmung der Kriminalpolitik und ihrer Dimensionen hin und unterscheidet folgerichtig in rationale,[141] emotionale und populistische[142] Kriminalpolitik.

Zusammenfassend definiert er:[143]

!

Definition: Unter Kriminalpolitik ist die Gesamtheit aller staatlichen und außerstaatlichen Maßnahmen zu verstehen, die zum Schutz der Gesellschaft und des einzelnen Bürgers auf Verhütung und Bekämpfung von Kriminalität gerichtet sind.

Aus dieser Definition ergibt sich, dass als „Service“-Wissenschaften nicht nur die Kriminologie angesehen werden kann; auch Kriminalistik hat ihre beratende Aufgabe zu erfüllen, um ihrem eigenen Anspruch als selbstständige Wissenschaft gerecht werden zu können. Schließlich enthält auch sie wesentliche Teilwissenschaften, die sich mit Fragen der Prävention und Repression in Mikro- und Makroebene befassen.

Aus den durch Kriminologie und Kriminalistik einerseits und juristischen Wissenschaften andererseits zugelieferten Inhalten beschließt Kriminalpolitik

---

140 (*Schwind*, 2011), § 1 Rn. 31 ff.
141 Nach (*Schwind*, 2011) orientiert an den Resultaten wissenschaftlicher Forschung.
142 Nach (*Schwind*, 2011) unter Verweis auf (*Pfeiffer/Wetzels*, Festschrift für Schwind, 2006), die von Medien und Meinungsumfragen beeinflussbare „Stimme des Volkes“.
143 (*Schwind*, 2011), § 1 Rn. 37.

Maßnahmen und Umsetzungsschritte, die sich durchaus auch als Gesetzesänderungen niederschlagen können.

> **Beispiel:** Seit vielen Jahren sind Fälle, in denen es zu Handgreiflichkeiten zwischen Menschen, die in Beziehung leben oder lebten, polizeilicher Arbeitsalltag. Noch vor 25 Jahren wurden derartige Einsatzanlässe „abgearbeitet", in dem die GES, zumeist Frauen, gefragt wurden, ob sie Strafantrag stellen wollen. Lehnten sie ab, so kam es zu einem Bericht, in der Regel aber nicht zur Eröffnung eines Verfahrens, da die StAen regelmäßig das öffentliche Interesse verneinten (§ 223 StGB – Körperverletzung – ist relatives Antragsdelikt, Privatklagedelikt). Derartige Einsätze zogen mithin keinerlei rechtliche Konsequenzen von Amts wegen nach sich.

Im Laufe der Jahre aber wurde durch kriminalistische und kriminologische 431
Forschung deutlich, dass diese Fälle, die sodann die Bezeichnung „häusliche Gewalt" (hG) erhielten, ein nicht zu unterschätzendes gesellschaftliches Problem darstellen, über das man nur mit entsprechenden Reaktionen Herr werden kann.

Ergebnis waren kriminalpolitische Entscheidungen, die durch Beratung der Kriminalwissenschaften herbeigeführt und unterstützt wurden, wie zB Dienstanweisungen zur Bearbeitung von Fällen der hG, die Einführung von Ermächtigungen zur Wohnungsverweisung (zB § 34a PolG NRW) mit Rückkehrverbot und aller daran geknüpfter weiterer Normen, Gründung von Vereinen zur Betreuung der Opfer von hG und vieles mehr.

Trotz dieser und vieler weiterer Beispiele in der Vergangenheit ist die Krimi- 432
nalpolitik in ihrer konkreten Ausgestaltung mit allen Reaktionsmöglichkeiten auf kriminalwissenschaftliche Forschung nach übereinstimmender Auffassung in der Fachliteratur regulierende Kraft, die sich zwar der Erkenntnisse der anderen bedient, jedoch gerne auch Strömungen in der Gesellschaft oder neue Phänomene mit wissenschaftlich eher wenig zu stützenden Maßnahmen beantwortet. Nicht zuletzt die in der jüngeren Vergangenheit zuweilen kassierten Gesetze zur Terrorismusbekämpfung, Regelungen zur Vorratsdatenspeicherung und Ähnliches sind gängige Beispiele. In der Literatur wird hier zB vom sog. „Goretex-Prinzip" gesprochen („von der Wissenschaft zur Politik hin durchlässig, in Gegenrichtung abweisend")[144].

Festzuhalten ist also, dass die Kriminalwissenschaften insgesamt die Kriminalpolitik stützen und „bedienen", dies sowohl eigenständig jeweils aus ihrem wissenschaftlichen Standort heraus, als auch insgesamt und abgestimmt als Wissenschaftsfeld.

So steht auch die Kriminologie also einerseits selbstständig zur Kriminalpolitik 433
und den anderen Kriminalwissenschaften, andererseits entstehen Wechselwirkungen und gegenseitige Bedingungen.

Dies umso mehr, als die Kriminologie sich – wie auch die Kriminalistik (s. hierzu [*Pientka/Wolf*, 2017], Rn. 19) – in weitere Teilwissenschaften gliedert:

---

[144] (*Schwind*, 2013), § 1 Rn. 33a unter Verweis auf *Kunz*.

Abb. 27: Teilwissenschaften der Kriminologie[145]

Durch die verschiedenen Teilwissenschaften betrachtet der Kriminologe ein und dasselbe Geschehen aus unterschiedlichen Sichtweisen und bedient sich darin der Bezugswissenschaften. So kann sich niemand konstant nur in einer der Kriminalwissenschaften oder einer der Teilwissenschaften bewegen; vielmehr ist es ein ständiges Ineinanderfließen und Wechseln der Perspektiven.

G. Teilwissenschaften der Kriminologie

I. Phänomenologie

434 In der Phänomenologie werden einzelne Delikte oder Deliktsbereiche oder die Gesamtkriminalität in einem Gebiet betrachtet. Schwerpunkt ist jeweils die Fragestellung, was genau das Delikt/den Deliktsbereich/die Gesamtkriminalität ausmacht, wie sie sich gestaltet, zusammensetzt, beschreiben lässt.

[145] In der Literatur wird die Kriminalstatistik teils nicht als eigenständige Teilwissenschaft angesehen, sondern als Bestandteil der Phänomenologie (so zB [*Clages/Zimmermann*, 2010], S. 3, nicht mehr in Aufl. 3 *Clages/Zeitner*, 2016); dies erscheint aufgrund der Tatsache, dass Statistik als Methoden**lehre** zur Datenerfassung und -interpretation definiert ist, verkürzend.

Definition: Phänomenologie ist die Lehre von den Erscheinungsformen des Verbrechens.

Dabei wird eine möglichst umfassende Sichtweise angestrebt. Sowohl Täter als auch Opfer und die Situation, in der die Tat entstanden ist, werden hinterfragt und beschrieben.

Innerhalb der Kriminologischen Deliktsanalyse nimmt dieser Teilbereich der Kriminologie den gesamten ersten Abschnitt ein. Die dort zu prüfenden Inhalte machen bereits deutlich, wie komplex die Betrachtungen sein müssen.

II. Ätiologie

Die Ätiologie betrachtet die möglichen Ursachen von Kriminalität, indem sie 435
die Bedingungsfelder von Verbrechen im Einzelnen betrachtet und Hypothesen aufstellt, wie welche Bedingungen ineinander greifen.

Definition: Ätiologie ist die Lehre von den Ursachen des Verbrechens.

So werden Theorien entwickelt, die das Verbrechen erklären sollen. Solche Theorien wiederum unterscheiden sich je nach wissenschaftlichem Standort des Forschers. So gibt es Theorien und Erklärungsansätze oder Hypothesen, die auf psychologischen Erkenntnissen beruhen, solche mit soziologischen Schwerpunkten und solche, die die Verbindung unterschiedlicher Bezugswissenschaften herzustellen versuchen. Der Ätiologischen Forschung widmet sich insbesondere §23.

III. Statistik

In der Kriminologie befasst sich Statistik zunächst mit der Erfassung von Kri- 436
minalität, im zweiten Schritt aber auch mit der Auswertung der erfassten Daten und sodann mit Fragestellungen, die wiederum in die statistische Erfassung zurückwirken. Wird also durch statistische Auswertungsarbeit ein neues Phänomen erkannt, so führt dies wiederum zurück in die Veränderung der Erfassungsmodalitäten.

Beispiel: Zunehmend erschien in der Vergangenheit Alkohol ein Problem zu sein, das bestimmte Delikte fördert. Also wird begonnen, in der Statistik auch zu erheben, in welchen und wie vielen Fällen Tatverdächtige unter dem Einfluss von Alkohol standen.

Weitere Ausführungen zur statistischen Erfassung von Kriminalität unter §22.

IV. Viktimologie

Definition: Viktimologie ist die Lehre vom Opfer und dessen Verhalten.

437 Hier wird also der Tatsache Rechnung getragen, dass jedes Delikt auch ein Opfer hat, sei es personalisierbar (also eine natürliche Person) oder eben nicht (also zB eine juristische Person oder die Allgemeinheit).

Gerade in den letzten Jahren hat die Betrachtung von Individualopfern eine zunehmend wesentliche Rolle gespielt; wurde noch vor wenigen Jahren das Opfer einer Tat lediglich als ZEG im Verfahren, also als Aufklärungselement, empfunden, so ist mittlerweile das Bewusstsein gewachsen, dass auch das Opfer als Persönlichkeit eine wesentliche Rolle spielt. Dies mündete zB in der Veränderung von Präventionsmaßnahmen oder in der Stärkung von Opferrechten.

V. Psychiatrie

„Psychiatrie, ein Gebiet der Medizin, befasst sich mit der Diagnostik, Therapie und Prävention der seelischen Krankheiten des Menschen einschließlich deren Erforschung und Lehre. …. Wer sich eingehend mit der Psychiatrie befasst, entdeckt ein außerordentlich vielseitiges, wissenschaftlich interessantes und therapeutisch erfolgreiches Arbeitsgebiet."[146]

Kurz gefasst ließe sich sagen:

Definition: Die Psychiatrie ist die Lehre von den psychischen Erkrankungen und ihrer Behandlung.[147]

438 Die Psychiatrie als kriminologische Teilwissenschaft beschäftigt sich mithin mit psychischen Erkrankungen als möglichen Ursachen und in Zusammenhang mit dem Verbrechen, so zB mit Fragen der Therapiemöglichkeiten bei Straftätern, deren Unterbringung, aber auch mit den Fragen von Traumaforschung und -behandlung bei Opfern.

VI. Psychologie

439 Hingegen ist es nicht einfach, eine abgestimmte Definition für den Begriff der Psychologie zu finden.

„Genau genommen bedeutet das Wort Psychologie die Wissenschaft von der Psyche. Die Psychologen waren mit dieser Definition noch nie zufrieden, weil „Psyche" ein überaus vager Ausdruck ist. Deshalb sollte es uns nicht überraschen, daß (sic.) es eine ganze Reihe grundlegend verschiedener Definitionen von „Psychologie" gibt; je nach der theoretischen Ausrichtung der entsprechenden „Schule"."[148]

Einige Jahre später wird im selben Lehrbuch in einer Neubearbeitung festgestellt:

---

146 (*Tölle/Windgassen*, 2012), S. 2.
147 (*Schwind*, 2013), § 1 Rn. 19.
148 (*Zimbardo*, 1983), S. 25.

„Viele Psychologen suchen Antworten auf die grundlegende Frage: Was ist das Wesen des Menschen? Die Psychologie beantwortet diese Frage, indem sie sowohl die Prozesse innerhalb eines Individuums als auch die Kräfte in seiner physischen und sozialen Umwelt betrachtet. So gesehen definieren wir Psychologie formal als die wissenschaftliche Untersuchung des Verhaltens von Individuen und ihren mentalen Prozessen ….[149]

Für die Psychologie als Teilwissenschaft der Kriminologie ließe sich also festhalten:

Definition: Die Kriminalpsychologie ist die Lehre von den seelischen Strukturen des Straftäters. !

In dieser Definition, angelehnt an *Schwind*[150] kommt die Betrachtung des Opfers **440**
und der Prozesse dort nicht vor, denn diese werden im Kern innerhalb der Viktimologie umfasst. Eine Beschränkung der Kriminalpsychologie auf die Betrachtung des Täters ist demnach keine Verkürzung, sondern dient der Spezialisierung der Betrachtungsräume.

VII. Poenologie

Definition: Die Poenologie ist die Lehre von der Strafe, von den Sanktionen. !

Der Begriff hat seinen Ursprung im lateinischen Begriff „poena“ = die Strafe. **441**
Als Forschungsbereich befasst sich diese Teilwissenschaft mit dem Sinn und Zweck von Strafe im Allgemeinen, im Besonderen mit der Frage, ob und wie Strafe gestaltet werden sollte, welche Wirkungen sie entfaltet usw.

Ergebnisse der Poenologie sind zB auch Gestaltungsfragen in den Justizvollzugsanstalten, wie sind die Zellen aufzubauen, was ist im Rahmen der Strafzwecke als „Angebot“ vorzuhalten usw.

Zum Beispiel berichteten die bundesdeutschen Medien flächendeckend in den Jahren 2012 und 2013 darüber, dass in mehreren nordrhein-westfälischen Justizvollzugsanstalten Farbversuche gemacht wurden. Es wurden dort die Wände in manchen Zellen leuchtend pink gestrichen. Diese Zellen sollten als sogenannte Beruhigungszellen dazu dienen, dass aggressive oder gefährdete Insassen dort kurzfristig (Verweildauer bis maximal drei Tage) untergebracht werden.

Solche mit „cool-down-pink“ gestrichenen Zellen sind bereits seit 2006 in der Schweiz erprobt worden. Da die Gefangenen in diesen Zellen aber ohnehin nur vorübergehend untergebracht sind und während dieser Zeit besonders beobachtet und betreut werden, ist die Wirkung der Farbgestaltung nicht belegt. In der Schweiz sieht man Erfolge, in Nordrhein-Westfalen ist man zumindest zum Teil wieder zur alten weiß gestrichenen Zelle zurückgekehrt. Es kann vermutet werden, dass auch die besondere Zuwendung durch das JVA-Personal und

---

149 (*Zimbardo/Gerrig,* 2008), S. 2. Zur Vertiefung und weiteren Betrachtung von Perspektiven und Strukturen s. *Zimbardo/Gerrig,* 2008.

150 (*Schwind,* 2011).

Betreuer wesentlichen Einfluss auf die Beruhigung der Insassen nimmt und nicht die „Mädchenfarbe". Die führte im Übrigen dazu, dass Gefangenenorganisationen aus der Schweiz Stellung bezogen und diese Farbe für die Insassen als demütigend anprangerten.

VIII. Instanzenforschung

442 In der Literatur findet dieser Zweig der Kriminologie unterschiedliche Bezeichnungen; zuweilen wird von der „Instanzenforschung" gesprochen, zuweilen aber auch der Begriff „Institutionenforschung" benutzt. Gemeint ist in beiden Fällen der Bereich, in dem Kriminologie sich mit der Frage beschäftigt, wie die Strafverfolgungsbehörden mit Verbrechen umgehen und welche Wirkungen und Wirksamkeiten sie dabei entfalten. Geprüft wird etwa, welche Einflüsse auf die Entscheidung staatlicher Gewalt einwirken, wie es zu bestimmten Entscheidungen kommt, welche Zusammenhänge und auch welche hierarchischen Strukturen und Zuständigkeiten wesentlich sind.

Beispiel: StA wissen sehr wohl über die grundsätzlichen Einstellungen „ihrer" Gerichte und ihrer vorgesetzten Behörden. Entscheidungen innerhalb von Ermittlungsverfahren sollen daher, so die Instanzenforschung, nicht nur auf ihre rechtliche Bewertung hin untersucht werden sondern auch hinsichtlich der Frage, welche Rolle die angenommene Bewertung höherer Instanzen spielen wird.

Dasselbe ließe sich auf die Arbeit der Polizei im täglichen Dienst übertragen. Werden erwartete Entscheidungen der StA hier schon quasi vorweggenommen, wird nicht mehr in alle Richtungen absolut neutral gearbeitet, sondern eben zielorientiert unter Berücksichtigung der antizipierten Entscheidung der höheren Instanz.

IX. Kriminalgeographie

443 Wir alle kennen aus dem eigenen täglichen Erleben Orte, an denen nach Wahrnehmung der Öffentlichkeit mehr Kriminalität verübt wird und solche, die eher weniger von Verbrechen belastet sind. Diese Wahrnehmung findet sich auch bereits seit fast 100 Jahren in der Tatsache wieder, dass bei den Strafverfolgungsbehörden Straftaten mit ihren konkreten Tatorten registriert werden, um Brennpunkte (neudeutsch: hot spots) zu erkennen und entsprechende Präventionsmaßnahmen schalten zu können.

Dies wurde geraume Zeit durch Stecknadeln in Generalstabskarten abgebildet, wie man es auch von Unfallsteckkarten kennt, wird aber heute softwaregestützt umgesetzt.

Auch umfassende Forschungsprojekte, die in „Kriminalitätsatlanten" münden, sind durch Kriminalgeographie gestützt.

444 Das zeigt bereits, dass Kriminalgeographie sich mit den Zusammenhängen von Kriminalität und Raum befasst.

Beispiel: In den kleinsten Gemeinden bis 20.000 Einwohner wurden überdurchschnittlich oft zB Straftaten gegen die Umwelt, Verletzung der Unterhaltspflicht sowie Brandstiftungen und Herbeiführen einer Brandgefahr registriert, relativ selten dagegen Raub. Der höchste Tatortanteil für Großstädte ab 500.000 Einwohner wurde unter den oben aufgeführten Straftaten(gruppen) insbesondere bei Straftaten gegen das Ausländergesetz und das Asylverfahrensgesetz, bei Wettbewerbs-, Korruptions- und Amtsdelikten sowie bei Raubdelikten verzeichnet.[151]

In der Umsetzung und der Notwendigkeit der statistischen Messung ist man **445** sich demnach einig, eine einheitlich anerkannte Definition des Begriffes gibt es hingegen nicht.

„Kleinster gemeinsamer Nenner dieser Definitionen ist das Thematisieren und Aufeinanderbeziehen von Kriminalität und Raumstruktur. Die Kriminalgeographie besteht zum einen aus einem beschreibenden Ansatz, der Kriminalitätsverteilungslehre oder auch „kriminalistischen Kriminalgeographie". Und zum anderen gibt es den erklärenden, nach Ursachen forschenden Ansatz der „kriminologischen Kriminalgeographie". Auch die Kombination beider Perspektiven ist empirisch auffindbar."[152]

Definitionen aus der Literatur unterscheiden sich wieder, wie bereits in den **446** übrigen Teilwissenschaften und im grundlegenden Verbrechensbegriff mehrfach festgestellt, je nach eigenem Standpunkt und eigener wissenschaftlicher Herkunft. Dabei ergibt sich die gesamte Bandbreite zwischen Kriminalitätserfassung im Raum (also Statistik) und Kriminalitätserklärung durch den Raum und seine Gestaltung (also Ätiologie).

Näheres hierzu unter § 25.

Im Ergebnis lässt sich festhalten, dass sich Kriminologie sowohl verschiedener **447** Bezugswissenschaften bedient als auch die genannten Teilwissenschaften vereint. Entgegen der zuweilen in der polizeilichen Praxis vorhandenen Vorstellung, dies alles sei hochtheoretisch und in der Praxis nicht zu gebrauchen, muss auch festgestellt werden, dass die verschiedenen Bereiche der Kriminologie und deren jeweilige Erkenntnisse im täglichen Dienst durchaus Berechtigung haben.

Versuchen wir, dies an einem Beispiel deutlich zu machen, das sowohl die Inhalte der Wissenschaft zeigt als auch verdeutlicht, wie der Beamte im täglichen Einsatz sich der Erkenntnisse der verschiedenen Wissenschaften bedient, ohne sich dies jedes Mal aufs Neue zu vergegenwärtigen:[153]

Beispiel: Die Filialleiterin eines Drogeriemarktes ruft auf der Wache an, dort hat eine junge Frau versucht, eine Packung Rasierklingen zu stehlen. An der Kasse wurde sie von der Filialleiterin angesprochen und in den Pausenraum der Mitarbeiter gebeten.

---

[151] (*BKA*, Polizeiliche Kriminalstatistik Bund, 2011), S. 59.

[152] http://www.krimlex.de/artikel.php?BUCHSTABE=&KL_ID=103 (zuletzt abgerufen am 29.8.2017).

[153] Vertiefend hierzu (*Pientka/Wolf*, 2017), Rn. 20.

Die junge Frau will ihre Personalien nicht angeben und auch nicht in ihre Tasche sehen lassen oder deren Inhalt ausräumen. Daher entschließt sich die Filialleiterin, die Polizei zu rufen.

Sie erhalten mit POK A den Einsatz.

Teil-wissenschaft	Bezugs-wissenschaft	Fragestellung (Auswahl, viele weitere möglich)
Phänomenologie	Mathematik Statistik	Das scheint ein Ladendiebstahl zu sein, das ist ein Massendelikt, das täglich unzählige Male in Deutschland vorkommt. Wie oft sind Frauen die TV? Welches ist bevorzugtes Diebesgut? Das Diebesgut ist nicht selten. Daher liegen Rasierklingen in aller Regel im Kassenbereich. Warum ist das so?
Ätiologie	Psychologie Soziologie Kriminal-pädagogik	Warum macht die junge Frau das? Wieso gibt es so viele Ladendiebstähle? Wieso ausgerechnet mit Rasierklingen? Warum ist die junge Frau nicht bereit, mit der Filialleiterin zu sprechen? Warum gibt sie ihre Personalien nicht an? Warum leert sie die Tasche nicht aus?
Statistik	Mathematik	Ladendiebstahl als Massendelikt, wie ist es zu zählen, welche Schlüsselzahl? Ist es als geklärt anzusehen?
Viktimologie		Das Geschäft ist kein Individualopfer. Das hat Auswirkungen auf weitere Betrachtungsfelder (zB Psychologie).
Psychologie		Warum sucht die Frau sich ein Geschäft? Individualopfer würden sie vielleicht abschrecken oder ängstigen? Warum stiehlt die Frau überhaupt? Könnte es auch ein Suchtverhalten sein, das sich zeigt?
Psychiatrie	Psychologie Medizin	Vielleicht hat die junge Frau kein Bedürfnis, das Diebesgut abzusetzen, sondern eine manische Störung, die zu behandeln wäre?

Teil-wissenschaft	Bezugs-wissenschaft	Fragestellung (Auswahl, viele weitere möglich)
Instanzen-forschung		Wie gehen die Beamten nun mit der Frau um? Welche Anforderungen werden an ihre Arbeit gestellt? Sind diese zu erfüllen und angemessen? Warum entscheiden sich Strafverfolgungsbehörden so und nicht anders (in diesem Beispiel: wird das sog. vereinfachte Verfahren angewandt, und – wenn ja – warum?).
Poenologie		Hat die Frau überhaupt mit einer Strafe zu rechnen? In welcher Höhe? Wie stehen Strafe und vereinfachtes Verfahren zueinander?
Kriminal-geographie		Wo wohnt die Frau, in der Nähe oder weiter weg? Wo liegt der Drogeriemarkt? Ist er gut zu überblicken? Wie sind die baulichen Strukturen? Wie kommen die Beamten in den Markt, über den normalen Geschäftseingang oder durch eine rückwärtige Tür? Warum ist das so?

H. Methoden der Kriminologie

Wie die bisherigen Ausführungen zeigen, ist also die Kriminologie eine Wissenschaft, und als solche muss sie sich sinnvoll (also nicht dogmatisch) wissenschaftlicher Arbeitsweisen bedienen. Die Methoden der kriminologischen Forschung sind daher Grundlage der weiteren inhaltlichen Überlegungen. Da sich aber Kriminologie, wie oben bereits dargelegt, der verschiedenen Bezugs- und Teilwissenschaften und deren Methoden bedient, ist es kaum möglich, eine einheitliche Methode der kriminologisch-wissenschaftlichen Herangehensweisen an bestimmte Fragestellungen zu benennen. Vielmehr ist es Ziel der Wissenschaft, ein festgestelltes Phänomen, eine gemachte Erfahrung mit den verschiedenen Methoden als allgemeingültig und als anzuerkennende Theorie herauszuarbeiten. 448

Für die Polizei- und Kriminalbeamten ist die theoretische Diskussion um methodologische Fragen, wie zB *Göppinger* sie ausführlich führt,[154] in ihrer Komplexität wenig Orientierungshilfe. Hingegen sollte ihre Praxisrelevanz auch nicht verkannt werden, wenngleich sie zugegebenermaßen nicht unmittelbar besteht, wie *Clages/Zeitner* konstatieren[155]. Dort allerdings wird zutreffend darauf verwiesen, dass die Kenntnis der Methodenvielfalt im Studium keine

---

[154] (*Göppinger*, 2008), S. 46 ff.
[155] (*Clages/Zeitner*, 2016), Kap. 2.

Klausurrelevanz haben wird, wohl aber dem Verstehen auch anderer Disziplinen dienlich ist.

Dieser Aussage kann teilweise gefolgt werden. Kaum wird in einer schriftlichen Leistungsprüfung abgefragt werden, welche Methoden die Studierenden kennen. Wohl aber kann es darum gehen festzustellen, wo Stärken und Schwächen unterschiedlicher Erhebungen liegen und warum daraus bestimmte Aussageeinschränkungen resultieren können. Mit dieser Schwerpunktsetzung werden wir uns also den verschiedenen Methoden zuwenden.

449 Ordnet man also Kriminologie als Erfahrungswissenschaft ein, so folgt man konsequent den Gesetzen und Methoden der Empirie:

Definition: Der Begriff Empirie (griech. empeiria = Erfahrung) bezeichnet sowohl eine philosophische Strömung (Empirismus) als auch ein bestimmtes Alltags- und Wissenschaftsverständnis. Dabei werden in der Empirie und im Empirismus alle Erkenntnisse allein auf die Beobachtung, also auf gemachte Erfahrungen zurückgeführt.[156]

450 Grundlage aller kriminologisch-wissenschaftlicher Erkenntnisse ist demnach die Erfahrung, die wiederum auf Beobachtung beruht. Will man also empirisch ein kriminologisches Phänomen erforschen, so beobachtet man zunächst die Gesamtheit, erkennt sodann eine interessante Fragestellung, beschreibt diese und versucht letztendlich, sie zu erklären und ihre Allgemeingültigkeit zu beweisen. Im Rahmen des Theoriebildungsprozesses nach *Karl Popper*[157] entsteht damit über die gemachten Beobachtungen als erstes Ergebnis eine Hypothese, die der wissenschaftlichen Welt zur Diskussion gestellt wird. Lässt sich diese Hypothese in dem Diskussionsprozess nicht widerlegen, so gilt sie als Theorie. Dazu ist es erforderlich, dass sie einige Anforderungen erfüllt: sie muss logisch stringent aufgebaut sein, dadurch auch ohne Widersprüche, sie generalisiert und erklärt aufgrund der Empirie und ist daher geeignet, als Grundlage für Prognosestellungen usw. Insbesondere in den „Kriminalitätstheorien" ist dies nicht immer der Fall, weshalb der Begriff der Theorie hier falsch gewählt ist (s. §22).[158]

451 Dem kann entgegen gehalten werden, dass zunächst der forschende Kriminologe eine Idee, einen Gedanken darüber hat, was er denn aus der Fülle der ihm gebotenen Erkenntnisse zur Kriminalität näher betrachten will, daher also soll nicht die Erfahrung der Ursprung sein, sondern vielmehr das Interesse des Wissenschaftlers, dem er sodann durch geeignete Methodenwahl folgen kann, um im Ergebnis eine allgemeingültige Aussage, eine Gesetzmäßigkeit herauszuarbeiten. Ursprung ist hier demnach die Hypothese, die durch weitere Betrachtungen gestützt werden soll. Der Weg, wissenschaftliche Erkenntnisse zu gewinnen, ist hier also quasi „umgekehrt".

---

[156] http://qsf.e-learning.imb-uni-augsburg.de/node/505 (zuletzt abgerufen am 29.8.2017).
[157] Näher hierzu der Prozess der Theoriebildung nach *Karl Raimund Popper* (*Popper*, 2007).
[158] An dieser Stelle erklärt sich auch, warum die vielfältig vorhandenen Erklärungsversuche für Kriminalität sich zum Teil „Theorie" nennen, zum anderen Teil aber als „Erklärungsansätze" oder Ähnliches bezeichnen.

Welchem Weg auch immer man sich anschließen möchte, im Ergebnis sind die Ansprüche an wissenschaftliche Methodik gleich, die zu beachtenden Rahmenbedingungen ebenso.

Bei der Methodenwahl handelt es sich um die Entscheidung, auf welche Weise und für welchen Zeitraum welche Erkenntnisse erhoben werden sollen. Die Methoden lassen sich daher unterscheiden in 452

- quantitative und qualitative Methoden 453
  Während die quantitative Methode standardisierte statistische Erfassungsarten in den Vordergrund stellt (und eher dem Weg „von der Hypothese über Erhebung zur Gesetzmäßigkeit" folgt), ist die qualitative Methode offener und in ihrer Ausgestaltung vielfältiger (und folgt von der Erhebung über die Hypothese zur Theorie). Ihre Techniken sind zB Teilnehmende Beobachtung, Interview, Expertenbefragung – individuell und als Gruppenleistung und anderem.
- Methode der Längsschnittanalyse 454
  Die Methode einer Längsschnitterhebung gewährleistet eine Feststellung von Entwicklungen über einen längeren zu definierenden Zeitraum. So können zB markante Punkte in einer Lebensgeschichte betrachtet werden mit der Frage, wie sich Menschen in bestimmten Situationen bei bestimmten Rahmenbedingungen entscheiden und verhalten können und wie sich diese mit zunehmendem Alter (oder Wissen, oder sozialem Status …) verändern können.
- Methode der Querschnittsanalyse 455
  Innerhalb der kriminologischen und kriminalistischen Betrachtung sind Querschnittsanalysen häufig vertreten. Sie beziehen sich ausschließlich auf einen bestimmten Zeitpunkt, der in aller Regel der Moment der Tat ist inklusive der kurzen Zeit unmittelbar davor oder danach.
- Methode der Kombination von Längs- und Querschnittsanalyse 456
  Einige Methoden wissenschaftlicher Erhebungen kombinieren beide Formen miteinander, um ein umfassendes Gesamtbild zu erhalten. Auf diese Weise ist auch eine Prognoseerstellung möglich. S. hierzu vertiefend unter MIVEA, HS 2 und *Bock*, 2007, S. 111 ff.

J. Grundsätze der Erhebung

Ungeachtet der Tatsache, ob die Wahl auf quantitative oder qualitative Methoden fällt, muss die Erhebung sich an wissenschaftlichen Grundprinzipien orientieren: 457

- Reliabilität 458
  Unter Reliabilität versteht man die Zuverlässigkeit einer Erhebung. Jede Sammlung von Daten, Aussagen, Fällen usw muss so gestaltet sein, dass eine erneute Untersuchung mit denselben Werkzeugen auch zum selben Ergebnis führen würde. Dies setzt regelmäßig voraus, dass die Erarbeitung der Erhebungswerkzeuge mit Exaktheit erfolgt, da ansonsten das Ergebnis nicht ausreichend zuverlässig (= reliabel) ist.

459 • Validität
Jede Erhebung ist so zu gestalten, dass sie in der Lage ist, Erkenntnisse bezogen auf die zugrunde liegende wissenschaftliche Fragestellung zu erbringen. Ob statistische Erhebung oder Experteninterview – nur durch gezielte, treffende Formulierungen ist eine Erhebung auch ausreichend gültig (= valide).

460 • Relevanz
Die Bedeutsamkeit der Untersuchung muss so gestaltet sein, dass aus den Ergebnissen der Erhebung ein Erkenntnisgewinn entsteht, der auf allgemeine Aussagen übertragen werden kann. Dies steht nicht im Widerspruch zu Einzelfallanalysen; sie sind einerseits wesentliche kriminologische Forschungsinhalte, andererseits aber auch „Lieferanten" für allgemeine Erkenntnisse, damit wieder eine Methode kriminologischer Forschung.

461 • Rechtssicherheit
Jede Erhebung von Erkenntnissen unterliegt Grenzen, die teils auch durch gesetzliche Regelungen bestimmt werden. So können zB eine statistische Erhebung oder ein Interview nicht ohne Beachtung des Rechts auf informationelle Selbstbestimmung durchgeführt werden. Die Zusicherung von Anonymität bei Befragungen muss zwangsläufig in deren Umsetzung und Aufrechterhaltung münden. Ebenso weitere Regeln, gerade bei kriminologischer Forschung durch Polizeibeamte, müssen bewusst gemacht und eingehalten werden. VS-Verpflichtungen sind zu beachten, Beamtenpflichten einzuhalten usw.

K. Erhebungstechniken

462 Den Grundsätzen wissenschaftlicher Forschung zu genügen, ist ein Anspruch, dem unter anderem auch durch die Wahl geeigneter Erhebungstechniken genügt wird.

Es empfiehlt sich, um möglichen Schwächen einzelner Techniken und Methoden entgegenzuwirken, verschiedene Techniken miteinander zu kombinieren und so deren jeweilige Stärken in ihrer Ergänzung zu nutzen.

463 • Literatur-, Internet- und Aktenanalyse
Akten sind zumeist gezielt mit besonderem Zweck angelegte Sammlungen von Informationen (Ermittlungsakten, Kriminalakten usw). Die Recherche, Auswahl und problembezogene Auswertung der Quellen ist zumeist der erste Schritt in einem Projekt.

464 • Interview (standardisiert, halb standardisiert, narrativ, explorativ), durchgeführt schriftlich, mündlich, telefonisch. Interviews in Form von Befragungen können sowohl gänzlich offen, ohne vorformulierte Fragestellungen sein, als auch standardisiert mit vorgegebenen Antwortmöglichkeiten, die dann jeweils angekreuzt werden können. Explorative Erhebungsmethoden sind für den Laien eher unüblich; sie beziehen sich in erster Linie auf psychologische, psychiatrische Fragestellungen, für die teils auch Erhebungshilfsmittel zur Verfügung stehen (zB PCL-R[159]).

[159] Psychopathy checklist revised – Methode zur Diagnostik von psychopathischen Erkrankungen.

- Experteninterview[160] 465
  Eine Einteilung von Befragungen nach der Rolle des Befragten ist zwar einerseits unüblich, andererseits aber gerade in kriminologischer Forschung verbreitet. Als Experte gilt in diesem Zusammenhang derjenige, der aus seiner besonderen Kenntnis heraus (nicht unbedingt von Berufs wegen) Angaben zum Forschungsgegenstand machen kann, also zB der Jugendsachbearbeiter zu Fragen der Jugendkriminalität, das Opfer über den Hergang der Straftat usw.
- Teilnehmende Beobachtung und beobachtende Teilnahme 466
  Die teilnehmende Beobachtung ist eine Methode, bei der der Forscher neben dem Geschehen steht, gleichsam am Rande, er nimmt es lediglich zur Kenntnis, ohne aber in den Geschehensablauf eingebunden zu werden. Hingegen ist die beobachtende Teilnahme dadurch geprägt, dass der Wissenschaftler in das Geschehen eingebunden wird, er hat wenig oder keine Distanz zu der zu untersuchenden Situation und kann so auch die individuellen Bedingungen derer, die er beobachtet, in seine Erkenntnisse einbeziehen.
  Welche der beiden Variationen auch gewählt wird, „eine wirklich frei schwebende Beobachtung gibt es nicht".[161]
- Statistische Erfassung 467
  Die Statistische Erfassung von Kriminalität ist wesentliche Erkenntnisquelle kriminalistischer und kriminologischer Forschung. Über die Arten, Inhalte und Gestaltung von Kriminalstatistiken s. § 20.
- Testverfahren 468
  In Analogie zur Exploration gibt es gerade im Bereich der Psychologie und Psychiatrie standardisierte Testverfahren („Psycho-Tests"), deren Anwendung ebenfalls dem Experten vorbehalten ist.

L. Ablauf einer wissenschaftlichen Erhebung

Jede wissenschaftliche Forschung ist in drei wesentliche Abschnitte einzuteilen, die sich wiederum weiter untergliedern: 469

1. **Konzeptphase** 470
   Innerhalb dieser ersten Forschungsarbeit wird der Inhalt des Projektes festgeschrieben und eine entsprechende Hypothese aufgestellt.

> **Beispiel:** *Ego-shooter und Ballerspiele fördern die Gewaltbereitschaft der Konsumenten.* Dies ist die Arbeitshypothese.
>
> Ihr steht natürlich die genau gegenteilige Aussage entgegen:
>
> *Ego-shooter und Ballerspiele fördern die Gewaltbereitschaft der Konsumenten nicht.* Damit wurde die sog. Nullhypothese gefunden.
> Sie durch die Erhebung von Daten herauszufindenden Aussagen zu widerlegen (zu falsifizieren), ist nun die Aufgabe des Projektes.

---

160 (*Gläser/Laudel*, 2010), S. 2: „Um soziale Sachverhalte analysieren zu können, befragt man Menschen, die aufgrund ihrer Beteiligung Expertenwissen über diese Sachverhalte erworben haben."
161 (*Reichertz*, 1990).

Die Erhebungsinstrumente werden in dieser Phase im Rahmen des Projektdesigns entschieden und gestaltet. Es wird bestimmt, welche Reichweite die Erhebung haben soll (Teilerhebung, Totalerhebung, stichprobenartige Erhebung, räumliche Eingrenzung usw), die Maßstäbe werden festgelegt (die Erhebung wird operationalisiert), es werden Nulldurchgänge/Testläufe gefahren usw. Damit ist diese Phase eine sehr aufwendige und zeitlich umfangreiche.

471 2. **Erhebungsphase**
Unter Anwendung der verschiedenen Erhebungstechniken (→ Rn. 440 ff.) Nullhypothese widerlegen (falsifizieren) oder bestätigen (verifizieren) zu können, ergibt sich hier noch nicht, dazu bedarf es der späteren Auswertung der erlangten Inhalte.
Zunächst wird recherchiert, welche Aussagen, Forschungen, Theorien, Thesen es bereits mit dieser Fragestellung gibt. Sodann werden die gewählten Techniken eingesetzt und die Daten erhoben.

472 3. **Auswertungsphase**
Alle erlangten Daten werden zunächst hinsichtlich ihrer statistischen Verteilung ausgewertet. Die Interpretation und die Herstellung des Bezuges zur Ausgangsfrage ist der letzte und wesentliche Schritt. Am Ende ist die Nullhypothese entweder falsifiziert oder verifiziert. Der Rückschluss, der sich dadurch auf die Ausgangshypothese ergibt, ist aber nur in einer Richtung möglich:
Wird die Nullhypothese verifiziert, kann die Ausgangshypothese nur falsch sein.
Der Umkehrschluss allerdings ist nicht möglich: wenn die Nullhypothese falsifiziert, also widerlegt ist, dann spricht das zwar für die Ausgangsannahme, bewiesen ist sie damit aber noch nicht!

Diese Ausführungen sollen einerseits eine kurze Übersicht über die Methoden der Wissenschaft geben (zur Vertiefung s. mannigfach vorhandene Fachliteratur und Handreichungen zur wissenschaftlichen Forschungsarbeit), andererseits sollen sie aber auch ermöglichen, die Gültigkeit mancher Aussagen insbesondere von Ansätzen zur Erklärung der Kriminalität zu bewerten.

M. Kritische Kriminologie/Sanktionenforschung/Instanzenforschung

I. Kritische Kriminologie

473 Nicht nur die Methoden der wissenschaftlichen Herangehensweisen an ihre Problemstellungen hat die Kriminologie von ihren Bezugswissenschaften übernommen, vielmehr wurde in den frühen Jahren der Kriminologie in Deutschland die Kriminologie in erster Linie durch Rechtswissenschaften und Psychiatrie bestimmt. So waren auch die wesentlichen und führenden Kriminologen solche, die als Juristen oder Psychiater beide Wissenschaftsbereiche vertraten. Auch heute noch ist der Bereich der Kriminologie vielfach den juristischen Fakultäten zugeordnet.

474 Dabei kam jedoch zu kurz, dass es vermutlich auch Bedingungen außerhalb der Täterpsyche und des Gesetzes gibt, die zu Kriminalität führen können, zB soziologische Ursachen. So entstand der Bereich der kritischen Kriminologie,

so genannt, weil ihre Vertreter den bisherigen Kriminologen und ihren Kernaussagen gegenüber kritisch eingestellt waren (vertiefend dazu *Neubacher*, 2011, S. 20).

Diese seinerzeit neue Bewegung in der Kriminologie zeichnete sich dadurch aus, dass nicht nur rechtliche und psychische Bedingungen untersucht wurden, sondern darüber hinaus auch diejenigen, die aus der Arbeit der Strafverfolgungsbehörden und aus den Strafen und ihrer Vollstreckung resultierten. Man befasste sich folgerichtig mit der Erforschung der Sanktionen und der Betrachtung und wissenschaftlichen Überprüfung auch der Polizei. Beide Forschungsbereiche gehören eng zusammen und sind untrennbar miteinander verbunden, da die Arbeit der Instanzen die Art und Wirksamkeit von Strafen, deren Umsetzung und Vollzug mitbestimmen.

II. Sanktionenforschung

In der Strafrechtswissenschaft werden Rechtsfolgen (zB in Form von Strafen) **475** an bestimmte Handlungen geknüpft, sofern sie rechtswidrig und schuldhaft oder vorwerfbar begangen wurden. Hinzu kommen Sanktionen, deren Charakter und Ausrichtung weniger mit Strafe im Sinne von Sühne zu tun hat als zB mit dem Schutz der Allgemeinheit (also generalpräventiven Aspekten). Warum werden welche Sanktionen erlassen oder auch nicht, wie wirken sie, wie werden sie umgesetzt, welches sind ihre Ziele? Alle diese Fragen sind schwerpunktmäßig im Rahmen der Sanktionenforschung zu prüfen.

Dabei ist der Übergang zu denjenigen, die den Weg für die Sanktionen ebnen und sie erlassen, fließend; ohne die Betrachtung der Arbeit von Strafverfolgungsorganen und Gerichten im Rahmen der Instanzenforschung ist auch eine dezidierte Betrachtung der Sanktionen nicht möglich.

III. Instanzenforschung

Kriminologen, die die Betrachtung der Institutionen der Strafrechtspflege in **476** den Fokus stellen, betrachten also die Instanzen und Entscheidungsprozesse, die letztlich zu einer Bestrafung oder Nichtbestrafung, zu einer Strafverfolgung oder Einstellung oder Nichteinleitung von Verfahren führen.

„Trotz der strafrechtlichen Verformung ihres Gegenstandsbereiches ist die Kriminologie jedoch nicht an dem Bruch der strafrechtlichen Normen als solchem interessiert. Der Umstand, dass in den entsprechenden Fällen strafrechtsdogmatisch die Voraussetzungen der Strafbarkeit geprüft und ggf. Rechtsfolgenentscheidungen getroffen werden, löst bei ihr eine eigene und von der strafrechtlichen ganz verschiedene Tätigkeit aus: die erfahrungswissenschaftliche (sic!) Erforschung der Persönlichkeit des Täters und seiner sozialen Bezüge sowie ggf. des Opfers, der strafrechtlichen Institutionen und der Wirkungen etwaiger Interventionen (oder ihres Unterlassens)."[162]

„Instanzenforschung sollte herausarbeiten, nach welchen informellen Regeln (ein second code sog. Anwendungsregeln) die strafrechtlichen Institutionen arbeiten

---

[162] (*Bock*, 2007), Rn. 46.

und wie auch hierbei eine Ungleichbehandlung im Sinne sozialer Diskriminierung stattfindet, die nach dem formellen gesetzlichen Normenprogramm von Strafrecht und Strafprozessrecht ja gerade nicht vorgesehen ist."[163]

Die genannten informellen Regeln ergänzen also die sog. formellen Regeln in der Entscheidung über den Umgang mit einer Tat und einem Täter. Formelle Regeln, also der first code, werden durch das Gesetz bestimmt.

477 Die informellen Regeln, der „second code", setzen sich aus verschiedenen Komponenten zusammen:[164]

478 1. **Organisationsspezifische Eigengesetzlichkeiten**
   Hierunter sind Aspekte zu verstehen, die aus der Organisation erwachsen. Bezieht man diese Aussage auf die Polizei, so ergeben sich zB:
   - **Antizipation**: Die Überlegung, wie „die Führung" mit der Anzeige, dem Bericht, dem Verfahren umgeht, führt dazu, dass man bereits im Vorfeld entsprechend handelt ohne Rücksicht auf die Frage, wie die rechtlichen Anforderungen sein könnten. Beispielsweise wurde mir in diversen Fortbildungsveranstaltungen über Verfolgung von Fälschungsdelikten im Straßenverkehr immer wieder von Kollegen erklärt: „Wenn ich die Anzeige schreibe, die kriege ich doch mit Sicherheit zurück, spätestens der Leiter der Führungsstelle schreibt das kaputt!" In diesem Bewusstsein wird die mutmaßliche Entscheidung der Vorgesetzten vorweggenommen und schon von Beginn an entsprechend gearbeitet.
   - **Überforderung**: Sofern die Organisationen ihr Personal nicht ausreichend auf ihre Aufgabe vorbereiten, zB durch Aus- und Fortbildung, ist der Einzelne in der Organisation mit seiner Aufgabe überfordert; er entwickelt Tendenzen, sich die Aufgabe zu erleichtern durch Vermeidung, Liegenlassen oder Ähnliches.
   - **Überlastung**: Bezeichnet eher ein Mengenproblem, eine zu hohe Belastung bewirkt Einbußen in der Arbeitsgüte, da die Abarbeitung des Einzelfalles weniger Intensität und Einsatz erhalten kann. Das wiederum führt zu Schwerpunktsetzungen in der Organisation und dazu, dass bestimmte Bereiche nicht die erforderliche Beachtung finden.
   - **Rollenkonflikte**: Gerade in hierarchisch strukturierten Organisationen, wie die Strafverfolgungsbehörden es sind, entstehen Konflikte, zB innerhalb einer **Hierarchieebene** oder über solche hinweg zwischen Mitarbeitern und Vorgesetzten. Ob und wie derartige Rollenkonflikte durch Strukturänderungen in der Organisation aufgefangen oder ausgeräumt werden können und welche Konsequenzen sie für die Strafverfolgung haben, wird durch Instanzenforschung hinterfragt.
2. **Wissens-, Einstellungs- und Vorurteilsstrukturen:**
   Diese Bedingungen liegen in den Personen derer, die in die Strafverfolgung eingebunden sind. Aufgrund von Vorurteilen und Einstellungen, eigener soziokultureller Zugehörigkeit, eigenem Wissen und Erfahrungshorizont werden Entscheidungen getroffen, wie im Einzelfall eine Lage zu bewerten ist.

[163] (*Bock*, 2007), Rn. 165.
[164] (*Bock*, 2007), Rn. 797 ff.

Damit erschließt sich auch, warum es Personen gibt, die vermeintlich „dauernd“ von Kontrollmaßnahmen überzogen werden und solche, die eben über jeden Verdacht erhaben scheinen: sie passen eben ins jeweilige Bild dessen, der die Entscheidung über Kontrolle oder Nichtkontrolle fällen darf. Aus den Wissens-, Einstellungs- und Vorurteilsstrukturen ergeben sich also selektive Entscheidungen, Beamte handeln „aus dem Bauch heraus“ und begründen das mit Erfahrungswerten: „Ich erkenne meine Schweine am Gang!“

Sehr plakativ, aber in weiten Teilen zutreffend, stellt *Michael Bock* dar: 479

„Die drei Standardsituationen sind die des Verdachts, der Bagatelle und die des Konflikts. Es gibt zB für Polizisten verdächtige Gegenden, verdächtige Kleidung oder verdächtiges Benehmen. Wer zB am helllichten Tag einfach in einem im Unterhalt teuren Auto herumsitzt, ohne zu arbeiten, ist verdächtig. Wer nach 23 Uhr noch auf der Straße ist und nicht durch sein Äußeres oder seine Zielstrebigkeit erkennen lässt, dass er Theaterbesucher oder Schichtarbeiter ist, zieht ebenfalls Verdacht auf sich. Normalerweise neigen Polizisten zu Untersanktionierung, vor allem wenn sie den Arbeitsaufwand antizipieren, der mit Eifer verbunden ist oder daran denken, dass man den Täter ohnehin gleich wieder laufen lassen wird. Bei der Verletzung von Normen, deren Sinn sie nicht einsehen, tun sie ebenfalls nichts. Empfindlich werden sie nur bei frechen und uneinsichtigen Individuen. Wenn Polizisten gerufen werden, um Streit zu schlichten (Schlägerei im Lokal oder Ehekrach), versuchen sie sich herauszuhalten, soweit es geht (gelegentlich zu weit) und neigen ansonsten dazu, die Beteiligten auf den Zivilrechtsweg oder auf die Zuständigkeit anderer amtlicher Stellen zu verweisen.

Im Einzelnen wird die Alltagsarbeit der Streifenpolizisten sehr dicht und anschaulich beschrieben, oft mit wörtlichen Zitaten in mundartlicher Einfärbung illustriert, wobei immer wieder deutlich wird, dass tatsächlich a) ein großer Ermessensspielraum für den Streifenbeamten besteht und b) seine Definitionsmacht oft genug entscheidet, was der Fall ist.“ [165]

Ob es immer nur negativ ist, dass dem einzelnen Beamten ein Ermessensspielraum in der Auswahl seiner Mittel zusteht (innerhalb der Strafverfolgung liegt kein Entschließungsermessen vor; zur Unterscheidung zwischen Entschließungs- und Auswahlermessen sei auf die eingriffsrechtliche Literatur verwiesen) und dass auch seiner Definitionsmacht wesentliche Bedeutung zukommt, sei dahingestellt. Wesentlich ist, dass der Beamte im Wachdienst sich dieser Bedingungen bewusst ist und sie entsprechend reflektiert.

Sofern der Polizeivollzugsbeamte sich im Einsatzfalle zu einer Maßnahme entschließt, bestimmt er den Ausleseprozess auf eine durch ihn festzulegende Weise: schreibt er eine Strafanzeige, wird das Verfahren eingeleitet, tut er dies nicht und bleibt zB bei einem Einsatzbericht, wird ein Verfahren zumeist nicht eingeleitet. Damit wird bereits Einfluss genommen auf statistische Erhebungen, die im Wesentlichen auch durch Selektion der Verfolgungsbehörden beeinflusst und damit in ihrer Aussagekraft beschränkt werden.

---

[165] (*Bock*, 2007), Rn. 802.

§ 21 Die Kriminalitätserfassung

480 Im Grunde sind kritische Kriminologie, Sanktionen- und Instanzenforschung ohne statistisches Datenmaterial nicht möglich.

Gerade diese statistischen Erhebungen sind es schließlich, die die Forschung in empirischen Wissenschaften stützen. Daher ist der Erfassung von Kriminalität, also Datensammlung, wesentliche Bedeutung beizumessen. Kenntnisse in statistischen Verfahren und Kenntnisse über Aussagekraft und Grenzen des Datenmaterials, Kenntnisse über Schwachstellen in der Erfassung und Auswertung sind also unerlässlich, um überhaupt Aussagen über Wirksamkeiten zB von Sanktionen machen zu können.

A. Statistiken/Lagebilder

481 Da sich, wie eingangs dargelegt, viele Wissenschaftsbereiche mit demselben Gegenstand, dem Verbrechen, befassen, gibt es auch diverse Quellen für Informationen und Daten, also verschiedene statistische Erhebungen. Alle aber zählen und messen Kriminalität:

! **Definition:** Nach Duden ist „Statistik" die vergleichende zahlenmäßige Erfassung, Untersuchung und Darstellung von Massenerscheinungen.

Demnach ist eine Kriminalitätsstatistik eine vergleichende zahlenmäßige Erfassung, Untersuchung und Darstellung von Kriminalität als Massenerscheinung.

Neben dieser Gemeinsamkeit über den Erhebungsgegenstand sind die verschiedenen Statistiken jedoch eher Arbeitsnachweise derjenigen Behörden und Institutionen, von denen sie jeweils geführt werden.

482 So sind sowohl Polizei und StA als auch Gerichte und mit Strafrechtspflege beauftragte Institutionen bestrebt, das jeweilige Arbeitsaufkommen ihres Bereiches zahlenmäßig zu erfassen. Dies ist der Grund dafür, dass sich verschiedene Statistiken unverknüpft nebeneinander stellen. Betrachtet man den Weg eines Verbrechens durch die Instanzen, so erkennt man, in welchen Abschnitten und welchen Teilen welche statistischen Erhebungen greifen:

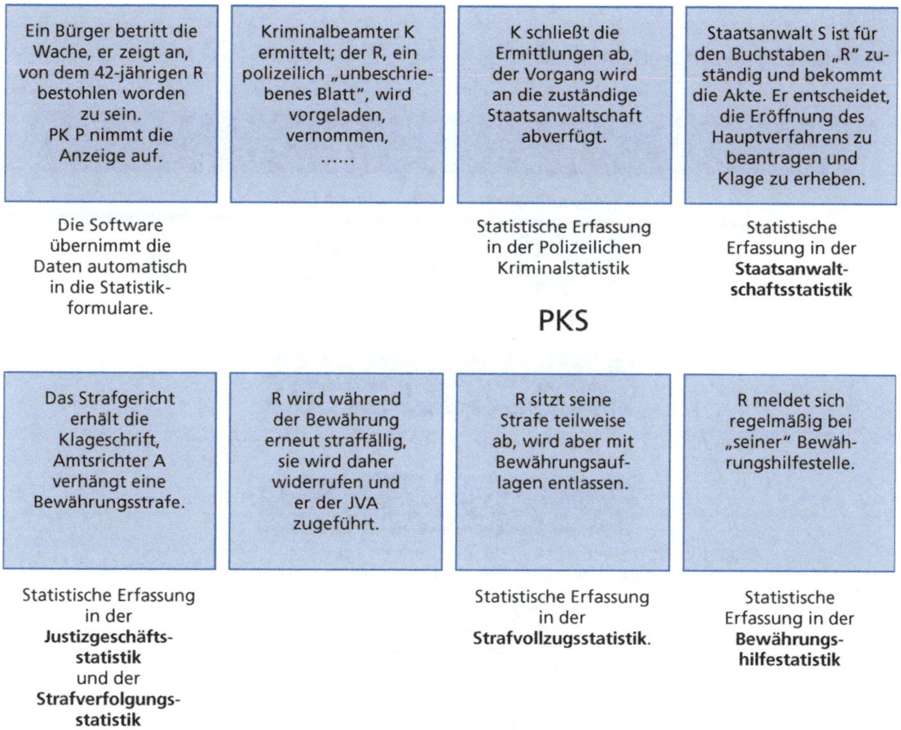

Abb. 28: Gang eines Verfahrens und dessen statistische Erhebungen, vereinfachte Darstellung

Allein in diesem kurzen und sehr vereinfachenden Beispiel[166] finden wir also bereits sechs verschiedene Statistiken, die sich alle mit demselben Fall beschäftigen. Da die Erhebungen aber unverbunden nebeneinander stehen, es keinerlei Rückgriffe auf bereits erhobene Daten desselben Falles gibt und die Stellen, die die Statistiken führen, sich ebenfalls unterscheiden, sind Aussagen über den Fall und seinen Verlauf nur sehr begrenzt möglich.

So kann es zB passieren, dass dieser Fall bei der Polizei noch als Diebstahl erfasst und bearbeitet wird, in der Strafverfolgungsstatistik aber aufgrund der Beweiserhebungen im Hauptverfahren plötzlich zum Raub wird und auch so abgeurteilt ist. Eine Rückkopplung zu den zuvor bereits erhobenen Daten geschieht nun eben nicht. Allein das statistische Bundesamt versucht in seinen Aufbereitungen der Erfassungen eine Gegenüberstellung bzw. einen Abgleich unterschiedlicher Datenquellen, s. hierzu „Justiz auf einen Blick"[167]. 483

[166] Vertiefend s. hierzu (*Statistisches Bundesamt*, 2011), S. 6.
[167] (*Statistisches Bundesamt*, 2011).

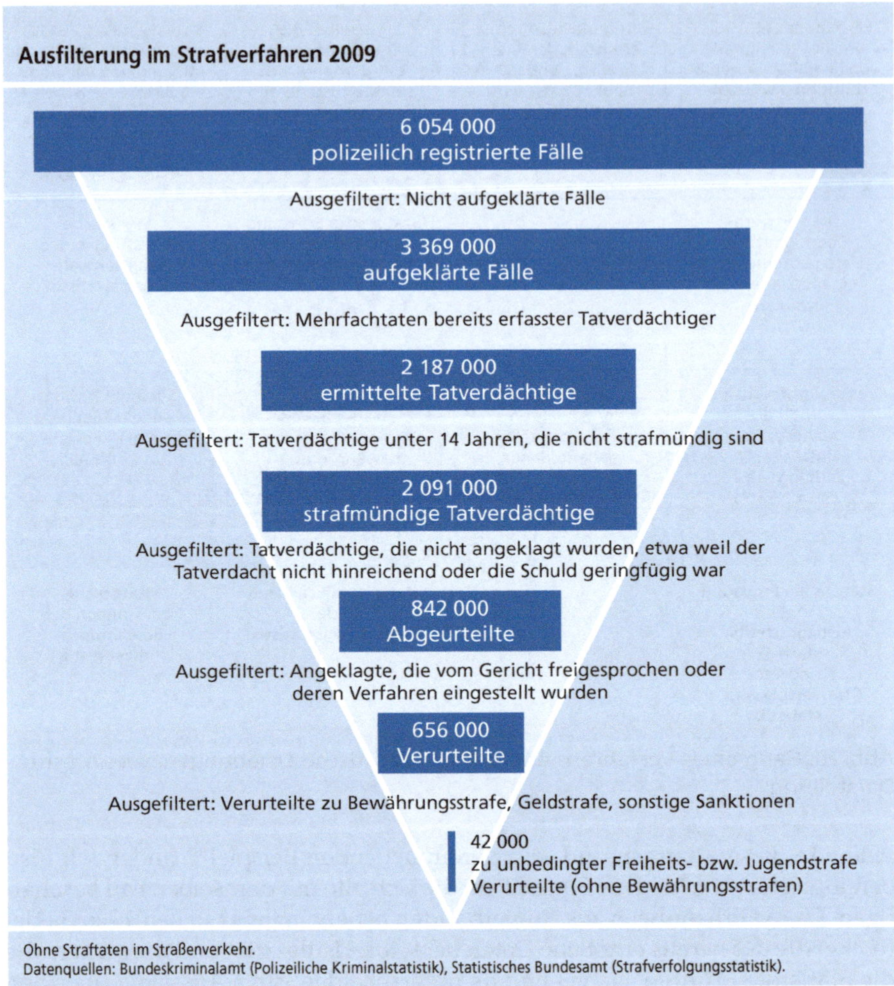

Abb. 29: Ausfilterung im Strafverfahren 2009; Statistisches Bundesamt 2011, S. 6

Halten wir also fest:

> **Hinweis:** Die Kriminologie verfügt mit den Kriminalstatistiken über einige sehr nützliche amtliche Datensammlungen. Diese Datensammlungen dokumentieren die Tätigkeit der mit Kriminalität befassten Institutionen. ([*Bock*, 2007], Rn. 789)
>
> Sie sind so etwas wie eine virtuelle Strichliste, die die Behörden bei ihrer Tätigkeit führen.... ([*Neubacher*, 2011], Kap. 4 A Rn. 1)

484 Für die Tätigkeit der Polizei ist deren eigene Kriminalstatistik, die Polizeiliche Kriminalstatistik (PKS), wesentliche Datengrundlage. Die weiteren im Schau-

bild genannten Statistiken werden durch das statistische Bundesamt geführt und auch veröffentlicht.

Darüber hinaus benötigen Polizeidienststellen weitere Informationsquellen, die sich nicht nur auf das bloße Zählen von Taten beschränken, sondern darüber hinaus Bewertungen vornehmen. Diese nennt man Lagebilder.

Im Unterschied zur PKS werden in Lagebildern nicht nur die Fälle wie in einer 485 Strichliste erfasst, sondern es werden Zuordnungen vorgenommen. So ist zB das Lagebild Rauschgift weit mehr als die denselben Zeitraum abbildende PKS:

„Das Lagebild soll aussagekräftige Informationen zur Lage und Entwicklung der Rauschgiftkriminalität in NRW bereitstellen. Diese betreffen Straftaten nach dem Betäubungsmittelgesetz (§§ 29–30a BtMG), dem Grundstoffüberwachungsgesetz (§ 19 GÜG) und dem Strafgesetzbuch (StGB), wenn sie zur unmittelbaren Erlangung von Betäubungsmitteln (BtM) begangen wurden (sog. direkte Beschaffungskriminalität). Das Lagebild enthält Daten der Polizeilichen Kriminalstatistik (PKS), des Kriminalpolizeilichen Meldedienstes (KPMD) und der Falldatei Rauschgift (FDR)."[168]

Auf diese Weise ist es auch möglich, die verschiedenen Stärken unterschiedlicher Datenquellen zu kombinieren und die eventuell vorhandenen Schwächen auszugleichen. Lagebilder sind daher wesentliches Instrument innerhalb der Bekämpfung bestimmter Kriminalitätsformen; diese sind veränderbar, sodass auf Ansprüche aus gesellschaftlichen Entwicklungen reagiert werden kann.

Zurzeit gibt es Lagebilder zu Korruption, Wirtschaftskriminalität, islamistischem Terrorismus, Organisierte Kriminalität, Rauschgiftkriminalität, Gewalt gegen Polizeibeamte, Entwicklung von Einbruchsdelikten und einige weitere mehr.

Und auch die diversen Betrachtungsebenen können in Lagebildern dargestellt werden: so kann ein Lagebild „Opfer" erstellt werden, in dem für bestimmte Deliktskategorien alle Daten in Beziehung gesetzt werden, die man über die Opfer dieses Phänomens erheben konnte, es können Lagebilder über Tatorte und deren Gestaltung erstellt werden usw.

Es zeigt sich, dass Lagebilder gezielt erstellt werden können und so ein unverzichtbares Instrument für die strategische Gestaltung der Kriminalitätsbekämpfung sind. Aber auch sie sind, wie die PKS, nicht allumfassendes Abbild der Kriminalität, auch sie erheben ihre Befunde aus der bekanntgewordenen Kriminalität, auch sie beziehen die weiteren Statistiken der Justizbehörden nicht mit ein und so müssen auch sie bei allem pragmatischen Nutzen kritisch betrachtet werden. 486

B. Polizeiliche Kriminalstatistik (PKS)

I. Historie

Die Erfassung der Kriminalität bei der Polizei ist beinahe so alt wie die strukturierte kriminalpolizeiliche Ermittlungsarbeit selbst: 487

[168] (*LKA NRW*, 2011).

488 Schon 1803 gab es in Bayern erste Verzeichnisse über Kriminalprozesse, die als Vorläufer der Verfolgungsstatistik angesehen werden können. Die systematische Erfassung aber wurde „erfunden" 1833 von den Moralstatistikern *André-Michel Guerry* (1802–1866) und ihm folgend *Lambert Adolphe Jacques Quetelet* (1796–1874) im Zusammenhang mit Fragen nach Täterwohnsitzen und Straftaten in Frankreich.[169]

489 Erst 1882 wurde im Kaiserreich die erste einheitliche deutsche Kriminalstatistik geführt. Hier wurden diejenigen Täter erfasst, die rechtskräftig verurteilt waren. Damit aber war ein Abbild der Kriminalität immer noch nicht erreicht. Auch diese Statistik war eine Gerichtsstatistik, also kein „echter" Vorläufer der PKS.

Wie auf allen kriminalpolizeilichen Arbeitsgebieten gab es auch in der polizeilichen Kriminalstatistik nach dem Neuaufbau der Kriminalpolizei in den Ländern der drei westlichen Besatzungszonen grosse Verschiedenheiten. Bis Ende des Jahres 1952 war ihre Vielgestaltigkeit wenigstens soweit verringert worden, dass nur noch zwei polizeiliche Kriminalstatistiken vorhanden waren; eine für die Länder der britischen Besatzungszone (Hamburg, Niedersachsen, Nordrhein-Westfalen und Schleswig-Holstein) und eine für die übrigen Länder des Bundesgebietes. Diese beiden Statistiken waren jedoch nach so unterschiedlichen Gesichtspunkten aufgebaut, dass damit kein kriminalpolizeilicher Gesamtüberblick über Stand und Bewegung der Kriminalität in der Bundesrepublik Deutschland gewonnen werden konnte. Es lag daher nahe, dass sich die Arbeitsgemeinschaft der Leiter der Landeskriminalämter mit dem Bundeskriminalamt in ihrem Bestreben, allgemeine dienstliche Notwendigkeiten der kriminalpolizeilichen Verbrechensbekämpfung zu koordinieren, auch bald mit der Frage der Neuordnung der polizeilichen Kriminalstatistik befasste.

Abb. 30: Einführung der PKS, aus: https://www.bka.de/SharedDocs/Downloads/DE/Publikationen/PolizeilicheKriminalstatistik/pksJahrbuecherBis2011/pks1953.html?cms_templateQueryString=PKS+1953 (zuletzt abgerufen am 28.8.2017).

Wie dieser mit Schreibmaschine geschriebene Einleitungstext zum PKS-Jahrbuch 1953 zeigt, war man von automatisierten Erfassungs- und Gestaltungsmöglichkeiten noch weit entfernt. Die technologischen Entwicklungen waren erst spät so weit, dass man im Jahre 1967 erstmalig eine Erfassung der Kriminalität durch automatisierte Datenerfassung und -verarbeitung in NRW umsetzen und damit von der Erfassung als „Strichliste" abrücken konnte.

[169] (*Schwind* , 2013), S. 100.

Darüber hinaus waren auch die Inhalte der statistischen Erfassung zunächst eher oberflächlich; erst nach und nach kamen durch die Möglichkeiten der Technisierung Differenzierungen hinzu, so zB die Unterscheidungen nach dem Alter der Tatverdächtigen, nach Wohnorten usw.

Durch die bundesweite Einführung der EDV für Kriminalstatistiken konnten 490
1971 bundeseinheitliche Richtlinien für die Erstellung der PKS abgestimmt werden. Die Daten über die Kriminalität wurden fortan dem BKA gemeldet und dort zu einer einheitlichen Statistik für den Bund kumuliert. Ebenso beim BKA wird von Beginn an die PKS für das Bundesgebiet veröffentlicht. Die weiteren Betrachtungen zur PKS richten sich daher in der folgenden Gliederung nach dem Aufbau der Veröffentlichungen des BKA (s. zB *BKA*, 2011).

II. Bedeutung und Ziele der PKS

„Bei der Polizeilichen Kriminalstatistik handelt es sich um eine koordinierte Länderstatistik mit bundesweit einheitlichen „Richtlinien für die Führung der Polizeilichen Kriminalstatistik" und der Möglichkeit für die einzelnen Bundesländer, Zusatzdaten zu erheben und auszuwerten."[170]

Diese Richtlinien zur Erfassung der Kriminalität dienen der bundesweiten Vereinheitlichung. Damit soll erreicht werden, dass die Erfassungsmodalitäten und Interpretationsmöglichkeiten einander grundsätzlich entsprechen, ohne dass die Bundesländer die Möglichkeit der Einzelerhebungen verlieren. Auf diese Weise soll ein Abbild der **bekannt gewordenen Kriminalität** entstehen:

> **Hinweis:** Die Polizeiliche Kriminalstatistik dient
> - der Beobachtung der Kriminalität und einzelner Deliktsarten, des Umfangs und der Zusammensetzung des Tatverdächtigenkreises sowie der Veränderung von Kriminalitätsquotienten,
> - der Erlangung von Erkenntnissen zur vorbeugenden und verfolgenden Kriminalitätsbekämpfung, für organisatorische Planungen und Entscheidungen sowie für kriminologisch-soziologische Forschungen und kriminalpolitische Maßnahmen. (*BKA*, 2011,) S. 2.

Damit ist die PKS wesentliche Erkenntnisbasis für alle statistischen Daten rund 491
um Kriminalität, sie wird sowohl für die Arbeit in der Mikroebene als auch in der Makroebene (vertiefend hierzu [*Pientka/Wolf*, 2017]), sowohl für Repression als auch für Prävention, sowohl für kriminalistische als auch für kriminologische Arbeit herangezogen. Das zu liefernde Datenmaterial und seine statistisch-mathematische Aufbereitung sind mithin Grundlage für jegliche wissenschaftliche Betrachtung von Kriminalität.

Dafür werden sowohl Zustände als auch Prozesse jeweils durch geeignete Visualisierungsmöglichkeiten und Darstellungen abgebildet. So finden wir in den PKS-Veröffentlichungen ergänzend zu den tabellarisch zusammengestellten Daten immer auch unter anderem

---

170 http://www.polizei.bayern.de/kriminalitaet/statistik/index.html/649 (zuletzt abgerufen am 29.8.2017).

- Tortendiagramme, die Anteile an Gesamtmengen darstellen,
- Säulendiagramme, die Anteile nebeneinander stellen und vergleichbar machen,
- Kurvendarstellungen, die Entwicklungen erkennbar machen.

III. Inhalt der PKS

„Die PKS ist eine sog. Ausgangsstatistik. Das bedeutet, dass in ihr nur die der Polizei bekannt gewordenen und durch sie endbearbeiteten Straftaten, einschließlich der mit Strafe bedrohten Versuche und der vom Zoll bearbeiteten Rauschgiftdelikte, abgebildet werden und eine statistische Erfassung erst bei Abgabe an die Staatsanwaltschaft erfolgt."[171]

Der Hinweis auf die Form einer Ausgangsstatistik enthält auch den Hinweis darauf, dass die zu erhebenden Daten dann gemeldet werden, wenn eine Akte, ein Vorgang, die polizeilichen Dienststellen nach Erledigung aller Ermittlungen verlässt. Da es sich um die Zählung von Kriminalität handelt, also um Straftaten, ist die StA jeweils Empfänger der bei der Polizei ausgehenden Vorgänge. Dort wird, als Eingangsstatistik, derselbe Fall wiederum erhoben in der Staatsanwaltschaftsstatistik, deren Erfassungsmodalitäten und -inhalte jedoch andere sind.

492 In der PKS nicht

„... enthalten sind Staatsschutzdelikte, Verkehrsdelikte (mit Ausnahme der Verstöße gegen §§ 315, 315b StGB und § 22a StVG), Straftaten, die außerhalb der Bundesrepublik Deutschland begangen wurden und Verstöße gegen strafrechtliche Landesgesetze, mit Ausnahme der einschlägigen Vorschriften in den Landesdatenschutzgesetzen.

Die PKS enthält insbesondere Angaben über
- Art und Zahl der erfassten Straftaten,
- Tatort und Tatzeit,
- Opfer und Schäden,
- Aufklärungsergebnisse,
- Alter, Geschlecht, Nationalität und andere Merkmale der Tatverdächtigen."[172]

Diese Aufzählung der Inhalte der Erfassung zeigt, dass versucht werden soll, durch die statistischen Erhebungen ein möglichst umfassendes Bild der Kriminalität zu zeigen. Betrachtet man außerdem die gängigen Erklärungsansätze für die Entstehung von Kriminalität, so zeigen sich ebenfalls Erhebungen in den verschiedenen Bedingungsfeldern. Damit wird wiederum deutlich, dass die Daten den zuvor genannten Zielen dienen können. So dient die Erhebung von Daten zu Tatorten und Tatzeiten zB der Unterstützung von Präventionsprojekten, die an genau diesen Punkten später ansetzen und entsprechend reagieren können.

493 Der Hinweis, die PKS enthalte „insbesondere" bestimmte Angaben, verdeutlicht, dass es eine Vielzahl mehr an Erhebungs- und Auswertungsansätzen in

[171] (*BKA*, 2011), S. 2.
[172] (*BKA*, 2011), S. 2.

der PKS gibt, die über diese Grundsätzlichkeiten hinausgeht. So werden auch Beziehungen, etwa der Bekanntschaftsgrad zwischen Tätern und Opfern, oder auch Besonderheiten in der Tatbegehung wie zB Waffennutzung, erfragt.

IV. Datenerfassung in der PKS

Seit Einführung der automatisierten Datenerfassung haben sich mehrmals Veränderungen in den Erfassungsmodalitäten ergeben. Eine wesentliche Veränderung erfuhr die PKS mit der Wiedervereinigung der ost- und westdeutschen Bundesländer, die sich erstmals durch eine gesamtdeutsche Darstellung im Jahre 1991 niederschlug. **494**

Weitere wesentliche Veränderungen ergaben sich mit der Novellierung der Erfassung durch die Einführung der sog. „echten Tatverdächtigenzählung"[173] und die „sechsstellige Schlüsselzahl" im Jahre 2009.

Diese Schlüsselzahl dient dazu, jeden Sachverhalt durch das „Zerlegen" in seine einzelnen Bestandteile numerisch erfassen zu können: **495**

„Der Straftatenkatalog der Polizeilichen Kriminalstatistik ist seit 1.1.2008 bundeseinheitlich numerisch sechsstellig verschlüsselt. Er folgt im Wesentlichen dem Strafgesetzbuch, ist jedoch teilweise auch kriminologisch untergliedert.

Die Erfassung einer Straftat hat jeweils mit der kleinstmöglichen Untergliederung der Schlüsselzahl zu erfolgen.

Die 1. Stelle kennzeichnet eine der Obergruppen, in denen aus zwangsläufiger Beschränkung nicht immer gleichartige Straftaten zusammengefasst werden können."[174]

Auf diese Weise kann also bereits mit einem Blick auf die ersten Ziffern eines Schlüssels erkannt werden, um welche Art von Delikt es sich handelt:

- mit „0" beginnen die Straftaten gegen das Leben
- mit „1" diejenigen gegen die sexuelle Selbstbestimmung
- mit „2" Rohheitsdelikte und Straftaten gegen die persönliche Freiheit

und so fort.

„Bei den Eigentumsdelikten ist der Grundsatz der festen Schlüsselzahl zugunsten eines kombinierbaren Schlüssels aufgegeben worden. Dabei ist die erste Stelle mit 3. anzugeben, wenn die Tat ohne erschwerende Umstände, mit 4., wenn sie unter erschwerenden Umständen begangen worden ist.

In der 2. und 3. Stelle sind besondere Tatörtlichkeiten zu verschlüsseln.

Mit der 4. Stelle sind bestimmte Tatobjekte zu kennzeichnen.

---

[173] Durch die Umstellung auf den Einzeldatensatz konnte zudem auf Bundesebene erstmals eine „echte" Tatverdächtigenzählung durchgeführt werden; das heißt, Tatverdächtige, die in mehreren Bundesländern während des Berichtszeitraums auffällig geworden sind, werden in den Bundestabellen nur einmal erfasst. Bis einschließlich 2008 war dies aufgrund der Anlieferung der Ländertabellen an das Bundeskriminalamt in aggregierter Form nur auf Länderebene möglich. Dadurch kam es zu Überzählungen auf Bundesebene. (*BKA*, 2009, S. 2).

[174] (*LKA Sachsen*).

Mit der 5. und 6. Stelle sind weitere Differenzierungen für die PKS neu zu charakterisieren."[175]

Die Einführung dieser sechsstelligen Deliktsschlüssel bedeutete seinerzeit gleichzeitig eine Abkehr von den lange erprobten (aber immer wieder auch als fehlerhaft geführt erkannten) vierstelligen Statistik-Erhebungen. Das gelang nicht ohne zum Teil erhebliche Widerstände. So skizzierte *Wilfried Albishausen*, BDK, in seinem Artikel „Wenn 'Fahnden statt Verwalten' zum 'Ameisentätowieren' wird" (2008) abstruse Delikte,[176] die sich durch die Veränderung in der Statistik abbilden ließen und beschrieb fast den kriminalistischen Untergang durch die Einführung sechsstelliger Schlüsselzahlen.

496 Heute, einige Jahre später, stellen sich die Probleme nicht in dem Ausmaß dar, wie sie damals prognostiziert wurden. Allerdings ist die PKS auch nach dieser Umstellung immer noch davon abhängig, dass Straftaten zuverlässig und zutreffend erfasst werden und die Statistik nicht getreu dem Motto „Traue keiner Statistik, die du nicht selbst gefälscht hast" (wird dem britischen Premierminister Sir *Winston Churchill* [1874–1965] zugeschrieben) als Instrument verschiedener Zielrichtungen missbraucht wird.

V. Einflussfaktoren

497 Solche Missbrauchstendenzen und ebenso Ungenauigkeiten in der Erfassung aber haben wesentlichen Einfluss auf die Aussagekraft der PKS. Sie werden durch die Öffentlichkeit, durch die polizeiliche Arbeit selbst, aber auch durch gesetzliche Vorgaben und statistische Regelwerke bestimmt.

1. Anzeigeverhalten

498 Das Anzeigeverhalten der Bevölkerung (95 % der Anzeigen werden vom Bürger erstattet, s. hierzu [*Pientka/Wolf*, 2017]) hängt von unterschiedlichen Faktoren ab. Versicherungen verlangen häufig zur Schadenregulierung den Nachweis einer Anzeige bei der Polizei. Würden sich diese **Versicherungsbedingungen** ändern, würde sich auch das Anzeigeverhalten verändern, denn häufig kommt es dem Anzeigenerstatter nicht darauf an, dass der Täter gefunden wird, sondern darauf, seinen Schaden ersetzt zu bekommen.

Ein weiteres Beispiel sind die Erfolge von Präventionskonzepten. Wird in der Öffentlichkeit vermehrt auf solche Dinge hingewiesen, die zum Erkennen zB von Misshandlungsdelikten führen, so wird die Gesellschaft sensibilisiert und achtet vermehrt auf all diese Hinweise, zeigt also auch vermehrt an. Lässt die öffentliche Sensibilität nach, zB weil die Prävention für diesen Bereich weniger intensiv ist, so lassen auch die Anzeigen nach, die PKS wird sich wieder spürbar verändern.

---

[175] (*LKA Sachsen*).

[176] Der Bandendiebstahl aus Schaufenstern/Schaukästen/Vitrinen von Mopeds und Fahrrädern (Schlüsselzahl 417330) ist ebenso differenziert zu erfassen, wie der Diebstahl mit Waffen von Antiquitäten, Kunst- und sakralen Gegenständen aus Boden-, Kellerräumen und Waschküchen (Schlüsselzahl 440820); aus: https://www.bdk.de/der-bdk/aktuelles/der-kommentar/wenn-fahnden-statt-verwalten-zum-ameisentwieren-wird/?searchterm=Ameisent%C3%A4towieren (zuletzt abgerufen am 28.8.2017).

Und auch die Art der Tat und das Milieu, in dem sie geschieht, sind wesentliche Einflussfaktoren. Die „bessere Gesellschaft" klärt die Dinge eher unter sich, wird kaum anzeigen, wenn es innerfamiliäre Probleme gibt. Oder man nutzt persönliche Kontakte, schreibt zB sofort die StA an und erstattet so die Anzeige schriftlich direkt dort. Damit fällt sie aus der Zählung in der PKS.

Zuweilen fehlt es auch am Vertrauen in die polizeiliche Arbeit, sodass Geschädigte von der Anzeigenerstattung absehen. Es kommt also zu Kriminalität, die aber wird nicht bekannt, bleibt im Dunkelfeld. Bei großem Vertrauen in die Arbeit der Polizei und insbesondere bei dem Gedanken, dass Polizei in der Lösung eines Konfliktes hilfreich sein kann, wird wiederum vermehrt angezeigt.

2. Polizeiarbeit

Die verbleibenden 5% der polizeilichen Ermittlungsverfahren werden durch **499**
die Polizei im Rahmen ihrer Arbeit selbst „entdeckt". Hierbei handelt es sich vornehmlich um sog. Kontrolldelikte, also Straftaten, die allein durch polizeiliche Beobachtungen erkannt werden können. Wesentliches Beispiel hierfür sind die Btm-Delikte, der Straßenhandel und Besitz von Btm. Das wiederum heißt im Umkehrschluss: je mehr Polizei arbeitet, desto mehr Straftaten werden statistisch erfasst, da mehr Straftaten erkannt werden. Die Aussage, es habe mehr Kriminalität gegeben, ist allerdings nicht korrekt. Vielmehr wird nur mehr Kriminalität erkannt, also aus dem Unerkannten (dem sog. Dunkelfeld) in den Bereich der erkannten Delikte (also das Hellfeld) übertragen.

So führen auch schwerpunktmäßige Kontrollen, die Einrichtung von Einsatztrupps, Ermittlungsgruppen usw zu erhöhten Zahlen in den entsprechenden Bereichen, nicht aber zu mehr Kriminalität.

Darüber hinaus erklärt *Göppinger*, dass Polizei bei der Anzeigenaufnahme und Einsatzabwicklung bereits stark wertend vorgehe:

„Anzeigen wegen Eigentums- und Vermögenskriminalität werden in der Regel entgegenkommend aufgenommen, während bei Körperverletzungsdelikten im Familien- oder Freundeskreis, wenn die Polizei zur Schlichtung herbeigerufen wird, offenbar die Tendenz besteht, den Streitbeteiligten eine Anzeige auszureden. Obendrein werden auch Auseinandersetzungen unter Angehörigen sozialer Randgruppen eher als Privatsache der Beteiligten eingestuft."[177]

Dem aber kann so nicht gefolgt werden; die zitierten Erhebungen sind mehrheitlich fast 30 Jahre alt; seither aber hat sich vieles im polizeilichen Alltag verändert. So sind die Regelungen bei häuslicher Gewalt seinerzeit noch nicht vorhanden gewesen; die Hinweise zu den Körperverletzungsdelikten im Nahraum sind seither nicht mehr haltbar. Fakt ist sicher, dass einschreitende Polizeibeamte bereits bewerten, aber das wird im Einsatzfalle nachgerade von ihnen erwartet, damit sie eine fundierte und rechtlich saubere Einsatzentscheidung treffen können.

---

[177] (*Göppinger*, 2008), S. 357, unter Verweis auf *Hanak*, *Schneider* und *Walter*.

3. Erfassungsmodalitäten

500 Die Richtlinien für die Erfassung der Kriminalität wurden in den vergangenen Jahren mehrfach angepasst. So sind zB der geografische Erfassungsraum (seit der Wiedervereinigung wesentlich vergrößert) und der Erfassungszeitraum wichtige Faktoren. Die Kriminalität ist ja nicht mit Hinzukommen der Neuen Bundesländer angestiegen, es gibt lediglich eine Vergrößerung des Erfassungsgebietes, das höhere Zahlen verursacht.

Jede Veränderung der Erfassungsmodalitäten also führt wiederum zu einer Veränderung der Datenergebnisse. Man könnte glauben, dass sich damit auch die Kriminalität verändert hat. Dass dies nicht so ist, zeigt eindrucksvoll ein Beispiel:

„Anfang der 1990er Jahre stieg in Berlin plötzlich die Zahl von Tötungsdelikten stark an. Bei näherer Überprüfung stellte man fest, dass die Einleitung von Ermittlungsverfahren durch die ZERV (Zentrale Ermittlungsstelle Regierungs- und Vereinigungskriminalität, angesiedelt beim Berliner Polizeipräsidenten) gegen ehemalige führende DDR-Politiker und NVA-Offiziere wegen der an der Mauer Getöteten die Ursache war. Da die Zahl der Tötungsdelikte im Allgemeinen niedrig ist, führten die eingeleiteten Verfahren zu einer Vervielfachung der Fallzahlen in Berlin, obwohl die zugrunde liegenden tatsächlichen Geschehen zum Teil Jahrzehnte zurücklagen.“[178]

501 Hinzu kommt, dass die PKS eine Ausgangsstatistik ist, also die polizeiliche Einschätzung des Deliktes bei Abgabe des Ermittlungsvorganges an die StA zugrunde liegt. So kann es zB zu der Situation kommen, dass der Ermittlungsbeamte eine Tat als versuchtes Tötungsdelikt ansieht und auch genauso statistisch erfasst. Im weiteren Verlauf des Verfahrens sieht die StA keinen Tötungsvorsatz, stuft das Delikt also herunter, zB zur gefährlichen Köperverletzung. Damit ist also ein Delikt gezählt, dass in den anderen Statistiken als solches nicht mehr auftaucht. Also wird an dieser Stelle nicht „echte“ Kriminalität gezählt, sondern eine Einschätzung des erfassenden Beamten wiedergegeben.

Und hier liegt auch ein weiteres Problem der statistischen Erfassung: die Gründlichkeit in der Arbeit, also auch in der Erfassung und Zählung der Kriminalität ist nicht allenthalben gleich ausgeprägt, es kommt zu (versehentlichen) Falscherfassungen. Zuweilen wird die Statistik nur als lästiges Übel angesehen, das durch das Vorgangsbearbeitungsprogramm abverlangt wird. Dabei wird leider übersehen, dass die PKS für die Polizei die wesentliche und am schnellsten erreichbare Informationsquelle darstellt, sieht man einmal von den weiteren speziellen Meldediensten ab. Sie hat damit auch eine ausreichende Gründlichkeit verdient, um aussagefähig zu bleiben.

An diesem Beispiel lässt sich auch erkennen, dass die PKS eine rein numerische, aber keine wertende Erhebung ist. Das Tötungsdelikt, das mit erheblichem personellen und sachlichen Aufwand ermittelt werden muss, zählt hier zunächst genau so viel wie der Ladendiebstahl, bei dem der Täter durch den Hausdetektiv bereits mit geständiger Einlassung präsentiert wird. Damit ist die Bedeutung der verschiedenen Delikte also nicht Abbild des reinen Zahlenmaterials der Statistik.

---

[178] (*Neubacher*, 2011), S. 53.

Nicht zuletzt sollte man sich darüber klar werden, dass die PKS auch instrumentalisiert werden und für die Interessen von Behörde oder Dienststellen eingesetzt werden kann. Je mehr Straftaten gezählt werden, desto höher ist der Personalbedarf. Es ist also ein Unterschied, ob ein Seriendelikt (zB 30 aufgebrochene Fahrzeuge in einer Nacht auf einem Parkplatz) als Seriendelikt, also quasi als ein einziger „Strich" gezählt wird, oder ob daraus 30 „Striche", also 30 Delikte gemacht werden. Solche beabsichtigten Falscherfassungen sind durchaus denkbar.

„Von der Polizei selbst initiierte Studien ergaben eine teilweise erhebliche quantitative Übererfassung von Delikten. Zudem waren in 35 % der untersuchten Fälle den befragten Polizeibeamten die PKS-Richtlinien nicht bekannt; 29 % kannten sie zwar, interpretierten sie aber nicht korrekt. Im Dickicht der Richtlinien geht offenbar nicht selten der Durchblick verloren."[179]

4. Strafrechtsänderungen

Bereits geringe Veränderungen der Gesetze können maßgeblich das Bild der 502
Kriminalität, wie es die PKS zeigt, verändern. Die Abschaffung von Normen, die Neueinführung von Delikten sind nur zwei Beispiele:

- Entfällt eine Strafbarkeit, so fallen die zu zählenden Delikte weg, die Anzahl der Straftaten insgesamt wird sich um genau diese Delikte verringern (Beispiel: Wegfall des § 175 StGB – homosexuelle Handlungen – im Jahre 1994)
- Wird eine Strafbarkeit neu aufgenommen, so werden diese Delikte ab diesem Zeitpunkt gezählt und erhöhen damit auch die Gesamtzahl der bekannt gewordenen Fälle insgesamt.

VI. Aussagekraft und Grenzen der PKS

Aus den Einflussfaktoren zur PKS ist unschwer erkennbar, dass allgemeingül- 503
tige Aussagen zur Kriminalität kaum haltbar sind.[180] Hinzu kommt, dass in der PKS keine Verkehrsdelikte und keine Delikte der politisch motivierten Kriminalität erfasst sind. Dargestellt wird daher nur ein kleiner Ausschnitt der Kriminalität einer Gesellschaft.

Interpretationen erfordern also zunächst immer Fragen nach Veränderungen, die die Erfassung der Kriminalität im Betrachtungszeitraum erfahren hat: Haben sich Richtlinien geändert? Haben sich Gesetze verändert? Gab es öffentlichkeitswirksame Projekte, die sich verändernd niederschlagen? Viele weitere Fragen sind möglich und entscheidend, wenn es darum geht, Fehlinterpretationen zu vermeiden.

Beispiel: In ihrer Internetpräsenz schrieb die Polizei NRW als Einleitung zur PKS-Veröffentlichung des Jahres 2012, die Jugendkriminalität habe sich auf einem historischen Tiefstand befunden, Gewaltdelikte seien zurückgegangen und es habe deutlich weniger Taschendiebstähle, dafür aber mehr

---

[179] (*Neubacher*, 2011), S. 51, unter Verweis auf *Feltes*, Aussagewert der polizeilichen Aufklärungsquote, in: Kriminalistik 63 (2009), S. 36 ff.
[180] S. hierzu vertiefend (*Rügemer*, 2000) sowie *Rügemer* in Kommune 7/2000.

Wohnungseinbrüche und Cybercrime gegeben.Die Interpretation daraus in den Medienberichten sah etwa so aus: Weniger Gewalttaten, weniger gefährliche und schwere Körperverletzungen, Rückgang bei der Kinder- und Jugendkriminalität.

Hier muss man sich zunächst die Frage stellen, ob eine so absolute Aussage zutreffend ist, oder ob es nur um weniger registrierte Delikte geht. Und wie sieht es mit der Qualität der Delikte aus, hat die eventuell sogar zugenommen? Wie hat die Polizei diese Erfolge erzielt? Sind vielleicht nur weniger Delikte angezeigt worden, im Hintergrund haben sie aber trotzdem stattgefunden, ohne bekannt und statistisch erfasst zu werden?

504 Besonders bedeutsam werden solche Fragen, wenn die Zahlen der PKS für politische Aussagen genutzt werden. Ganz wenige Delikte in einem Bereich (also wenige Anzeigen, wenige Kontakte der Bürger zur Polizei) mit dem Ergebnis festzustellen, dass dieser Bereich ein besonders sicherer mit hoher Wohnqualität sei, erscheint also falsch interpretiert. Es muss die Frage zulässig sein, ob diese Aussage so wirklich haltbar ist, oder könnte es sich um eine Fehleinschätzung handeln?

505 Trotz aller mit der PKS verbundener Schwierigkeiten und Aussageeinschränkungen: sie ist das wesentliche Instrument für die Planung von Kriminalitätsbekämpfung. Es geht also hier nicht darum, die PKS als Informationsquelle abzuwerten. **Es geht allein darum, die Schwächen und Einflussfaktoren klar zu machen, um auf diese Weise einen sachlichen Umgang mit der PKS und möglichst objektivierte Interpretationen zu ermöglichen.** Eine solche Objektivierung wird durch einen weiteren Schritt erreicht, in dem nicht nur mit Zahlen, sondern vermehrt mit Relationen, den Kriminalitätsquotienten, gearbeitet wird.

VII. Kriminalitätsquotienten

506 Solche Relationen werden gebildet, indem man die Zahlen aus der PKS in Beziehung zueinander setzt. Damit schafft man Aussagemöglichkeiten, die über die reinen relativen Zahlen hinausgehen.

Einer der wesentlichen Kriminalitätsquotienten ist die

507 **Aufklärungsquote (AQ)**. Sie bildet als Prozentzahl ab, wie viele der bekanntgewordenen Fälle als geklärt angesehen werden, bei wie vielen Anzeigen die Polizei also der Auffassung ist, einen Täter für die Tat gefunden zu haben. Um diese Relation zu berechnen, nimmt man alle als geklärt gezählten Fälle und multipliziert sie mit 100, teilt dann durch alle bekanntgewordenen Fälle.

Beispielrechnung: In ihrem Bezirk hat die Polizei im Jahr xyzz insgesamt 577 Anzeigen über Taschendiebstähle aufgenommen, bei 18 davon sind Täter festgenommen worden. Wie hoch ist die AQ?

AQ = geklärte Fälle x 100 : erfasste Fälle = 18 x 100 : 577 = 3,12 %.

Daher ist die Aussage: Die Aufklärungsquote für Taschendiebstähle im Bezirk X beträgt im Jahre xyzz 3,12 %.

Falsch aber wäre die Aussage: 3,12% aller Taschendiebstähle werden aufgeklärt. Denn hier wird nicht einbezogen, dass außer den 577 angezeigten Fällen sicher noch einige Taschendiebstähle mehr passiert sind, die aber nicht angezeigt wurden, aus welchen Gründen auch immer.

Gerade die AQ suggeriert, eine Aussage über Erfolg oder Misserfolg polizeilicher Arbeit und damit deren Qualität zu ermöglichen.[181]

Ein insbesondere durch Vertreter der Kriminalpolitik häufig genannter Quoti- 508
ent ist die

Häufigkeitszahl (HZ). Sie soll abbilden, wie viele Straftaten in einem bestimmten Bereich bekannt wurden. Sie kann sich auf die Taten insgesamt oder auch auf einzelne Deliktsarten beziehen. Ergebnis ist die Feststellung, wie belastet ein Umfeld durch Kriminalität insgesamt oder einzelne Delikte ist.

Der Indikator setzt die von der Polizei registrierten Straftaten ins Verhältnis zu 100.000 Personen der jeweiligen Wohnbevölkerung und ermöglicht somit Vergleiche der Kriminalitätsbelastung zwischen Ländern und über die Zeit. Die Häufigkeitszahl polizeilich registrierter Kriminalität ist die vorwiegend verwendete Messzahl zur Beschreibung von Kriminalitätslage und -entwicklung.[182]

> **Beispielrechnung:** In ihrem Bezirk hat die Polizei im Jahr yxzz insgesamt 577 Anzeigen über Taschendiebstähle aufgenommen. Im Bezirk gibt es 338.000 Einwohner.
>
> HZ = erfasste Fälle x 100.000 : Einwohnerzahl =
> 577 x 100.000 : 338.000 = 170,71
>
> Die Antwort würde demnach lauten: die HZ für Taschendiebstahl im Bezirk beträgt 170,71, im Berichtszeitraum wurden also 170,71 Taschendiebstähle je 100.000 Einwohner bekannt. Dieser Wert kann nunmehr verglichen werden mit den Werten anderer Bezirke, die auf gleiche Weise errechnet wurden, um einen Vergleich der Häufigkeiten zu ermöglichen.

Eine weitere Berechnung ermöglicht es, quasi die Kriminalität der Bevölkerung 509
zu betrachten. Dies erfolgt mit der **Tatverdächtigenbelastungszahl (TVBZ)**. Hierzu werden alle Tatverdächtigen (ab acht Jahren) in Relation zur Anzahl aller Einwohner (ebenfalls ab acht Jahren) gesetzt.

> **Beispielrechnung:** In ihrem Bezirk hat die Polizei im Jahr xyzz insgesamt 577 Anzeigen über Taschendiebstähle aufgenommen, bei 18 davon sind Täter festgenommen worden, alle Verdächtigen sind älter als acht Jahre. Im Bezirk gibt es 338.000 Einwohner, davon sind 3.000 Kinder unter acht Jahren.
>
> TVBZ = TV ab acht Jahren x 100.000 : Einwohner ab acht Jahren =
> 18 x 100.000 : 335.000 = 5,37.
>
> Die Antwort würde demnach lauten: die TVBZ im Bezirk beträgt 5,37. Auch hier kann nun verglichen werden zwischen den TVBZ verschiedener Gebiete.

---

181 Vgl. (*Naplava/Kersting/Krahwinkel*, 2012).
182 (*Statistisches Bundesamt*, 2011), S. 8.

Ebenso würde man berechnen, wie viele der Tatverdächtigen als Mehrfachtäter erfasst wurden.

Ihre Grenzen erfährt die TVBZ dort, wo die Zahl der registrierten Einwohner sehr stark von der Zahl der im Bereich tatsächlich anwesenden Personen abweicht, da hier die Daten der Melderegister zugrunde gelegt werden. Damit sind längerfristige Besuche, illegale Aufenthalte, unangemeldete Wohnungen usw nicht in dieser Zahl enthalten. Eine Mehrheit von nicht gemeldeten Einwohnern fällt aus dieser Zahl heraus, damit ist die TVBZ zuweilen nur als Hilfswert zu nutzen.

510 Da die meisten Delikte nicht nur durch Straftäter begangen, sondern auch gegen Menschen gerichtet werden, kann auch die Gefahr, Opfer einer Tat zu werden, durch einen Quotienten ausgedrückt werden. Dazu bedient man sich der **Opferbelastungszahl (OBZ)**. Es soll ausgedrückt werden, wie häufig Menschen in einem Gebiet im Betrachtungszeitraum Opfer von Kriminalität insgesamt oder von einzelnen Delikten werden. Daher lautet die Formel:

OBZ = Anzahl der Opfer x 100.000 : Einwohnerzahl

Beispielrechnung: In ihrem Bezirk hat die Polizei im Jahr xyzz insgesamt 577 Anzeigen über Taschendiebstähle aufgenommen. Insgesamt sechs GES wurden jeweils zweimal bestohlen. Im Bezirk gibt es 338.000 Einwohner.

OBZ = Anzahl der Opfer x 100.000 : Einwohnerzahl =
571 x 100.000 : 338.000 = 168,93

Damit lautet die Ergebnisaussage, dass im Bezirk im Erfassungszeitraum die Quote für Opfer eines Taschendiebstahls bei 168,93 liegt. Damit ist wiederum eine Vergleichsmöglichkeit mit anderen Bezirken geschaffen worden, wobei hier wiederum gilt: die Anzahl der Einwohner ist nicht identisch mit der tatsächlich dort wohnenden Anzahl von Menschen.

511 Ein Vergleich zwischen verschiedenen Wohngebieten kann auch durch die **Kriminalitätsdichtezahl (KDZ)** gezogen werden. Hier wird Kriminalität insgesamt oder in einem Deliktsbereich in Relation gesetzt zu einem räumlich begrenzten Gebiet, ohne Rücksicht auf die Anzahl der Einwohner, die Dichte der Besiedelung oder deren Art als Wohn- oder Gewerbegebiet oder Ähnliches zu nehmen. Die Formel lautet also:

KDZ = erfasste Fälle : Quadratkilometer

Beispielrechnung: In ihrem Bezirk hat die Polizei im Jahr xyzz insgesamt 577 Anzeigen über Taschendiebstähle aufgenommen, der Bezirk umfasst 5 km^2.

KDZ = erfasste Fälle : Quadratkilometer = 577 : 5 = 115,4

Die Aussage müsste demnach lauten: im Betrachtungszeitraum sind im Bezirk je km^2 115,4 Taschendiebstähle begangen worden.

Dieser Wert kann nun wiederum mit dem ebenso berechneten Wert eines anderen Bezirkes verglichen werden.

Der Kriminalitätsquotient, der in allen Statistiken immer wieder als erstes Vergleichsinstrument herangezogen wird, ist die **Steigerungsrate (SR).** Die misst in Prozent, in welchem Umfang sich Werte verändert haben, bezogen auf einzelne Delikte, auf Gesamtkriminalität, auf Belastungszahlen. Lässt also die Polizei in ihrem Statistikbericht verlauten, es habe „weniger Gewalttaten" gegeben, so stellt sie damit eine „negative Steigerungsrate", also einen Rückgang der erfassten Fälle dar. Daher lautet die Formel: 512

SR = (Berichtsjahr – Vorjahr) x 100 : Vorjahr

> **Beispielrechnung:** In ihrem Bezirk hat die Polizei im Jahr xyzz insgesamt 577 Anzeigen über Taschendiebstähle aufgenommen. Im Jahr davor waren es erheblich mehr, insgesamt 704.
>
> SR = (Berichtsjahr – Vorjahr) x 100 : Vorjahr =
> (577 – 704) x 100 : 704 = –18,04 %
>
> Die Aussage würde also lauten: im Berichtsjahr ist die Anzahl der erfassten Taschendiebstähle um 18,04 % zurückgegangen.

Falsch wäre an dieser Stelle wieder die Aussage, die Anzahl der Taschendiebstähle wäre zurückgegangen, denn – wie bereits mehrfach erörtert – es werden hier nur die angezeigten, bekannt gewordenen Fälle gezählt.

Zur besseren Übersicht hier noch einmal eine Zusammenstellung der genannten Formeln der Kriminalitätsquotienten:

Kriminalitätsquotienten		
Aufklärungsquote	AQ	geklärte Fälle x 100 : erfasste Fälle
Häufigkeitszahl	HZ	erfasste Fälle x 100.000 : Einwohnerzahl
Tatverdächtigenbelastungszahl	TVBZ	TV ab 8 Jahren x 100.000 : Einwohner ab 8 Jahren
Opferbelastungszahl	OBZ	Anzahl der Opfer x 100.000 : Einwohnerzahl
Kriminalitätsdichtezahl	KDZ	erfasste Fälle : Quadratkilometer
Steigerungsrate	SR	(Berichtsjahr – Vorjahr) x 100 : Vorjahr

C. Hell- und Dunkelfeld

In den bisherigen Ausführungen ist deutlich geworden, dass alle statistischen Erhebungen sich nur auf diejenigen Taten und Phänomene beziehen können, die den Strafverfolgungsbehörden bekannt werden, auf welche Weise dies auch immer passiert. 513

Daraus ergibt sich logisch konsequent der Umkehrschluss, dass es auch eine Vielzahl von Delikten gibt, die den Behörden nicht bekannt werden. Diese bleiben also unerkannt, werden nicht durch Ermittlungen beleuchtet, bleiben im Dunkeln.

„Die **Aussagekraft** der Polizeilichen Kriminalstatistik wird besonders dadurch eingeschränkt, dass der Polizei ein Teil der begangenen Straftaten nicht bekannt wird. Der Umfang dieses Dunkelfeldes hängt von der Art des Deliktes ab und kann sich unter dem Einfluss variabler Faktoren im Zeitablauf ändern. Es kann daher nicht von einer feststehenden Relation zwischen begangenen und statistisch erfassten Straftaten ausgegangen werden."[183]

Definition: Unter dem Dunkelfeld der Straftaten wird die Summe jener Delikte verstanden, die den Strafverfolgungsbehörden (Polizei und Justiz) nicht bekannt werden und deshalb in der Kriminalstatistik auch gar nicht erscheinen.[184]

514 Je nach Deliktsart können Taten, die im Dunkelfeld liegen, durch geeignete Forschungen bekannt gemacht werden (sog. relatives Dunkelfeld). Andere wiederum bleiben unerkannt und sind auch durch Dunkelfeldforschung nicht ins Hellfeld zu transportieren; sie bilden das sog. „absolute Dunkelfeld".

515 Ob und wann Straftaten der Polizei bekannt werden, hängt wesentlich vom Anzeigeverhalten der Bevölkerung ab, aber auch von der eigenen Beobachtung, der Definition, was strafwürdig ist und was nicht usw (→ Rn. 474 ff. Einflussfaktoren). So wird in manchen Bereichen mehr angezeigt, in anderen weniger. Das aber heißt auch, dass in verschiedenen Kriminalitätsfeldern und Phänomenen der Umfang von Hell- und Dunkelfeld gänzlich unterschiedlich ist: es gibt kein konstantes Verhältnis, keine feststehende Relation zwischen Hell- und Dunkelfeld.[185]

Auch wenn sich durch vermehrte Kontrollintensität oder durch Präventions- und Aufklärungsprojekte das Anzeigeverhalten der Öffentlichkeit maßgeblich verändert, so bedeutet das nicht, dass Hell- und Dunkelfeld sich in den Proportionen verschieben. Es bedeutet nur, dass gleichsam der Scheinwerfer auf einen anderen Ausschnitt gelenkt wird.

---

[183] (*BKA*, Polizeiliche Kriminalstatistik Bund, 2011), S. 7.
[184] (*Schwind*, 2013), § 2 Rn. 34.
[185] Vgl. (*BKA*, Polizeiliche Kriminalstatistik Bund, 2011), S. 7.

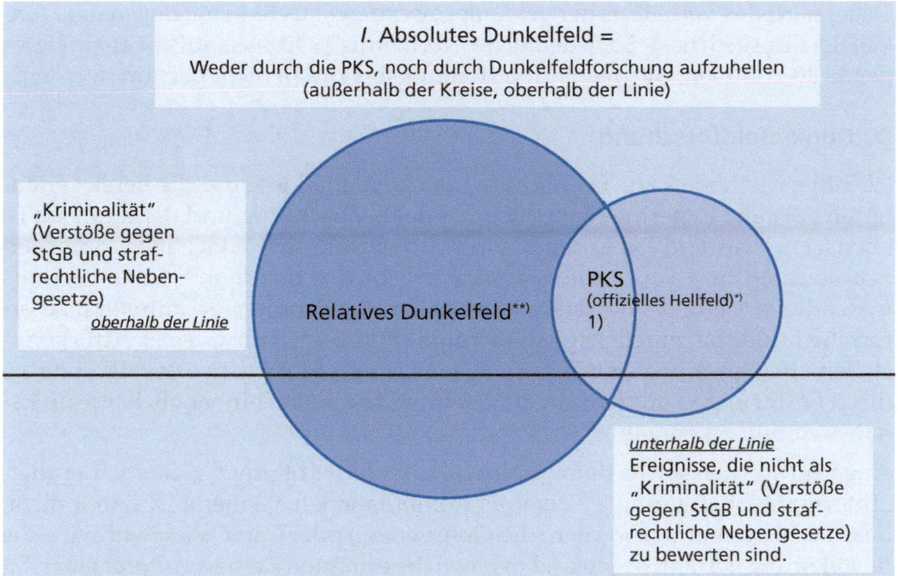

1) Die Schnittmenge zwischen relativem Dunkelfeld und PKS sind angezeigte und registrierte sowie in crime surveys berichtete Straftaten.

*) angezeigte und registrierte, nicht in crime surveys erfasste Kriminalität (zB „opferlose“ Straftaten, Straftaten gegen zB Reisende, Kinder oder Randgruppen, vollendete Tötungsdelikte)

**) zB durch crime surveys aufgehelltes Dunkelfeld

***) Hier werden Ereignisse wiedergegeben, die strafrechtlich nicht als Kriminalität bewertet, aber von Befragten als Kriminalität berichtet bzw. von der Polizei (PKS) als Kriminalität erfasst wurden.

Abb. 31: Hell- und Dunkelfeld, (*BKA*, Polizeiliche Kriminalstatistik Bund, 2011), S. 8.

Das Dunkelfeld zu kennen und zu erhellen und seine Größe zu erforschen, ist ein wesentlicher Forschungsbereich der Kriminologie. Wenn fundierte Aussagen über die Kriminalität in einer Gesellschaft gemacht werden sollen, so geht das nicht, ohne auf das Dunkelfeld zu schauen. Daher zieht sich die Dunkelfeldbetrachtung quer durch alle Forschungsbereiche und Informationsquellen.

Betrachtet man die PKS-Veröffentlichungen des Bundes und der Länder, so stellt man fest, dass folgerichtig bei vielen der Kriminalitätsbereiche der Hinweis aufgenommen wurde, dass hier mit einem großen Dunkelfeld zu rechnen sei.

Hinweis: Wie groß dieses Dunkelfeld jeweils ist, steht im untrennbaren Zusammenhang mit der Art des Deliktes. Die Beschreibung der Größe wird durch die sog. Dunkelziffer-Relation vorgenommen.[186]

---

[186] Bei (*Göppinger*, 2008), § 23 Rn. 4 vereinfacht nur „Dunkelziffer“ genannt, was sich durch die Entwicklung dieses Begriffes aber nicht als zutreffende Abkürzung erklärt.

Dabei wird das Verhältnis der bekannt gewordenen Delikte mit denen des Dunkelfeldes ausgedrückt. So bedeutet das Verhältnis 1 : 10, dass auf ein angezeigtes Delikt 10 kommen, die den Strafverfolgungsbehörden nicht bekannt werden.

D. Dunkelfeldforschung

516 Wichtige Methoden zur Erforschung des Dunkelfeldes sind die bereits erläuterten Formen: Experiment, (teilnehmende) Beobachtung und Befragungen (s. oben § 21). Während Experiment und Beobachtung sich jedoch nicht durchsetzen konnten und kaum übertragbare Ergebnisse lieferten,[187] setzte sich als wesentliche Methode, bis dahin nicht bekannt gewordene Kriminalität zu erforschen und das möglichst reale Kriminalitätsbild einer Gesellschaft darzustellen, die Befragung durch. Nur, wenn man große Teile der Bevölkerung zu ihren Erfahrungen mit Kriminalität befragt, kann man ein möglichst realitätsnahes Abbild erkennen.

517 Angelegt werden solche Befragungen als „Opferbefragung", „Täterbefragung", „Informantenbefragung"[188] oder als Kombinationen. Gemeint ist damit nicht, dass Personen befragt werden, die Opfer waren oder Täter. Vielmehr wird die Bevölkerung gefragt, ob jemand in einem bestimmten Zeitraum Opfer einer Tat war, ob jemand eine Tat begangen hat oder etwas beobachtet hat und darüber Informationen weitergeben kann.

Daraus aber ergeben sich ebenfalls die wesentlichen Problematiken in der Auswertung der Ergebnisse. Diese beginnen schon dort, wo der Forscher die Entscheidung darüber treffen muss, welche Menschen er befragen will, welche Altersgruppen er anschreibt, in welchem Gebiet er dies tut, welchen Bildungsstand die Befragten haben sollen usw. So wird bereits in der Grundentscheidung eine Auswahl getroffen, die das Ergebnis beeinflussen kann. Dem kann man nur ausweichen, indem man lückenlos alle Menschen befragt, was aber schon aufgrund der persönlichen Bedingungen nicht möglich ist: Kinder, demenzkranke Menschen, Analphabeten … sie alle gehören zur Gesellschaft, können aber nicht in jede Befragung einbezogen werden. Das Bild ist also nicht wirklich realistisch, es kann nur möglichst realitätsnah gewonnen werden.

Zweiter, nicht weniger wichtiger Einflussfaktor ist die Interpretationsmöglichkeit, die jeder Befragte aus den Fragen hat. Wie man eine Frage verstehen möchte, ob man sie dann wahrheitsgemäß beantwortet, liegt allein in der Entscheidung des Befragten. Auch innerhalb einer Befragung „eingebaute" Plausibilitäten ändern daran nichts, sie bewirken zuweilen nur, dass einzelne Antworten aus der Bewertung fallen müssen. Damit ist wiederum ein Aspekt erkennbar, der das aus der Befragung zu erhaltende Abbild der Kriminalität nur wenig realistisch erscheinen lässt.

---

[187] S. hierzu vertiefend (*Schwind*, 2011), § 2 Rn. 37 ff.

[188] Die Methoden der Dunkelfeldforschung durch Befragungen wurden zunächst in USA in sog. „national crime surveys" durchgeführt; dort nannten sich diese Methoden „report on victimization" und „self reported delinquency" und wurden nur verkürzt übersetzt, wodurch diese missverständlichen Begriffe entstanden sind.

Hinzu kommen die Verfälschungen, die aus unterschiedlichen Gründen bewusst vorgenommen werden: Bei Opferbefragungen kann es aus Scham zu Falschantworten kommen, bei Täterbefragungen aus Geltungsbedürfnis oder Angst vor Strafverfolgung. Bei sog. „opferlosen" Delikten, bei denen also nicht eine konkrete Person geschädigt wurde, gibt es kein Opfer, das diese Tat angeben kann, sie fällt also ebenfalls aus der Zählung.

Im Ergebnis ist festzuhalten, dass alle Bemühungen, das Dunkelfeld der allgemeinen Kriminalität zu erhellen, bislang nur ansatzweise zum Ziel führten. Man behilft sich daher mit **Schätzungen** des Dunkelfeldes; diese sind wiederum je nach Deliktsart und je nach „Schätzendem" und der angewandten statistischen Methode gänzlich unterschiedlich. So differieren Schätzungen zB im Bereich des sexuellen Missbrauchs von Kindern zwischen 1 : 10 und 1 : 30.

Allein einige Tendenzen sind bislang durch die Dunkelfeldforschung erhoben 518
worden:[189]

- Das Dunkelfeld ist zwar nach Delikten sehr unterschiedlich, aber insgesamt erheblich. Das Verhältnis von registrierten Delikten zu Delikten um Dunkelfeld (Dunkelzifferrelation) wird auf 1 : 3 geschätzt.
- Die Ubiquitätsthese[190] lässt sich nicht halten. Zwar begehen fast alle Menschen irgendwann eine oder auch mehrere Straftaten, insbesondere im Jugendalter, bei den meisten Menschen bleiben jedoch diese Straftaten a) selten und b) im Bagatellbereich. Mit der Häufigkeit und Schwere der Straftaten wächst die Wahrscheinlichkeit, dass diese Straftaten in das Hellfeld der registrierten Kriminalität gelangen. Männer und Unterschichtsangehörige sind auch im Dunkelfeld stärker delinquenzbelastet als Frauen und Angehörige höherer Schichten. Registrierte Straftäter sind auch im Dunkelfeld stärker belastet als Personen ohne registrierte Straftaten.
- Ein erhöhtes Risiko, Opfer von Straftaten zu werden, haben Unterschichtsangehörige, Männer, Personen im Alter bis zu 25 Jahren, Alleinlebende und Stadtbewohner. Dies ist allerdings nicht so zu interpretieren, als hätten diese Merkmale eine entsprechende „Wirkung", sie sind vielmehr Indikatoren eines bestimmten Lebensstils, der die betreffenden Personen häufiger in Situationen bringt, in denen sie Opfer werden können. Es sind im Übrigen dieselben Merkmale, die auch bei Tätern vorherrschen.
- Bei den Gründen für die Nichtanzeige von Straftaten stehen „geringer Schaden" und „vermutete Erfolglosigkeit" an der Spitze.
- Die Verbrechensfurcht der Bevölkerung variiert weitgehend unabhängig von der tatsächlichen Bedrohung und den eigenen Opfererfahrungen."

---

189 (*Bock*, 2007), Rn. 796.

190 Die Ubiquitätsthese besagt, dass Kriminalität eine normale Erscheinung in der Gesellschaft und gleichmäßig über alle Schichten verteilt sei.

§ 22 Die Ursachen und Bedingungen für Kriminalität

519 Solange Gesellschaften sich Regeln geben und solange auch die Einhaltung dieser Regeln überwacht und ihre Missachtung bestraft wird, so lange gibt es auch die Frage nach den Gründen, aus denen solche Missachtungen geschehen:

„Schon im Gesetzbuch von Hammurabi (ca. 1700 v. Chr.)[191] finden sich fundierte Vorstellungen von den Ursachen des Verbrechens und der Reaktion darauf, wenn von reichen und gebildeten Menschen mehr Regeltreue erwartet und zB ein Diebstahl härter bestraft wird als bei einem armen."[192]

520 Ursachenforschung ist also ein wesentlicher Forschungsbereich der Kriminologie. Innerhalb dieser Forschungen wird versucht, entweder einzelne Straftaten zu erklären oder Kriminalitätsphänomene in ihren Ursachen zu beschreiben. Da die Kriminalität aber viele verschiedene Formen zeigen kann, sind auch die Beschreibung ihrer möglichen Ursachen und die aus diesen Forschungen entstandenen Theorien und Erklärungsansätze vielfältig. Dabei gilt als anerkannte **Definition** für Kriminalitätstheorien:

Definition: Mehr oder weniger gesicherte, methodisch geordnete Versuche, Entstehungszusammenhänge individueller/oder der Kriminalität in der Gesellschaft zu erklären und hinsichtlich ihrer (der Kriminalität) sozialen Kontrolle Rückschlüsse für die Praxis in Prävention und Repression zu ziehen.[193]

Theorien im engeren Sinne sind diese Versuche, Rechtsbrüche zu erklären, nur in einigen wenigen Fällen.[194] Sie erfüllen nur begrenzt die Anforderungen, die an eine Theorie gestellt werden, da sie häufig weder widerspruchsfrei sind noch ausreichenden Abstraktionsgrad gewinnen, sodass Prognosen für gleich gelagerte Fälle nicht zuverlässig gestellt werden können. Wären die vorgestellten Gedankenkonstrukte durchweg Theorien, wo wären sie verdichtend und abstrahierend und würden auf diese Weise grundlegende Orientierung liefern. Genau daran aber mangelt es in den meisten Fällen.

Mehrheitlich handelt es sich daher eher um Meinungen und Versuche, Erklärungen zu finden.[195] Je nachdem, aus welcher der kriminologischen Teilwissenschaften der Forscher seinen Ursprung und seine Erkenntnisse zieht, richtet sich die von ihm gefundene Erklärung auch aus:

---

191 Anm. d. Verf.: als erstes Gesetzbuch der Welt überliefert, in dem König Hammurabi von Babylon Gesetze für sein Reich erließ.

192 (*Bannenberg/Rössner*, 2005), S. 10.

193 (*Breuer*, 1998), S. 56.

194 S. hierzu vertiefend (*Göppinger*, 2008), S. 119 f.

195 An dieser Stelle sei darauf hingewiesen, dass in der Literatur – so zB in (*Clages/Zimmermann*, 2010), S. 52 – teils Übersichten abgebildet werden, in denen unreflektiert jeder Ansatz als „Theorie" bezeichnet wird, was jedoch wissenschaftlich nicht haltbar sein dürfte. Hier wird daher in der Folge der Begriff „Erklärungsversuch" genutzt; gemeint sind damit sowohl die „echten" Theorien als auch Hypothesen, Lehrmeinungen, Modelle und Gedankenansätze. (*Clages/Zeitner*, 2016) weisen auf den Wahrscheinlichkeitscharakter von Theorien hin (Kap. 2.2).

- der Psychoanalytiker sieht die Ursachen eher in der Tiefe der Psyche, er betrachtet mithin das Problem aus einer Mikroebene,
- der Soziologe denkt in gesellschaftlichen Bedingungen, also der Makroebene,
- der Mediziner in Krankheitsbildern oder Körperfunktionen (zB Hormonen),
- der Biologe in Vererbung oder gar Ernährung usw.

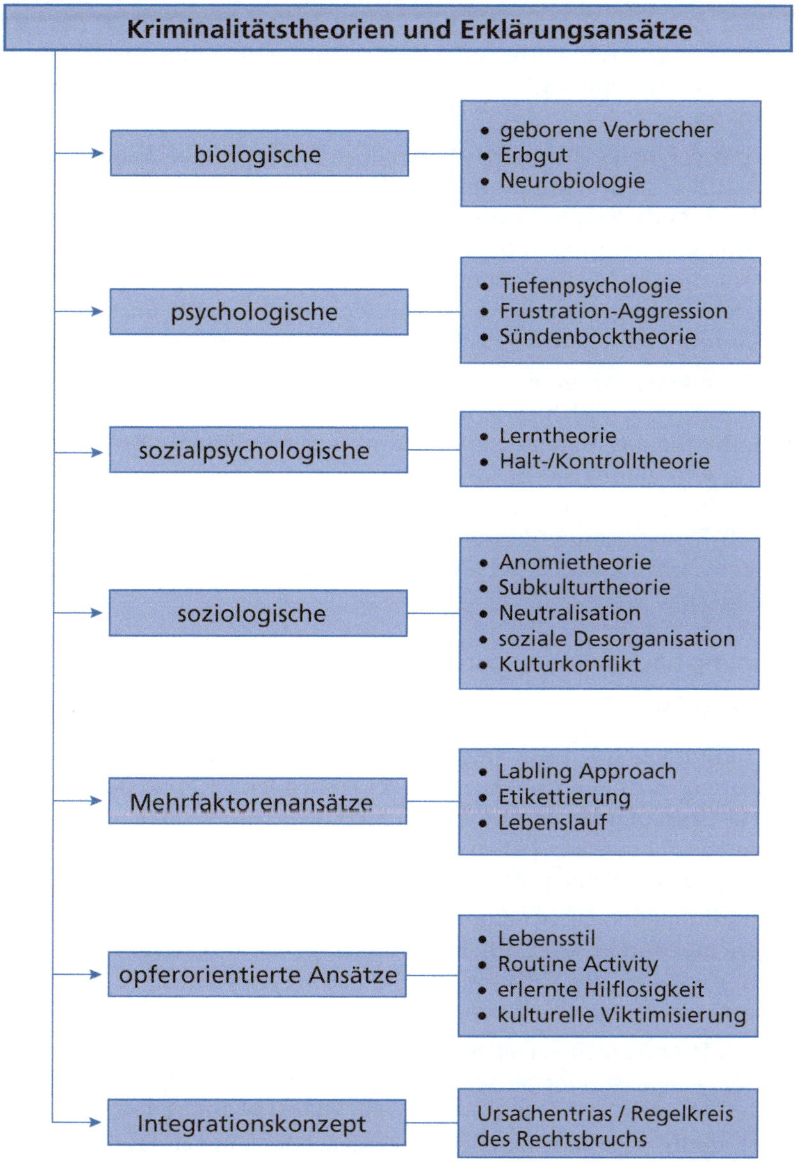

Abb. 32: Erklärungsversuche – Übersicht

Jeder der Ansätze versucht, aus seiner jeweiligen Wissenschaft mindestens eine Bedingung zu finden, die Kriminalität erklären könnte. So entsteht eine Vielzahl ganz unterschiedlicher Theorien, Hypothesen und Ansätze, die – alle resultierend aus ihrer Ursprungswissenschaft – versuchen, das Verbrechen als Phänomen zu erklären.

521 Bis zum heutigen Tage ist es aber nicht gelungen, die allumfassend zutreffende Theorie zu finden, die auf alle Kriminalität Anwendung finden könnte. Das ergibt sich zwangsläufig aus der Vielschichtigkeit der Arten und Formen von Verbrechen. Es gibt immer die im Einzelfall zutreffende Aussage, die aber nicht zur Regel für alle Kriminalität gemacht werden kann, denn es gibt immer auch die Ausnahmen.

Gerade diese Problematik wirft die Frage auf, warum überhaupt der Polizeipraktiker über derart umfangreiches Wissen über Erklärungsansätze verfügen sollte. Innerhalb des Studiums mag die Kenntnis der Theorien mit dem Erfordernis von Prüfungen begründet werden. Das aber ist eine verengende Sichtweise, die den Möglichkeiten der Erklärungsansätze im polizeilichen Alltagshandeln nicht gerecht wird; so wählten auch (*Clages/Zeitner*, 2016) die von ihnen dargestellten Theorien nach deren Praxisrelevanz aus.

522 Da insbesondere zu diesem Themenkomplex eine Vielzahl vertiefender Literatur vorhanden ist, soll hier lediglich auf diejenigen Theorien eingegangen werden, die für das allgemeine Verständnis der Kriminalität von Bedeutung sind. Eine sehr gelungene Zusammenfassung, die auch weitere Hinweise zur Literaturarbeit gibt, findet sich auf http://www.krimlex.de/ (zuletzt abgerufen am 29.8.2017), auch empfehlenswert für den schnellen Zugriff ist „Krimpedia": http://www.kriminologie.uni-hamburg.de/wiki/index.php/ (zuletzt abgerufen am 29.8.2017).

A. Ordnung nach Geltungsbereich/Reichweite

I. Totaltheorien

523 In der traditionellen Kriminologie versuchte man, gerade solche allumfassenden Theorien zu finden und das Verbrechen in allen Facetten durch möglichst geeignete Grundaussagen zu erklären. Das aber führte dazu, dass sich diese Theorien kaum beweisen ließen und allein der Grundanforderung der Allgemeingültigkeit nicht entsprachen.

In der traditionellen Ursachenforschung hat man zunächst den Blick auf den Täter gerichtet und im Wesentlichen hinterfragt, warum Menschen Verbrechen begehen, wie es zu der Tat kam, welche Bedingungen aus der Persönlichkeit des Täters erwuchsen. Die Kernfragen waren:

Wer ist der Rechtsbrecher, welche Persönlichkeit hat er? Warum ist er so geworden wie er ist, wie ist seine persönliche Geschichte? Welchen Einfluss hatten seine persönlichen Anlage und seine Umwelt, Eltern, Wohnort, Freunde usw? Wie kann er sozialisiert bzw. resozialisiert werden, oder kann er das überhaupt? Wie kann der Rechtsbrecher bekämpft bzw. behandelt oder/und bestraft werden?

Aus den Erfahrungen, dass derartige Aussagen sich kaum allgemeingültig und umfassend bestätigen lassen, entstand der Gedanke, sich zunächst in den Erklärungsversuchen einzuschränken; es entstanden die sog. Theorien mittlerer Reichweite. 524

II. Theorien mittlerer Reichweite

Dies sind alle diejenigen, die sich nicht den Anspruch der Allgemeingültigkeit geben, sondern zunächst aus ihrer fachlich umgrenzten Sichtweise ein Phänomen bzw. einen Ausschnitt beschreiben wollen. Damit wird eine Teilerklärung versucht, in deren Anlage bereits von Ausnahmen und Gegenargumenten ausgegangen wird. Benachbarte Wissenschaften können diese einzelnen Ansätze durchaus stützen, aber auch zu anderen Ergebnissen gelangen. Der Begriff geht zurück auf *Robert K. Merton* (1910–2003) (s. hierzu auch zur Anomietheorie), der die Auffassung vertrat, dass aussagen über Phänomene bestimmtem Wandel unterliegen und nicht in allen Zeiten und in allen Gesellschaftskonstellationen ihre Gültigkeit behalten können, sondern vielmehr sich ebenfalls wandeln und in ihren Erklärungen anpassen müssen. 525

Diese seine Erklärung findet sich so auch in seiner Weiterentwicklung der Anomietheorie wieder. Betrachtet man die Ansätze und Theorien zur Erklärung von Verbrechen, so stellt man fest, dass sie ebenfalls auf alle anderen Überlegungen zutreffen würden.

Die Unterscheidung, ob es sich um eine Theorie der umfassenden Aussage (Totaltheorie, Haupttheorie, grand theory) oder um eine Theorie mittlerer Reichweite (middle range theory) handelt, ist für den Polizeipraktiker müßig; für ihn ist es wesentlich, die Kernaussagen der Erklärungen zu kennen und darüber Bescheid zu wissen, um durch geeignete repressive und präventive Maßnahmen an genau dem Punkt ansetzen zu können. 526

B. Historische Erklärungsansätze

Im 18. Jahrhundert begann die Zeit der Aufklärung. Zu dieser Zeit wurde der Mensch nicht mehr als das fremdbestimmte, unmündige Wesen gesehen, sondern als eigenständig entscheidendes, vernunftbegabtes Wesen. Bekanntester Vertreter der Zeit war *Immanuel Kant* (1724–1804), der erklärte: „Aufklärung ist der Ausgang des Menschen aus seiner selbstverschuldeten Unmündigkeit". Auch erklärte *Kant*, dass der Mensch aufgrund dieser Fähigkeit, eigene Entscheidungen zu treffen, nicht per se schlecht oder per se gut sei, sondern auch verbesserungsfähig und lernfähig: „Jeder kann mal fallen, nur Liegenbleiben ist eigene Schuld". 527

Konsequent wurde durch *Kant* und von ihm beeinflusste Wissenschaftler auch die Entscheidung, eine Straftat zu begehen, als selbstständige Entscheidung des Täters akzeptiert und mit ihm entsprechend verfahren.

I. Italienische Schule

528 *Cesare Beccaria* (1738–1794) gilt als von *Kant* inspirierter Begründer der Klassischen Schule der Kriminologie. Er verfasste das Werk „Dei delitti e delle pene" – „von den Verbrechen und den Strafen". Nach seiner Auffassung war der Mensch eben nicht von Geburt an dazu bestimmt, Verbrecher zu werden, sondern – ganz dem Geist der Aufklärung folgend – in jeder Situation dem freien Willen unterworfen, ob er eine Tat begehen möchte oder nicht. Damit ist auch in jeder möglichen Situation die Willensentscheidung des Menschen eine andere. Es ist also nach seiner Auffassung nur wenig sinnvoll, den Verbrecher als Ursache zu betrachten, sondern vielmehr sollte der Fokus auf die Tat gerichtet werden, weil der Mensch sich eben mal so und mal anders entscheiden kann und wird.

Entsprechend stellte er Forderungen auf, wie mit den Straftätern umzugehen sei und wie die Gerichte zu arbeiten haben:

- Willkürverbot für die Polizei,
- Strikte Abhängigkeit des Richters vom Gesetz,
- Zügige Abwicklung des Strafverfahrens,
- Gewährung ausreichender Zeit für die Verteidigung,
- Öffentlichkeit der Gerichtsverhandlungen,
- Unschuldsvermutung zugunsten des nicht überführten Tatverdächtigen,
- Abschaffung des Strafzwecks der Vergeltung zugunsten der Abschreckung,
- Abschaffung grausamer Strafen,
- Ersetzung der Todesstrafe durch lebenslange Freiheitsstrafe,
- Primat vorbeugender Kriminalpolitik.

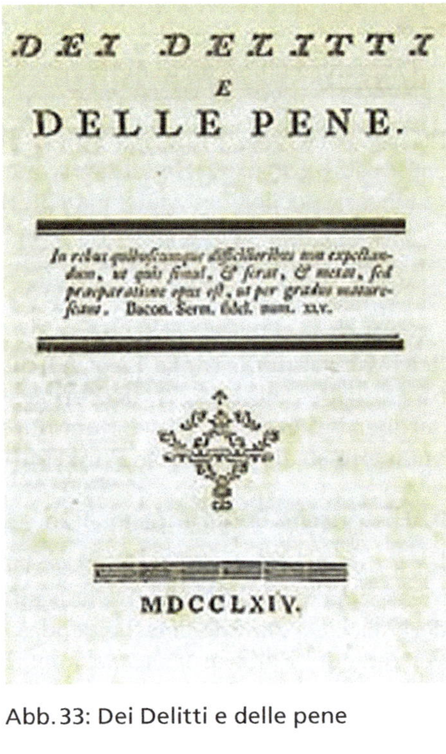
DEI DELITTI
E
DELLE PENE.

In rebus quibuscumque difficilioribus non expectandum, ut quis simul, & serat, & metat, sed praeparatione opus est, ut per gradus maturescant. Bacon. Serm. fidel. num. XLV.

MDCCLXIV.

Abb. 33: Dei Delitti e delle pene

Abb. 34: Cesare Beccaria

Damit hat er wesentliche Verdienste für die Strafrechtspflege, die auch heute noch ihre Gültigkeit haben, und gilt als der Vater der modernen Grundsätze.

II. Anthropologische (italienische) Schule

Zeitlich nach *Beccaria*, ebenfalls aus Italien stammend, aber mit gänzlich anderer Ausrichtung argumentierte *Cesare Lombroso* (1835–1909). Er wollte damit auf die klassische Schule von *Beccaria* reagieren und den Blick zurück auf die Person des Verbrechers lenken. Er gilt als Begründer der kriminologischen Wissenschaft, da er sich mit wissenschaftlichen Methoden an Reihenuntersuchungen wagte und die Ergebnisse in der Öffentlichkeit zur Diskussion stellte. Sein Buch „L'uomo delinquente" diente als Grundlage der Diskussionen in der Fachwelt. 529

Abb. 35: Cesare Lombroso

Er war der Meinung, der Kriminelle sei ein atavistisches Wesen, also quasi ein Mensch, der in ein altes Entwicklungsstadium zurückgefallen ist. Daher war für ihn der Kriminelle wegen angeborener Anomalien von Natur aus zum Verbrecher bestimmt und hatte eben nicht, wie *Beccaria* glaubte, die „freie Wahl"! *Lombrosos* Schüler *Enrico Ferri* (1856–1929) prägte dazu die Bezeichnung „der geborene Verbrecher". 530

Abb. 36: Kopftypen von Lombroso

Folgerichtig waren beide auch der Meinung, man könne einem Menschen ansehen, ob er kriminell ist oder nicht. So glaubte *Lombroso*, mehrere körperliche Eigenschaften bei seinen Untersuchungen gefunden zu haben, die die Verbrecher auszeichnen. Diese sind teils typisch für bestimmte Delikte, teils ist aufgrund der körperlichen Gegebenheiten, zB der Kopfform, die spätere Strafbarkeit vorbestimmt:

So hat nach seiner Meinung der Dieb kleine, bewegliche Hände und ist zu erkennen an den zusammengewachsenen Augenbrauen und der krummen Nase, der Mörder hingegen kann erkannt werden an seinem glasigen, eiskalten und starren Blick:

„Die Nase ist groß, oft Adler- oder vielmehr Habichtsnase; der Kiefer stark knochig, die Ohren lang, die Lippen dünn, die Eckzähne groß.“[196]

Da *Lombroso* selbst bereits erkannte, dass diese verallgemeinernden Aussagen nicht für alle von ihm untersuchten Kriminellen zutrafen und die Zahl der Ausnahmen wuchs, er außerdem durch seine Untersuchungen nur von Kriminellen ohne Vergleichsgruppen von rechtstreuen Menschen einseitig geblieben war, hielt er die Weiterentwicklungen seiner Theorien durch *Ferri* für nachvollziehbar: 531

Dieser ergänzte die reduzierten Aussagen *Lombrosos* und führte die Kriminalität auf biologische, physische und soziale Ursachen zurück. Daher hat er der ursprünglich einen Art von Tätern weitere hinzugefügt, sodass letztendlich fünf Typen beschrieben wurden:

- Der geborene Verbrecher,
- Der verbrecherische Irre,
- Der Verbrecher aus Leidenschaft,
- Der Verbrecher aus erworbener Gewohnheit,
- Der Gelegenheitsverbrecher.

Trotz der heute mehrheitlich als absonderlich erkannten Kernaussagen der anthropologischen Schule bleibt aber festzuhalten, dass sie wesentlich zum Entstehen der modernen, forschenden Kriminologie beigetragen hat.

III. Französische Schule

Schon parallel zur italienischen Schule wurde in England durch *John Locke* (1632–1704) (ebenfalls einem Vertreter der Aufklärung, über die Ursachen von Kriminalität als Produkt von Erziehung oder Umwelt veröffentlicht. 532

Dessen Gedanken griff *Alexandre Lacassagne* (1843–1924) auf und entwickelte sie fort. Mit seinen Aussagen positionierte er sich nach anfänglichen Gemeinsamkeiten später deutlich und klar gegen die Vertreter der italienischen Schule. 533

Während einer Rede bei einem Kongress von anthropologischen Kriminologen, also durchweg Vertretern der Theorie *Lombrosos*, erklärte er: „la justice flétrit, la prison corrompt et la société a les criminels qu'elle mérite“ – Die Justiz verkümmert, das Gefängnis ist korrupt und die Gesellschaft hat die Verbrecher, die sie verdient.

Abb. 37: Alexandre Lacassagne

---

[196] (*Lombroso*, Der Verbrecher, 1887), S. 230 f.

Damit ist der Blick von der Person des Verbrechers auf die Gesellschaft als mögliche Ursache für Kriminalität gelenkt worden. Aus der anthropologischen Betrachtung ging der Weg nunmehr auf eine eher soziologische Frage.

IV. Marburger Schule (= Vereinigungstheorie = Anlage-Umwelt-Theorie)

534 In Deutschland forschte *Franz von Liszt* (1851–1919), Berliner Juraprofessor, ebenfalls zur Frage, warum es Verbrecher gibt und wie zweckmäßigerweise mit ihnen umgegangen werden sollte. Aus der italienischen und der französischen Schule erkannte er sowohl Zutreffendes als auch Probleme:

„Die junge „anthropologische Schule" Italiens geführt von Lombroso, Ferri und Garofalo, rasch an Anhängern gewinnend und namentlich in Frankreich sympathisch begrüßt, hat mit jugendlichem Ungestüm in der Verwertung kaum gefundener Resultate, aber auch mit jugendlicher Kraft und Begeisterung den Kampf gegen die klassische Kriminalistik aufgenommen; sie bestreitet dem Strafrecht den Charakter einer juristischen Disziplin und verwandelt es in einen Zweig der Gesellschaftswissenschaft; sie mißtraut den Wirkungen der Strafe und will diese auf einem großen Gebiete ihrer bisherigen Herrschaft ersetzen durch Präventivmaßregeln („Strafsurrogate"); sie nimmt dem Strafprozesse seine juristische Gestaltung und verwandelt ihn in eine fachmännische psychiatrisch-anthropologische Untersuchung des Verbrechers; sie erblickt ihre Hauptaufgabe in der Erforschung der Ursachen des Verbrechens und ihre medizinischen wie juristischen Anhänger wetteifern in statistischen und anthropometrischen Untersuchungen.

Es unterliegt keinem Zweifel, daß die ganze Bewegung in Deutschland so gut wie in Italien, vorläufig noch nicht zur Klärung gelangt ist."[197]

Und an anderer Stelle:

„Die einseitige Betonung der kriminal-anthropologischen Standpunktes verleitet nur zu leicht zu einer Unterschätzung der sozialen Bedingungen, welche zum Verbrechen führen."[198]

Im weiteren Verlauf des Textes wird insbesondere auf das „Massenelend" als Nährboden für Kriminalität abgestellt (S. 312). Hier erkennt *von Liszt* keine Wirkung der Bestrafung einzelner Täter, da deren Inhaftierung an den Gesamtumständen nichts zu ändern vermag und ebenso wenig der italienischen Auffassung Rechnung getragen würde, dass Kriminalität vererbt werde:

„Ist jedes Verbrechen organisch bedingt, die Frucht der von den Vätern begangenen Sünden, das letzte Ergebnis der durch Geschlechter sich fortpflanzenden, stufenweise sich steigernden Entartung – was soll uns diesen Unglücklichen gegenüber die Strafe?"[199]

535 Zentraler Punkt seiner Überlegungen waren folglich Sinn und Zweck von Strafen, und er versuchte, die Art und Weise der Bestrafung auf ihren präventiven Charakter zu beziehen. So vertrat er – was zu seiner Zeit revolutionär war – den Gedanken, dass der Straftäter durch seine Bestrafung von weiteren Taten abge-

---

[197] (*von Liszt*, 1905), S. 180 f.
[198] (*von Liszt*, 1905), S. 312.
[199] (*von Liszt*, 1905), S. 312.

schreckt werde, womit die Strafe spezialpräventiv sei und weniger Sühne- und Rachegedanken in sich trüge. Damit gilt er gleichzeitig als der Vater des resozialisierenden Vollzuges.

Er vereinte die zutreffenden Aussagen aus der französischen und der italienischen Schule zu einer neuen These: der Vereinigungstheorie bzw. der „Anlage-Umwelt-Theorie". So fasste er als Kernaussage seiner Überlegungen, die anderen Theorien möglichst zutreffend anzuwenden:

„Das Verbrechen ist das Produkt der Eigenart des Täters im Augenblick der Tat und aus den ihn in diesem Augenblick umgebenden äußeren Verhältnissen."[200]

1. Klassische Schule (*Beccaria*),
2. Anthropologische Schule (*Lombroso, Ferri, Garofalo*),
3. Französische Schule, genau gegen die italienische,
4. Marburger Schule – vereinigt 2. und 3.

Im weiteren Verlauf der kriminologischen Ursachenforschung haben sich sowohl einige Theorien und Erklärungsansätze entwickelt als auch unterschiedliche Systeme, nach denen man diese Ansätze einordnen kann. Gängig sind die Ordnungen nach Geltungsbereich bzw. Reichweite und nach den Ursprungswissenschaften.

Abb. 38: Franz Ritter von Liszt

C. Ordnung nach Ursprungswissenschaft – Übersicht

Eine vordergründigere, damit wohl auch verständlichere Art, die Erklärungsversuche einzuordnen, ist die nach den Ursprungswissenschaften. 536

D. Ursprungswissenschaft: Biologie

I. Theorie der geborenen Verbrecher

Eine der ersten biologischen (traditionellen) Theorien ist die *Lombrosos*, der – wie bereits beschrieben – vermutete, es gebe den **geborenen Verbrecher**, der auch an Äußerlichkeiten erkannt werden könne (s. → Rn. 506). Dass diese Theorie widerlegt ist, dürfte auf der Hand liegen. 537

II. Erbguttheorie

Ebenso wenig kann einem Ansatz gefolgt werden, der die Auffassung vertritt, Verbrechen sei durch Erbanlage schicksalhaft (*Johannes Lange*, geb. 1929) oder als Resultat des sog. „Mörderchromosoms xyy" als **kriminelle Anlage** zu bewerten (*Patricia Jacobs*, geb. 1965). 538

Lange war der Auffassung, es gebe genetischen Einfluss auf das Entstehen von Kriminalität, dies könne dann durch vergleichende Untersuchungen ein- und zweieiiger Zwillinge belegt werden. Sofern die Erbanlage bedeutend ist, muss 539

---

[200] (*von Liszt*, 1905), S. 312.

negatives Verhalten von Zwillingen nur bei eineiigen Zwillingen vergleichbar sein, bei zweieiigen Zwillingen aber muss es messbare Unterschiede geben. Da er nur sehr wenige Zwillingspaare untersuchte, gab es in der Folge weitere Erhebungen durch andere Wissenschaftler, die seine Ergebnisse zu bestätigen schienen. Als „konkordant" wird jeweils bezeichnet, in wie vielen Fällen es Verurteilungen bei beiden Zwillingen gegeben hat. Bei *Lange* bedeutet das: er hat 13 eineiige Zwillingspaare untersucht, wovon in 77% beide Zwillinge delinquent sind, also bei zehn Paaren beide straffällig wurden.

Diese Untersuchungen wurden allerdings auch in der Fachwelt sehr kontrovers diskutiert, weil man der Auffassung war, es gebe hier keine ausreichende Einbeziehung von Einflüssen außerhalb der genetischen Voraussetzungen, insbesondere werde nicht bewertet, wo und unter welchen Voraussetzungen die jeweiligen Zwillinge aufwuchsen und lebten.

Grad der Übereinstimmung im Delinquenzverhalten bei Zwillingspaaren
(Paare, die mindestens einen delinquenten Partner haben)

			eineiige Zwillinge		zweieiige Zwillinge	
Untersuchung	Jahr	Land	Zahl der Paare	davon konkordant in %	Zahl der Paare	davon konkordant in %
Lange	1929	D	13	77	17	12
Legras	1932	F	4	100	5	0
Rosanoff et al.	1934	USA	37	69	60	10
Kranz	1936	D	31	65	43	53
Stumpfl	1936	D	18	61	19	37
Rosanoff et al.	1941	USA	45	78	27	18
Yoshimasu	1961	Japan	28	61	18	11
Dalgaard et al.	1976	N	31	26	54	15
Christiansen	1977	DK	325	37	611	13
Durchschnittliche Konkordanz				62		19

Abb. 39: Zwillingsuntersuchungen (Quelle: nach *Kaiser* Kriminologie, 10. Aufl. S. 240).

Ähnliche Überlegungen wurden für die Erbguttheorie im Rahmen von Adoptionsstudien angestellt. Man versuchte herauszufinden, ob adoptierte Menschen, die in ihrer biologischen Ursprungsfamilie kriminelle Väter oder Mütter hatten, eher selbst auch kriminell werden als solche, deren genetische Elternteile nicht straffällig waren. Sofern die Anlage überwiegt, werden Kinder krimineller Elternteile ebenfalls vermehrt delinquent, selbst wenn sie in einer normangepassten Adoptionsfamilie aufwachsen. Solche Mutmaßungen hört man auch heute immer noch in den Fällen, in denen Eltern Kinder adoptieren wollen. Gut gemeinte Ratschläge sind in diesen Fällen häufig: „Du weißt ja nicht, woher es kommt, am Ende ist es das Baby von Verbrechern, da macht man dann später nix!". Die Ergebnisse der Adoptionsforschung scheinen das zu stützen.[201]

[201] Vgl. (*Schwind* 2013), § 5 II.

Patricia Jacobs fand bei der Untersuchung von Haftinsassen[202] heraus, dass tatsächlich ein Teil von ihnen eine Chromosomenanomalie aufwies, die sie durch ein zusätzliches Y-Chromosom „übermännlich" und daher gewaltbereit werden ließ. Tatsächlich gab es auch statt Verurteilungen bei betroffenen Tätern die Einweisungen in Heilanstalten, da man ihnen aufgrund der Anomalie fehlende Schuld zusprach.[203] Eine Bestätigung dieser Aussagen allerdings gibt es nicht. Im Gegenteil – die Übertragung der Untersuchungsergebnisse auf die Bevölkerung würde für die Männer in Deutschland bedeuten, dass einer von 1.000 die Anomalie in sich trägt und daher delinquent sein müsste. Zudem wird hier Delinquenz mit Gewaltkriminalität gleichgesetzt, was andere Phänomene nicht erklären würde. Daher ist auch dieser Versuch einer Erklärung nicht nutzbar. **540**

So gilt allgemein die Vererbungslehre als Teil der Biologie nur bedingt als geeignet zur Erklärung kriminellen Verhaltens.

Auch Versuche der **vergleichenden Verhaltensforschung** durch *Konrad Lorenz* (1903–1989) und *Harry Harlow* (1905–1981) in den Jahren 1935 und 1962 als Teil der Biologie, der Ethologie, tierische Untersuchungsergebnisse auf menschliches Verhalten zu übertragen, sind nur im Ansatz hilfreich. *Lorenz* (wegen seiner NS-Vergangenheit auch umstrittener Nobelpreisträger) gilt als Vater der klassischen Verhaltensforschung, der insbesondere mit Graugänsen forschte und die Begriffe von Prägung und Fehlprägung schuf. **541**

Seine Untersuchungen über das Verhalten der Tiere wurden später auch auf die Frage angewandt, wie weit beim Menschen die Erfahrungen der frühen Kindheit prägend für eine delinquente oder nichtdelinquente Zukunft wirken. *Balthasar Gareis* und *Eugen Wiesnet* untersuchten und befragten jugendliche Strafgefangene (*Gareis/Wiesnet*, 1974) und erforschten so die Einflüsse auf die Entwicklung der Kinder vom vorgeburtlichen Stadium über das frühe Kindes- bis zum Jugendlichenalter (*Gareis/Wiesnet*, Frühkindheit und Jugendkriminalität, 1974). Sie untersuchten zB die Lebensgeschichten von Kindern, die in Heimen lebten, indem sie Kinder aus normalen Familien verglichen mit denen, die als Säuglinge in Heimen untergebracht waren. Im Ergebnis stellten sie bei den Heimkindern diverse Verhaltensstörungen fest bis hin zu einer verzögerten Entwicklung. Im Jugendlichenalter zeigten sich diese frühkindlichen Störungen dann als Aggressivität, fehlende Empathie, Isolation. Damit konnte zwar der positive Einfluss intakter Familienstrukturen auf die kindliche Entwicklung nachgewiesen werden, nicht aber der durchgängig negative Einfluss von Heimunterbringungen. **542**

Im Ergebnis lässt sich auch hier festhalten, dass eine isolierte Betrachtung einer Bedingung nicht in der Lage ist, eine gültige Erklärung oder gar eine Theorie zu entwickeln. Auch teils abstruse Ideen wie zB die Phosphattheorie[204] oder

---

[202] (*Ruffing*, 2011), S. 111 ff.

[203] Vgl. (*Schwind*, 2013), § 5 III.

[204] Die Apothekerin *Herta Hafer* fand in der Therapie ihres ADHS-kranken Adoptivsohnes heraus, dass phosphathaltige Lebensmittel dessen Aggressivität förderten, phosphatarme Ernährung aber die Unruhe reduzierte. Daraus schloss sie, dass Phosphat in der Nahrung verantwortlich für Kriminalität sei.

die Menstruationstheorie[205] (gleichsam als weibliches Pendant zur Theorie der Chromosomenanomalie) fanden keine umfassende Anerkennung. Bei menschlichen Verhaltensentscheidungen sind immer auch vielfältige weitere Bedingungen zu beachten, die eine Ursachenerklärung erschweren.

E. Ursprungswissenschaft: Neurobiologie

543 Aktuelle biologische und medizinische Forschungen geben den tradierten Gedankenansätzen wieder neue Impulse. Durch die weiterentwickelte Medizin, insbesondere durch Möglichkeiten der Hirnforschung und der bildgebenden Diagnoseverfahren wird erneut die Frage aufgeworfen, ob der Mensch überhaupt in der Lage ist, sich in seinen Lebenssituationen frei zwischen verschiedenen Alternativen zu entscheiden oder ob es nicht vielmehr eine Art der Vorherbestimmtheit gebe, die man bislang gar nicht bedacht hat: Vielleicht ist in unser aller „Steuerzentrale", dem Gehirn, von vornherein festgelegt, wer in welcher Situation wie zu handeln hat. Nicht wir entscheiden demnach wirklich, was wir tun, unser Gehirn hat diese Entscheidung längst getroffen, schon lange, bevor wir überhaupt einen bewussten Gedanken an die Alternativen verschwenden.

„Der Aufstieg des Psychischen verknüpft sich mit dem bizarren Unfall eines amerikanischen Gleisarbeiters im Jahr 1848. Eine rund ein Meter lange Eisenstange schoss Phineas Gage infolge einer Explosion durch den Kopf. Der Unglückliche überlebte, doch aus einem verantwortungsbewussten, verlässlichen und respektierten Vorarbeiter war ein aufbrausender, von seinen Instinkten gesteuerter Mensch geworden. (…)

Erstmals existierten hier deutliche Belege dafür, dass bestimmte Regionen im Gehirn das soziale Verhalten steuern. Werden sie zerstört, wie bei Gage, so ist es mit der Verträglichkeit des Betroffenen dahin – wenn er auch nicht gleich zum Verbrecher werden muss. (…)

Neurowissenschaftler haben faszinierende und sehr eindeutige Zusammenhänge darüber zusammengetragen, wie die Schädigung mancher Regionen des Gehirns, Fehlfunktionen des Stoffwechsels oder aus der Balance geratene Botenstoffe zu psychischen Symptomen führen können, die Persönlichkeitsveränderungen bis hin zum Serienmörder begünstigen."[206]

„Dass es für Verhalten, das doch von Moral, Impulsivität, Emotionen und Planung bestimmt sein soll, entsprechende Schaltkreise aus Nervenzellen gibt, war zu Gages Zeiten eine Ungeheuerlichkeit. Noch heute tun sich viele Menschen mit dieser Erkenntnis schwer, doch kein Neurowissenschaftler wird sie mehr abstreiten".[207]

---

[205] Während bzw. kurz vor der Menstruation, aber auch im Klimakterium sollen Frauen vermehrt zu kriminellem Verhalten neigen, hingegen während einer Schwangerschaft eher schützend und bewahrend leben, dann aber zum Schutz des ungeborenen oder neugeborenen Kindes durchaus zu Abwehrhandlungen greifen, wenn sie dies als erforderlich ansehen. Auch spielen – wie noch heute zu belegen – Überforderungen eine wesentliche Rolle insbesondere bei Kindesmisshandlungen bzw. Infantiziden oder Neonatiziden. Dazu forschten noch Mitte des 20. Jahrhunderts zB *Helga Einsele* (1910–2005) oder *Elisabeth Trube-Becker* (1919–2012).

[206] (*Markowitsch/Siefer*, 2007), S. 11 f.

[207] (*Markowitsch/Siefer*, 2007), S. 127.

Und ganz im Gegensatz zu den bisherigen Theorien und Erklärungsversuchen scheint es hier sogar eine Möglichkeit gegeben, die verschiedenen Umweltbedingungen in die Erklärungen einzubeziehen, denn: 544

„Die Antwort liegt in der Dynamik des Gehirns. Die Nervenknoten in unserem Kopf bilden kein isoliertes Organ, sondern ändern sich von Tag zu Tag, passen sich neuen Umweltbedingungen genauso an, wie sich verändernden gesellschaftlichen Normen. Viel wichtiger noch als dieses tägliche Lernen ist das, was in unserem Kopf von Geburt an passiert: Das Gehirn mit seinen Neuronennetzwerken darin ist biologisch darauf vorbereitet, Teil einer sozialen Gemeinschaft zu sein. Das bedeutet: Das Gehirn des Menschen ist dazu da, die Verhaltensregeln einer Gruppe zu erlernen, um sie anschließend zur Grundlage des eigenen Handelns zu erheben."[208]

Hier scheint also eine mögliche Erklärung für Verbrechen zu liegen. Was aber wären die Konsequenzen? Neurotransmitter, Hormone und Synapsen bestimmen auch die Frage, ob wir normenkonform bleiben oder nicht. Strafen wären eher unsinnig, da sie nur bedingten Einfluss auf neue Verknüpfungen im Gehirn, Dopamin- und Serotoninproduktion haben. Erziehung, Medikation und Therapie wären die Mittel der Wahl. Folgerichtig sieht *Wolf Singer*, einer der führenden deutschen Neurowissenschaftler und Hirnforscher, den Begriff der Schuld als gänzlich überholt an und sieht bei Straftätern eher eine „Fehlverdrahtung des Gehirns".

Insgesamt sind auch die Ergebnisse neurowissenschaftlicher Untersuchungen vielfach Konsens, vielfach aber verängstigen sie oder reizen zum Widerspruch bis hin zur Auffassung, dies sei wieder „nur eine neue Sau, die durch das Dorf getrieben wird!". Ob sich in der Zukunft die Neurowissenschaften vertieft mit diesen Fragestellungen auseinandersetzen, muss sich Verweisen. Bisher leitende Fragestellungen, ob und wie Täter sich zu ihren Taten entscheiden, welche Einflussfaktoren bewusst, unbewusst oder unterbewusst eine Rolle für Delinquenz spielen, in wie weit tatsächlich die Begriffe des Vorsatzes und der Tatmotive als wesentliche Bewertungsparameter angesehen werden können, wird sich dann unter Umständen verändern müssen. 545

Auch mit einem derart erweiterten Blick auf Kriminalitätist jedoch immer noch nicht Delinquenz im Allgemeinen zu erklären, diese Einschränkung ist den Kriminalwissenschaftlern bereits ausreichend bewusst. Daher ist auch die Neurobiologie hier verkürzt, und es bedarf erneut der Suche nach einer weiteren Betrachtungsebene. 546

F. Ursprungswissenschaft: Psychologie, Psychoanalyse

Erklärungskonzepte dieser Richtungen betrachten die Persönlichkeit des Menschen als wesentliche Ursache für abweichendes Verhalten. Hingegen sehen sie gesellschaftliche Prozesse und ihre Einflüsse auf die Kriminalität nur am Rande. 547

---

[208] (*Markowitsch/Siefer*, 2007), S. 127.

I. Psychoanalyse nach Freud

548 **Psychoanalytische Erklärungsversuche** gehen auf die Theorien von *Sigmund Freud* (1856–1936) zurück, der Mensch sei bestimmt durch die in ihm wohnenden Instanzen „Ich", „Es" und „Über-Ich".

Damit ergänzte er sein zuvor bereits beschriebenes Modell, dass die Psyche des Menschen aus „Bewusstem", „Vorbewusstem" und „Unbewusstem" bestehe. Und eben diesem Unbewussten schreibt er wesentliche Kraft zu:

„Das Unbewußte ist ein Prozeß, nicht nur eine Entität oder ein Teil menschlichen Geistes: Unbewußte Triebe können das Verhalten motivieren. Es ist möglich, daß wir handeln, ohne zu wissen warum oder ohne daß uns die wahre Ursache unseres Handelns direkt einsichtig wäre."[209]

549 Unter „Es" versteht Freud alles Unbewusste, alles durch die vielen Generationen zuvor Ererbte, aber auch die von ihm als sehr wesentlich erkannten Triebe, aus denen sich Sexualität und Aggression ergeben sollen.

550 Das „Überich" ist gleichsam die Kontrollinstanz, das Gewissen. Es enthält moralische und sittliche Gebote und Verbote, Wertvorstellungen, kulturelle und gesellschaftliche Normen usw.

551 Im „Ich" verbirgt sich das Selbstbild, das zwischen den Trieben und der Außenwelt vermittelt, in dem es als Gedächtnis fungiert, die Wahrnehmungen, das Denken und die Steuerung der Triebe (also des Überich) übernimmt. Es übernimmt also eine Art Schiedsrichterrolle:

„Es repräsentiert das Bild des Individuums von der physischen und sozialen Realität, dh seine Vorstellungen darüber, was zu was führt und welche Dinge in der tatsächlich wahrgenommenen Welt realisierbar sind. Zum Teil besteht die Aufgabe des Ich darin, Handlungsweisen zu finden, die die Es-Impulse zwar befriedigen, aber unerwünschte Konsequenzen vermeiden."[210]

Durch Störungen in Ich und Über-Ich soll es zB zu fehlender Kontrolle (durch Unterentwicklung bzw. Fehlfunktion des Über-Ich) und damit zum Rechtsbruch kommen.

„Die tragenden Säulen, auf denen diese Theorie aufbaut bestehen aus den folgenden Grundsätzen." (zit. nach Schnell, 1982, 56):

„Nichts im Seelenleben geschieht zufällig und ohne Grund; ein großer Anteil unserer Psyche ist uns unbewusst, wir wissen nichts von ihr, und dennoch beeinflusst er unser Handeln und Fühlen."[211]

552 Diese Voraussetzungen sind für die Menschen gleich, jeder wird als sozial nicht angepasstes Wesen geboren und beginnt unmittelbar, sich zu entwickeln. Während bei dem einen Menschen Überich und Ich ausreichende Kontrolle ausüben und damit eine Anpassung an geltende Normen und Werte vorgenommen wird, bestehen bei anderen Menschen Schwächen in den Kontrollinstanzen, also im Wesentlichen dem Gewissen (= Überich), wodurch Defizite in der Nor-

---

[209] (*Zimbardo*, 1983), S. 407.
[210] (*Zimbardo*, 1983), S. 410.
[211] (*Schwind*, 2011), S. 113.

menanpassung entstehen und ein Rechtsbruch programmiert ist. Dem kann lediglich entgegengewirkt werden durch eine angemessene Erziehung, die die Funktionen des Überich zu ersetzen vermag.

Die tiefenpsychologischen Betrachtungen Freuds, seine Erläuterungen zu triebhaftem Handeln und den Urtrieben wurden lange Zeit über abgetan als ein wenig nachvollziehbares, fast irrwitziges Modell der Seele, aber es gewinnt im Zusammenhang mit aktuellen Erkenntnissen und Möglichkeiten (s. zu den Ausführungen zur Neurobiologie) wieder ganz neue Bedeutung. 553

Allerdings fehlt es ihnen an der Betrachtung von Bedingungen, die außerhalb der Psyche liegen. Die Gültigkeit dieser Theorie hat ihre Grenzen dort, wo es sich um Delikte handelt, die scheinbar unvorhersehbar im Widerspruch zu den vorhandenen Bedingungen stehen und dort, wo versucht werden soll, aus präventiven Überlegungen Prognosen zu erstellen. Denn eben dort gehen sie auf die Möglichkeiten von Veränderungen nur am Rande ein. Dem versuchten diejenigen Wissenschaftler Rechnung zu tragen, die die Aussagen Freuds aufgegriffen und sodann durch neue Betrachtungsrichtungen ergänzt haben. 554

II. Frustrations-Aggression-Hypothese

John Dollard (1900–1980) knüpfte durch seine Theorie an die Überlegungen Freud's an und versuchte, Aggression aus der Psyche zu erklären. Seine Kernaussagen sind: 555

- Aggression ist immer die Folge einer vorherigen Frustration.
- Frustration entsteht, wenn ein gewünschtes Ziel, ein Zustand nicht erreicht werden kann.
- Frustration führt stets zu irgendeiner Form von Aggression, wobei die Aggression lediglich als Reaktion und nicht als eigener Trieb anzusehen ist.

„Als Folge auf eine Wunschversagung kann es demnach zu einer Verstimmung kommen, zu einem verbalen oder tätlichen Angriff. Die Stärke der Aggression hängt nach Dollard vom Grad der Neigung zu Frustrationsreaktionen, vom Grad der Behinderung einer Reaktion, von der Zahl der frustrierenden Reaktionen und von der Zahl gelöschter nicht-aggressiver Reaktionen ab."[212]

Eine geeignete Form der Prävention wäre daher eine Erziehung, die dazu befähigt, mit Frustrationen konstruktiv umzugehen und sie zB umzudeuten und als Potential zu nutzen.

Diese Überlegungen gelten heute wegen ihrer Begrenztheit als weitestgehend überholt. Die Erklärung ist bestenfalls geeignet, aggressionsgetragene, in erster Linie Gewaltdelikte zu erklären.

III. Sündenbocktheorie (Theorie der Stigmatisierung)

Im Rahmen der Frustrations-Aggressions-Hypothese entstandene Konkretisierung, bei der davon ausgegangen wird, dass die im Rahmen von Frustrations- 556

---

[212] http://www.kriminologie.uni-hamburg.de/wiki/index.php/Kriminalit%C3%A4ts-theorien (zuletzt abgerufen am 29.8.2017).

erlebnissen entstandene Aggression auf andere übertragen wird. Damit sollen die innerhalb einer Gesellschaft oder einer Gruppe entstandenen Aggressionen nicht auch genau dort ausgelebt werden, sondern werden, um das Zugehörigkeitsgefühl der Gruppe und ihren Bestand zu wahren, auf andere Personen oder Gruppen projiziert. So richtet sich die Aggression letztlich gegen Personen außerhalb.

Damit wird häufig und auch zutreffend kollektive Gewalt erklärt und ebenso die These aufgestellt, die Gesellschaft brauche Verbrecher, um ihre kollektiven Affekte abzureagieren.

557 Häufig werden als Sündenböcke gerade diejenigen Menschen gewählt, die ohnehin eine weniger akzeptierte Rolle spielen: Ausländer, Andersgläubige, Homosexuelle usw. Aus dieser Ausgrenzung und Aggression gegen diese Menschen erwächst zugleich für die aggressive Gruppe ein verstärktes Gefühl der Zusammengehörigkeit und damit Kraft und Gültigkeit des Wir-Gefühls.

Die Sündenbocktheorie findet in der Realität im Großen wie im Kleinen immer wieder statt: von den Fußballfans und ihren Fangesängen gegen andere Mannschaften bis hin zu ethnischen Säuberungen kann man sie durchaus anwenden.

Allerdings lässt sie außer Acht, warum manche Gruppen in manchen Epochen und manchen Gegenden zum Sündenbock erkoren werden und andere eben nicht, es fehlen also Betrachtungen außerhalb der Gruppengefüge und Gruppenempfindungen.

G. Ursprungswissenschaft: Sozialpsychologie

558 Die Vertreter dieser Richtung sehen eine wesentliche Ursache in der Entstehung von Kriminalität in der Psyche des Einzelnen, verkennen aber nicht, dass es auch Einflüsse von außen gibt, die entweder die Delinquenz fördern oder hemmen können.

Welcher Art diese Einflüsse sind, das hängt wiederum davon ab, ob der Schwerpunkt in der Entwicklung des Einzelnen oder in den gesellschaftlichen Bedingungen gesehen wird.

I. Lerntheoretische Ansätze

559 So wurde zunächst versucht herauszufinden, welchen Einfluss das Lernen und die Sozialisation für das Entstehen von Kriminalität haben. Folgerichtig auf die Freud'sche Theorie aufbauend, in der das Triebhafte im Rahmen der frühkindlichen Erziehung ausgelebt oder unterdrückt werden kann und sich entsprechend auf das Verhalten des späteren Erwachsenen auswirkt, wurden die unterschiedlichen Lernprozesse auf ihre jeweiligen Auswirkungen untersucht.

Allen ist die Kernaussage gleich: Kriminalität ist demnach wie jedes andere Verhalten auch Ergebnis von Lernprozessen und stellt sich dar als erlerntes Verhalten.

1. Klassische Konditionierung

560 Die Versuche von *Iwan P. Pawlows* (1849–1936) zeigten, dass Hunde bereits nach bestimmten Reizen konkrete Reflexe zeigten: der Speichelfluss vor der Futter-

aufnahme wurde bereits in Gang gesetzt durch Routinen, die der Futtergabe vorausgingen (Glockenklang).

Übertragen auf die Frage, wie Kriminalität entsteht, würde das bedeuten: Kriminalität ist ein Reflex, der auf einen Reiz folgt.

Dem kann nicht gefolgt werden, da die Mehrheit der Delikte eben nicht auf diese Weise entsteht; bestenfalls könnten hier (die allerdings ansonsten eher vernachlässigten) Affekttaten erklärt werden.

Dennoch dienen *Pawlows* Untersuchungen und Versuche gleichsam als Basis der Erkenntnisse aus konditionierendem Lernen, das sowohl in die Kriminalität als auch in die Kriminalitätsvermeidung führen kann; insofern lehnten weitere Wissenschaftler mit ihren Forschungen an das Modell der klassischen Konditionierung an.

2. Operante Konditionierung

So zB *Burrhus F. Skinner* (1904–1990). Er griff die Untersuchungen *Pawlows* auf **561**
und untersuchte das Verhalten von Ratten und Tauben. Dazu setzte er sie in einen Kasten (die „Skinner-Box", die auch heute noch bei Tierversuchen genutzt wird) und überprüfte das von *Pawlow* skizzierte Reiz-Reaktions-Schema.

Dabei fand er heraus, dass insbesondere diejenigen Aspekte für das Lernen förderlich waren, die **nach** einem Verhalten des Tieres einsetzten. Das bedeutet: sobald das Tier auf einen Hebel drückte, wurde es belohnt durch Nahrung. Der Weg war also nicht – Glockenklang = Reiz → Speichelfluss, sondern nach seiner Meinung war der Weg Handlung = Hebeldrücken → Belohnung.

Damit schuf er die Aussage, Lernen werde dann gefördert, wenn es mit Erfolgen verknüpft wird.

Übertragen auf die Erklärung von Kriminalität würde das bedeuten, dass auch sie erlernt wird durch Erfolge. Sofern also jemand Misserfolge erleidet, würde er von seinem erlernten Verhalten (der Kriminalität) abrücken, nur Erfolge bringen ihn zur Straftat.

Auch diese Sichtweise ist erheblich verkürzt und verkennt, dass es eine Vielzahl weiterer Bedingungen geben muss, die Rechtsbrüche entstehen lassen oder verhindern.

3. Lernen am Modell

Beide Thesen (klassisches und operantes Konditionieren) wurden aufgegriffen **562**
durch *Albert Bandura* (geb. 1925) und nach seiner Theorie des Modelllernens (auch Lernen am Modell, Nachahmungslernen, Imitationslernen) weiter entwickelt.

Demnach findet Lernen eher nicht dadurch statt, dass Verhalten mit Reaktionen **563**
bedacht wird (Belohnung oder Strafe), sondern vielmehr dadurch, dass andere Menschen, die man als Vorbild ansieht, beobachtet werden und die Reaktionen auf deren Verhalten als Maßstab angesehen werden. Damit wird nicht einfach das Verhalten des jeweiligen Modells imitiert, sondern es wird versucht, das eigene Verhalten so zu gestalten, dass die Reaktionen selbst erfahren werden können. Auf diese Weise lernt der Mensch durch die Erfahrungen anderer.

Diese Erklärung setzt voraus, dass jeder Mensch nicht nur lernwillig, sondern auch lernfähig ist, intensiv beobachtet und sich im nächsten Schritt an den zu erwartenden Reaktionen ausrichtet.

Außerdem wird in dieser Erklärung nicht deutlich, an welchen Reaktionen sich der Lernende ausrichtet, der sich normenkonform verhält. Es scheint fraglich, dass eine ausbleibende negative Reaktion (also eben keine Bestrafung oder Sanktion im wesentlichen Sinne) als eine positive Reaktion angesehen werden kann. Das würde bedeuten: keine Reaktion ist eine gute Reaktion! Damit wären wir aber in einem Lernstadium, das jeden Lernschritt auf einer Metaebene hinterfragen müsste, was im täglichen Leben kaum erfolgen wird. Daher ist auch dieser Erklärungsansatz insgesamt wenig geeignet.

4. Theorie der misslungenen Konditionierung

564 Auch auf die Theorien der klassischen und/oder operanten Konditionierung baut *Hans-Jürgen Eysenck* (1916–1997) auf. Er verknüpft die bisherigen Erkenntnisse lerntheoretischer Forschung mit denen seiner Persönlichkeitsforschung, in der er die Menschen in introvertierte und extrovertierte Persönlichkeiten in einem hierarchischen Persönlichkeitsmodell aus vier Ebenen einteilt. Er stellt in seiner Forschung Kriminalität als misslungene Konditionierung dar: die gesamte Erziehung eines Menschen ist ein komplexer Konditionierungsvorgang, in dem sowohl operant als auch klassisch konditioniert und damit das Gewissen eines Menschen entwickelt und ihm soziale Verantwortung vermittelt werden. Misslingt der Konditionierungsprozess, kommt es zu Kriminalität.

„Der Typische Extravertierte sucht sozialen Anschluss, liebt Parties, hat viele Freunde, braucht eine Vielzahl von Menschen, mit denen er sprechen kann. Er befasst sich ungern mit der eigenen Person. Extravertierte brauchen andauernd Erregung, suchen Veränderungen oder Risiken. Sie sind im Allgemeinen impulsiv. Extravertierte lieben das Leben, machen und mögen Witze, sind unternehmungslustig. Sie tendieren zu Aggressivität und sind launisch. Sie haben ihre Gefühle nicht unter Kontrolle und neigen zu Unzuverlässigkeit.“[213]

Eysenck sieht bei solchen Menschen als bestimmte Dispositionen und bestimmtes Verhalten programmiert; sie suchen den Kick, die Gefahr, neue Anreize usw. Dies sind Personen, die zur Aufrechterhaltung von animierenden Impulsen in ihrem Leben immer neue Erfahrungen machen müssen, sog. „sensation seeker“. Dazu kann es eben auch zum „Ausprobieren“ von Kriminalität kommen, sofern die Abschreckung misslungen ist. Verhindern ließe sich dieser Weg zB dadurch, dass man durch drohende Strafen Reaktionen in Aussicht stellt, die die Extrovertiertheit gleichsam „zurückfahren“; gelernt würde hier also durch die Angst vor der angekündigten Strafe.

565 Zu dieser Theorie passen durchaus auch aktuelle Vorgehensweisen wie zB der Warnschussarrest, der Jugendlichen als letzter „Schuss vor den Bug“ klarmachen soll, was auf sie im Falle weiterer Straftaten zukommen kann.

Allerdings ist dieser Ansatz nicht in der Lage, all diejenigen konformen Verhaltensweisen zu erklären, bei denen Konditionierung offenbar gelungen ist,

[213] (*Eysenck*, 1995).

wenngleich eine hoch labile und stark extravertierte Persönlichkeitsstruktur gegeben ist. Ebenso wenig bleibt unklar, warum genau bei Wiederholungstätern die Konditionierung misslungen scheint: die Ursachen können in der Lernfähigkeit, in der Art der negativen Konsequenzen oder auch in der Persönlichkeitsstruktur liegen.

Also auch hier findet sich wieder eine verkürzte Erklärung.

5. Theorie der differentiellen Kontakte

Wesentlicher Vertreter der Theorie, die auch „Theorie der differentiellen Asso- 566
ziation" oder „Theorie der unterschiedlichen Kontakte" genannt wird, ist *Edwin H. Sutherland* (1883–1950). In seinem Buch „The Professional Thief" (1937) erläutert er, wie künftige Berufsdiebe durch ihre „Lehrmeister" geschult werden und dass sie nur so ebenfalls ihren Lebensunterhalt durch Diebstähle werden bestreiten können. Damit legt er den Grundstein für seine Theorie, dass ein Lernvorgang zur Kriminalität einsetzt, sobald ein Mensch mehr Kontakte zu kriminellen Mitmenschen hat als andere. Je intensiver diese Kontakte, je mehr sie die normangepassten Kontakte überwiegen, je häufiger sie stattfinden oder je emotionaler (Sutherland: *„häufiger, länger, intensiver, früher"*) sie sind, desto eher ist der Lernende geneigt, die kriminellen Verhaltensweisen zu übernehmen.

Zu diesen Verhaltensweisen stehen nicht nur die Techniken, um die Tat zu 567
begehen (zB die Fingerfertigkeit des Taschendiebes), sondern auch die ihnen zugrunde liegenden Einstellungen, Motive, Haltungen und Charaktereigenschaften, die nach *Sutherlands* Vorstellungen ebenfalls erlernt werden.

Vermutlich kann man in diesen Aussagen das eine oder andere an Wahrheit erkennen, allerdings ist dieser Ansatz ebenfalls nicht geeignet, die verschiedenen Facetten der Kriminalität zu erklären. So werden zB Affekttaten nicht erfasst. Darüber hinaus wird kein Versuch unternommen zu erklären, aus welchen Gründen Menschen teils mehr kriminelle, teils keine kriminellen Kontakte schließen und so die Basis für kriminelles Lernen geschaffen oder vermieden wird. Und im Rahmen von Wirtschaftskriminalität wird der Hinweis auf das Lernen in einem kriminellen Milieu vermutlich ebenfalls vehement abgelehnt werden.

Daher gab es nach *Sutherland* einige Wissenschaftler, die versuchten, seine Theorie anzupassen bzw. weiter zu entwickeln:

So vertrat *Daniel Glaser* im Jahr 1956 die Auffassung, dass die Anzahl der kri- 568
minellen Kontakte weniger entscheidend sei als deren Art: wenn der Lernende sich mit einem anderen Menschen oder einer Gruppe identifizieren kann, er sie also als Vorbild ansieht, so wird er deren Verhalten und Einstellungen eher übernehmen. Es komme also auf die Qualität der Kontakte an.

Dieses Argument lässt sich gut nachvollziehen: jeder PVB oder jeder Beamte im Strafvollzug hat vielfältige Kontakte zu dissozialen, kriminellen Gruppen und Personen, wird dennoch trotz der Vielzahl der Kontakte kaum diesen folgen wollen.

II. Halt- und Kontrolltheorie, Bindungstheorie

569 Offenbar muss es also noch andere Bedingungen geben, die Kriminalität hemmen oder fördern und in solchen Ausnahmefällen als Erklärung greifen können. Folgerichtig ist also die Frage zu beantworten, warum eben diese Menschen, zB PVB oder Vollzugsbeamte, (mehrheitlich) nicht kriminell werden.

Eine solche Betrachtungsweise haben die Halt- und Kontrolltheorien (social-control-theories) verschiedener Vertreter. Sie stellen sich genau diese „umgekehrte" Frage: „Warum begehen Menschen keine Straftaten, was hält sie davon ab?". Damit nähern sie sich der Forschung aus einer anderen Perspektive und versuchen zu erklären, warum und welche Elemente der Prävention versagen müssen, damit Menschen Straftaten begehen.

570 Nach *Albert J. Reiss* (1922–2006) verfügt jeder Mensch über einen inneren Halt. Der innere Halt entsteht aus der Erziehung, der Sozialisation. Wenn es den Eltern gelingt, den Kindern eine Art Drehbuch mitzugeben, wie sie ihre Rolle in der Gesellschaft finden und sie mit den Möglichkeiten in Einklang bringen können, so gelingt es ihnen auch, die Kinder gegen Kriminalität zu immunisieren und ihnen einen ausreichend starken inneren Halt mitzugeben. Die Kinder machen die Erfahrung, dass „nein-Sagen" kein Ausdruck von Schwäche ist und sie sich in der Familie aufgehoben fühlen können. Im Umkehrschluss wird ein mangelhafter innerer Halt darauf zurückgeführt, dass die Familie versagt hat.

571 Dort, wo diese Fähigkeiten nicht vermittelt wurden, muss versucht werden, dieses Manko durch ein gelungenes Umfeld zu kompensieren. *Walter C. Reckless* (1898–1988) setzt daher dem inneren Halt einen äußeren hinzu. Zu den Elementen, die die Erziehung, die Familie, im Menschen erzeugen, kommen nun diejenigen hinzu, die seine Umwelt ihm bieten: Freunde, Gesellschaft, Lebenssituation und Wohngegend usw.

Zudem erkennt er Zug- und Druckfaktoren, die auf den Menschen entweder von außen oder von innen wirken und sowohl den inneren als auch den äußeren Halt beeinflussen. Wenn es an einem der beiden Halte Brüche oder Schwachstellen gibt, so ist der Weg in die Kriminalität möglich. Denkbar sind folgende Kombinationen:

- äußerer Halt fehlt → innerer Halt gleicht die Lücke aus, der Mensch widersteht dem Zug in die Kriminalität,
- innerer Halt fehlt → äußerer Halt kann ausgleichen, Weg in die Kriminalität ist möglich,
- beide fehlen → kein Anerkenntnis von Normen und Regeln, Kriminalität ist programmiert.

572 *Travis Hirschi* (geb. 1935) weitet diese Aussagen aus und entwickelt sie fort zur Bindungstheorie, indem er auch hinterfragt, welche Einflussfaktoren inneren und äußeren Halt formen. Er vertritt die Auffassung, dass Devianz normal sei und es daher wesentlich sei zu fragen, welche Faktoren zu deren Vermeidung führen. Sie sieht er in erster Linie in einer schwachen Bindung des Menschen zu seiner Umwelt und erkennt darin im Wesentlichen vier Faktoren:

- „attachment to others" – Grad der Abhängigkeit von der Meinung anderer Menschen, sog. „interpersonale Sensitivität"[214]. Je wichtiger diese Meinung erscheint, desto eher richtet man sich nach ihr. Ist sie eher normkonform, spricht das für ein normkonformes Leben. Befindet man sich in einer kriminellen Umgebung mit entsprechenden Menschen und deren Meinungen, so gleicht man sich auf diesem eher an. Diese Bindung an andere äußert sich als emotionale Bindung, die sich in der Rücksichtnahme anderen gegenüber zeigt. Dieser Faktor ist demnach ein emotionaler Faktor, der nach außen wirkt (emotional-extern).
- „belief in the moral validity of rules" – Glaube in die Verbindlichkeit moralischer Normen und des gesamten durch die Gesellschaft bestimmten Wertesystems. Je mehr man die Werte und Normen anerkennt und sich auf ethisch klarem Niveau bewegt, desto geringer ist die Gefahr der Kriminalität. Dieser Faktor ist demnach erneut auf der Gefühlsebene, liegt aber im Einzelnen und manifestiert sich lediglich nach außen, indem er in Handlungen umgesetzt wird, er ist daher emotional-intern.
- „involvement in conventional activities" – Einbindung des Einzelnen in Gruppen, wobei hier auch die Art der jeweiligen Gruppe bedeutsam ist und die Frage, ob es sich um kriminelle Gruppen handelt oder nicht. Je angepasster eine Person an die nicht-kriminelle Gesellschaft ist, je mehr sie in gesellschaftliche Konventionen eingebunden ist, desto weniger gefährdet ist sie für den Weg in die Kriminalität. Dieser Faktor ist ein verstandesmäßiger Faktor, der sich nach außen zeigt, ist also rational-extern.
- „commitment to achievement" – Abwägung des (Miss-)Erfolgs von Verhaltensentscheidungen, also quasi eine „Kosten-Nutzen-Analyse". Auch hier bedenkt der Mensch rational seine Möglichkeiten und wägt sie ab, was sich intern abspielt. Dieser Faktor ist demzufolge ratinal-intern.

Später (1986) entwickelt er selbst zusammen mit *Michael R. Gottfredson* (*Gottfredson/Hirschi,* 1990) seine Ursprungsaussage weiter durch die „**Theorie der Selbstkontrolle**" (veröffentlicht 1990: A General Theory of Crime): 573

„Ihr Anspruch ist, damit eine allgemeine Kriminalitätstheorie formuliert zu haben, mit der alle Formen von Kriminalität und alle kriminellen Handlungen zu jedem Zeitpunkt des Lebens eines Menschen erklärt werden können. Ausgangspunkt ihres Ansatzes ist die Frage nach dem Wesen und der Natur der Kriminalität, um daraus ihre Ursachen abzuleiten. Kriminelle Handlungen können demnach mit geringen kognitiven und manuellen Fähigkeiten durchgeführt werden und versprechen eine sofortige und leicht zu erlangende Belohnung, während das Bestrafungsrisiko tendenziell in „ferner" Zukunft liegt. Insgesamt gesehen ist also der kurzfristig erzielbare Nutzen durch kriminelle Handlungen vergleichsweise hoch, langfristig gesehen haben sie allerdings einen relativ geringen Nutzen oder sogar eine negative Nutzenbilanz. Aus dieser Phänomenologie der Kriminalität können ihre Ursachen abgeleitet werden. Ein rational handelnder Mensch wird Kosten und Nutzen von Handlungen abwägen und deshalb in der Regel nicht kriminell handeln. Werden allerdings von einer Person die kurzfristig zu erreichenden Vorteile überbetont und

---

[214] (*Amelang,* 1986), S. 191.

die langfristig anfallenden Kosten kaum berücksichtigt, ist delinquentes Handeln wahrscheinlicher als bei einer Person mit realistischer Nutzeneinschätzung. Die Fähigkeit, auch langfristige Kostenaspekte in Überlegungen einzubeziehen, wird als „Selbstkontrolle" bezeichnet. Eine Person mit ausgeprägter Selbstkontrolle ist demnach in der Lage, auf unmittelbare aufwandslose Befriedigungen verzichten zu können, wenn sie mit einer gewissen Verzögerung auch negative Effekte mit sich bringen. Die Ausbildung der Selbstkontrolle geschieht weitgehend in der Familie. Insgesamt gesehen ist der Ansatz von *Gottfredson* und *Hirschi* eine Verknüpfung der Rational-Choice-Theorie mit der Sozialisationstheorie und erklärt kriminelles Handeln vor allem durch die fehlende soziale Kontrolle in der Kindheit, die zu einem Defizit bei der Ausbildung der Selbstkontrolle und damit zu Einschränkungen bei rationalen Entscheidungsfindungen führt."[215]

574 *Derek B. Cornish* und *Ronald V. Clarke* konzentrieren sich ebenfalls 1986 mit ihrer „**Theorie der rationalen Wahl**" (theory of rational choice) lediglich auf einen der Faktoren aus der Bindungstheorie. Danach entscheidet der Mensch in jeder Situation erneut durch eine Kosten-Nutzen-Analyse, wie er sich verhalten solle. Ist die Gelegenheit günstig, die Entdeckungsgefahr (das Risiko) gering, sind die Kosten gering und das Verhältnis zum erzielten Nutzen günstig, so wird die Tat begangen. Im Vordergrund steht also eine ökonomische Entscheidung.

Was allerdings an dieser Sichtweise fehlt, ist die Beschreibung der Gelegenheit und der in ihr vorhandenen Parameter, die die Kosten-Nutzen-Relation bestimmen können, so zB das Entdeckungsrisiko, die soziale Kontrolle. Also auch hier wird zu kurz gegriffen. Darüber hinaus sind zwar geplante Taten erklärbar, nicht aber Affekt- und gefühlsbestimmte Delikte, bei denen rationale Erwägungen ausgeschlossen sind.

Welche der Halt-/Kontrolltheorien man auch zugrunde legt, sie sind nicht in der Lage zu erklären, weshalb sich Menschen bei ähnlich gelagerten Zug- und Druckfaktoren, bei günstiger Kosten-Nutzen-Relation unterschiedlich entwickeln und handeln und warum auch bei Veränderungen der äußeren Gegebenheiten keine nennenswerten Veränderungen im weiteren Lebenslauf eintreten.

H. Ursprungswissenschaft: Soziologie

575 Vertreter dieser Richtung lenken den Fokus auf die Bedingungsfelder außerhalb der Person des Straftäters und hinterfragen die gesellschaftlichen Einflussfaktoren, die Kriminalität begünstigen oder hemmen können. Nach ihrer Auffassung liegen die Hauptursachen im sozialen Miteinander.

I. Anomietheorie nach Durkheim

576 *Emile Durkheim* (1858–1917) erklärte Ende des 19. Jahrhunderts die Kriminalität, indem er zu erläutern versuchte, wie es zu einem Zustand von Anomie = Normlosigkeit, Gesetzlosigkeit in einer Gesellschaft kommen kann. Er vertrat die Auffassung, dass die individuellen Bedürfnisse und das ganz persönliche

---

[215] http://www.krimlex.de/artikel.php?BUCHSTABE=K&KL_ID=108 (zuletzt abgerufen am 29.8.2017).

Ausleben von Trieben lediglich dort ihre Grenzen finden, wo die Gesellschaft sie nicht mehr akzeptieren kann. Daher braucht jede Gesellschaft ein Kollektivbewusstsein, das diese Grenzen aufrechterhält.

Die Grenzen werden formuliert und gesteckt, wenn es einen Anlass dazu gibt, 577 es also zu Verletzungen einer noch nicht formulierten Grenze gekommen ist. Daher ist Kriminalität integrativer Bestandteil einer jeden Gesellschaft und erfüllt dort wichtige Funktionen für die Zusammengehörigkeit. Der Verbrecher bewirkt eine Reaktion der Gesellschaft, also ist er für ihre Weiterentwicklung unverzichtbar. Daraus ergibt sich auch die in der Literatur häufig verwendete Bezeichnung seiner Form der Anomietheorie als „Theorie der strukturell-funktionalen Bedingtheit von Kriminalität": Kriminalität ist Teil der Gesellschaftsstruktur und erfüllt darin eine wesentliche Aufgabe.

Ebenso haben Strafen die ganz wesentliche Bedeutung, dass – sobald eine 578 Strafe erlassen wurde – mit ihr das jeweilige Kollektivbewusstsein gestärkt wird. Also benötigt die Gesellschaft Kriminalität, um strafen zu können und ihr Kollektivbewusstsein, ihre Solidarität zu stärken und bewusst zu machen.

Damit spricht er aber auch dem Einzelnen und damit den Vertretern der Mik- 579 roebenen Psychologie und Biologie ihre grundlegende Bedeutung ab, denn die Kriminalität entsteht weniger durch individuelle Faktoren, also Ursachen in der Person, sondern mehr durch soziale gesellschaftliche Bedingungen.

Eine Anomie, also ein Zustand der Normlosigkeit, entsteht erst dann, wenn die 580 sozialen Regeln nicht mehr mehrheitlich akzeptiert werden, was einen chaotischen Zustand hervorruft und letztlich soziale Umbrüche bis hin zu Kriegen zur Folge hat.

In diesen Kernaussagen Durkheims liegt eine Interpretation des Strafzwecks, die ebenfalls der neuen Betrachtung im Makrobereich folgt: er sieht Strafe als Generalprävention und nicht, wie die Vertreter der Psychologischen Erklärungen, als Sühne, Schuldanerkenntnis, Buße oder Weg zur persönlichen Besserung.

Durkheim erklärt Kriminalität aus seiner Epoche heraus: im Rahmen der In- 581 dustrialisierung veränderte sich die Gesellschaft maßgeblich; seine Untersuchungen und Überlegungen waren daher folgerichtig für seine Zeit. Und sie sind auch heute noch gültig dort, wo bestimmte Phänomene erläutert werden sollen. So zB wenn es um Bandenkriminalität geht, bei der in den USA Jugendgangs ganze Stadtteile unter sich aufteilen, oder dort, wo in einer Kleinstadt in Sachsen-Anhalt eine ganze Familie ein Viertel bewohnt, in dem nun rechtsfreier Raum herrscht („Die Kinder von Köthen", www.stern.de).

II. Anomietheorie nach Merton

Robert K. Merton (1910–2003) greift diese Überlegungen 1938 wieder auf und 582 entwickelt sie weiter. Er betrachtet die Gesellschaft nicht als ein „einzelliges" Gebilde, dessen Zustand Anomie begünstigt oder nicht, sondern teilt sie in die kulturelle und die soziale Struktur. Nach seiner Auffassung entsteht Kriminalität dort, wo beide strukturellen Bestandteile der Gesellschaft nicht mehr gemeinsam funktionieren, es entstehen also Differenzen zwischen beiden, die den sog. Anomiedruck entstehen lassen.

„Unter kultureller Struktur versteht Merton einen Komplex gemeinsamer Wertvorstellungen, der das Verhalten der Mitglieder einer Gesellschaft oder einer Gruppe regelt und hierbei insbesondere gesellschaftliche Ziele („Goals") sowie die als legitim erachteten institutionellen Mittel („Means") zur Erreichung dieser Ziele umfasst. Die soziale Struktur beschreibt den Komplex sozialer Beziehungen, in die die Mitglieder einer Gesellschaft oder einer Gruppe eingebunden sind. Während Durkheim Anomie in erster Linie als Schwächung des normativen Gefüges in einer Gesellschaft versteht, führt Merton Anomie auf eine Störung des funktionalen Zusammenhanges beider Ebenen zurück: Stünden kulturelle und soziale Struktur in einem Widerspruch zueinander, so werde auf das Individuum ein Druck („Strain") zu abweichendem Verhalten ausgeübt, der gesellschaftlich desintegrierend wirkt."[216]

583 *Merton* definiert fünf unterschiedliche Verhaltensmuster, mit denen die Menschen auf diesen Anomiedruck durch das beschriebene Auseinanderklaffen von gesellschaftlich anerkannten Zielen und Mitteln reagieren können:

Rollenverhalten	**Anerkennung der kulturellen Ziele**	**Anerkennung der institutionellen Mittel**	**mögliche Folgen**
Konformität	ja	ja	Normangepasstes Verhalten, keine Devianz, Ziele werden mit legitimen Mitteln erreicht
Innovation	ja	nein	Kriminalität, illegale Mittel werden eingesetzt
Ritualismus	nein	ja	Herabsetzen der Ansprüche bis zu dem Niveau, das legal erreicht werden kann
Eskapismus (= Rückzug)	nein	nein	Ausstieg aus der Gesellschaft durch Suchtverhalten (Drogen, Alkohol), Suizid
Rebellion	ersetzt	ersetzt	Ablehnen der Normen und der Grundordnungen, Mittel und Ziele werden neu definiert, Kriminalität bis hin zum Terrorismus

584 Damit gelingt es *Merton*, eine nicht lineare Begründung zu formulieren, warum Menschen kriminell werden oder nicht und die unterschiedlichen Zugänge zu den gesellschaftlich anerkannten Zielen aufzugreifen. Er vereint sowohl die Betrachtung der gesellschaftlichen Bedingungen der Makroebene als auch die Reaktionen des Einzelnen, also die Mikroebene.

[216] http://www.krimlex.de/artikel.php?BUCHSTABE=A&KL_ID=13 (zuletzt abgerufen am 29.8.2017).

Allerdings bleibt unklar, warum damit nicht alle Personen, denen der Zugang zu bestimmten Mitteln nicht offensteht, kriminell werden, und unter welchen Voraussetzungen sich die Menschen für welches der fünf Handlungsmuster entscheiden. Zudem betrachtet auch *Merton* im Schwerpunkt die Unterschicht in dem Glauben, dass Kriminalität dort am häufigsten entstehe; andere Bereiche, die ebenso bedeutsam, aber nicht unterschichtsspezifisch sind (Wirtschaftskriminalität, Kriminalität der Mächtigen) bleiben unberücksichtigt.

III. Subkulturtheorien

Diese Erklärungen versuchen, Ursachen aus Teilen der Gesellschaft zu erkennen, die sie als Subkulturen bezeichnen. Was man unter einer Subkultur versteht, ist vielfach zu definieren versucht worden. Statt Definitionen findet man daher mehrheitlich beschreibende Erklärungen: 585

„Subkulturtheorien gehen davon aus, dass in komplexen Gesellschaften die Normen, Werte und Symbole nicht für alle Gesellschaftsmitglieder gleiche Geltung und Bedeutung haben, sondern dass in verschiedenen Subsystemen (…) auch Normen und Werte gelten, die im Widerspruch zu den Normen und Werten der dominanten Kultur stehen. Das Befolgen der Werte und Normen der Subkultur ist in der Subkultur selbst zwar konform, gemessen an gesamtgesellschaftlichen Normen aber abweichend. Subkulturen entstehen, wenn Personen häufig miteinander interagieren, die gleiche oder ähnliche Schwierigkeiten haben, sich mit dem geltenden Norm- und Wertsystem zu identifizieren und es deshalb belohnender finden, nach abweichenden Normen zu handeln (vgl. *Wiswede* 1979)."[217]

Den verschiedenen Vertretern dieser Erklärungsansätze ist einerseits gemein, dass sie Teile der Gesellschaft, die sich eigene Normen und Werte, häufig auch eigene Kleidung, eigene Sprache und eine Abschottung zum Rest der Gesellschaft geben, als die Ursache für Kriminalität und deren Existenz als den Nährboden für Verbrechen ansehen, andererseits nehmen sie aber die Ausgestaltung unterschiedlich vor.

1. Theorie der delinquenten Subkultur

William F. Whyte (1914–2000) und *Albert K. Cohen* (geb. 1918) untersuchten insbesondere Wohngegenden der Unterschicht[218] und erforschten die Frage, welche Normen und Werte dort existieren und anerkannt sind. Dass diese sich nicht mit den Normen und Werten der besser gestellten Gesellschaftsschichten decken, lag auf der Hand. Allerdings glaubten sie nicht an die Auffassung anderer Kriminologen, dass diese Wohngegenden, Ghettos, Slums, heruntergekommene Sozialstadtteile gänzlich ohne Normen und Werte auskommen würden. 586

Ihre Untersuchungen der US-amerikanischen Gesellschaft führte dann auch zu der Feststellung, dass die Mittelschicht die Normen und Werte bestimmt, die

---

217 (*Korte/Schäfers*, 2008), S. 116.

218 *Whyte* lebte mehrere Jahre lang in Boston, North End, in einem Italienerviertel und beobachtete das Zusammenleben dort und die Faktoren, die das Leben bestimmten. Damit gilt er als Pionier der teilnehmenden Beobachtung, die er als Dissertation in seinem Buch „Street Corner Society" beschrieb, das seither zu den Klassikern der Soziologie zählt.

Unterschicht aus der Erreichung der anerkannten Ziele (insofern s. Anomietheorie *Merton*) ausgeschlossen ist und sich daher eine neues, subkulturelles Normensystem erschafft, in dem die Kriminalität nicht nur toleriert, sondern anerkannt wird: der „leader oft he gang" ist derjenige, der sich durchsetzt und die eigene Subkulturmoral erfüllt.

Die von *Whyte* und *Cohen* formulierten Aussagen finden auch heute vielfach ihre Bestätigung. Gerade dort, wo Bandenkriminalität, lokal konzentrierte Täterwohnviertel auftreten (zB Motorradclubs, Haftanstalten) erkennt man genau diese Tendenzen: eigene Normen, eigene Regeln, eigene Sprache, eigene Hierarchie usw.

2. Theorie der Unterschichtkultur

587 *Walter B. Miller* (1920–2004) legte den Schwerpunkt der Betrachtung nicht mehr darauf, wie intensiv Normen und Werte der Gesamtgesellschaft abgelehnt oder gelebt werden, sondern vielmehr auf die Betrachtung der Unterschicht als eigene Struktur. Folglich widerspricht er Cohen in dessen Auffassung, die Subkultur schaffe Kriminalität, weil sie die Normen der Gesellschaft ablehne. Vielmehr glaubt er, dass die Unterschicht an ihren eigenen spezifischen Regeln festhalten muss, denen ihre Angehörigen folgen und sich damit automatisch gegen die Gesamtrechtsordnung stellen müssen.

In seinen Studien glaubt er zu erkennen, dass insbesondere Jugendkriminalität aus eben diesem Bestreben entsteht: Jugendliche wollen sich ihrer Unterschicht zugehörig zeigen und dort Akzeptanz finden. Er versucht also, nicht aus Sicht der Gesamtgesellschaft die Erklärung anzusetzen, sondern sich in die Gedankenwelt dessen hinein zu fühlen, der als Angehöriger einer Unterschichtengruppe außerhalb der Gesamtgesellschaft steht und dessen Motive nachzuempfinden.

588 Diese Motive sollen nach seiner Meinung in unterschiedlichen Orientierungsrichtungen, sog. Kristallisationspunkten, liegen, denen ein Mensch folgen kann oder eben nicht. Jeder Orientierungspunkt zeigt zwei Extreme, die sog. Pole. Abhängig vom Alter stehen den Menschen unterschiedliche Orientierungspunkte mit einem positiven und einem negativen Pol zur Verfügung. Positive Bewertungen sind diejenigen, die in dieser Unterschichtengruppe als positiv gesehen werden, aber eben nicht unbedingt in der „normalen Gesellschaft":

- Schwierigkeiten (Trouble)
  - positiv = Konflikte mit der Restgesellschaft, Devianz
  - negativ = normkonformes Verhalten und Unauffälligkeit
- Härte
  - positiv = Mut, Männlichkeit, Aggressivität
  - negativ = Weiblichkeit, Schüchternheit, Feigheit
- Geistige Wendigkeit
  - positiv = Verschlagenheit, Fähigkeit zur Täuschung/zum Betrug
  - negativ = Strebsamkeit, Fleiß, Naivität, Vertrauensseligkeit
- Erregung
  - positiv = suche nach Gefahr, Risiko, Aktivität
  - negativ = Sicherheit, Langeweile, Inaktivität

- Schicksal
  - positiv = vom Glück verfolgt, ansonsten aufbegehrend
  - negativ = vom Pech verfolgt, duldsam
- Autonomie
  - positiv = Trotz, Ablehnung von Obrigkeit, Freiheit von Zwängen, Eigenwilligkeit
  - negativ = Unterordnung, Akzeptanz von Obrigkeit und Zwängen

Bei Jugendlichen kommen noch hinzu die Zugehörigkeit zur jeweiligen Gruppe und der zu erlangende Status.

Damit gelingt es *Miller*, den Fokus neu auszurichten und die Kriminalität aus 589
der Warte zu betrachten, aus der sie nach seiner Auffassung entsteht. Allerdings ist er aus Sicht der Integrationsbemühungen und in dem Bestreben, durch Bildung Jugendliche aus den Unterschichten zu einer Anpassung zu befähigen, eher kritisch zu bewerten, da die Motive (Kristallisationspunkte) nicht umfassend durch gezielte Maßnahmen beeinflusst werden können.

3. Theorie der differentiellen Gelegenheiten

Diese Erklärungsversuche, die auch „Chancenstrukturtheorie" genannt wer- 590
den, stellen gleichsam eine Verbindung zwischen der Anomietheorie von *Merton* (→ Rn. 559 ff.) und der Lerntheorie Sutherlands (→ Rn. 543 ff.) dar. Die wesentlichen Vertreter sind *Richard A. Cloward* (1926–2001) und *Lloyd E. Ohlin* (1918–2008).

Während *Merton* die gesellschaftlich akzeptierten Ziele und Mittel und den Umgang mit ihnen betrachtet, aber davon ausgeht, dass alle Menschen gleichermaßen Zugang zu Mitteln und Zielen haben können, sind *Cloward* und *Ohlin* hier grundlegend anderer Auffassung.

Sie ziehen in ihre Betrachtungen auch die Frage ein, wie der Zugang zu illegalen Mitteln zur Zielerreichung zu bewerten ist. Dieser Zugriff auf illegitime Mittel, Wege, Handlungen, Techniken soll den Angehörigen von Unterschichten eher offen stehen. So entsteht nach dieser Theorie der Rechtsbruch aus

- fehlendem oder reduziertem Zugang zu legitimen Mitteln;
- Verbindung mit und Lernen von anderen im näheren Umfeld (Wohnbereich);
- Techniken zum Umgang mit Bedenken oder Schuld;
- Grad der Freiheit für den Zugang zu illegitimen Mitteln.

Zudem beschreibt er Subkulturen nicht als gleich strukturiert, sondern befasst sich mit deren näheren Ausgestaltungen.

Eine kriminelle Subkultur ist nach seiner Auffassung diejenige, in der der Zu- 591
gang zur Kriminalität programmiert ist: der Zugang zu illegitimen Mitteln steht offen, die Kontrolle wird nicht durch allgemeingesellschaftliche Beauftragte ausgeübt, sondern durch kriminelle Führungspersönlichkeiten usw.

Eine Konfliktsubkultur zeichnet sich dadurch aus, dass hier eine hohe Fluktu- 592
ation besteht, es kaum verlässliche Werte gibt und die soziale Kontrolle sowohl durch die Gruppe selbst als auch durch die übrige Gesellschaft eher wenig ausgeprägt ist.

593 Im Übrigen ist eine Rückzugssubkultur geprägt dadurch, dass sich ihre Mitglieder aus der Restgesellschaft herauslösen, eher erfolglose Versuche zur Integration zu einem wie von *Merton* beschriebenen Eskapismus führen.

Durch diese Aufteilung und die Anwendung der *Mertonschen* Überlegungen und der Aussagen der Lerntheorien auf die Subkulturen gelingt hier eine Verknüpfung von drei Sichtweisen. Dennoch ist die Theorie nicht als Haupttheorie geeignet.

IV. Theorie der Neutralisationstechniken

594 *Gresham M. Sykes* (1922–2010) und *David Matza* (geb. 1930) haben mit ihrer Theorie zunächst den Gegenpart zu den Subkulturtheorien eingenommen.

„Damit lehnen sie das Konzept eine Subkultur im eigentlichen Sinne Kontrakultur ab, nach der sich jugendliche Delinquente in bewusster Abgrenzung zur Mehrheitsgesellschaft einen eigenen Verhaltenskodex gäben."[219]

Sodann setzen sie voraus, dass der Straftäter (sie erforschten das Verhalten Jugendlicher, das aber auf die Allgemeinheit übertragen wird) auch als Angehöriger der Unterschicht und einer sozial auffälligen Gruppe sehr wohl die allgemeinen Wertevorstellungen kennt und anerkennt. Dennoch komme es zu Rechtsbrüchen, wobei sich zunächst nicht erklärt, warum jemand trotz der erwarteten Schuldgefühle und Scham zu illegitimen Mitteln greift.

595 Diesen Widerspruch lösen sie auf, indem sie Möglichkeiten erlernen (hier ist der Rückgriff in die Lerntheorien), diese Schuldgefühle und diese Scham zu neutralisieren. Dazu stehen ihm fünf verschiedene Techniken zur Verfügung:

- Denial of responsibility – Ablehnen der Verantwortung: „Ich kann nichts dafür, es lag an…." den Lehrern oder Eltern, Kollegen, der Wohnsituation oder wem auch immer.
- Denial of injury – Verneinen des Unrechts: „Es ist doch eigentlich nichts passiert", weil die Rechtsübertretung einfach umdefiniert wird: aus dem Stehlen wird Ausleihen, aus gefährlicher Körperverletzung ein Streit auf Augenhöhe.
- Denial oft the victim – Ablehnung des Opfers: „Das hat er/sie sich selbst zuzuschreiben"; der Täter sieht hier die Schuld nicht bei sich, sondern bei dem GES, den er lediglich in seine Grenzen weisen und zeigen wollte, dass er hier wohl etwas falsch gemacht hat.
- Condemnation of the condemners – Verdammung der Verdammenden: „Klar, ich soll es mal wieder gewesen sein, dabei …". Jeder, der dem Rechtsbrecher als Kontrollinstanz erscheint, wird abqualifiziert. Vorwürfe richten sich an alle offenbar den Rechtsbruch erkennende Anderen: die Eltern haben ja keine Ahnung von der neuen Welt, der Polizist ist doch ein Säufer oder korrupt oder kifft selber genauso, macht hier aber den großen Rechtsbewahrer auf Kosten des Rechtsbrechers.
- Appeal to higher loyalities – Berufung auf höhere Instanzen: „Ich habe das ja nicht für mich getan!". Verschiedene Werte werden gegeneinander gestellt und dann eine Entscheidung getroffen, die in den Rechtsbruch führt, aber

---

219 (*von Danwitz*, 2004), S. 29.

zB „die Freundschaft" oder „die Kollegen" oder „die Kumpels" und deren Ansprüche über die Norm stellt.

Diese Theorien und Techniken haben *Sykes* und *Matza* zwar bei Forschungen 596 mit Jugendlichen formuliert, sie haben allerdings weitreichende Bedeutung auch über die Kriminalitätstheorien hinaus erlangt.

Ihr Wert liegt insbesondere darin, die Arbeit mit Straftätern im Rahmen des Strafvollzuges und der Therapien zu strukturieren. Und auch für den Polizeibeamten im täglichen Einsatz sind derartige Äußerungen gerade von jugendlichen Tätern an der Tagesordnung. Gut, wenn man sie und ihre Bedeutung einzuordnen vermag und sie nicht als wichtigtuerisches Jugendtätergehabe abtut.

V. Theorien der sozialen Desorganisation/Ökologischer Ansatz

Während also in der Theorie der delinquenten Subkultur davon ausgegangen 597 wird, dass die eine oder andere Gruppe der Gesellschaft sich neue eigene Regeln und neue eigene Werte gibt, nach denen sie (wenn auch vom übrigen Teil der Gesellschaft nicht integriert) zusammenlebt, gehen die Vertreter der Theorie sozialer Desorganisation davon aus, dass es Gegenden gibt, die vollkommen frei von Regeln, Normen, Werten sein sollen. Diese bezeichnen sie als „gang lands" (*Frederic M. Thrasher*) oder „delinquency areas" (*Shaw*).

Die Theorie der sozialen Desorganisation vertritt die These, dass in Wohnge- 598 genden unterschiedlicher Ausprägung auch unterschiedliche soziale Gefüge bestehen: während auf dem Lande noch jeder jeden kennt, der Zusammenhalt besteht und Anonymität keinen Raum hat, also auch Kriminalität kaum stattfinden kann, ist in der urbanen Struktur – je näher am Stadtzentrum desto intensiver – durch die Unpersönlichkeit auch die Kriminalität höher.

Das heißt, dass das soziale Gefüge in der Stadt und damit die Stadt selbst die Ursache dafür sein soll, dass Straftaten „produziert" werden. Hinzu kommt, dass es prädestinierte Gegenden in einer Stadt geben soll.

1. Zonentheorie

Die Ursprünge liegen in der sog. „Zonentheorie", begründet von *Ernest W. Bur-* 599 *gess* (1886–1966), der Städte in fünf Zonen einteilte, die sich wie Kreise um den Stadtkern legen. Vom Stadtkern nach außen nimmt nach seinen Forschungen Kriminalität immer mehr ab, was er am Beispiel Chicagos beweisen konnte. Damit kommt er zu seiner Kernaussage, dass es in verschiedenen Stadtgebieten mehr oder weniger kriminalitätsfördernde Faktoren gibt. In den Ausführungen zur Kriminalgeographie werden wir feststellen, dass das Modell nur bedingt Gültigkeit hat und insbesondere auf deutsche Verhältnisse nicht übertragbar ist.

Frederic M. Thrasher (1892–1962) forschte im Schwerpunkt zu Jugendkriminalität 600 („The Gang"). Er untersuchte Banden und ihre Strukturen und ihr Zusammenleben in Chicago und stellte fest, dass es durchaus Gegenden gibt, in denen deren Kriminalität nahezu ungehindert ausgelebt werden kann (eben „ganglands").

Clifford R. Shaw (1895–1957) untersuchte den Zusammenhang abweichenden 601 Verhaltens mit der Wohnsituation, indem er in Chicago auffällige Jugendliche

(Schulschwänzer und Straftäter) und deren jeweilige Wohnorte untersuchte. Dabei fand er heraus, dass es tatsächlich „Ballungsgebiete" gibt, in denen viele dieser Jugendlichen wohnten (eben die „delinquency areas").

Diese Theorien gehören zu den ökologisch orientierten Ansätzen innerhalb der Soziologie. Sie gelten auch als Ursprung der Kriminalgeographie. Auch Shaw forschte an seinen Ursprungsideen fort und weitete sie insbesondere auf andere Städte als Chicago aus. Hierzu mehr im Zusammenhang mit Kriminalgeographie (s. § 24).

2. Broken Windows-Theorie/Zero-Tolerance

602 Die Forschungen zur Zonentheorie führten *James Q. Wilson* (1931–2012) und *George L. Kelling* zur Überlegung, wie diese Erkenntnisse mit früheren Versuchen von *Zimbardo* zu verbinden sind.

Zimbardo hatte in der Bronx und in Palo Alto je ein Fahrzeug ohne Kennzeichen mit offener Motorhaube abgestellt. Während in der Bronx unmittelbar mit der Zerlegung des Fahrzeuges und dem Ausschlachten begonnen wurde, tat sich im gutbürgerlichen Palo Alto zunächst nichts. Erst, als *Zimbardo* selbst ein Fenster am Fahrzeug einschlug, setzte auch hier die Bevölkerung ein und nahm verwertbare Teile vom Fahrzeug mit bzw. beschädigte es.

Daraus entwickelten *Wilson* und *Kelling* die Broken Windows-Theorie: sobald die Zeichen von Unordnung äußerlich erkennbar werden, nimmt die Verantwortung der Gesellschaft für diesen Raum ab. Gelänge es also, den Zerfall eines Raumes und dessen „physische Unordnung" zu verhindern, so gelänge damit zugleich die Verhinderung von Kriminalität, da dann die „soziale Unordnung" gleichzeitig vermieden wird:

Als Symbol hierfür verwenden sie das Bild vom ersten zerbrochenen Fenster eines Hauses, das nicht ausgetauscht wird. In der Folge werden weitere Fenster des Hauses zerstört und Farbschmierereien angebracht. Anschließend überträgt sich der Verfall auf die anliegenden Häuser und Straßen, auf denen Unrat herumliegt (Unordnung/Verwahrlosung). Schließlich lassen sich Obdachlose, Trinker und Drogenabhängige nieder. Da sich offensichtlich niemand um den Verfall kümmert, können sie sich hier ungestört aufhalten (Abbau sozialer Kontrolle). Durch aggressives Betteln, laute Musik und Belästigungen meiden Passanten zunehmend den Raum (Unsicherheitsgefühl). Die Kriminalitätsfurcht wächst; die Bewohner ziehen weg. Die Anonymität steigt, die Mieten fallen. Aufgrund des günstigen Mietspiegels ziehen sozial und kriminell auffällige Personen in die leeren Wohnungen (strukturelle Änderung der Bevölkerung). Das Ergebnis dieses Prozesses ist ein verwahrloster Stadtteil, der nicht mehr lebenswert ist und in dem die Kriminalität, aufgrund fehlender Kontrolle und günstiger Gelegenheiten, wahrscheinlich steigen wird.[220]

603 Die Theorie führte in der Kriminalpolitik zu verschiedenen Versuchen, Delinquenz zu verhindern, indem bereits die soziale Unordnung verhindert werden sollte.

---

[220] http://www.krimlex.de/artikel.php?BUCHSTABE=B&KL_ID=40 (zuletzt abgerufen am 29.8.2017).

Eine Variante dazu war die in New York umgesetzte „Zero Tolerance". Sie bewirkte, dass die New Yorker Polizei bereits bei kleinsten Verstößen aktiv wurde, gegen Obdachlosigkeit konsequent vorgegangen wurde, selbst geringste Verstöße wie das Trinken von Alkohol in der Öffentlichkeit, unerlaubter Lärm, Urinieren mit harten Konsequenzen belegt wurden, eine umfassende Überwachung durch viele Kameras in der Öffentlichkeit, Polizeipräsenz in Parks usw. Wer sich in den 1990er Jahren in New York bewegte, begegnete auf Schritt und Tritt Polizeibeamten. Zugleich wurde der New Yorker Polizei vorgeworfen, in ihren Interventionen die Grenzen zu überschreiten, Amnesty International wurde aktiv. So zeigte sich die Kehrseite der Medaille in häufigen Berichterstattungen in den Medien über Übergriffe der Polizei, die zT aus Nichtigkeiten erwuchsen.[221] 604

Eine andere Variante aus der Broken Windows-Theorie ist das Community Policing. Polizei versteht sich in diesem Konzept als wesentlicher Teil der Sozialkontrolle und fördert die enge Zusammenarbeit mit der Bevölkerung, der Gemeinde und anderen Institutionen. Auf diese Weise wird im Gegensatz zum Zero-Tolerance-Modell nicht die Verfolgung in den Vordergrund gerückt (womit Prävention durch Repression wesentlicher Bestandteil ist), sondern die Prävention als wesentliches Element definiert. 605

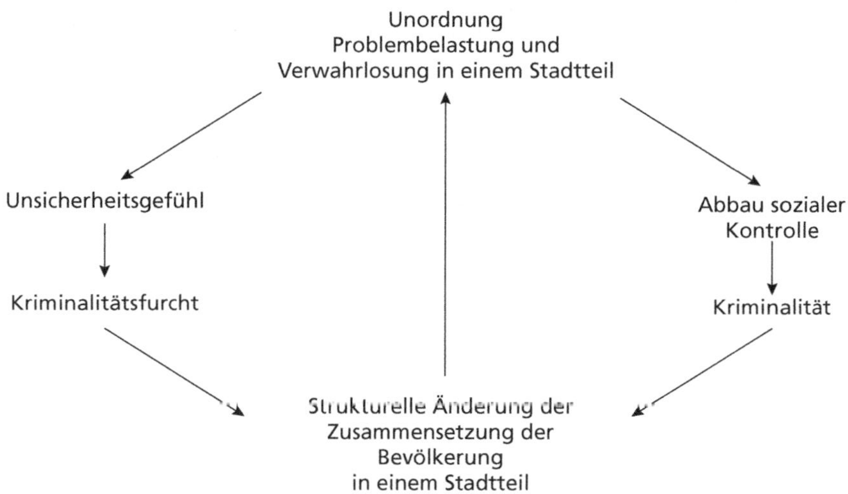

Abb. 40: Broken Windows-Theorie (*Lane*, 2002), 354.

VI. Kulturkonflikttheorie

Ebenfalls unter Bezug auf konkrete Gruppen innerhalb der Gesellschaft sehen die Vertreter dieser Auffassung die Ursache für Kriminalität darin, dass verschiedene Kulturen aufeinander treffen. 606

[221] Vgl. hierzu auch (*Dreher/Feltes*, 1998), S. 97, oder http://www.spiegel.de/spiegel/print/d-8762242.html (zuletzt abgerufen am 29.8.2017).

607 Ihr wesentlicher Vertreter war *J. Thorsten Sellin* (1896–1994). Er untersuchte das Entstehen von Rechtsbrüchen insbesondere bei Einwanderern, die einem Kulturschock unterliegen.

Sofern die Normen und Werte des Herkunftslandes von denen des Aufnahmelandes stark differieren, entstehen bei den Einwanderern eine Ablehnung bis hin zur Anpassungsunwilligkeit oder/und eine Anpassungsunfähigkeit.

Hinzu kommt das Gefühl, nun ohne Heimat zu sein, nicht willkommen zu sein, abgelehnt zu werden. Daraus entstehen Außen- und Innenkonflikte.

Außenkonflikte äußern sich in Delikten, die aus einer anders verstandenen Werteordnung entstehen – die Rechtsordnung sieht unter Umständen im Aufnahmeland andere Rechtsbrüche vor als im Herkunftsland, andere Handlungsweisen wieder werden nicht sanktioniert. Hält sich der Einwanderer an seine ursprünglich erlernten Regeln, tritt er mit der neuen Ordnung in Konflikt. Ebenso kann der Eindruck, nicht willkommen zu sein und abgelehnt zu werden, zu einer eigenen Ablehnung führen, die sich gegen das Aufnahmeland richtet und dann zu Rechtsbrüchen führt.

Innenkonflikte hingegen entstehen dadurch, dass verschiedene Personen in der Gruppe der Einwanderer unterschiedlich lernfähig und lernwillig auf die Anforderungen des Aufnahmelandes reagieren. Kinder aus den Einwandererfamilien wollen sich anpassen, stellen sich damit gegen ihre Familien: sie wollen die Schulbildung des Aufnahmelandes genießen, alle Möglichkeiten nutzen, die sich auch anderen Bewohnern bieten, sie wollen sich integrieren, gehören aber häufig dann nicht mehr zu der einen und noch nicht richtig zu der anderen Gesellschaft: es entsteht ein Konflikt innerhalb der Gruppe.

608 Legt man diese Untersuchungsergebnisse von *Sellin* zugrunde, so zeigt sich, dass sie teils zur Erklärung von Kriminalität insbesondere von Migranten herangezogen werden kann:

Auch hier stoßen unterschiedliche Kulturen aufeinander (heutzutage als „culture clash" beschrieben), auch hier haben die Nachkommen der ersten „Gastarbeiter", Migranten zweiter oder dritter Generation, andere Auffassungen als ihre seinerzeit zugewanderten Eltern bis hin zu erheblichen Differenzen in den Sprachkenntnissen, auch hier gibt es unterschiedliche Moralvorstellungen resultierend aus den Herkunftskulturen usw. Häufig kommt eine sog. „broken identity" hinzu, in der die Menschen sich zu keiner Gesellschaft wirklich zugehörig fühlen und daher eher heimatlos scheinen, was das Aufbegehren und den Rechtsbruch fördern kann.

Diese Ergebnisse zeigen sich insbesondere dann, wenn es um die Verfolgung von Straftaten geht, die nach deutschen Überlegungen kaum nachvollziehbar sind: bei Ehrenmorden, Zwangsehen, schweren Körperverletzungen zB durch Beschneidungen usw.

609 Wie auch andere Erklärungsversuche ist die Kulturkonflikttheorie aber auch nur bedingt geeignet, Kriminalität zu erklären, da sie wie die andere auch nur einen bestimmten Ausschnitt der Gesamtkriminalität betrachtet. Insbesondere diejenigen Handlungsmuster von Einwanderern, die im Gegenteil den „culture

clash" nutzen für die eigene Integration (also die Frage nach der Vermeidung von Straftaten) werden kaum erklärt.

J. Mehrfaktorenansätze

610 Die bisherigen Erläuterungen zeigen deutlich, dass jedem der Erklärungsversuche und jeder der Theorien bisher zutreffende Überlegungen entnommen werden konnten, immer aber auch die Grenzen der jeweiligen Ansätze deutlich werden. In keinem Fall ist es bislang gelungen, eine umfassende Erklärung für die Entstehung von Kriminalität zu formulieren. Daher gibt es auch Versuche, unterschiedliche Sichtweisen und daher unterschiedliche Faktoren in eine Theorie einzubinden oder ganz grundsätzlich die Blickrichtung zu verändern.

I. Labeling Approach Theorie

611 Ein solcher Versuch ist die Labeling Approach Theorie. Ihre Vertreter wechseln die Position: sie sehen den Rechtsbruch nicht als Vorgang oder aus der Sicht des Täters, der aus welchen Gründen auch immer sozial versagt und sich außerhalb der gesellschaftlichen Normen und Werte gestellt hat. Vielmehr vertreten sie die Auffassung, dass kriminelles Verhalten dadurch entsteht, dass zunächst überhaupt definiert wird, was kriminell ist (erste Definitionsmacht liegt also beim Gesetzgeber), und dann dem Täter ein bestimmtes Verhalten bzw. eine Eigenschaft zugeschrieben wird, er also „gelabelt" wird, ein Label bzw. ein Etikett aufgeklebt bekommt.

612 Als Vorläufer dieser Theorie gilt *Frank Tannenbaum* (1893–1969), der als zentrale Aussage 1938 formulierte: *„The criminal becomes bad because he is defined as bad."*

613 Auf seine Forschungen griffen *Howard S. Becker* (geb. 1928) und *Edwin M. Lemert* (1912–1996) zurück und ergänzten sie maßgeblich.

Beide gehen von der sog. „Ubiquitätsthese" aus. Sie besagt, ganz im Sinne *Durkheims,* dass Kriminalität vollkommen normal ist und Bestandteil jeder Gesellschaft, aber auch in allen Schichten wenn auch in unterschiedlicher Ausprägung und Qualität vorhanden ist.

Damit werden einerseits der Legislativen erhebliche Zuschreibungskompetenzen zugewiesen, der eigentliche Kern liegt allerdings in den Bewertungen des Einzelfalls durch die Instanzen.

Wird eine Person als Rechtsbrecher erkannt, so wird sie durch den Staat – also idR durch Polizei und Justiz – verfolgt und bestraft. Damit und auch erst dann erhält die Person das Label „Straftäter". Sie wird also auf entsprechende Weise abgestempelt. Damit ist ihrem weiteren Lebensweg die Richtung vorgegeben, denn diesen Stempel trägt sie mit sich und zeigt ihn in jeder Phase quasi vor. Damit kommt es zu einem Stigma, das auf das Selbstkonzept der Person zurückschlägt (vergleichbar einer self-fulfilling prophecy[222]) und ihr weitere Straftaten erheblich leichter fallen lässt. Sie gehören nunmehr gleichsam zu dieser

[222] Der Begriff geht auf den aus der Anomietheorie bekannten *Robert K. Merton* zurück und meint eine unbewusst ablaufende Verhaltensänderung, die dadurch eingeleitet wird, dass einer Person bestimmte Vorhersagen gestellt werden.

Person. Jeder Rechtsbruch wirkt erneut dadurch, dass der Stempel „kriminell" vergeben wird.

Zu beachten ist ergänzend, dass die Kontrolle der Normeinhaltung durch die Instanzen selektiv vorgenommen wird. Der Umgang mit stigmatisierten Rechtsbrechern ist anders als der mit Ersttätern oder vermeintlich „guten" Menschen. Damit unterliegen die Selektionskriterien sowohl Einzelfallentscheidungen als auch dem Faktor Macht, der durch die Instanzen ausgeübt wird.

614 Damit ist jedoch nur erklärt, warum Menschen wiederholt Normen überschreiten (sekundäre Devianz), nicht aber die „Ersttat". Diese aber, so die Ubiquitätsthese, ist ja unproblematisch und als normal zu tolerieren.

Der praktische Nutzen der Labeling-Approach-Theorie ist im täglichen Dienst unübersehbar. Gerade die Art und Weise im Umgang mit dem Straftäter folgt vielfach den Kernaussagen, was insbesondere für die bundesweiten Vorschriften zu Bearbeitung von Jugendstraftaten (PDV 382) oder die Einführung von Diversion und Täter-Opfer-Ausgleich usw gilt, und auch die Instanzenforschung baut auf diesen Erkenntnissen auf.

Allerdings bleibt auch diese Theorie einseitig. Es gelingt ihr nicht, die primäre Devianz zu erklären; sie wird ausgeblendet und als „normal" aus dem Blickfeld gerückt.

II. Etikettierungsansatz

615 Dieser Ansatz ist eine radikale Abwandlung der Labeling Approach Theorie, vertreten durch *Fritz Sack* (geb. 1931). Er sieht in seiner Form der Labeling Approach Theorie die einzig mögliche Erklärung für Rechtsbrüche, andere Bedingungen gibt es nach seiner Auffassung nicht. Während Tannenbaum, Becker und Lemert ihre Theorie als Ergänzung zu den sozialen Bedingungen sehen, hat Sack eine Art Alleingültigkeitsanspruch. Diese Auffassung gilt allerdings als widerlegt.

III. Lebenslauftheorie

616 Die ursprünglich auf *Terence P. Thornberry* zurückgehende Theorie sieht Kriminalität als Ergebnis von vielen verschiedenen Interaktionen eines Menschen im Verlaufe seines Lebens und als einen Entwicklungsprozess an. Von Geburt an bis zum Lebensende steht der Mensch in permanenter Wechselwirkung zu seiner Umwelt. Danach

> „gründen sich Straftaten und antisoziales Verhalten auf die Interaktion zwischen einer Person, die ein bestimmtes Potential für ein solches Verhalten oder einen Hang zu solchem Verhalten hat, und einer sozialen und physischen Umwelt, die Gelegenheiten – einschließlich Opfer – bereithält. Die antisoziale Tendenz während der gesamten Lebenszeit ist das Schlüsselkonstrukt."[223]

Die wesentliche Bedeutung soll diese Theorie erlangen durch die von ihr gestalteten Möglichkeiten zur Vorhersage der weiteren Entwicklungen.

---

[223] (*Sieverts/Schneider*, 1998), S. 657.

Schneider sieht die zentralen Fragen darin, warum Menschen überhaupt straffällig werden, warum sie diese Lebensweise fortsetzen oder sie beenden und warum zuweilen eine Steigerung der kriminellen Energie und der Straftaten eintritt. 617

Da im Verlaufe eines Lebens verschiedene Einflüsse auf den Einzelnen wirken und verschiedene Lebensphasen durchlaufen werden, gibt es auch verschiedene Ausrichtungen der sozialen Interaktion. Menschen wechseln die Wohnung, die Arbeit, den Partner, die Freunde usw. Jeder dieser Wechsel kann auch einen Wechsel im Verlauf der Lebensentwicklung mit sich bringen (sog. „turning points"). Untersucht werden die Einflüsse, die diese Punkte haben und unter welchen Bedingungen sie sich auf den Probanden wie auswirken und wie nachhaltig sie dies tun.

K. Opferorientierte Ansätze

Während die bisherigen Betrachtungen in den Theorien sich mehr auf die Seite des Täters konzentrierten (also täterorientierte Ansätze darstellen), wird hier der Fokus auf das Opfer und dessen Verhalten gelenkt. 618

Alle diese Theorien sind allerdings, so ihre übereinstimmende Lücke, nicht geeignet, sog. opferlose Delikte zu erklären. Sie können ausschließlich solche Straftaten betrachten, in denen es ein individualisiertes Opfer, also einen GES als natürliche Person gibt.

Die opferorientierten Erklärungsansätze versuchen Ursachen dafür zu finden, welche Risiken es gibt, die Menschen mehr oder leichter oder intensiver zu Opfern werden lassen als andere, sie hinterfragen also die sog. Viktimisierungsprozesse und Viktimisierungsrisiken.

I. Lebensstilkonzept

Dieses Konzept ließe sich übersetzen mit dem Sprichwort „Wer sich in Gefahr begibt, kommt darin um". Wer also sich häufig außer Haus begibt, seine Freizeit unter anderen Menschen verbringt, auf Partys, in „riskanten Umgebungen", in „gefährlichen Gruppen", der läuft eher Gefahr, Opfer einer Straftat zu werden als der Mensch, der sich vermehrt zu Hause und von gefährlichen Orten und Gesellschaftsgruppen isoliert aufhält. Unterschieden wird in „extrinsische" und „intrinsische" Lebensstile, zu denen auch Vorlieben gehören, die die Berufswahl und -ausübung bestimmen, die das Urlaubsland und die Urlaubsart bestimmen usw. 619

Die Gültigkeit dieser Überlegungen liegt auf der Hand und mündet in diversen Präventionsprogrammen mit Opferorientierung. So entstanden aus diesen Überlegungen die allgemein bekannten Frauenparkplätze und nicht zuletzt diverse über die Welt verteilte Urlaubs-Resorts, in denen Touristen aus den „gefährlichen Gegenden" zurückgehalten werden.

II. Routine Activity Theory

Auch die Vertreter dieser Theorie sehen in den Viktimisierungsrisiken wesentliche Grundlagen für die Kriminalität, allerdings fügen sie dem Verhalten und 620 der Risikobereitschaft von Opfern weitere Faktoren hinzu; zum geeigneten Tatobjekt (also dem Opfer) kommen der motivierte Täter und die Abwesenheit fähiger Beschützer des Tatobjektes hinzu:

„Routine-Aktivitäten sind Verhaltensweisen, die grundlegende Bedürfnisse der Bevölkerung und des Individuums befriedigen. Der Routine-Aktivitäts-Ansatz sagt dann das größte Verbrechensrisiko voraus, wenn das Verbrechensopfer die höchste Zieleignung besitzt: die höchste soziale Sichtbarkeit, die beste Zugänglichkeit, die stärkste Anziehungskraft, und wenn der Grad der Bewachung des Tatobjektes niedrig ist."[224]

Mit dieser Betrachtungsweise mehrerer Bedingungsfelder wird zwar der Blick auf das Opfer (das Tatobjekt) gelenkt, jedoch auch der Einfluss der anderen Komponenten beachtet. Auf diese Weise geht der Blick hier eher in die Breite, als sich auf eine Komponente zu konzentrieren und diese bis in die Tiefe hinein zu untersuchen. In der Literatur wird diese Abkehr von der konzentrierten Forschung in die Tiefe unterschiedlich bewertet.

Für den Polizeipraktiker allerdings erscheint sie sinnvoll, gibt es doch darin eine Möglichkeit der gezielten Präventionsarbeit in allen Bedingungsfeldern (s. hierzu auch in § 24).

III. Theorie der erlernten Hilflosigkeit

621 *Martin E.P. Seligmann* (geb. 1942) begründete diese Theorie, zu der er auch mit Forschungen beitrug, die nicht auf umstrittene Tierversuche zu verzichten vermochten und die Basis für Handlungen setzten, die durch amnesty international als Folter aufgedeckt wurden.

Gleichwohl gehört er zu den Psychologen der heutigen Zeit, die Erklärungen und Phänomene durchaus populärwissenschaftlich aufbereiten. So auch seine Theorie der erlernten Hilflosigkeit.

622 Ihre Kernaussage besteht darin, dass der Mensch nach einem traumatisierenden Ereignis (er stellte dies mit Elektroschocks bei Hunden nach) nicht wieder in die Situation vor diesem Ereignis zurückkehren kann, sondern vielmehr eine Haltung einnimmt, die sein reduziertes Selbstwertgefühl und die Hilflosigkeit und Passivität zeigt.

Das wiederum macht diesen Menschen „lohnender" als Tatobjekt, weil der erwartete Widerstand geringer wird.

623 Diese Theorie scheint zu belegen, warum gerade bestimmte Menschen immer wieder neu Opfer von Taten werden, so zB bei Mobbing-Delikten, bei Straftaten unter Jugendlichen, die ihren „Prellbock" immer wieder „nutzen" und so zu einer ständigen Viktimisierung beitragen (repeat-victimization). Gerade in der heutigen Zeit finden wir unter Jugendlichen zuweilen das Schimpfwort „Du Opfer", mit dem genau dies gemeint ist – man hält den so Bezeichneten für hilflos, wenig wehrhaft und untergeordnet.

[224] (*Sieverts/Schneider*, 1998), S. 658.

IV. Theorie der kulturellen Viktimisierung

Diese Theorie beleuchtet quasi die Opferseite der Sündenbocktheorie: eine Gruppe von Menschen, die sich aus irgendwelchen Gründen anders verhält oder positioniert oder eine andere Herkunft, Lebensweise oder Art zeigt als der Täter, begibt sich damit in die Rolle des Opfers. 624

Hier werden Straftaten begangen gegen Homosexuelle, gegen Migranten, gegen Andersgläubige usw, eben weil sie homosexuell, anderer Herkunft, anderen Glaubens sind.

Die Theorie erklärt damit wie die Sündenbocktheorie auch politisch motivierte Kriminalität, Hasskriminalität usw, aber nunmehr eben nicht mehr aus Täter-, sondern aus Opfersicht.

V. Neurobiologische Opfertheorie

Eine gerade erst in jüngster Zeit formulierte neue Betrachtungsweise ist die 625 neurologische Sicht auf das Opfer. Danach verliert der Mensch mit zunehmendem Alter die Fähigkeit, am Gesicht die Vertrauenswürdigkeit eines Menschen zu erkennen. Diese Fähigkeit ist, so die Forschergruppe um *Shelley Taylor*, in einer Hirnregion angesiedelt, die immer mehr degeneriert.

Shelley E. Taylor (geb. 1946) forscht an der University of California Los Angeles (UCLA) dazu und veröffentlicht erste Untersuchungsergebnisse im Oktober 2012:

Older adults are disproportionately vulnerable to a wide range of dubious financial schemes, although the reasons for their vulnerability are not clear. Our research uses experimental and neuroimaging methodologies to explore the social and neural bases of this vulnerability (http://taylorlab.psych.ucla.edu/, zuletzt abgerufen am 29.8.2017).

Im Rahmen ihrer Studie legte ihre Forschergruppe älteren Personen (Durch- 626 schnittsalter 68 Jahre) sowie einer Vergleichsgruppe jüngerer Menschen (Durchschnittsalter 23 Jahre) Fotos vor, auf denen sie eine Einordnung vornehmen sollten in „vertrauenswürdig" über „neutral" bis „nicht vertrauenswürdig". In ihren Einschätzungen der neutralen oder vertrauenswürdigen Abbildungen sind ältere und jüngere Menschen im Ergebnis gleich, lediglich die Einstufung als „nicht vertrauenswürdig" gelingt den Älteren nicht.

Die signifikanten Unterschiede deuteten darauf hin, dass es älteren Menschen 627 an der Möglichkeit zur Wahrnehmung bestimmter Anhaltspunkte fehlen könnte. Daher wurden in einem zweiten Versuch 23 ältere und 21 jüngere Personen (Durchschnittsalter 66 bzw. 33 Jahre) mit MRT überwacht, während sie die Bilder vorgelegt bekamen. Die damit festgestellten Hirnaktivitäten waren deutlich unterschiedlich: während die jüngeren Probanden bei wenig vertrauenswürdigen Gesichtern deutliche Aktivitäten in der sog. „anteriore Insel" zeigten, blieb die Region bei den älteren Menschen inaktiv.[225]

[225] „The brains of the younger adults showed activity in the anterior insula region both when they were rating the faces and especially when viewing the untrustworthy faces. In contrast, the older adults displayed very little anterior insula activation during the

628 Daraus ergibt sich der Schluss, dass ältere Menschen allein aufgrund der hirnphysiologischen Möglichkeiten vertrauensseliger sind als jüngere Menschen (vgl. www.pnas.org/cgi/doi/10.1073/pnas.1218518109 (zuletzt abgerufen am 29.8.2017).

629 Legt man zugrunde, dass die Vielzahl der Straftaten gegen Senioren und deren deutliche Steigerung in den letzten Jahren also auch durch das fehlende Misstrauen gefördert wird, so kann man hier eine mögliche Ursache für die Viktimisierung älterer Menschen erkennen, da die Ergebnisse nicht nur für visuelle Kontakte Gültigkeit haben, sondern auf jegliche zwischenmenschliche Interaktion zu übertragen sind. Und nach den Ergebnissen ist auch kaum relevant, ob die Probanden ein aktives oder zurückgezogenes Leben führten, ob sie geistig aktiv und rege oder eher inaktiv waren – die Inaktivität des Frühwarnsystems im Gehirn war bei allen nachweisbar.

630 Natürlich gibt es auch Senioren, die offenkundig genau gegenteilige Entwicklungen zeigen; sicher kennt jeder den vollkommen „grantigen" und misstrauischen Eigenbrötler. Diese Menschen aber scheinen aufgrund vieljähriger Lebenssituation und -erfahrungen die Ausnahme zu sein und ein bereits langjährig trainiertes Verhalten zu zeigen. In wie weit hier ein Widerspruch zu den Untersuchungsergebnissen besteht, bleibt zu erforschen. Da *Taylors* Untersuchungen fortgeführt werden, ist auch hier mit weiteren Erkenntnissen in der Zukunft zu rechnen.

L. Integrationskonzept

631 Die vielen bisher dargestellten Erklärungsversuche haben alle einen mehr oder weniger umfassenden Gültigkeitsbereich, in dem man ihnen durchaus bescheinigen kann, die Ursache von Verbrechen zu erklären. Keine der Theorien ist als „falsch", keine aber auch „richtig", zumindest nicht im Sinne einer allgemeinen Richtigkeit.

Auch die Versuche, die Normabweichung nicht monokausal zu sehen, sondern die verschiedenen Einflussfaktoren gleichermaßen einzubeziehen, sind bislang aber wenig geeignet, eine Haupttheorie zu begründen.

Daher kann versucht werden, die verschiedenen Theorien zu vereinen, indem man sie an die verschiedenen Einflussgrößen in der Entstehung eines Rechtsbruchs „andockt" und integriert.

632 Nach diesem Modell entstehen Rechtsbrüche bei Aufeinandertreffen günstiger Bedingungen in drei Faktoren (sog. Ursachentrias):

---

imaging. The anterior insula is associated with ‚gut feelings', which represent expected risk and predict risk-avoidance behaviors." https://www.nia.nih.gov/news/study-identifies-basis-sense-trust-older-people (zuletzt abgerufen am 29.8.2017).

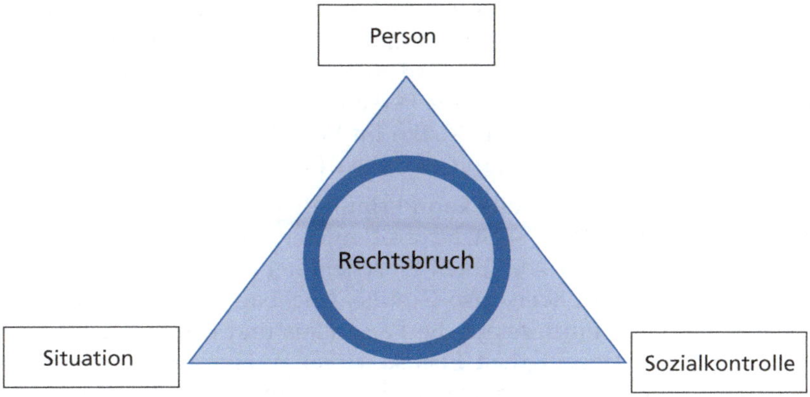

Abb. 41: Entstehungsmodell für den Rechtsbruch

Zur Erklärung von Rechtsbrüchen müssen also die drei genannten Faktoren und ihre Beziehung zueinander analysiert werden. Dazu dienen die erlernten Theorien, aus denen im Idealfall zu jedem der drei Faktoren der Erklärungsschwerpunkt gefunden werden kann.

Der Faktor **„Person"** zeigt sich im Verhalten einer Person und in der Frage, ob **633**
es einen tatgeneigten Menschen gibt, der in dieser Situation bei der hier (nicht) vorliegenden Sozialkontrolle eine Tat begehen möchte. Das Verhalten dieser Person aber richtet sich nach ihren Bedürfnissen und Interessen, ihren erlernten Kenntnissen, Fähigkeiten und Fertigkeiten, ihrer Handlungskompetenz, ihrer Lebenstechnik, der Ausprägung ihres Gewissens, ihrer Lebensgeschichte usw.

Die **Bedürfnisse**, die ein Mensch hat, werden nicht nur durch ihn selbst, sondern **634**
auch durch die ihn umgebenden Bedingungen (Bedürfnisse anderer, aber auch Werbung) bestimmt. Ziel ist immer, die eigenen Bedürfnisse auch zu befriedigen und Wünsche zu realisieren. Wie dies geschieht, ist abhängig von der **Handlungskompetenz**. Welche Möglichkeiten in deren Rahmen vorhanden sind, ist wiederum bestimmt durch die Erfolge oder Defizite der **Sozialisation** und die daraus resultierenden **Lebenstechniken**, sich auf legalem Wege Mittel zur Bedürfniserfüllung zu beschaffen. Wird aber im Rahmen der Sozialisation das Unrechtsbewusstsein nur unzureichend ausgeprägt, so wird die Bedürfnisbefriedigung eher mit illegitimen Mitteln erfolgen. Das Gewissen wird ausgeschaltet oder durch **Neutralisation** und Umdeutung beruhigt.

Teil der **Sozialkontrolle** ist die **Normsetzung** selbst, also die Frage, was eine **635**
Gesellschaft als kriminell **definiert** und welche Gesetze sie sich gibt und wie sie diese anwendet, also zB in welcher Intensität sie Verstöße verfolgt und sanktioniert. Diese Normsetzung ist die Basis für die Normkontrolle, die wir in formelle und informelle Sozialkontrolle unterscheiden.

Die formelle Sozialkontrolle beschreibt das Vorgehen der Gesetzgebung, der **636**
Strafverfolgungsbehörden und der Justiz im Umgang mit der Normabweichung oder dem Täter. Hier werden Fragen nach der Arbeitsweise und eventuell daraus resultierender Stigmatisierungen ebenso gestellt wie solche nach den Wirkungen von Strafen usw.

Im Zusammenhang mit der **Situation**, auch Tatgelegenheit genannt, werden das Vorhandensein, die Wahrnehmbarkeit und die Angreifbarkeit eines geeigneten Opfers oder Objekts geprüft. Hier wird auch berücksichtigt, wie schwer es ein Opfer bzw. ein Objekt für tatgeneigte Personen macht, die Tat zu begehen und wie groß der Aufwand und das Risiko im Verhältnis zum möglichen Erfolg erscheinen oder welche Beziehung zwischen Täter und Oper bestand.

637 Auch informelle Sozialkontrolle kann kriminalitätshemmend wirkend, wenn ihre Träger sich gegen Rechtsbrüche positionieren. Zu diesen Trägern gehören alle diejenigen, die in der konkreten Entscheidung für den tatgeneigten Menschen eine Bedeutung haben, also Familie, Nachbarn, Kollegen Verein, peer group usw. Sie üben Einfluss auf die Person aus und hemmen bei günstiger Einwirkung deren Tatgeneigtheit. Ebenso wirken sie aber auch auf die Situation ein, wenn in einem funktionierenden Wohngebiet mit aufmerksamen Nachbarn eine Tatgelegenheit allein durch deren Signal erschwert wird.

Wie diese Erläuterungen zeigen, ist bei diesem Modell die Integration der zuvor erläuterten Theorien möglich, indem zu jedem Einzelfall eines Rechtsbruchs die drei Bedingungsfelder geprüft werden.

§ 23 Die Kriminalgeographie

638 Aus einigen der Erklärungsansätze wurde deutlich, dass offenbar auch ein Zusammenhang zwischen der Kriminalität und ihrer jeweiligen Umgebung gesehen wird. Die Kriminalstatistiken gehen auf diese Überlegungen ein, indem sie die Tatorte nach der Einwohnerzahl der Gemeinde einteilen, die Wohnorte der Täter mit aufnehmen usw.

Wichtige Ursprungsgedanken resultieren bereits aus den sehr frühen Erkenntnissen von *Guerry* oder *Quetelet*, später aus der Chicagoer Schule, dem sog. ökologischen Ansatz (s. § 22 H IV). Zuweilen wird der Begriff der Kriminalgeographie auch synonym benutzt zu „ökologischer Kriminologie“ (*Opp*).[226]

Welche Bezeichnung man auch wählt – sie alle untersuchen, welche „... Beziehungen, die zwischen der spezifischen Struktur eines Raumes und der in ihm örtlich und zeitlich anfallenden Kriminalität bestehen.“ (*Herold*, zitiert nach Schwind, 2013, S. 326).

„Kriminalgeographie ist derjenige Zweig der kriminologisch-kriminalistischen Forschung, der kriminelles Verhalten in seiner raumzeitlichen Verteilung erfasst und durch spezifische raumzeitliche Verbreitungs- und Verknüpfungsmuster demographischer, wirtschaftlicher, sozialer, psychischer und kultureller Einflussgrößen zu erklären versucht.“[227]

639 Demzufolge setzt Kriminalgeographie in ihrer Betrachtung die Felder

- Umfang der Kriminalität (= Statistik)
- Struktur der Kriminalität (= Phänomenologie)

[226] Eine sehr umfangreiche, aber auch übersichtliche Beschreibung der Entwicklung der Kriminalgeographie findet sich in (*Sieverts/Schneider*, 1998), S. 170 ff.

[227] (*Schwind*, 2013), S. 326.

- Faktoren örtlicher Kriminalitätsbildung
- Gestalt und Umfang der Kriminalitätsbekämpfung (repressiv und präventiv)

in eine Beziehung zueinander.

Einer der ersten Kriminalgeographen der neueren Zeit war *Joachim Hellmer* (1925–1991), der konstatierte, die „Funktionsstruktur bestimmt ihre Kriminalitätsstruktur". Nach seiner Auffassung spielen gerade die Wohnsituation, die Täterwohnsitze, die Tatgelegenheiten sowie die Faktoren formeller und informeller Sozialkontrolle eine wesentliche Rolle dafür, ob es in einem Raum viele Rechtsbrüche gibt und welche Qualität sie jeweils haben. **640**

Diese Untersuchungen erlangen ihre besondere Bedeutung für die Organisation polizeilichen Handelns[228] bis hin zur Frage, wo und auf welche Art welche Polizeiwachen eingerichtet werden sollten und wie sich die Polizei eines Landes in welchem ihrer Bezirke organisieren sollte.[229]

A. Raum und Kriminalität

Mit der Fortentwicklung der Kriminalgeographie änderte sich auch die spezifische Fragestellung in der Forschung: Von der reinen Verteilungslehre und der Frage „Wo werden welche Delikte wie häufig begangen?" wird nunmehr übergegangen zur Kernfrage „Wo und unter welchen Bedingungen leben die Täter?". Damit ist der Weg in einer Untersuchung der Täterwohnsitze, wie *Shaw* und *McKay* sie in der „Chicagoer Schule" 1942 durchführten, offen. **641**

I. Chicagoer Schule – Shaw/McKay

Shaw untersuchte in Chicago die Wohnsitze von 60.000 delinquenten männlichen Jugendlichen. **642**

Dabei stellte er fest, dass es bestimmte Gebiete gibt, in denen trotz Veränderung der Wohnbevölkerung eine hohe Kriminalitätsbelastung blieb. Daraus schloss er, dass der Raum die Kriminalität selbst produziert bzw. anzieht, und er nannte diese Gebiete „delinquency areas". Sie gruppieren sich als kriminalitätsbelastete Gebiete wie konzentrische Kreise ringförmig um den Stadtkern, womit er das Zonenmodell von *Burgess* aufgriff.

Mit der Entfernung vom Stadtkern allerdings verringern sich die Kriminalitätsraten umgekehrt proportional: je weiter weg vom Stadtkern, desto geringer die Kriminalität. **643**

Das Zentrum bildet also die sog. „attracting area", die die höchste Anziehungskraft für Rechtsbrecher ausübt und umgeben ist von den „breeding areas". Die **644**

---

[228] Für *Herold* war die Kriminalgeographie eine reine Zweckwissenschaft ausschließlich für repressive Zwecke; dem kann jedoch aus heutiger Sicht in keiner Weise gefolgt werden, da insbesondere die präventiven Möglichkeiten dadurch unbeachtet blieben.

[229] Erkennt man diese Ziele als wesentlich, so ist die flächendeckend fast identische Organisation der Polizeibehörden des Landes NRW ohne fundierte Einbeziehung der kriminologischen Erkenntnisse kaum erklärlich; eine heterogene Struktur wäre eventuell zielführender, ohne dass an dieser Stelle eine mögliche Differenzierung beschrieben werden könnte.

sind als Übergangzonen zwischen hoher Täterattraktivität und den Wohnvierteln der Arbeiter Brutstätten, in denen die sozialen Strukturen als instabil gelten und sowohl formelle als auch informelle Sozialkontrolle nur im Ansatz vorhanden sind.

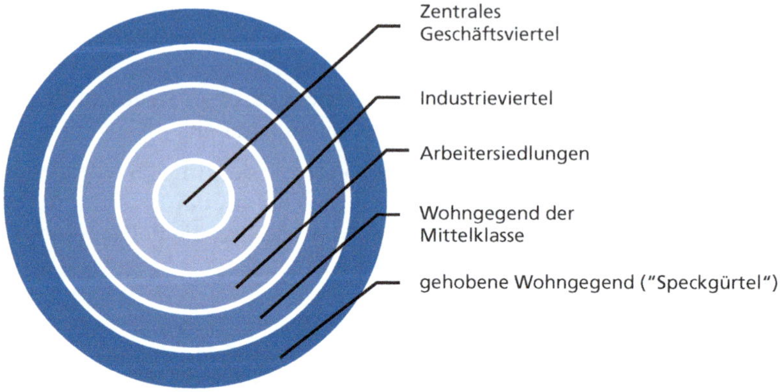

Abb. 42: Zonentheorie nach Burgess, entwickelt von *Shaw* und *McKay*.

645 Da die Untersuchungen von Shaw und McKay in US-amerikanischen Städten durchgeführt wurden, sind sie auf deutsche Verhältnisse nur bedingt zu übertragen, da das Wachsen der Städte sich hier schon aufgrund der topografischen Besonderheiten in der Mehrheit anders darstellt – hier gibt es eben nicht die sternförmig vom Zentrum aus wachsenden schnurgeraden Straßen und Wohnviertel und Städte mit einem klar zu bezeichnenden Zentrum.

II. Modelle nach *Schwind*, *Herold* und *Schneider*

646 Aus diesem Grunde wurde im Rahmen der Frage, ob und inwieweit das Modell übertragen werden kann, von Schwind das Mehrkernmodell entwickelt. Demnach entwickelt sich die Stadt von vielen Zentren aus. Diese befinden sich jeweils dort, wo sich in der Geschichte einzelne Siedlungen oder Kommunen befinden. Mit Eingemeindungen und Zusammenschlüssen werden mehrere Zentren zusammengefasst, die jeweils für sich wieder neu wachsen und sich ausdehnen.

Ein sehr gutes Beispiel dazu ist die Stadt Wuppertal: aus vielen einzelnen Gemeinden (Hofgemeinden, Siedlungen) wurde eine Stadt, die auch heute noch mehrere Zentren hat, demzufolge auch mehrere Einkaufsviertel usw.

Abb. 43: Stadtteile und Zentren einer Stadt, http://upload.wikimedia.org/wikipedia/commons/thumb/f/f9/Wuppertal.png/724px-Wuppertal.png (zuletzt abgerufen am 29.8.2017).

Schwind veröffentlicht 1978 den ersten Bochumer Kriminalitätsatlas. Dazu untersuchte er die Tätermobilität und die Belastung der Bochumer Stadtteile. Er stellte fest, dass der „normale" Täter eher bodenständig ist und seine Straftaten in der Stadt begeht, in der er auch wohnt. So kamen 78,6 % der ermittelten TV aus Bochum. Hinzu kommt, dass die Beweglichkeit der Täter eher begrenzt ist: Einbrecher wurden zu 70 % innerhalb von 2 km von ihrer Wohnung tätig, kaum ein Täter weiter als 20 km von seinem Tatort aus wohnte. *Schwind* schloss daraus: 647

„Die wirtschaftliche Orientierung der Menschen eines bestimmten Gebietes bestimmt auch die Zonen der kriminellen Tatorte ihrer straffälligen Mitbürger."[230]

Der Kriminalitätsatlas Bochum zeigt zusammengefasst folgende Kernaussagen:[231] 648

- Die Verteilung der Tatverdächtigenwohnsitze stimmt mit den Häufigkeitszahlen in vielen Bezirken überein.
- Die Kriminalität hängt (nicht nur in Bochum) auch mit der geografischen Lage eines Bezirks zusammen.
- Bochums Süden ist durchgehend weniger kriminalitätsbelastet als der mittlere und nördliche Bezirk.
- Je nördlicher ein Bezirk liegt, desto höher sind sowohl die HZ als auch die TVBZ
- Hinweis auf möglichen Zusammenhang mit dem Wohlstandsgefälle innerhalb eines Stadtgebietes: Im Süden der Stadt besteht eine andere Sozial- und Baustruktur als im Norden.

---

230 (*Sieverts/Schneider*, 1998), S. 177.

231 Zusammengefasst aus (*Schwind, Fetchenhauer, Ahlborn & Weiss*, 2001).

- Die Südhälfte der Stadt dient in erster Linie als bevorzugter Wohnraum der wohlhabenden Schichten, der nördliche Teil wird überwiegend von einkommensschwächeren Schichten bewohnt.
- Die registrierte Kriminalität in Bochum ist sowohl in absoluten als auch in den Häufigkeitszahlen über den Beobachtungszeitraum angestiegen.
- Die bereits 1975 und 1986 hoch belasteten Bezirke gehören auch 1998 dazu.
- Die höchste Kriminalitätsbelastung ist in den Bezirken City/Hbf. und Querenburg/Uni zu verzeichnen.

649 Die Kernaussagen griff *Herold* auf und schloss daraus und aus den Ergebnissen eigener Forschungen in Nürnberg, dass Polizei sich anpassen müsse:

Die Zuständigkeiten müssen neu geregelt werden und ihre Grenzen so gezogen werden, dass die Täterzuströme und die Täterausströme (sog. „Kammlinien") neutralisiert würden.

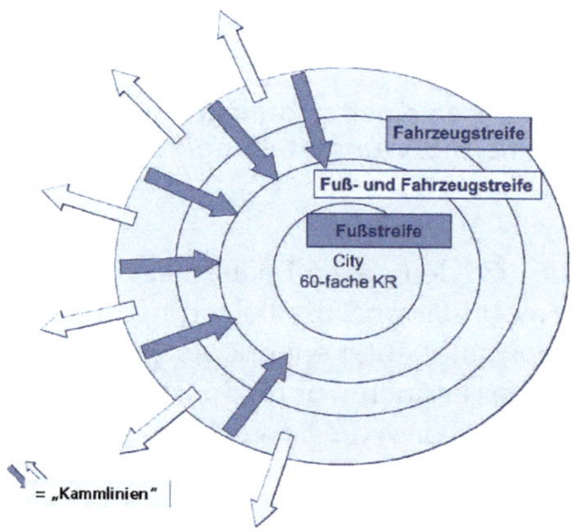

Abb. 44: Kammlinien und polizeiliche Strategien; entnommen aus *Häring, P.*: Skript zur Kriminologie-Vorlesung 2009

650 *Schneider* identifiziert 1987 in seinen Forschungen innerhalb einer Stadt mehrere Bezirke, die sich dahingehend unterscheiden, wie attraktiv sie für Straftäter zu sein scheinen und wie groß ihre „kriminelle Zugkraft" scheint:

- Stadtzentrum,
- Satellitenzentren,
- Vergnügungsviertel,
- wohlhabende Villenviertel,
- Stadtviertel mit Stadien.

651 Auch diese Bezirke siedeln sich nicht konzentrisch an, sondern können in einer Stadt durchaus an mehreren Stellen erkannt und verortet werden, sodass am Ende eine Stadt quasi durch ein Netz dieser Bezirke wie mit einem Puzzle zugedeckt ist.

652 Welcher der Varianten man auch folgt, in jedem Fall wird deutlich, dass sich Kriminalität in unterschiedlichen Stadtbezirken unterschiedlich zeigt und ganz

offensichtlich mit Strukturdaten (Art und Fluktuation der Wohnbevölkerung, der Geschäfte, Gaststätten pp), Wirtschaftsdaten, Tourismus usw zusammenhängt.

Damit ist als eine allgemein anerkannte Folge heutzutage Konsens, dass die Entwicklungen unterschiedlicher Stadtbezirke wesentliche Konsequenzen nach sich ziehen, also auch Prozesse wie „filtering down“ oder „Gentrifizierung“ nicht nur negativ oder positiv bewertet werden dürfen, sondern immer auch facettenreiche Auswirkungen haben:

Der filtering down Prozess bewirkt eine Abwanderung von Gewerbe und damit 653 von Steuern, Wegfall von Arbeitsplätzen, Wegzug von Bevölkerung und damit Zerfall sozialer Strukturen und informeller Kontrolle und höhere Kriminalität; Gentrifizierung bewirkt Verdrängung von angestammtem Wohnumfeld, Zuwanderung gut Situierter, damit wird die Ungleichheit der Bevölkerungsstrukturen verstärkt, Segegration führt zu Unzufriedenheit und vermehrten Normverletzungen, daher wieder zu mehr Kriminalität.

Sicher kann jeder von uns viele der Aussagen aus der Kriminalgeographie an 654 seiner eigenen Stadt erkennen. Eine umfassende Erklärung findet sich aber hier wiederum nicht. Dazu sind die verschiedenen Städte erheblich zu unterschiedlich, es gibt ein Gefälle in Bildung, Wohlstand, Zuwanderung. Man denke nur an die aktuellen Diskussionen über „arme“ und „reiche“ Städte und Strukturausgleiche, die dringend vorgenommen werden sollen. Jede Stadt hat also ihre eigenen Schwerpunkte und Bedingungen, auf die lediglich durch regionale Untersuchungen eingegangen werden kann, die keinen Anspruch auf Übertragbarkeit erheben.

B. Kriminologische Regionalanalyse

Daher wurde bereits Ende der 1980er Jahre versucht, eine Möglichkeit zu schaf- 655 fen, mit der man die regionalen Bedingungen, die Strukturdaten eines Raumes und die Kriminalität dieser Region in Beziehung zueinander setzen kann. Das Ergebnis ist die Kriminologische Regionalanalyse, kurz: KRA.

Definition: Sie wird verstanden als eine von stabsähnlichen Einrichtungen zu erstellende, fortzuschreibende kriminalistisch-kriminologische Dokumentation mit zeitlich und räumlich eingegrenzter Aussagekraft über den Einsatzort, die Kriminalität, ihren Entstehungszusammenhang, ihre Bekämpfung (Verbrechensverhütung und Strafverfolgung) und ihre Prognose. Sie ist ein Produkt aus der Zusammenführung von Kriminalgeographie, Regionalwissenschaft und angewandter Kriminologie mit Raumbezug.[232]

!

Für einen vorab festgelegten Raum werden neben den geografischen Besonderheiten der Untersuchungsregion möglichst kleinräumig differenzierte Daten verschiedener Datenquellen und Erhebungen zusammengetragen und in eine Beziehung zueinander gesetzt. Auch hier ist Schwind, dessen Kriminalitätsatlas Bochum bereits erläutert wurde, Vorreiter, da seiner Forschung eine erste KRA zugrunde lag.

[232] (*Koch*, 1992), S. 33.

656 KRAen gibt es bislang in mehr oder weniger ausgedehnter räumlicher Orientierung vielfach, zB in Bochum, Delmenhorst, Essen, Freiburg, Hamburg-Altona, Lübeck, Neumünster, Rostock, Solingen usw. Jeder dieser Erhebungen liegt ein enormer Aufwand zugrunde, der sich schon allein aus der Anzahl der Datenquellen ergibt, die miteinander kombiniert werden müssen:

657 Sozial- und Bevölkerungsdaten werden zusammengetragen zur Erhebung der demografischen und sozialen Strukturen:

- Wie alt ist die Bevölkerung im Erhebungsraum?
- Wie ist die Geschlechterverteilung?
- Wer ist wann woher zugezogen oder wohin weggezogen?
- Wie sind die familiären Strukturen, wie viele Kinder haben die Familien, wie viele Alleinerziehende gibt es, wie viele intakte Familien, wie viele Patchworkfamilien…?
- Welche Bewohner haben welche Herkunftsländer, wie sind die Sprachkenntnisse, wie viele Aussiedler, Asylbewerber usw gibt es?
- Wie viele Hartz IV-Empfänger hat der Bereich?
- Wie viele Menschen stehen im ersten Arbeitsmarkt?
- Wie viele Menschen haben Minijobs?
- Wie viele Familien werden durch Familienhilfe betreut?
- uvm

658 Diese Daten werden in Beziehung gesetzt zu denen der Infrastruktur:

- Wie viele Kindergartenplätze gibt es, wie viele Betreuungsplätze für unter dreijährige Kinder, wie viele Ganztagsplätze, wie viele Tagesmütter?
- Wie viele Jugendbegegnungsstätten gibt es und wo genau?
- Wie viele Alteneinrichtungen gibt es und welche und wo?
- Welche und wie viele Sprachkurse gibt es für Zuwanderer?
- Welche Unterstützung gibt es für Migranten und deren Kinder?
- Welche Stadtteile gibt es, wie ist deren Bebauung und Straßenführung?
- Wie wird ÖPNV gestaltet?
- Wie ist der Mietpreisspiegel, wie der Zustand der Wohnungen, wie das Alter der Gebäude, wie viele Leerstände gibt es?

659 Und zu diesen Daten werden nun die Erkenntnisse aus der Erhebung und Bekämpfung von Kriminalität gefügt:

- PKS,
- Strafverfolgungsstatistik und weitere Justizstatistiken,
- Lagebilder,
- Organisation der Polizei,
- Lage und personelle Ausstattung der Dienststellen, Wachen, Inspektionen usw.

660 Ergänzt wird das Ganze dann neben diesen aus Datenquellen zu erhebenden „harten Daten" mit den weichen Faktoren, die aus Befragungen der Bevölkerung erhoben werden:

- Kriminalitätsfurcht,
- Zufriedenheit,

- Täter- oder Opfersituationen,
- Freizeitangebote,
- Zufriedenheit mit der Polizei und deren Arbeit,
- Nachbarschaftsgefühl usw.

Diese Fragen stellen nur einen Ausschnitt des Möglichen und zugleich die 661 Basis dar, die für eine KRA erhoben wird. Daraus ist unschwer erkennbar, wie aufwendig eine solche Erhebung ist, aber auch, dass ihre Ergebnisse immer nur eine Momentaufnahme darstellen.

Da sich Raum und Gesellschaft stetig verändern, werden auch die Ergebnisse einer KRA sich verändern. Um gesellschaftliche, politische und städtebauliche Entwicklungsprozesse und nicht zuletzt auch die Wirkungen der veranlassten Präventionsmaßnahmen evaluieren zu können, muss die KRA auf Dauer ausgelegt sein, in regelmäßigen Abständen zu wiederholende Erhebungen sind daher erforderlich.

Diese aber erfordern Personal und Sachkosten, die zwar einerseits der Ursa- 662 chenforschung und der Wirksamkeit von Kriminalitätsbekämpfung wesentliche Impulse geben, andererseits aber auch geleistet werden müssen, was in Zeiten knapper Kassen nur bedingt möglich ist.

Dort, wo die KRA über einen gewissen Zeitraum durchgeführt wurde, sind wesentliche Erkenntnisse gewonnen worden, die sich schon äußerlich erkennbar dadurch niederschlagen, dass die Architektur in bestimmten Gebieten verändern wird. So wird im Ergebnis eine Reduktion der Kriminalität erreicht.

C. Städtebauliche Kriminalprävention

Im Rahmen des Städtebaus sind die Ergebnisse bereits in mehreren Kommunen 663 umgesetzt worden. Die wesentlichen Kernaussagen sind vielfach veröffentlicht.

So stellen zB (*Albrecht/Entorf,* 2003), S. 231 ff. fest, dass es offenbar Zusammen- 664 hänge gibt zwischen der Wohnbaustruktur und der Zuwanderung von Straftätern von außen (je „besser“ die Wohngegend, desto mehr Täterzustrom, je „schlechter“ die Wohngegend, desto mehr interne Kriminalität) aber auch zwischen Wohnbaustruktur und nachbarschaftlicher Aufmerksamkeit: je besser, desto höher ist die informelle Kontrolle durch die Nachbarn.

Daraus wird geschlossen, dass bereits eine Veränderung der Baustruktur we- 665 sentliche Veränderungen in der Kriminalität nach sich ziehen kann. So stellte Oscar Newman seine Theorie des Defensible Space auf:

Ein Wohnumfeld sei sicher, wenn es den vier Grundanforderungen entspricht:

- Territorialität = Abgrenzung (wenn auch nur symbolisch, zB durch Bauart) von der Umgebung zur Stärkung der Verantwortlichkeit auch für den halbprivaten umgebenden öffentlichen Raum,
- Natürliche Überwachung = Möglichkeit „automatisch“ auf andere aufzupassen (zB durch Ausrichtung der Nutzungsräume und deren Fenster zum öffentlichen Raum und zu den Nachbarn),
- Positives Image durch angenehme und optisch ansprechende Architektur,
- Milieu = Stärkung durch zB Gärten, Parks, Spielplätze pp.

666 In der Spiegelung dessen ergibt sich aus Tätersicht, dass ein Objekt nur dann lohnenswert ist, wenn es außerhalb des Defensible Space liegt und aus drei Hauptaspekten heraus günstig erscheint:

- Entdeckungsrisiko – sollte möglichst gering sein: wenn gute Möglichkeiten zur Deckung vorhanden sind, vermutlich keine Personen im Objekt sind, Sichtmöglichkeiten der Nachbarn eingeschränkt sind, die Entfernung der Straße vom TO für den Täter günstig, für „Entdecker" aber ungünstig sind und wenn es gute Fluchtmöglichkeiten für den „Fall der Fälle" gibt (Hinterausgang, Terrassenausgänge…).
- Beuteerwartung – sollte im Verhältnis stehen zum Risiko, also möglichst hoch sein: große, gut gepflegte Gärten und Vorgärten, keine Anzeichen von Zerfall und Renovierungsstau, Villengegend oder Siedlungen von Einfamilienhäusern, aus Beobachtungen resultierende Erkenntnisse wie zB parkende Fahrzeuge.
- Nachbarschaft – sollte gering bzw. desinteressiert bzw. unbeteiligt sein: wie groß ist die Wahrscheinlichkeit, dass Nachbarn überhaupt etwas mitbekommen, zB durch Alarmanlagen, Sicherheitsvorkehrungen, bellende Hunde usw.

667 Diese und ähnliche Überlegungen und Ergebnisse werden insbesondere auch den Städteplanern und Architekten erläutert durch eine umfassende Broschüre[233] die bis hin in die Darstellung der Bedeutung von Beleuchtungsquellen detailliert erläutert.

Darin finden sich auch Überlegungen zu Bauweisen, die aus *Newmans* Überlegungen resultierten und zu folgenden Aussagen zusammengefasst werden könnten:

- Anzahl von Mietwohnungen sowie Miethöhe und Kriminalität stehen im Zusammenhang.
- Anzahl der Geschosse, Anzahl von Mehr- und Einfamilienhäusern sowie die Anzahl der Haushalte in Mehrfamilienhäusern sind ebenfalls begünstigend oder hemmend für Kriminalität.

668 Diese lagen auch einer Untersuchung zugrunde,[234] die 1980 durch *Rolinski* in München und Regensburg durchgeführt wurde.[235] Er kommt zu dem wesentlichen Ergebnis, dass *„…sich ein unmittelbarer Einfluß der Baustruktur auf die Höhe der Kriminalität nicht hat nachweisen lassen…"*.[236] Auch seine Messung über die Anzahl und Struktur der Interaktion der Bewohner von Hoch- und Mehrfamilienhäusern stützte die Newman'schen Thesen eher nicht.

669 Dennoch gibt es durchaus Beispiele, in denen Städtebau den Thesen folgte und damit durchaus Erfolge erzielt:

Die Westdeutsche Allgemeine Zeitung (*WAZ*) berichtete am 10.2.2005 über Städtebaumaßnahmen in Oer-Erkenschwick, einer Kleinstadt am Rande des

233 (*ProPK*, o.J.).
234 (*Kasperzak*, 2000), S. 100 ff.
235 (*Rolinski*, 1980).
236 (*Rolinski*, 1980), S. 136.

Ruhrgebiets. Ihre Umbauprojekte wurden als Pilotprojekte gefördert und sind Beispiel für Strukturwandel durch veränderte Architektur.

Das Wohnviertel Schillerstraße, das als „Halluinstraße" und im Sprachgebrauch als „Helloween-Straße" bezeichnet, eine sog. „verrufene Adresse" wurde, ist durch Veränderung der Baustruktur zu einer Vorzeigesiedlung geworden. Das Projekt wurde durch das Land NRW mit insgesamt 9 Millionen EUR gefördert.

Die WAZ bezeichnete die drei Wohnblöcke als „Ort zum Gruseln" und hob den „Ghetto-Charakter" hervor. Viele verschiedene Nationen wohnten in Hochhäusern, in denen die Aufzüge als Toiletten benutzt wurden, Balkone als Mülldeponien dienten, Türen zertreten und aus den Angeln gehoben waren usw.

Das gesamte Gebiet ist umgebaut worden. Die Hochhäuser wurden reduziert auf maximal vier Geschosse, erhielten einen neuen Außenputz, Mieten wurden angepasst, „schwierige Mieter" auf mehrere andere Gegenden verteilt (um eine Häufung zu vermeiden) und ehemalige Mieter zurückgeholt. Zudem wurden ein Park und Freizeitanlagen angelegt.

Nach einer Übergangszeit wurde das Gebiet plötzlich wieder attraktiv.

Dennoch ist dieses Beispiel nicht allgemein zu übertragen. Es stellt nur einen Aspekt dar, wie man in bestimmten Räumen Kriminalität beeinflussen kann.

Aus der Vielzahl der Theorien aber dürfte deutlich geworden sein: die Verhin- 670
derung der Kriminalität muss, wenn sie an den Symptomen ansetzen will, in vielerlei Richtungen gleichzeitig arbeiten. Jede Theorie, jeder Erklärungsansatz hat einen wahren Kern, der in Prävention münden kann. Dort genau liegt der Wert der Erklärungsversuche: sie können für die Entwicklung von Präventionsmaßnahmen genutzt werden.

§ 24 Die Kriminalprävention

Der Begriff „Prävention" ist bereits durch die Erläuterungen zu (*Pientka/Wolf*, 671
2017) und zu den Zuständigkeiten der Polizei bekannt: er stellt quasi das Pendant zur Repression dar, also zur Strafverfolgung. Der Begriff kommt aus dem Lateinischen (praevenire) und heißt so viel wie „zuvorkommen".

Man will also der Kriminalität zuvorkommen, sie verhindern, Maßnahmen zur Kriminalitätsverhinderung und Straftatenverhütung treffen. Wenn dies gelingt, wäre ein ganz wesentlicher Schritt getan und darüber hinaus viel Geld gespart: Auf Horst Herold soll die Aussage zurückgehen, dass jedes Delikt, das man verhindern kann, später nicht mit aufwendigen Mitteln, mühsam und zeitintensiv ausermittelt werden muss. Verhindern einer Straftat bewirkt somit Reduzierung des Aufwandes in Strafverfolgung und Verurteilung und Vollzug.

Das bedeutet, Kriminalprävention „... umfasst alle staatlichen und privaten 672
Programme und Maßnahmen, die Kriminalität als gesellschaftliches Phänomen oder auch als individuelles Ereignis verhüten, vermindern beziehungsweise in ihren Folgen gering halten sollen ..."[237].

[237] http://www.polizei-beratung.de/ueber-uns.html (zuletzt abgerufen am 29.8.2017).

Dazu dient zunächst seit jeher die Androhung von Strafe für Normabweichungen. Diesen Strafen wird eine positive (Normkonformität bestärkende) bzw. negative (abschreckende) Prävention zugeschrieben, die sowohl im Allgemeinen als auch für den Einzelfall wirken soll (positive und negative General- und Spezialprävention).

Diese Begriffe existieren nach wie vor, werden jedoch heute als reduziert betrachtet. Daher gehen sie im „modernen" Begriff der Kriminalprävention als ein Bestandteil auf.

673 Eine Definition im eigentlichen Sinn für Kriminalprävention indes gibt es so nicht, allerdings gibt es verschiedene Versuche, ihre Inhalte zu beschreiben. Die PDV 100 beschreibt unter Ziff. 2.1.1.1:

„Prävention umfasst die Gesamtheit aller staatlichen und privaten Bemühungen, Programme und Maßnahmen, welche die Kriminalität und die Verkehrsunfälle als gesellschaftliche Phänomene oder individuelle Ereignisse

- verhüten,
- mindern oder
- in ihren Folgen gering halten.

Zu solchen negativen Folgen zählen physische, psychische und materielle Schäden sowie Kriminalitätsangst, insbesondere die Furcht, Opfer zu werden."

Zu dieser sehr umfassenden Erklärung von Prävention und ihren Aufgaben führte eine Entwicklung, die bereits in der ersten Hälfte des vergangenen Jahrhunderts begann.

A. Geschichtliche Entwicklung

674 Schon im Jahre 1921 wurden, seinerzeit in Berlin, erste Beratungsstellen zum Schutz gegen Einbruch und Diebstahl eingerichtet. Dies aber blieb zunächst eine eher punktuell wirkende Maßnahme. Durch die Nutzung der Medien (Funk und Fernsehen wurden allgemein zugänglich) entstand 1964 in Bayern das Projekt „Die Kriminalpolizei rät … vorbeugen", das unter diesem Slogan noch viele Jahre regelmäßiger (freitäglicher) Bestandteil der Fernsehprogramme war. Die Idee wurde durch die AG Kripo (Zusammenschluss der Direktoren der LKÄ und des BKA in der Ständigen Konferenz der Innenminister und -senatoren (IMK) aufgegriffen und daraus das Kriminalpolizeiliche Vorbeugungsprogramm (KVPK) entwickelt, das ab 1970 mit allen Bundesländern arbeitete.

Sie verfolgen drei wesentliche Ziele:

- Aufklärung der Bevölkerung über Ursachen, Entstehung und Begehungsweisen von Straftaten sowie die jeweilige Situation der Opfer,
- Erteilen von Ratschlägen zum Selbstschutz und zur Vermeidung der Opferwerdung,
- Verbesserung des Bürger-Polizei-Verhältnisses und Sensibilisierung der Bevölkerung.

675 Parallel wird 1974, fortgeschrieben 1994 und zuletzt 2008/2009 das Programm Innere Sicherheit (PIS) entwickelt; darin werden erstmals die Ziele und die möglichen Maßnahmen beschrieben (*IMK*, 2009, S. 27 ff.):

- Es sollen gesellschaftliche Bedingungen geschaffen werden, die die Kriminalität reduzieren können. Dafür muss das Rechtsempfinden des einzelnen Bürgers gestärkt und die Bereitschaft der Menschen, füreinander einzutreten, gefördert werden.
- Prävention muss an den Ursachen orientiert sein, sie muss also an der Persönlichkeit des Täters, den sozialen Lebensbedingungen und den Gelegenheitsstrukturen ansetzen (angelehnt an die Ursachentrias, s. § 22 K).
- Die Bevölkerung muss informiert und aufgeklärt sein, wenn sie sich selbst gegen Kriminalität schützen und die Regulative der Sozialkontrolle wieder nutzen soll.

„Eine grundlegende Veränderung des Kriminalpolizeilichen Vorbeugungsprogramms vollzog sich im Jahr 1997. Um die Präventionsarbeit besser zu koordinieren und Kräfte zu bündeln, wurden die Projektleitung als strategisches Gremium und eine Kommission Polizeiliche Kriminalprävention (in der alle Bundesländer und der Bund vertreten sind) gebildet und eine Zentrale Geschäftsstelle in Stuttgart eingerichtet. Sie führt bis heute die Geschäfte der beiden zuständigen Gremien, der Projektleitung und der Kommission. Im Zuge dessen wurde aus KPVP das ProPK, also das heutige Programm Polizeiliche Kriminalprävention der Länder und des Bundes.[238]

Mit diesem Schritt wurde Prävention als gesamtgesellschaftliche und gesamtpolizeiliche Aufgabe themenübergreifend und spartenübergreifend organisiert, Prävention wird zum flächendeckend und international nach den jeweiligen Bedürfnissen durchzuführendes Programm, wie auch das folgende Beispiel aus Österreich zeigt: 676

Abb. 45: Präventionsplakat im Zillertal/Österreich; Foto von privat (*Maike Pientka*)

[238] http://www.polizei-beratung.de/ueber-uns (zuletzt abgerufen am 29.8.2017).

677 Es bedarf daher auch einer erheblichen Koordination; das Programm polizeiliche Kriminalprävention der Länder und des Bundes (ProPK) hat sich dafür „... mit seiner Schrittmacherfunktion bewährt und sich als unverzichtbarer Bestandteil länderübergreifender polizeilicher Prävention erwiesen..."[239].

Mit zunehmender Klarheit wurde erkannt, dass (folgerichtig aus den vielen verschiedenen Theorien geschlossen) eine gute Kriminalprävention nur geleistet werden kann, wenn man ein gut funktionierendes Netzwerk bildet und alle Akteure in einer Kooperation zusammenschließt.

„Polizeiliche Kriminalprävention ist als Teil der Gefahrenabwehr (§ 1 I PolG NRW) neben Strafverfolgung und Opferschutz integraler Bestandteil des polizeilichen Gesamtauftrags und damit polizeiliche Kernaufgabe. Die Polizei leistet einen wichtigen Beitrag zur gesamtgesellschaftlichen Kriminalprävention".[240]

678 Auf diese Weise besteht auch die Möglichkeit, die verschiedenen Wirkungsbereiche von Prävention gleichermaßen zu erreichen.

B. Ebenen und Dimensionen der Kriminalprävention

679 In der Literatur wird teils von Ebenen, teils von Stufen, an anderer Stelle wieder von Dimensionen der Prävention gesprochen; gemeint ist in allen Fällen die Frage, zu welchem Zeitpunkt die Prävention ansetzt, gänzlich losgelöst von der Frage, an welchen Ursachen sie konkret ansetzen will oder welche Inhalte sie verfolgt.

680 Klarer erscheint die Überlegung, als Dimensionen diejenigen Bestandteile zu bezeichnen, die sich mit den zu verändernden Gegebenheiten beschäftigen; da diese häufig im Verhalten liegen, ist die Anwendung des Begriffes „Dimension" in Analogie zu den „Dimensionen des Lernens" sinnvoll. Damit ergibt sich folgende Struktur der Kriminalprävention:

---

239 (*IMK*, 2009), S. 30.

240 Polizeiliche Kriminalprävention: RdErl. d. Innenministeriums – 42–62.02.01 – v. 28.9.2006.

	Primär-prävention	Sekundär-prävention	Tertiär-prävention
Zielgruppe „Täter“	Allgemeinheit	Potentielle Täter	Verurteilte Täter
Inhalte „Täter“	Stärkung des Rechtsbewusstseins, Aufklärung, Beseitigung sozialstruktureller Mängel	Konzentration auf Stärkung von Risikogruppen	Sanktion, Maßnahmen zur Sicherung und Besserung, Bewährungshilfe
Zielgruppe „Opfer“	Jedermann	Potentielle Opfer	Geschädigte
Inhalte „Opfer“	Allgemeine Aufklärung und Information	Schulung gefährdeter Personen, Sicherung von Objekten	Opferschutz, -beratung, -betreuung, Frauenhäuser, TOA
Anlässe „Situation“	Allgemeine Situationen	Gefährdete Objekte	„Hot Spots“
Inhalte „Situation“	Städtebauliche Planung, Verbesserung der Übersichtlichkeit	Erhöhung Tataufwand, Reduzierung begünstigender Kriterien, Reduzierung Tatgelegenheitsstrukturen	Entschärfung von Brennpunkten

Abb. 46: Übersicht Prävention; Abb. erstellt durch Verfasserin in Abwandlung des Schaubildes aus (*Kerner, Jehle & Marks*, 1998), S. 25

Als Ebenen bezeichnen wir daher ganz traditionell den Zeitpunkt, in dem eine Maßnahme ansetzt. Dies kann ganz allgemein losgelöst von einem Rechtsbruch sein, also ohne konkrete Anlässe ganz allgemein (primär), es kann sich auf Gefahren beziehen, die bereits bekannt sind und offenbar bestehen (sekundär) oder gar zum Einsatz kommen, wenn ein Rechtsbruch bereits stattgefunden hat. **681**

Als Dimensionen innerhalb dieser Ebenen bestehen zumindest immer zwei Gestaltungs- und Lernmöglichkeiten: zum einen ist dies eine technische, zum anderen eine verhaltensorientierte Ausrichtung. Bei jeder der Ebenen kann somit bezogen auf jeden Ursprung aus der Ursachentrias sowohl technisch als auch durch Verhaltensänderung reagiert werden.

Betrachten wir die Tabelle und die Möglichkeiten von Präventionsmaßnamen und prüfen deren Ausrichtung an folgendem Beispiel:

> **Beispiel:**
>
> Schreckgespenst Einbruch: Starke Zunahme im vergangenen Jahr
>
> DPA-Meldungen|11.3.2013
>
> 4.000 Einbrüche mehr als 2011 zählte die Polizei im vergangenen Jahr. Nur jeder siebte Einbruch wird aufgeklärt. (…)
>
> Düsseldorf (dpa/lnw) – Trotz groß angelegter Aktionen der Polizei gegen Banden hat die Zahl der Einbrüche in Nordrhein-Westfalen weiter zugenommen. Über 54.000 Mal schlugen Einbrecher im vergangenen Jahr zu, rund 4.000 Mal mehr als ein Jahr zuvor. Aufgeklärt wird weiter nur etwa jeder siebte Wohnungseinbruch (13,8 Prozent). Verantwortlich für den rasanten Anstieg in den letzten Jahren machte die Landesregierung am Montag in Düsseldorf erneut vor allem Diebesbanden aus Südosteuropa. „Wir haben es hier mit Tätern zu tun, die selbst für geringe Beute Einbrüche begehen", sagte NRW-Innenminister Ralf Jäger (SPD) bei der Vorstellung des Kriminalitätsreports 2012.
>
> Etwa ein Drittel der gefassten Täter (1.851) seien Ausländer. Während Einbrecher ihr Diebesgut früher häufig im Secondhand-Laden nebenan losgeworden seien, brächten internationale Banden Bargeld und Schmuck häufig in ihre Herkunftsländer und verkauften sie dort. „Wir müssen überregional handeln, weil diese Banden überregional tätig sind." Ermittler nutzten Datenbanken, um sich gegenseitig auf dem Laufenden zu halten, DNA-Spuren würden besser ausgewertet.

682

Abb. 47: Emblem der Kampagne „Riegel vor!"; http://www.mik.nrw.de/startseite/kampf-gegen-einbrueche/riegel-vor.html (zuletzt abgerufen am 29.8.2017).

Ganz offensichtlich gibt es also in NRW (aber nicht nur dort) ein Problem mit Wohnungseinbruchdiebstählen. Grund genug, hier mit vermehrten Präventivmaßnahmen vorzugehen. Das Land NRW hat dazu ein Projekt ins Leben gerufen, das sich „Riegel vor!" nennt und verschiedene Maßnahmen vereint. Für alle Ebenen und Dimensionen, aber auch für alle Zielrichtungen sind Elemente in „Riegel vor!" enthalten.

683 **Primärprävention**

Im Rahmen der Primärprävention wird zu einem Zeitpunkt angesetzt, der losgelöst von einer konkreten Tat sich aus einem ganz allgemeinen, nicht konkret oder detailliert zu beschreibenden Anlass zur allgemeinen Aufklärung und Vermeidung von Delikten an die Gesamtbevölkerung richtet. In unserem Beispielfall bedeutet das: viele Einbrüche in der letzten Zeit heißt auch, dass es jeden treffen kann, also wird die Bevölkerung insgesamt darüber informiert, zB durch Berichte im Fernsehen, durch Zeitungsartikel darüber, dass NRW „Riegel vor!" gestartet hat usw.

In „Riegel vor!" werden alle internen und externen Möglichkeiten genutzt, bis hin zu den in allen FuStKw angebrachten Schildern mit dem Emblem des Projektes.

Abb. 48: FuStKw in NRW, Radio Erft

Zielgruppe Täter

In diesen Informationen teilt man gleichzeitig mit, dass die 684
Behörden in der Zukunft gerade auf diese Delikte vermehrt achten werden. Die Polizei in NRW wird ihre Streifenfahrten erhöhen und intensivieren und insbesondere zu den wichtigen Zeiten vermehrt auf solche Delikte achten. Mit diesen Inhalten in den ganz allgemeinen Veröffentlichungen richtet man sich an alle diejenigen Menschen in der Bevölkerung, die als Täter abgeschreckt werden sollen, man setzt also quasi eine personenunabhängige Gefährderansprache, was der Dimension der Verhaltensprävention zuzurechnen ist. Zugleich berichtet man darüber, dass es viel mehr technische Überwachung geben wird, was wiederum der technischen Prävention zugeschlagen wird. In „Riegel vor!" werden vermehrt Kontrollen stattfinden, um reisende Täter auf dem Weg zum oder vom möglichen Tatort anzutreffen, es werden aber auch konsequente weitere Maßnahmen der Verfolgung von Einbruchdiebstählen getroffen, um im Falle einer Tat den Strafverfolgungsdruck zu erhöhen und eine Möglichkeit zur Verbesserung der Aufklärungsquote zu schaffen.

An dieser Stelle werden alle diejenigen Theorien und Erklärungsansätze aufgegriffen, die sich mit den Ursachen aus Tätersicht befassen, also täterorientierte Ansätze verfolgen.

Zielgruppe Opfer

Zugleich werden durch diese Veröffentlichung alle Men- 685
schen erreicht und informiert, die als Opfer in Betracht kommen, was gerade bei Wohnungseinbrüchen die Mehrheit der Bevölkerung ist, denn annähernd alle wohnen irgendwo. Durch diese

Berichte sehen alle Menschen, dass sie durchaus Opfer werden könnten. Sie lernen aus den Berichten, wie die Arbeit der Polizei bei Einbruchsdelikten durchgeführt wird, worauf es ankommt, aber auch, dass sie selbst etwas tun können, um die Tat zu verhindern oder Schaden zu reduzieren. So zB den Einbau neuer Fenster mit ausreichender Sicherungstechnik (technische Prävention) und natürlich, dass Fenster in Abwesenheit geschlossen werden müssen (Verhaltensprävention als Dimension). Hier werden mithin im Wesentlichen opferorientierte Ansätze betrachtet.

686 **Anlässe Situation**

Für die Tatgelegenheitsstrukturen bedeutet Primärprävention, eine ganz allgemeine Überlegung anzustellen, wie künftig die Zugriffsmöglichkeiten verschlechtert werden können. Dazu zählen Fragen der Stadtplanung und des Städtebaus, die in den kriminalgeographischen und den soziologischen Ansätzen diskutiert werden. Für unser Beispiel würde es daher hier Maßnahmen geben wie bessere Beleuchtung in Wohngebieten, die Aufklärung über das Erfordernis, aufeinander Acht zu geben, aber auch – wie in NRW – der Hinweis über die Erscheinungsformen der Delikte gehört dazu, wie das Beispiel aus „Riegel vor!" zeigt:

Eines muss jedem klar sein:

„Einbrecher steigen nicht nur nachts und zu Urlaubszeiten in Häuser ein. Häufig geschieht dies gerade dann, wenn die Bewohner „nur mal kurz weg" sind. Die Täter haben es eilig und nutzen jede günstige Gelegenheit."[241]

Je besser die allgemeine Bevölkerung informiert ist, desto höher der Präventionserfolg in der Primärprävention.

687 **Sekundärprävention**

In der Sekundärprävention ist doch schon der „Einschlag näher gekommen". Es geht nun nicht mehr darum, ganz allgemeine vorsorgliche Informationen zu verteilen, um ganz allgemein abschreckend oder normstärkend zu wirken und die Tatgelegenheiten zu reduzieren, sondern vielmehr darum, auf diejenigen, die bereits nahe an der Tat sind, Einfluss zu nehmen. Man könnte sagen: hier wird der letzte Impuls vor der Tat vermieden bzw. die letzte Hürde für den Täter noch einmal ein wenig höher gelegt.

688 **Zielgruppe Täter**

Personen, für die ein möglicher Rechtsbruch nahe liegt, sollen abgeschreckt werden (negative Prävention) und ihre Normentreue gestärkt werden (positive Prävention). Dies geschieht einerseits quasi automatisch mit den Maßnahmen der Primärprävention, aber auch gezielt, indem zB die Möglichkeiten der kriminalpolizeilichen Ermittlungen dargestellt werden, mit denen eine Täterermittlung nahe liegt. Personengruppen, die als Risikogruppen erkannt wurden (zB durch die Ermittlung von Täterwohnsitzen, zB durch Forschungen zu den täterorientierten Theorien), aus denen aber bislang noch keine konkrete Tat durchgeführt wurde, werden angesprochen und über Folgen von Straftaten aufgeklärt. Es werden Alternativen angeboten, wie man zB seinen Frust auf legale Weise abarbeiten kann usw. Beispiele hierzu sind insbesondere Maßnahmen zur Stärkung und

---

[241] http://www.polizei.nrw.de/artikel__158.html (zuletzt abgerufen am 29.8.2017).

Beschäftigung Jugendlicher, die Gefahr laufen, sich in kriminellen Banden zusammenzuschließen. Im Rahmen von „Riegel vor!" geschieht dies durch gezielte Ansprache durch die Beamten der Bezirksdienste, aber auch durch vermehrte Kontrollen, die zB im Projekt „MOTIV" – Mobile Täter im Visier – in den Fokus rücken sollen.

Zielgruppe Opfer

Für potentielle Opfer geht es in der Sekundärprävention 689 darum, diejenigen Personengruppen zu erreichen, die bereits näher an mögliche Delikte gerückt sind, aber noch nicht Opfer wurden. Das können zB für unsere Wohnungseinbruchdiebstähle diejenigen sein, in deren Nachbarschaft es bereits zu Delikten gekommen ist, die also im näheren Umfeld Taten erlebt haben. Im Zusammenhang mit „Riegel vor!" greift man diesen Bereich auf, indem nach einem Einbruchdiebstahl die Nachbarschaft durch Fragebogen informiert wird und zugleich gefragt wird, ob jemand Auffälligkeiten beobachtet hat. Zugleich gibt es Informationen darüber, wie man sich verhalten und welche Sicherungsmaßnahmen man treffen sollte, um eigene Opferwerdung zu verhindern. Damit gelingt es, mit einer einzigen Ansprache sowohl die Ermittlungen in einem konkreten Delikt zu unterstützen als auch technische Beratung und verhaltenspräventive Aspekte unterzubringen.

Darüber hinaus werden gezielt Maßnahmen getroffen, die im Rahmen der Opferseite und an Tatsituationen ansetzen.

Anlässe Situation

Solche finden gerade in Gebieten, in denen eine erhöhte 690 Gefährdung festgestellt wird, statt. Die Gegend wird schwerpunktmäßig nach den fördernden oder hemmenden Faktoren überprüft, um die Tatgelegenheiten zu reduzieren und den Widerstandswert der Objekte zu erhöhen. So werden zB in „Riegel vor!" Siedlungen mit Einfamilienhäusern durch Beamte des Bezirksdienstes und des Kommissariats zur Vorbeugung aufgesucht, die Häuser nach offenstehenden Fenstern überprüft. Dort, wo ein Fenster geöffnet wird, wird angeklingelt und das Gespräch mit den Bewohnern gesucht. Wenn niemand öffnet, wird ein Flyer mit Informationen zum Einbruchsschutz durch das geöffnete Fenster geworfen. Er enthält sowohl Erklärungen zu technischen Möglichkeiten als auch den Hinweis, dass Fenster in Abwesenheit geschlossen zu halten sind, um potentiellen Tätern keine Anreize zu bieten. Zugleich wird auch hier wieder die Nachbarschaft in ihrer Bedeutung hervorgehoben und gestärkt.

Tertiärprävention

Wenn Tertiärprävention ansetzt, ist „das Kind schon 691 in den Brunnen gefallen". Das bedeutet, es hat bereits einen konkreten Anlass, eine Normverletzung, eine Straftat gegeben. Natürlich ist Polizei in diesen Fällen bereits mit der Verfolgung des Deliktes befasst, allerdings liegt auch darin ein Präventivcharakter: Prävention durch (erfolgreiche) Repression, die durch Ermittlung, gerichtsfeste Beweisführung und spätere Verurteilung des Täters sowohl diesen einen Straftäter als auch durch Abschreckung die Gesamtheit potentieller Täter erreichen kann. Hier greifen die eingangs angeführten Aussagen zu General- und Spezialprävention durch Strafe (enger Präventionsbegriff).

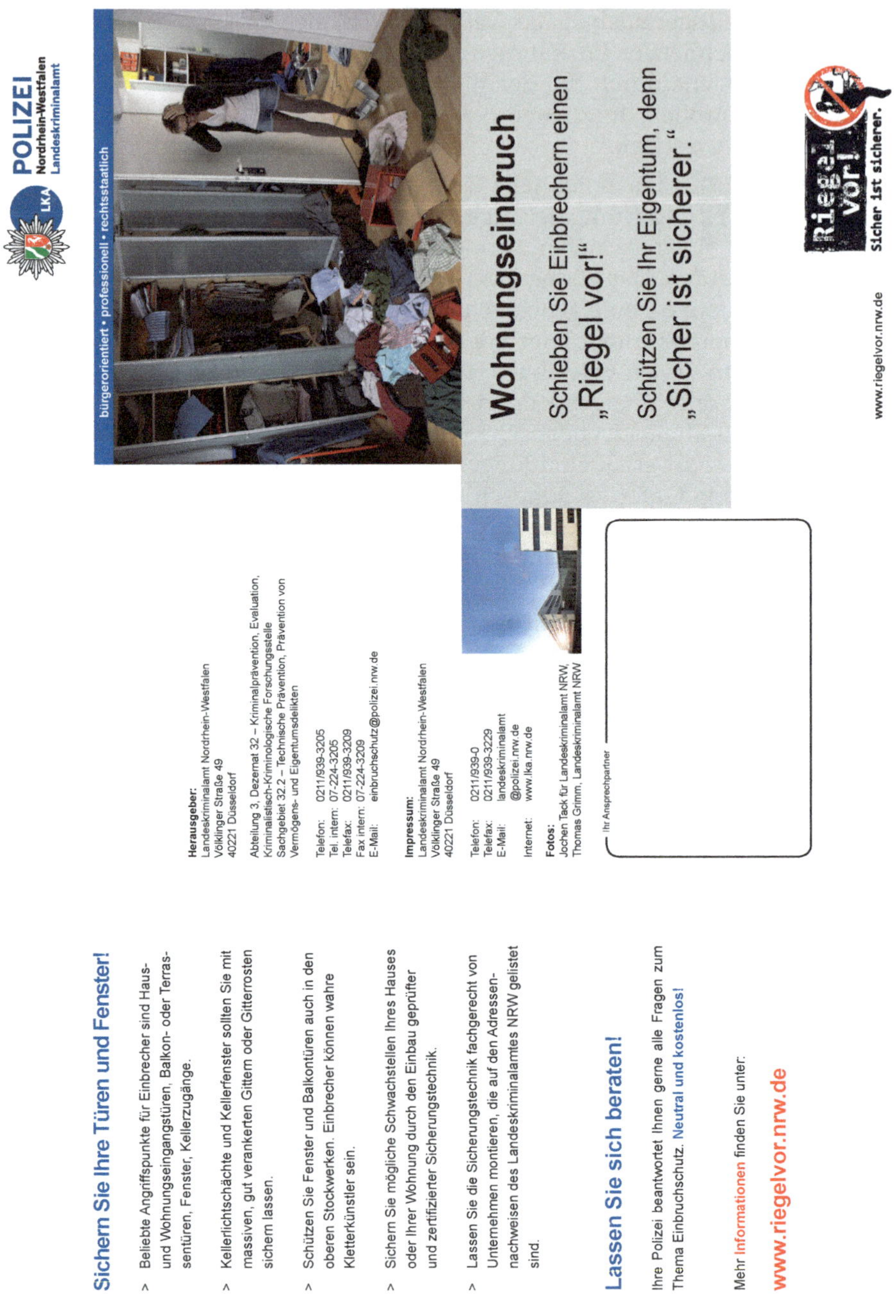
Sichern Sie Ihre Türen und Fenster!

> Beliebte Angriffspunkte für Einbrecher sind Haus- und Wohnungseingangstüren, Balkon- oder Terrassentüren, Fenster, Kellerzugänge.

> Kellerlichtschächte und Kellerfenster sollten Sie mit massiven, gut verankerten Gittern oder Gitterrosten sichern lassen.

> Schützen Sie Fenster und Balkontüren auch in den oberen Stockwerken. Einbrecher können wahre Kletterkünstler sein.

> Sichern Sie mögliche Schwachstellen Ihres Hauses oder Ihrer Wohnung durch den Einbau geprüfter und zertifizierter Sicherungstechnik.

> Lassen Sie die Sicherungstechnik fachgerecht von Unternehmen montieren, die auf den Adressennachweisen des Landeskriminalamtes NRW gelistet sind.

Lassen Sie sich beraten!

Ihre Polizei beantwortet Ihnen gerne alle Fragen zum Thema Einbruchschutz. Neutral und kostenlos!

Mehr Informationen finden Sie unter:

www.riegelvor.nrw.de

Herausgeber:
Landeskriminalamt Nordrhein-Westfalen
Völklinger Straße 49
40221 Düsseldorf

Abteilung 3, Dezernat 32 – Kriminalprävention, Evaluation, Kriminalistisch-Kriminologische Forschungsstelle
Sachgebiet 32.2 – Technische Prävention, Prävention von Vermögens- und Eigentumsdelikten

Telefon: 0211/939-3205
Tel. intern: 07-224-3205
Telefax: 0211/939-3209
Fax intern: 07-224-3209
E-Mail: einbruchschutz@polizei.nrw.de

Impressum:
Landeskriminalamt Nordrhein-Westfalen
Völklinger Straße 49
40221 Düsseldorf

Telefon: 0211/939-0
Telefax: 0211/939-3229
E-Mail: landeskriminalamt@polizei.nrw.de
Internet: www.lka.nrw.de

Fotos:
Jochen Tack für Landeskriminalamt NRW,
Thomas Grimm, Landeskriminalamt NRW

Ihr Ansprechpartner

POLIZEI
Nordrhein-Westfalen
Landeskriminalamt

bürgerorientiert • professionell • rechtsstaatlich

Wohnungseinbruch

Schieben Sie Einbrechern einen „Riegel vor!"

Schützen Sie Ihr Eigentum, denn „Sicher ist sicherer."

www.riegelvor.nrw.de

Riegel vor! Sicher ist sicherer.

Abb. 49: Flyer „Riegel vor!"; http://www.mik.nrw.de/fileadmin/user_upload/Redakteure/Dokumente/Themen_und_Aufgaben/Schutz_und_Sicherheit/2016-07-28Flyer__Riegel_vor_Sicher_ist_sicherer.pdf (zuletzt abgerufen am 29.8.2017).

Ein Wohnungseinbruch ist für die Betroffenen ein Schock!

> Viele Opfer empfinden das **Eindringen** in die eigenen „vier Wände" als besonders belastend.

> Neben dem reinen **Sachschaden** und eventuell dem Verlust von unersetzbaren Erinnerungsstücken fühlen sich viele von ihnen in der eigenen Wohnung nicht mehr wohl.

> **Unsicherheit** und **Ängste** nach einem Einbruch belasten die Opfer oft noch lange nach der Tat.

Doch vor einem Einbruch können Sie sich schützen!

Die polizeiliche Erfahrung zeigt:

> Über 40 Prozent der Taten bleiben im Versuch stecken.

> Sicherheitsbewusstes **Verhalten** und solide **mechanische Sicherungstechnik** stehen beim Einbruchschutz an erster Stelle und bieten dem Einbrecher Widerstand.

> **Alarmanlagen** können mechanische Sicherungen nicht ersetzen, sondern nur ergänzen. Sie erhöhen das Entdeckungsrisiko für Einbrecher und bieten so zusätzlichen Schutz.

> Aufmerksame **Nachbarn** können zusätzlich helfen, Einbrüche zu verhindern.

Was können Sie tun?

> **Schließen** Sie Ihre Haus- und Wohnungstür so oft wie möglich **ab**, auch wenn Sie nur kurz weggehen.

> Denken Sie auch daran, Türen von **Kellern** und **Dachböden** stets verschlossen zu halten.

> Verschließen Sie Fenster, Balkon und Terrassentüren, denn **gekippte Fenster** sind offene Fenster.

> Halten Sie die Hauseingangstür in **Mehrfamilienhäusern** auch tagsüber geschlossen.

> Tauschen Sie bei **Verlust ihres Schlüssels** unverzüglich den Schließzylinder aus.

> Lassen Sie **Rollläden** nur nachts herunter, sonst entsteht tagsüber der Eindruck, die Bewohner seien nicht da.

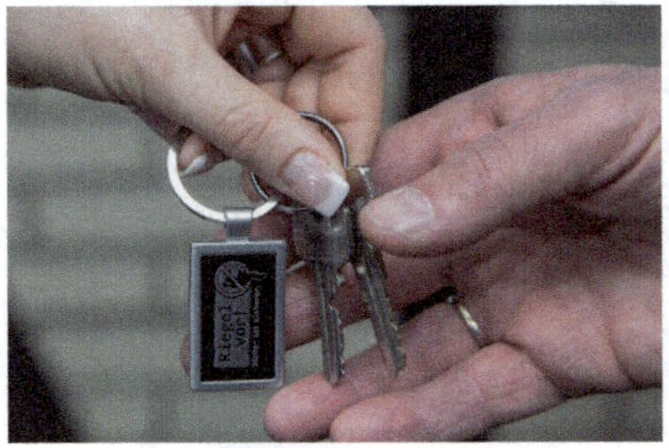

> Lassen Sie Wohnung oder Haus bei **längerer Abwesenheit** bewohnt erscheinen.

Fertigen Sie eine Wertgegenstandsliste

> Lassen Sie **Wertsachen** nicht offen herumliegen.

> Bewahren Sie besonders Wichtiges oder Wertvolles in einem **Bankschließfach** oder geprüften **Wertbehältnis** auf.

> **Markieren** Sie Ihre Wertgegenstände individuell.

> **Notieren** Sie sich:
- Hersteller und Typbezeichnung
- Unverwechselbare Merkmale
- Individual-Nummer
- Individuelle Markierungen
- Händler, Ort, Kaufdatum
- Neupreis/geschätzter Zeitwert

> **Fotografieren** Sie schwer zu beschreibende Gegenstände.

Auf gute Nachbarschaft!

Achten Sie auf unbekannte Personen und/oder auf verdächtige Situationen „nebenan".

Alarmieren Sie in Verdachtsfällen sofort die Polizei über 110 oder per Notfallfax[1].

1: Ein Notfall-Fax ermöglicht hör- und sprachgeschädigten Menschen den Zugang zum Notrufsystem. Notruf-Faxnummern der Polizeibehörden NRW und eine Faxvorlage finden Sie unter **www.polizei.nrw.de** > Service > Im Notfall > Notruf-Fax für Hörbehinderte

692 **Zielgruppe Täter**

Hier geht es also um diejenigen Täter, die bereits verurteilt sind. Im Rahmen der Prävention wird in den Arrest- oder Haftanstalten mit diesen Tätern gearbeitet, um ihnen künftig Verhaltensalternativen aufzuzeigen, sie in die Gesellschaft einzugliedern, ihnen die negative Bedeutung bestimmter Gruppenzugehörigkeiten zu verdeutlichen und auch hier Alternativen zu erklären. Diese Ausführungen zeigen bereits, dass die Polizei hier kaum durch konkrete Maßnahmen beteiligt ist.

693 **Zielgruppe Opfer**

Tertiärprävention auf Opferseite erfolgt durch Opferschutz und Beratungen. Menschen, die bereits Opfer einer Straftat wurden, haben mit vielen Konsequenzen, traumatischen Belastungen und Schwierigkeiten im Alltag zu kämpfen. Auch hier ist – so die enge Sicht der Zuständigkeiten – die Polizei kaum einzubinden, handelt es sich doch um therapeutische, medizinische Maßnahmen. Allerdings ist die moderne Sicht der Polizeiarbeit nicht auf die engen Zuständigkeiten reduziert, sondern durch die Zuständigkeit für Opferschutz erweitert. So haben in NRW alle KHSt – gemessen an den Einwohnerzahlen ihres Zuständigkeitsbereiches – unterschiedlich viele Beamte für den kriminalpolizeilichen Opferschutz ausgebildet. Sie wiederum bilden PVB im Opferschutz fort, sind in den Netzwerken tätig, beraten Menschen, die Opfer von Einbrüchen wurden, über die Möglichkeiten der technischen Veränderungen ihrer Wohnungen und Häuser usw. Im Zusammenhang mit „Riegel vor!" bedeutet dies, dass sie oder von ihnen fortgebildete Beamte diejenigen GES, die Opfer eines Einbruchs geworden sind, nach der Tat kontaktieren und sie an Opferhilfsorganisationen (zB den Weissen Ring) verweisen oder vermitteln oder ihre weitere Hilfe anbieten.

694 **Anlässe Situation**

Diese weitere Hilfe bezieht sich natürlich einerseits auf die Betreuung des Opfers, das durch die Folgen der Tat belastet ist, andererseits aber auch auf eine konkrete Vor-Ort-Beratung über mögliche Sicherungsmaßnahmen von Objekten. Den GES wird erläutert, wie sie sich besser schützen können, um künftig nicht erneut Opfer eines Deliktes zu werden.

Damit ist „Riegel vor!" ein Präventionsprojekt, das in allen Ebenen und Dimensionen der Prävention Ankerpunkte bietet, daher zu den umfassenden Projekten zählt, dies umso mehr, als sich die dargestellten Projekte am Beispiel des Wohnungseinbruchs ergänzen: Während „Riegel vor! – sicher ist sicherer" sich eher am Opfer orientiert und im Rahmen der technischen Prävention die Gelegenheitsstrukturen mit bedenkt, ist MOTIV vorrangig täterorientiert. Auf diese Weise gelingt es, die diversen möglichen Ursachen für eine Tat gleichermaßen zu berücksichtigen und umfassend präventiv zu arbeiten. Genau dieses Umfassende ist ein wesentliches Qualitätsmerkmal von Präventionsarbeit, die sich nicht nur tertiär als Einzelfallreaktion auswirken soll.

C. Kriminalprävention als gesamtgesellschaftliche Aufgabe

695 Die bisherigen Ausführen zeigen: Polizei nimmt im Rahmen der Prävention Aufgaben wahr, die ihr nach enger Zuständigkeitsbetrachtung nicht zugeschrieben werden, so auch im Rahmen der Tertiärprävention. Dies liegt daran, dass eine isolierte Vorbeugungspolitik heute kaum noch zielführend wäre. Gerade

in der heutigen Zeit sind die Anforderungen an zielorientierter Prävention hoch: Motor Cycle Gangs („Rocker"), kriminelle Familienclans, die ganze Stadtteile kontrollieren, politische Randgruppen jeglicher Couleur und nicht zuletzt der Terrorismus stellen besondere Anforderungen auch und ganz wesentlich an die Polizei, die die erforderlichen Erkenntnisse und Informationen vorhält.

Daher wird Kriminalprävention heute als gesamtgesellschaftliche Aufgabe verstanden. Dieser Begriff ist in der Literatur zunehmend gebräuchlich, hat jedoch bislang keine Definition erfahren. Fakt ist, dass die Bedeutung der Prävention als so wesentlich angesehen wird, dass sie auf viele Schultern verteilt wird. So arbeiten auf dem Gebiet der Kriminalprävention unzählige örtliche und überörtliche Gremien zusammen.

Entsprechend viele Akteure sind in der Kriminalprävention mehr oder minder umfassend oder auf bestimmte Phänomene bezogen tätig.

Mit Fortgang der Europäisierung und Wegfall der Binnengrenzen ist auch hier **696**
eine Ausweitung erforderlich geworden.

Während im Kleinen zB die Erzieher und Erzieherinnen in den örtlichen Kin- **697**
dergärten ihren Beitrag zur Kriminalprävention leisten, indem sie Kinder zu normkonformem Verhalten befähigen und zugleich Aufklärungsarbeit leisten, sind im europäischen Raum Kooperationen erforderlich, um auch grenzüberschreitend Aufklärung leisten zu können. Eine Einbeziehung aller möglichen Berufsgruppen und Träger sozialer Arbeit und politischen Entscheidungsgremien ist zwingend erforderlich. Wer in welchen Einzelfall mit einbezogen wird, ist von Fall zu Fall und von Phänomen zu Phänomen zu entscheiden.

> **Beispiel:** Suchtprävention: Lehrer, Erzieher, Apotheker, Ärzte, Polizei, Therapeuten, Justizbeamte, Gesetzgeber auf deutscher und europäischer Ebene usw).

Diese Vernetzung erfordert wiederum konkrete Zuständigkeiten innerhalb der Koordinierungsaufgaben. Zurzeit werden diese wahrgenommen durch:

I. Programm polizeiliche Kriminalprävention – ProPK

Abb. 50: Initiative zum Einbruchschutz; www.polizei-beratung.de (zuletzt abgerufen am 29.8.2017)

ProPK – Ihre „Drehscheibe" länderübergreifender Präventionsarbeit

„Das Programm Polizeiliche Kriminalprävention der Länder und des Bundes (ProPK) verfolgt seit mehr als 40 Jahren das Ziel, die Bevölkerung, Multiplikatoren, Medien und andere Präventionsträger über Erscheinungsformen der Kriminalität und Möglichkeiten zu deren Verhinderung aufzuklären. Dies geschieht unter anderem durch kriminalpräventive Presse- und Öffentlichkeitsarbeit und durch die Entwicklung und Herausgabe von Medien, Maßnahmen und Konzepten, welche die örtlichen Polizeidienststellen in ihrer Präventionsarbeit unterstützen."[242]

[242] http://www.polizei-beratung.de/ueber-uns.html (zuletzt abgerufen am 29.8.2017).

698 Durch ProPK werden ebenfalls viele weitere Seiten und Präventionsangebote gestaltet und angeboten. So zB zur Stärkung der Zivilcourage oder in Kooperation mit einer Vielzahl von Wirtschaftsunternehmen zum Schutz vor Einbruch.

Abb. 51: www.polizei-beratung.de (zuletzt abgerufen am 29.8.2017)

Abb. 52: Projekt zur Stärkung der Zivilcourage; www.polizei-beratung.de (zuletzt abgerufen am 29.8.2017)

Hier zeigt sich eindrucksvoll der umfassende Koordinierungsaufwand, der durch ProPK zu leisten ist, betrachtet man zB allein die Anzahl der bei „Keinbruch" eingebundenen Partner.

II. Deutsches Forum für Kriminalprävention – DFK

„Alle Chancen für Prävention in möglichst großem Umfang zu nutzen, ist Aufgabe der Stiftung Deutsches Forum für Kriminalprävention (DFK).

Der Kriminalität wirksam zuvorzukommen, Risiken in diesem Sinne gar nicht erst entstehen zu lassen, ist ein gesamtgesellschaftliches Anliegen und bezieht Staat, Wirtschaft und jeden Einzelnen mit ein.

Die Stiftung will alle gesellschaftlichen Kräfte zu gemeinsamer Verantwortung zusammenführen."[243]

699 Das DFK ist eine gemeinnützige Stiftung, die sich als Arbeitsschwerpunkt auch die Evaluation von Präventionsarbeit zugeschrieben hat. Zudem ist das DFK Verbindungsstelle zur Europäischen Kriminalprävention.

III. European Crime Prevention Network – EUCPN

„Der EU-Rat Justiz und Inneres hat mit Beschluss vom 28.5.2001 das Europäische Netz für Kriminalprävention (EUCPN) geschaffen. Das Netz setzt sich aus bis zu drei nationalen Kontaktstellen je Mitgliedstaat zusammen. Dies sind in Deutschland neben dem Bundesministerium des Innern (BMI) das Bundesjustizministerium und das DFK. Es wird zudem unterstützt durch ein Sekretariat in Brüssel.

---

[243] http://www.kriminalpraevention.de/index.php (zuletzt abgerufen am 29.8.2017).

Das Netzwerk widmet sich der Prävention sämtlicher Kriminalitätsformen. Gleichwohl legt es Schwerpunkte auf die Themen Jugendkriminalität, Kriminalität in den Städten und Drogenkriminalität.

Ziel des Netzes ist die Weiterentwicklung verschiedener kriminalpräventiver Aspekte auf EU-Ebene. Dazu sammelt und analysiert es Informationen über bestehende Maßnahmen und bewährte Praktiken der Kriminalprävention und stellt sie allen Mitgliedstaaten zur Verfügung."[244]

Über die bundesdeutsche Arbeit im Rahmen der Kriminalprävention sagt EU- 700
CPN:

„Crime prevention in Germany covers all measures aimed at preventing punishable offences by preventative measures, reducing the damage caused by punishable offences or containing the fear of crime felt by citizens. The traditional distinction between primary prevention (change of social conditions, education, organisation of the living environment etc.), secondary prevention (reducing the occasions for the commission of criminal offences e. g. by alarm systems, electronic immobilizers etc.) and tertiary prevention (influencing the criminal offender to prevent relapses through imprisonment, probation assistance and aid for offenders) is no longer accepted by some, as the borderlines between preventative and repressive measures are becoming increasingly blurred."[245]

Dennoch wird hier die Einteilung in die drei diskutierten Ebenen aufrechter- 701
halten. Im weiteren Verlauf heißt es auf derselben Seite:

„Crime prevention is a task for the entire society, faced by the Federal Government, the Länder, municipalities and all other relevant actors."

Hier wird erneut der Ansatz der gesamtgesellschaftlichen Betrachtungsweise unterstrichen. Zugleich wird darauf verwiesen, dass sich Kriminalprävention in allen politischen und gesellschaftlichen Strukturen der Bundesrepublik wiederfinden muss, erst recht dort, wo sie nahe am Bürger arbeiten kann, also in den Kommunen.

D. Polizeiliche und kommunale Kriminalprävention, Netzwerkarbeit

Bereits in § 24 B wurde mehrfach darauf hingewiesen, dass viele Felder der 702
Kriminalprävention nicht eigentliche Aufgabe der Polizei sind. Wer sich bereits Anfang der 1980er und 1990er Jahre mit dem Thema befasste, wurde vielfach in Diskussionen eingebunden, in denen Polizei einerseits in ihre Schranken gewiesen, andererseits aber auch die Notwendigkeit einer guten Prävention erkannt wurde, Polizei versuchte dennoch, eine Vorreiterrolle einzunehmen und andere Präventionsträger zu überzeugen und „ins Boot zu holen".[246] Das hat sich grundlegend gewandelt:

---

[244] http://www.bmi.bund.de/DE/Themen/Sicherheit/Kriminalpraevention/kriminalpraevention_node.html (zuletzt abgerufen am 29.8.2017).

[245] http://eucpn.org/sites/default/files/content/download/files/eucpn_crime_prevention_strategy_germany.pdf (zuletzt abgerufen 29.8.2017).

[246] Meine eigenen Erfahrungen aus dieser Zeit, gesammelt im Rahmen der Suchtprävention, sind gleich: andere Träger, Drogenberatungsstellen, Selbsthilfegruppen usw. lehnten seinerzeit noch eine Zusammenarbeit mit der Polizei ab, im Bewusstsein der Tatsache, dass sie natürlich auch immer dem Legalitätsprinzip unterliegt.

„Anfangs waren es in den 1990er Jahren veränderte, am Leitbild der Bürgernähe orientierte Formen der Polizeiarbeit (community policing), die zunehmend örtliche Institutionen und Akteure in die Sicherheitsvorsorge integrierten. 20 Jahre später kann von einem eigenständigen kommunalpolitischen Ansatz gesprochen werden, bei dem die Polizei mit einbezogen wird, allerdings seltener federführend agiert."[247]

„Aus kriminologischer und kriminalpolitischer Sicht ist Kommunale Kriminalprävention eine Idee von bestechender Vernünftigkeit, zumal die Dominanz repressiver Strategien relativiert wird."[248]

703 Heute ist die kommunale Kriminalprävention unter Einbeziehung der Polizei wesentliche Arbeit des Gemeinwesens. Sie beruht nach allgemeiner Auffassung auf drei Säulen:

704 • Sie ist lokal ausgerichtet.
Damit soll gewährleistet werden, dass sie sich auf das Sicherheitsgefühl der Bürger in einem umgrenzten Raum und die dort vorhandenen Strukturbedingungen konzentrieren kann.

705 • Sie arbeitet ressortübergreifend.
Auf diese Weise werden alle diejenigen, die „Karten im Spiel" haben, in die Arbeit einbezogen. Regelmäßig ist die zuständige Polizeibehörde beteiligt, die weiteren Beteiligten ergeben sich aus den jeweiligen zu bearbeitenden Themenfeldern.

706 • Sie bindet den Bürger mit ein.
Da in der kommunalen Präventionsarbeit der Bürger und seine Sicherheit im Vordergrund stehen, ist es nur logisch konsequent, ihn auch auf geeignete Weise einzubeziehen. Dies kann auf verschiedenen Wegen geschehen: interessierte Einzelpersonen beteiligen sich, Gruppen werden themenorientiert angesprochen usw.

Durch eine auf diese Weise strukturierte Zusammenarbeit und Vernetzung aller am Thema beteiligten gelingt es, hohe Expertise zu bündeln und stringent zielorientiert arbeiten zu können.

„Während beispielsweise Formen der Alltagskriminalität wie zB Taschendiebstahl durch die bilaterale Zusammenarbeit von Polizei und Ordnungsamt mitunter situativ erfolgreich entgegengewirkt werden kann, erfordern komplexere Phänomene zB im Bereich der Jugendkriminalität das Zusammenwirken einer Vielzahl von Professionen, um Ursachenzusammenhänge präventiv nachhaltig beeinflussen zu können."[249]

Der Effekt dieser aufgabenorientierten Beteiligungsformen und umfassenden Netzwerke ist auch, dass gerade Polizei in annähernd allen „runden Tischen", Präventionsprojekten und Ordnungspartnerschaften beteiligt ist und sich einbringen muss, was wiederum eine hohe Belastung darstellt.

Dennoch wird auch im Erlass „Polizeiliche Kriminalprävention" gerade dieser Aufgabe wesentliche Bedeutung zugesprochen und sie trotz des hohen Aufwandes den Behörden zugeschrieben:

---

247 (*Klober/Kahl*, 2012), S. 2.
248 (*Hermann*, 2008).
249 (*Klober/Kahl*, 2012) S. 14.

„Polizeiliche Kriminalprävention setzt vorrangig auf örtlicher Ebene an. Sie erfordert zielgerichtetes Führungshandeln, ein entsprechendes Selbstverständnis aller Polizeibediensteten, integrative Aufgabenwahrnehmung durch Verzahnung von Prävention, Repression und Opferschutz in den polizeilichen Aufgabenfeldern, die enge Abstimmung und Koordination mit anderen Verantwortungsträgern sowie die Zusammenarbeit in kriminalpräventiven Netzwerken."[250]

Der Erlass schreibt allen Hierarchieebenen und allen Aufgabenfeldern polizeilicher Arbeit, allen Dienststellen einer Kreispolizeibehörde konkrete Aufgaben der Prävention zu und rückt sie so in den Vordergrund. Und in Ziff. 3 wird weiterhin die Kooperation mit anderen Trägern als wesentliche Aufgabe beschrieben: 707

„3.2
Zusammenarbeit mit anderen Verantwortungsträgern.

3.2.1
Die Kreispolizeibehörden stellen anderen Verantwortungsträgern regelmäßig zur Problemlösung benötigte Informationen, zB aktuelle Kriminalitätslagebilder und -analysen, zur Verfügung.

Sie beteiligen sich an kriminologischen Regionalanalysen.

3.2.2
Sie fördern und unterstützen den Ausbau sowie die Arbeit kriminalpräventiver Gremien und Netzwerke und ergreifen dazu notwendige Initiativen. Sie wirken auf geeignete Präventionsmaßnahmen anderer Präventionsträger hin und beteiligen sich im Rahmen der eigenen Aufgaben daran."[251]

Nach diesen Formulierungen ist Polizei aber nicht nur reaktiv und wartet, von den kommunalen Trägern oder anderen Präventionspartnern angesprochen zu werden. Da Daten der Kriminalität zunächst in Lagebildern und Statistiken als polizeiliche Daten anfallen, fällt der Polizei auch die Aufgabe zu, sofort geeignete Maßnahmen zu ergreifen, sobald eine Notwendigkeit erkannt wird. Polizei ist also auch Initiator von Präventionsmaßnahmen und hat die Aufgabe, Projekte anzustoßen, andere anzusprechen und Netzwerke mit zu gestalten.

Nicht zuletzt schreibt der Erlass auch der Ausbildung von PVB die wesentliche Aufgabe zu, die Prävention und ihre Bedeutung zu vermitteln:

„Die polizeiliche Ausbildung vermittelt in theoretischen und fachpraktischen Ausbildungsabschnitten die Grundlagen für ein umfassendes Verständnis von Kriminalprävention sowie für die integrative Aufgabenwahrnehmung von Prävention, Repression und Opferschutz. Sie befähigt Polizeibedienstete, auf der Basis eines entsprechenden Selbstverständnisses, Präventionsinhalte und Opferaspekte bei der täglichen Aufgabenwahrnehmung zu berücksichtigen."[252]

---

[250] Polizeiliche Kriminalprävention: RdErl. d. Innenministeriums – 42–62.02.01 – v. 28.9.2006, Ziff. 3.

[251] Polizeiliche Kriminalprävention: RdErl. d. Innenministeriums – 42–62.02.01 – v. 28.9.2006, Ziff. 3.

[252] Polizeiliche Kriminalprävention: RdErl. d. Innenministeriums – 42–62.02.01 – v. 28.9.2006, Ziff. 5.1.

E. Wirksamkeit/Evaluation

708 Alle Präventionsprojekte haben die genannten Ziele (Kriminalitätsreduzierung, Verbesserung des Sicherheitsgefühls) zu verfolgen und orientieren sich an den Ursachen der Kriminalität.

Das heißt konsequenterweise auch, dass es eine permanente Rückkopplung und einen ständigen Abgleich geben muss zwischen kriminologischer Ursachenforschung und den Präventionsprogrammen und Netzwerken. Prävention muss sich in ihren Wirkungen also messen lassen an dem, was Ursachenforschung erkannt hat. Hinzu kommt, dass der hohe Aufwand für Präventionsarbeit auch dazu führt, dass diese Wirksamkeit in Beziehung zu bringen ist zum Aufwand, um auch eine Wirtschaftlichkeitsbetrachtung vornehmen zu können. Prävention kostet Geld, das die Präventionsträger aufbringen müssen. Es ist daher unabdingbar, schon vor Start eines Projektes Aussagen darüber machen zu können, was mit dem Projekt erreicht werden soll und wie es betrieben werden soll. Aber nicht nur in der Kostenfrage liegt die Bedeutung einer strukturierten und wissenschaftlich gestützten Vorgehensweise, sondern auch in der Frage, ob das Projekt professionell geplant und umgesetzt wird. Der Planungsaufwand kann also auch als Kriterium für die Professionalität der Herangehensweise dienen.[253] Und eine fundierte und professionelle Planung ist eher geeignet, auch in der Umsetzung effizient und qualitativ hochwertig zu bleiben.

709 Allgemein anerkannte Kriterien für eine Qualitätsmessung und damit eine Basis für Evaluation stellen die sog. Beccaria-Standards dar:

„Die Beccaria-Standards bieten Entwicklern, Akteuren und anderen Verantwortungsträgern in der Kriminalprävention einen Leitfaden für die Qualitätssicherung ihres kriminalpräventiven Handelns. Er soll gewährleisten, dass

a) sich die Planung, Durchführung und Überprüfung kriminalpräventiver Projekte an den in Wissenschaft und Literatur genannten Qualitätskriterien orientiert.

b) Projekte so konzipiert werden, dass sie grundsätzlich evaluierbar sind.

c) wissenschaftliche Experten, Gutachter, Auftrag- und Geldgeber (bei Projektanträgen) über eine fachliche Grundlage zur Einschätzung der Zielgerichtetheit und Qualität von Projekten verfügen."[254]

Wenn man sich die in den Empfehlungen vorgesehenen Schritte genauer ansieht, so fällt auf, dass sie eben das in den Kapiteln des vierten Abschnittes in diesem Buch Gesagte miteinander verknüpfen.[255]

710 Zunächst wird das Problem beschrieben (Beccaria-Standard 1), dazu dienen unter anderem die Statistiken und Lagebilder, sodann wird eine Hypothese über die Ursachen des Problems aufgestellt (Beccaria-Standard 2), wozu wiederum die Theorien und Erklärungsansätze dienen. Daraus ergeben sich die Ziele eines Projektes und die Zielgruppen (Beccaria-Standard 3), die angespro-

---

253 Vgl. hierzu auch (*Hupfeld*, 2004), S. 4.

254 (*Marks, Meyer & Linssen*, o.J.), S. 4.

255 Dies ist ebenso ein Argument dafür, dass das Hauptstudium 1 an der FHöV NRW in den Kriminalwissenschaften einen aus wissenschaftstheoretischer und didaktischer Sicht „klugen" Aufbau verfolgt.

chen werden sollten, wofür man sodann die einzelnen Maßnahmen (Beccaria-Standard 4) im Projekt und die Verantwortlichkeiten, also die Gestaltung des Netzwerkes und den Projektverlauf selbst (Beccaria-Standard 5), beschreibt. Die Evaluation im eigentlichen Sinn wird im Standard 6 beschrieben:

„6. Beccaria-Standard: Überprüfung von Umsetzung und Zielerreichung des Projekts (Evaluation)

6.1 Das Ausmaß, in dem die vorgesehenen Zielgruppen erreicht wurden (Anteil, Anzahl) ist festgestellt. Es ist dargelegt, worauf sich der Grad des Erreichens bzw. Nichterreichens der Zielgruppen zurückführen lässt.

6.2 Es ist festgestellt, welche Veränderungen in welchem Maße eingetreten sind: Inwieweit hat sich die Situation in Richtung der angestrebten Präventionsziele verändert (Vergleich zwischen Ist- und Soll-Situation)? Inwieweit hat sich die Situation in Richtung der angestrebten Projektziele verändert (Vergleich zwischen Ist- und Soll-Situation)?

6.3 Es ist festgestellt und dargelegt, ob und inwieweit die Veränderungen auf die durchgeführten Maßnahmen zurückzuführen sind: Womit hängt das Erreichen bzw. Nichterreichen der Präventionsziele zusammen? Womit hängt das Erreichen bzw. Nichterreichen der Projektziele zusammen?

6.4 Es ist festgestellt, ob ungeplante Nebenwirkungen aufgetreten sind: Wenn ja, welche und in welchem Ausmaß sind sie aufgetreten?“[256]

Nach Ablauf des Projektes wird der Grad der Zielerreichung gemessen und überprüft, ob weitere Schritte erforderlich sind, was in der Gesamtdokumentation dargestellt wird (Beccaria-Standard 7).

In NRW werden Behörden, die Projekte planen und durchführen, durch die Zentralstelle Evaluation (ZeVA) beim LKA NRW unterstützt. Auch das Projekt „Riegel vor!“ wird von ZeVA begleitet.

Insgesamt lässt sich feststellen, dass eine wissenschaftlich fundierte und pro- 711
fessionelle Präventionsarbeit nicht nur „integrativer Bestandteil polizeilichen Arbeitens“ ist, sondern vielmehr wesentlicher Bestandteil werden muss. Sie muss

„Vorrang vor reaktiven Bekämpfungsstrategien haben, weil Letztere nicht auf die Ursachen von Kriminalität einwirken. Es ist daher sinnvoller, Straftaten erst gar nicht entstehen und geschehen zu lassen, als sie nach ihrem Geschehen zu ahnden.

Aus einer umfassenderen ökonomischen Perspektive spricht für die (kommunale) Kriminalprävention auch die Vermutung einer besseren Kosten-Nutzen-Relation sowohl unter volkswirtschaftlichen als auch unter sozialen Aspekten.“[257]

Folgerichtig ist auch im Studiengang der Polizei NRW in HS 1.3.2 dieser Themenkomplex durch die Zieloperationalisierung mit Stufe 4 als wesentlich gewichtet.

Und in letzter Konsequenz könnte und müsste auch der Schluss gezogen werden, dass die Unterordnung der Kriminalprävention als Teilwissenschaft

---

[256] (*Marks, Meyer, & Linssen*, o.J.), S. 13.
[257] (*Klober/Kahl*, 2012), S. 7.

in die Kriminalistik und die Kriminologie ihrer eigentlichen Bedeutung nicht gerecht wird.

Wünschenswert wäre, wenn sie gleichsam, als Klammer, als eigenständige Wissenschaft und Kriminologisches Schwerpunktgebiet betrachtet würde, was sich aber bislang (leider!) nicht durchsetzen konnte.

§ 25 Lernzielkontrolle

„Die Studierenden sind in der Lage,

1. die Kriminologie als empirische, praxisorientierte Wissenschaft darzustellen. (Stufe 1)
2. die unterschiedlichen statistischen Erfassungsmethoden der Kriminalität und deren Aussagekraft zu erläutern. (Stufe 2)
3. die Ursachen und Bedingungen für Kriminalität zu analysieren (Stufe 2) und konkrete Sachverhalte entsprechend zu interpretieren (Stufe 3).
4. die polizeiliche Kriminalprävention als Kernaufgabe der Kriminalitätsbekämpfung zu bewerten. (Stufe 4)
5. die Inhalte der Kriminalgeographie zu skizzieren. (Stufe 2)“

Nr.	Aufgabe/Frage
1.	Erläutern Sie die Teil- und Bezugswissenschaften der Kriminologie!
2.	Welche verschiedenen Verbrechensbegriffe kennen Sie? Beschreiben Sie mindestens 2!
3.	Womit beschäftigen sich die Viktimologie und die Poenologie?
4.	Welche Bedeutung hat die Instanzenforschung für Ihren täglichen Dienst?
5.	Was verstehen Sie unter „Experteninterviews“?
6.	Erklären Sie, warum und in welchen Zusammenhängen die Grundsätze Reliabilität, Validität, Relevanz und Rechtssicherheit wichtig sind!
7.	Kennen Sie Beispiele für Auswirkungen der Instanzenforschung?
8.	Welche Statistiken zur Erfassung von Kriminalität kennen Sie?
9.	Was unterscheidet die PKS von anderen Statistiken zur Kriminalitätserfassung?
10.	Beschreiben Sie die Stärken und Schwächen der PKS!
11.	Was unterscheidet die PKS von einem Lagebild?
12.	Welche Bedeutung hat das Dunkelfeld und was verstehen wir darunter?

Nr.	Aufgabe/Frage
13.	Paul hat nicht viel Geld, möchte aber unbedingt die neuen Turnschuhe der Firma „Sehrbegehrt“. Weil er sie sich nicht leisten kann, entscheidet er, sie einem Mitschüler abzunehmen. Welche Erklärungsansätze können Sie für Pauls Verhalten heranziehen?
14.	Paul scheitert auch mit dem Diebstahlsversuch. Er fühlt sich jetzt vollends als Versager. Zuerst fängt er einmal an, seine Mitschüler zu drangsalieren, weil er ihnen die Schuld für sein Versagen gibt. Da kommen ihm die kleinen Pillen zur Stimmungsaufhellung gerade recht. Bereits nach kurzer Zeit ist er in die Abhängigkeit gerutscht. Welche Erklärungsansätze können Sie für Pauls Verhalten heranziehen?
15.	Paul wohnt in einem Hochhausgebiet, in dem eine hohe Fluktuation von Zuwanderern verschiedener Herkunftsländer herrscht. Deutsch spricht man hier kaum, es gibt mehrere Jugendbanden, die sich nach Nationalität zusammenschließen und gegenseitig bekämpfen. Körperverletzungen und Raubdelikte sind an der Tagesordnung. Welche Erklärungsansätze können Sie für dieses Verhalten heranziehen?
16.	Paul wurde schon mit drei Jahren von seiner Mutter weggegeben, Nachbarn haben sich mehr oder weniger um ihn gekümmert. Allerdings waren sie selbst eher wenig erziehungsgeneigt. So wuchs er in einer Umgebung auf, die von Alkohol, Arbeitslosigkeit und rechten Parolen geprägt war. Heute sitzt er bereits zum vierten Mal ein wegen rechter Gewalt. Welche Erklärungsansätze können Sie für Pauls Verhalten heranziehen?
17.	Was verstehen Sie unter der Ursachentrias?
18.	Welche Elemente der Sozialkontrolle kennen Sie und wie zeichnen sie sich aus?
19.	In welches Konzept mündete die „Broken-Windows-Theorie“?
20.	Erläutern Sie das Zonenmodell!
21.	Was verstehen Sie unter folgenden Begriffen: breeding area, Defensible space, Kammzone?
22.	Welche Ebenen hat Kriminalprävention?
23.	Wie hängen Ursachenforschungen, Theorien und Prävention zusammen?

Nr.	Aufgabe/Frage
24.	In NRW werden jugendliche Täter im Rahmen eines Präventionsprojektes „Kurve kriegen" vom endgültigen Abrutschen bewahrt. Erläutern Sie, welche Ebenen und Dimensionen damit erreicht werden!
25.	Alljährlich werden bei Weihnachtsmärkten vermehrt Taschendiebstähle festgestellt. Welche Präventionsmöglichkeiten fallen Ihnen dazu ein? Stellen Sie bei Ihren Überlegungen insbesondere auf die drei Ebenen und die Ursachentrias ab und ordnen Sie Maßnahmen zu!
26.	Wie erklären Sie den Unterschied zwischen technischer Prävention und Verhaltensprävention? Finden Sie Beispiele!
27.	Was versteht man allgemein unter positiver und negativer, unter General- und Spezialprävention?
28.	Kriminalprävention ist integraler Bestandteil Ihrer Arbeit als Polizeibeamter. Was bedeutet das für Ihren täglichen Dienst und wie setzen Sie diese Anweisung des Ministeriums für Inneres und Kommunales um?
29.	Was verstehen Sie unter „kommunaler Kriminalprävention"?
30.	Kriminalprävention findet sowohl international als auch regional statt. Wo liegt nach Ihrer Auffassung der Schwerpunkt?

Stichwortverzeichnis